Brihat Parashara

Hora Shastra

Band 2

|| om ||

śrīgaṇeśāya namaḥ ||

# atha
# bṛhatpārāśarahorāśāstram ||

# Die Brihat Parashara Hora Shastra von Maharishi Parashara Band 2

Ins Deutsche übertragen
und mit transliterierten Sanskrit-Versen versehen
von Michael Stibane

Alfa-Veda

Titel des Sanskrit Originals:
bṛhat pārāśara horā śāstram



Umschlaggestaltung und Satz: Michael Stibane und Jan Müller
Titelbild: Shri Ganesha, Schutzgottheit der vedischen Astrologie
Lektorat: Dr. Jens Petersen

Druck und Bindung: Books on Demand GmbH, Norderstedt
Alfa-Veda Verlag, Oebisfelde, 2022
alfa-veda.com

Band 1 ISBN: 978-3-945004-90-6
Band 2 ISBN: 978-3-945004-91-3

## *Vorbemerkung des Übersetzers ins Deutsche*

*Maharishi Parashara ist einer der bedeutendsten erleuchteten Meister der vedischen Tradition Indiens. Dieser Tradition zufolge ist er der Urenkel von Brahma, der Enkel des berühmten Rishis Vasishtha, der Sohn des Rishis Shakti sowie der Vater von Veda Vyasa, der die Veden für das gegenwärtige Zeitalter neu ordnete und neben zahlreichen Puranas auch das Mahabharata mitsamt der Bhagavad Gita verfasste.*

*Es ist ein großer Glücksfall für die vedische Astrologie, Jyotish, dass ein erleuchteter Maharishi, der zugleich auch Perfektion in Jyotish - Jyotish Mati Pragya - verwirklicht hat, mit der Brihat Parashara Hora Shastra ein umfassendes Werk über diese Wissenschaft verfasst hat, das zu Recht bis zum heutigen Tag als das Kompendium von Jyotish schlechthin gilt.*

*Inzwischen gibt es auf Deutsch eine ganze Reihe recht guter Bücher über Jyotish, aber seltsamerweise wurde noch keine deutsche Gesamtübersetzung der Brihat Parashara Hora Shastra verfasst. Ein Grund dafür mag sein, dass Parasharas Werk über Jyotish als Handbuch, aber nicht als Lehrbuch für Anfänger verfasst wurde. In der vedischen Tradition wird Wissen nicht über Bücher vermittelt, sondern in direkter mündlicher Unterweisung des Schülers durch den Lehrer. Bücher dienen daher in erster Linie als Erinnerungshilfe für diejenigen, die das Wissen bereits erhalten haben.*

*Auf meiner Internetseite über Jyotish - www.jyotish.de - hatte ich auf der Unterseite "Mein Jyotish" beschrieben, dass meine erste Begegnung mit der Brihat Parashara Hora Shastra (BPHS) von Maharishi Parashara etwas entmutigend für mich war: So viele unterschiedliche Blickwinkel auf ein Jyotish-Chart, viele Faktoren, die zu berücksichtigen sind. Ich fühlte mich überfordert.*

*Auch heute bin ich noch der Auffassung, dass es für einen Jyotish-Einsteiger keine leichte Aufgabe ist, als erstes dieses Buch zu lesen. Wenn man sich bereits eingehender mit Jyotish beschäftigt hat, kann die Brihat Parashara Hora Shastra allerdings irgendwann für einen zum Rettungsanker, zum Fels in der Brandung werden, zu einer Quelle der Klarheit, Verlässlichkeit, Tiefe und Inspiration.*

*Meine deutsche Übersetzung ist angelehnt an verschiedene Komplettausgaben der BPHS, die im Internet zu finden sind sowie an die von R. Santhanam (Band 1) und von Gouri Shankar Kapoor (Band 2) übersetzte und kommentierte Ausgabe der BPHS in 2 Bänden, die 1984 erstmals im Ranjan Verlag, Neu-Delhi, veröffentlicht wurde.*

*Es gibt übrigens auch eine von Girish Chand Sharma übersetzte und umfangreich kommentierte englische Version (Sagar Publications, 1994) der BPHS.*

*In Indien sind mehrere Versionen der BPHS erhalten, die in ein paar Details voneinander abweichen, was bei einem Werk, das über viele Jahrhunderte hinweg überliefert wurde, nicht verwunderlich ist. Diese Tatsache und der eine oder andere seltsame oder schwer verständlich erscheinende Vers mindern aber in keiner Weise den Wert des Gesamtwerks.*

*Die BPHS hat 97 Kapitel. Dies hier ist eine Version der Brihat Parashara Hora Shastra, die ich an manchen Stellen mit Anmerkungen, Fragen, Erläuterungen und Tabellen versehen habe. Ein Kommentar ist dies nicht, denn der sollte Gelehrten überlassen bleiben, die einen hohen Grad von Meisterschaft auf dem Gebiet von Jyotish erreicht haben.*

*Bei den Namen für Planeten, Häuser, Tierkreiszeichen usw. habe ich mich an meine englischen Vorlagen gehalten und daher häufig die deutschen bzw. römischen Namen statt der Sanskrit-Namen verwendet. Dies macht den Text für deutschsprachige Leser sicherlich zugänglicher, obwohl die Sanskrit-Namen zweifellos eine besondere Qualität haben.*

*Meine Übersetzungen von Sanskritbegriffen, die in der englischen Vorlage nicht übersetzt wurden, z. B. bei den Bezeichnungen für Yogas, decken naturgemäß nicht immer die ganze Bandbreite möglicher Übersetzungen ab, denn Sanskritwörter sind oft sehr vieldeutig.*

*Der Sanskrit-Text in Transliteration, nicht in Devanagari, kann, hoffe ich, hilfreich sein, um unklare Stellen in der Übersetzung nachzuprüfen. Auch für die Rezitation ist er sicher gut geeignet.*

*Meine Anmerkungen sind an der kursiven Schrift zu erkennen. Die Überschriften zu einigen Vers-Abschnitten (nicht die zu den Kapiteln) sowie die Bilder und Tabellen sind alle – oft an die englische Vorlage anlehnend – von mir hinzugefügt, wobei letztere aber nicht in kursiver Schrift gehalten sind. Auch kurze Erläuterungen in Klammern sind nicht kursiv.*

*Mit Erläuterungen und Anmerkungen habe ich mich sehr zurückgehalten, weil ich der Auffassung bin, dass es hier um Parashara gehen soll, nicht um mein Verständnis von dem, was er sagt.*

**Inhalt**

**Kapitel in Band 1**


1. Die Schöpfung
2. Große Inkarnationen
3. Charakter und Beschreibung der Planeten
4. Beschreibung der Zeichen des Tierkreises
5. Spezielle Aszendenten
6. Vargas - Die 16 Unterteilungen eines Zeichens
7. Betrachtungen über die Vargas
8. Aspekte der Tierkreiszeichen
9. Übel (Arishta) bei der Geburt
10. Gegenmittel für Übel (Arishtabanga)
11. Bewertung der Bhavas (Häuser)
12. Auswirkungen des 1. Hauses
13 Auswirkungen des 2. Hauses
14. Auswirkungen des 3. Hauses
15. Auswirkungen des 4. Hauses
16. Auswirkungen des 5. Hauses
17. Auswirkungen des 6. Hauses
18. Auswirkungen des 7. Hauses
19. Auswirkungen des 8. Hauses
20. Auswirkungen des 9. Hauses
21. Auswirkungen des 10. Hauses
22. Auswirkungen des 11. Hauses
23. Auswirkungen des 12. Hauses
24. Auswirkungen der Herren der Häuser

25. Auswirkungen der nicht-leuchtenden Planeten (Upagrahas)
26. Bewertung der planetaren Aspekte
27. Bewertung der Stärken
28. Ishta und Kashta Balas - segensreiche und widrige planetare Tendenzen
29. Bhava Padas
30. Upa Pada
31. Argala oder planetare Intervention
32. Planetare Karakas (Signifikatoren)
33. Auswirkungen des Karakamshas
34. Yoga Karakas
35. Nabhasa Yogas
36. Viele weitere Yogas
37. Lunare Yogas
38. Solare Yogas
39. Raja Yogas
40. Yogas für eine Verbindung mit dem Königshof
41. Kombinationen für Wohlstand (Dhana Yoga)
42. Kombinationen für Armut (Daridrya Yoga)
43. Langlebigkeit
44: Marakas - todbringende Planeten
45. Avasthas (Zustände) der Planeten

**Kapitel in Band 2**

46. Dashas (Phasen) der Planeten
47. Auswirkungen der Dashas
48. Spezifische Auswirkungen der Herren der Häuser in der Vimshottari Dasha
49. Auswirkungen der Kalachakra Dasha
50. Auswirkungen der Chara Dasha usw.
51. Die Antardashas der Planeten und Zeichen
52. Die Auswirkungen der Antardashas in der Dasha von Surya
53. Die Auswirkungen der Antardashas in der Dasha von Chandra

54. Die Auswirkungen der Antardashas in der Dasha von Mangal
55. Die Auswirkungen der Antardashas in der Dasha von Rahu
56. Die Auswirkungen der Antardashas in der Dasha von Guru
57. Die Auswirkungen der Antardashas in der Dasha von Shani
58. Die Auswirkungen der Antardashas in der Dasha von Budha
59. Die Auswirkungen der Antardashas in der Dasha von Ketu
60. Die Auswirkungen der Antardashas in der Dasha von Shukra
61. Auswirkungen der Pratyantardashas in den Antardashas der Planeten
62. Auswirkungen der Sukshmadashas in den Pratyantardashas der Planeten
63. Die Auswirkungen der Pranadashas in den Sukshmadashas der Planeten
64. Auswirkungen der Antardashas in der Kalachakra Dasha
65. Auswirkungen der Dashas der Navamsha-Zeichen in der Kalachakra Dasha
66. Ashtakavarga
67. Trikona-Shodhana (Trigonal-Bereinigung) im Ashtakavarga-System
68. Ekadhipatya-Shodana im Ashtakavarga-System
69. Pinda-Sadhana im Ashtakavarga-System
70. Auswirkungen von Ashtakavarga
71. Die Bestimmung der Langlebigkeit mittels Ashtakavarga
72. Samudaya (summierte) Ashtakavarga
73. Auswirkungen der Strahlen der Planeten
74. Auswirkungen des Sudarshana Chakras
75. Charakteristische Merkmale der Panchamahapurushas
76. Auswirkungen der fünf Elemente (Panchabhuta)
77. Auswirkungen von Sattva Guna usw.
78. Verlorene Horoskope
79. Yogas, die zu Asketentum führen
80. Horoskope von Frauen
81. Charakteristische Eigenschaften der Körperpartien einer Frau

82. Auswirkungen von Körpermalen, Flecken, Zeichen usw. für Männer und Frauen
83. Auswirkungen von Verfluchungen im vorherigen Leben
84. Grahashanti – Maßnahmen, um den Unwillen der Planeten abzuwenden
85. Ungünstige Geburten
86. Abhilfemaßnahmen für eine Geburt in Amavasya
87. Abhilfemaßnahmen für eine Geburt in Krishna Chaturdashi
88. Abhilfemaßnahmen für eine Geburt in Bhadra (Vishti) und in ungünstigen Yogas
89. Abhilfemaßnahmen für die Geburt in ungünstigen Nakshatras
90. Abhilfemaßnahmen bei einer Sankranti-Geburt
91. Abhilfemaßnahmen bei einer Geburt während einer Finsternis
92. Abhilfemaßnahmen bei einer Geburt in Gandanta
93. Abhilfemaßnahmen bei Geburt in Abhukta Mula
94. Abhilfemaßnahmen bei Geburt in Jyeshta Gandanda
95. Abhilfemaßnahmen bei der Geburt einer Tochter nach drei Söhnen
96. Abhilfemaßnahmen gegen die negativen Auswirkungen von ungewöhnlichen Entbindungen
97. Abschlussbemerkung

**|| om ||**

gajānanaṁ bhūtagaṇādisevitaṁ kapitthajambūphalasārabhakṣaṇam |
umāsutaṁ śokavināśakāraṇaṁ namāmi vighneśvarapādapaṅkajam ||

Ehrerbietig werfe ich mich nieder zu den Füßen von Vighneshvara, dem Sohn der Uma, der Ursache für die Vernichtung allen Kummers, dem die Bhuta Ganas dienen, der einen Elefantenkopf hat und sich an der Essenz der Kapitha- und Jambu-Früchte erfreut.

*Vigneshvara ist Shri Ganapati, Ganesha Deva, der Beseitiger der Hindernisse und Sohn von Shiva und Parvati (Uma). Er ist die Schutzgottheit von Jyotish.*

## Kapitel 46: Dashas (Phasen) der Planeten

**atha daśādhyāya || 46||**
sarvajño'si maharṣe tvaṁ kṛpayā dīnavatsala |
daśāḥ katividhāḥ santi tanme kathaya tattvataḥ || 1||

Maitreya sagte:

O allwissender Maharishi (großer Seher), es gibt ja kein Wissensgebiet, mit dem du nicht bestens vertraut wärst. Daher sei bitte so freundlich und unterweise mich über die unterschiedlichen Arten von Dashas der verschiedenen Planeten.

sādhu pṛṣṭaṁ svayā vipra lokānugrahakāriṇā |
kathayāmi tavāgre'haṁ daśabhedānanekaśaḥ || 2||
daśābahuvidhāstāsu mukhyā viṁśottarī matā |
kaiścidaṣṭottarī kaiścit kathitā ṣoḍaśottarī || 3||
dvādaśābdottarī vipra daśā pañcottarī tathā |
daśā śatasamā tadvat caturāśītivatsarā || 4||
dvisaptatisamā ṣaṣṭisamā ṣaḍtriṁśavatsarā |
nakṣatrādhārikāścetāḥ kathitāḥ pūrvasūribhiḥ || 5||

Parashara antwortete:

O Brahmane, es gibt viele Arten von Dashas. Unter ihnen ist Vimshottari am adäquatesten für die Mehrzahl der Menschen. Die anderen Dashas, die in speziellen Fällen Anwendung finden, sind Ashtottari, Shodshottari, Dwadashottari, Panchottari, Shatabdika,

Chaturashiti-Sama, Dwisaptati-Sama, Shastihayani und Shattrishanta-Sama. Alle diese verschiedenen Arten von Dashas basieren auf den Nakshatras (Mondhäusern).

athā kāladaśā cakradaśā proktā munīśvaraiḥ I
kālacakradaśā cā'yā mānyāsarvadaśāsu yā I I 6I I
daśā'tha caraparyāyā sthirākhyā ca daśā dvija I
kendrādya ca daśā jñeyā kārakādigrahodbhavā I I 7I I
brahmagrahāśritarkṣādyā daśā proktā tu kenacit I
māṇḍūkī ca daśā nāma tathā sthūladaśā smṛtā I I 8I I
yogārdhajadaśā vipra dṛgdaśā ca tataḥ param I
trikoṇākhyā daśā nāma tathā rāśidaśā smṛtā I I 9I I
pañcasvaradaśā vipra vijñeyā yoginīdaśā I
daśā paiṇḍī tathāṁśī ca naisargikadaśā tathā I I 10I I
aṣṭavargadaśa sandhyādasā pācakasañjñikā I
anyāstārādaśādyāśca na svargāḥ sarvasammatāḥ I I 11I I

O Brahmane, einige Weise haben die Kala und Chakra Dasha erwähnt, aber als beste haben sie die Kalachakra Dasha anerkannt. Die anderen Arten von Dashas, die von den Weisen verbreitet wurden, sind Chara, Sthira, Kendra, Karaka, Brahmagraha, Manduka, Shula, Yogardha, Drig, Trikona, Rashi, Panchasvara, Yogini, Pinda, Naisargika, Ashtavarga, Sandhya, Pachaka, Tara Dasha usw. Aber unserer Ansicht nach sind alle diese Dashas nicht zweckdienlich.

kṛttikātaḥ samārabhya trirāvṛtya daśādhipāḥ I
ācaṅkurāguśabukeśupūrvā vihagāḥ kramāt I I 12I I
vahnibhājjanmabhaṁ yāvad yā saṅkhyā navataṣṭitā I
śeṣāddaśādhipo jñeyastamārabhya daśāṁ nayet I I 13I I
viṁśottaraśataṁ pūrṇamāyuḥ pūrvamudāhṛtam I
kalai viṁśottarī tasmād daśā mukhyā dvijottama I I 14I I

## *Vimshottari Dasha*

Mit dem Nakshatra Krittika beginnend sind die Herren der Dashas der Reihe nach Sonne, Mond, Mars, Rahu, Jupiter, Saturn, Merkur, Ketu und Venus. Wenn man daher die Anzahl der Nakshatras von Krittika bis zum Janma-Nakshatra (dem Geburts-Nakshatra, in dem der Mond sich befindet) durch 9 teilt, wird der Rest den Herrn der ersten Dasha anzeigen. Die übrigen Dashas folgen einander dann in der zuvor erwähnten Reihenfolge. Man nimmt im allgemeinen an, dass im Kali Yuga die natürliche Lebensspanne eines Menschen 120 Jahre beträgt. Daher wird die Vimshottari Dasha als die adäquateste und beste aller Dashas angesehen (Vimshottari bedeutet 120).

daśāsamāḥ kramādeṣāṁ ṣaḍ daśā'śvā gajendavaḥ |
nṛpālā navacandrāśca navacandrā nagā nakhāḥ || 15||

Die Anzahl der Jahre für die Dashas von Sonne, Mond, Mars, Rahu, Jupiter, Saturn, Merkur, Ketu und Venus sind jeweils 6, 10, 7, 18, 16, 19, 17, 7 und 20.

daśāmanāṁ bhayātaghnaṁ bhabhogena hṛtaṁ phalam |
daśāyā bhuktavarṣādya bhogyaṁ mānād viśodhitam || 16||

Um den Rest der Dasha, die zum Zeitpunkt der Geburt aktiv war, herauszufinden, stelle zunächst den bereits abgelaufenen Teil der Dasha des betroffenen Planeten fest. Dies geschieht wie folgt: Multipliziere die Dasha-Phase des betreffenden Grahas mit der Periode des Mondes im Janma-Nakshatra, die bereits abgelaufen ist, und teile das Ergebnis durch die Gesamtdauer des Aufenthalts des Mondes in diesem Nakshatra. Die so ermittelte Zahl in Jahren, Monaten usw. ergibt die abgelaufene Periode der Dasha. Wenn diese Zahl von der Gesamtperiode der Dasha abgezogen wird, erhalten wir den Saldo der Dasha zum Zeitpunkt der Geburt.

*Anders ausgedrückt: So viel Prozent, wie der Mond im Geburts-Nakshatra bereits zurückgelegt hat, so viel Prozent der Dauer der Dasha des jeweiligen Planeten sind bei der Geburt bereits abgelaufen, der Rest steht noch bevor.*

*Ab Kapitel 47 erörtert Parashara ausführlich die Vimshottari Dasha.*

lagneśāt kendrakoṇasthe rāhau lagnaṁ vinā sthite |
aṣṭottarī daśā vipra vijñeyā raudrabhāditaḥ || 17||
catuṣkaṁ tritayaṁ tasmāt catuṣkaṁ tritayaṁ punaḥ |
evaṁ svajanmabhaṁ yāvad vigaṇayya yathākramam || 18||
sūryaścandraḥ kujaḥ saumyaḥ śanirjīvastamo bhṛguḥ |
ete daśādhipā vipra jñeyāḥ ketuṁ vinā grahāḥ || 19||
rasāḥ pañcendavo nāgāḥ saptacandrāśca khendavaḥ |
go'bjāḥ sūryāḥ kunetrāśca ravyādīnāṁ daśāsamāḥ || 20||

## *Ashtottari Dasha*

O Brahmane, die Weisen haben die Anwendung der Ashtottari Dasha empfohlen, wenn, vom Herrn des Aszendenten aus gerechnet, Rahu nicht im Aszendenten oder in irgendeinem anderen Eck- oder Trigonalhaus steht.

Mit 4 Nakshatras vom Ardra Nakshatra aus gerechnet, beginnt die Dasha der Sonne, mit 3 danach beginnt die Dasha des Mondes, mit 4 danach die Dasha des Mars, mit 3 danach wird der Herr der Dasha Merkur sein, mit 4 danach wird Saturn zum Herrn der Dasha, mit 3 danach wird Jupiter der Herr der Dasha sein, mit 4 danach ist Rahu Herr der Dasha und mit 3 danach wird schließlich Venus die Herrschaft über die Dasha übernehmen.

Der Herr des Dasha bei Geburt wird durch Zählen in dieser Reihenfolge bis hin zum Janma Nakshatra ermittelt. Die Dauer der Ashtottari Dasha für Sonne, Mond, Mars, Merkur, Saturn, Jupiter, Rahu und Venus beträgt jeweils 6, 15, 8, 17, 10, 19, 12 und 21 Jahre in dieser Reihenfolge. Somit spielen in diesem Dasha-System nur 8 Planeten die Rolle der Dasha-Herren, da Ketu dieses Privileg verweigert wird.

daśābdāṅghriśca pāpānāṁ śubhānāṁ tryaṁśa eva hi I
ekaikabhe daśāmānaṁ vijñeyaṁ dvijasattama II 21II
tatastadyātabhogādhyāṁ bhuktaṁ bhogyaṁ ca sādhayet I
viṁśottarīvadevātra tatastatphalamādiśet II 22II

Die Dashas der verschiedenen Planeten wurden eben genannt. Im Falle von Übeltäter-Planeten ist die Dasha-Spanne eines Nakshatras nur 1/4 der Dasha des Planeten. Im Falle von Wohltätern beträgt sie 1/3 der Dasha des Planeten. Es wird der abgelaufene Dasha-Anteil nach der für die Vimshottari Dasha angewandten Methode berechnet, indem der Bhayat, d. h. die abgelaufene Phase des Aufenthalts des Mondes in der Janma Nakshatra, mit dem Dasha-Anteil der Janma Nakshatra multipliziert und durch den Bhabhog, d. h. die Gesamtphase des Aufenthalts des Mondes in der Janma Nakshatra, geteilt wird. Danach kann auch die Bilanz der Dasha bei Geburt ermittelt werden.

kṛṣṇapakṣe divā janma śuklapakṣe tathā niśi I
tadā hyaṣṭottarī cintyā phalārthañca viśeṣataḥ II 23II

Die Ashtottari Dasha kann angewandt werden, wenn die Geburt tagsüber in Krishna Paksha (abnehmender Mond) oder während der Nacht in Shukla Paksha (zunehmender Mond) stattfand.

candrahorāgate kṛṣṇe sūryahorāgate sitee ।
lagne nṛṇāṁ phalajñaptyai vicintyā ṣoḍaśottarī ।। 24।।
puṣyabhājjanmabhaṁ yāvad yā saṅkhyā gajataṣṭitā ।
ravirbhaumo gururmandaḥ ketuścandro budho bhṛguḥ ।। 25।।
iti kramād daśādhīśāḥ jñeyā rāhuṁ vinā grahāḥ ।
rudrādyekottarāḥ saṅkhyā dhṛtyantaṁ vatsarāḥ kramāt ।। 26।।

## *Shodshottari Dasha*

Die Shodshottari Dasha kann angewandt werden, wenn der Aszendent sich bei Geburt in Krishna Paksha (abnehmender Mond) in der Hora des Mondes befindet oder wenn der Aszendent sich bei Geburt in Shukla Paksha (zunehmender Mond) in der Hora der Sonne befindet.

Zähle die Anzahl der Nakshatras vom Pushyami Nakshatra bis zum Janma Nakshatra. Teile das Ergebnis durch 8. Der Rest hiervon zeigt die Dashas von Sonne, Mars, Jupiter, Saturn, Ketu, Mond, Merkur und Venus an. Die Dashas der oben genannten Planeten dauern jeweils 11, 12, 13, 14, 15, 16, 17 und 18 Jahre.

śukrāṁśake prajātasya vicintyā dvādaśottarī ।
janmabhāt pauṣṇabhaṁ yāvat saṅkhyā hi vasutaṣṭitā ।। 27।।
sūryo guruḥ śikhī jño'guḥ kujo mando niśākaraḥ ।
vinā śukraṁ daśādhīśā dvicayāt saptataḥ samāḥ ।। 28।।

## *Dvadashottari Dasha*

Das Dvadashottari-Dasha-System kann für jemanden geeignet sein, dessen Aszendent sich in der Navamsha der Venus befindet. Zähle vom Janma Nakshatra an bis Revati. Dividiere das Ergebnis durch 8. Der Rest ergibt die Dasha des betreffenden Planeten. Die Dasha-Reihenfolge ist Sonne, Jupiter, Ketu, Merkur, Rahu, Mars, Saturn und Mond. Die Jahre der Dashas der Planeten sind entsprechend 7, 9, 11, 13, 15, 17, 19 und 21 Jahre.

arkāṁśa karkalagne pañcottarī matā ।
mitrarkṣājjanmabhaṁ yāvat saṅkhyā saptavibhājitā ।। 29।।

ekādiśeṣe vijñyāḥ kramātsaptadaśādhipāḥ |
ravirjño'rkasuto bhaumaḥ śukraścandro vṛhaspatiḥ || 30||
ekottarācca vijñeyā dvādaśādyāḥ kramātsamāḥ |
dhṛtyantāḥ saptakheṭānāṁ rāhuketū vinā dvija || 31||

### *Panchottari Dasha*

Die Panchottari Dasha gilt als geeignet für diejenigen, deren Aszendent Krebs ist und in der Dvadashamsha (1/12) ebenfalls Krebs. Zähle von Anuradha an bis zum Janma Nakshatra und teile das Ergebnis durch 7, der Rest ergibt dann die Dasha. Die Reihenfolge der Dasha-Herren ist Sonne, Merkur, Saturn, Mars, Venus, Mond und Jupiter. Die Anzahl der Jahre der Dashas ist entsprechend 12, 13, 14, 15, 16, 17 und 18.

vargottamagate lagne daśā cintyā śatābdikā |
pauṣṇbhājjanmaparyantaṁ gaṇayet saptabhirbhajet || 32||
śeṣāṅke ravito jñeyā daśā śatasamāhvayā |
raviścandro bhṛgurjñaśca jīvo bhaumaḥ śanistathā || 33||
kramadete daśādhīśā bāṇā bāṇā diśo daśa |
nakhā nakhāḥ kharāmāśca samājñeyā dvijottama || 34||

### *Shatabdika Dasha*

Das Shatabdika-Dasha-System wurde als angemessen betrachtet, wenn der Aszendent Vargottama ist. Dies ist der Fall, wenn der Lagna in Rashi und Navamsha in das gleiche Zeichen fällt.

Zähle von Revati aus bis zum Janma Nakshatra und teile das Ergebnis durch 7. Der Rest gibt die Herren der Dashas in dieser Reihenfolge an: Sonne, Mond, Venus, Merkur, Jupiter, Mars und Saturn. Ihre Dashas haben eine Länge von 5, 5, 10, 10, 20, 20 und 30 Jahren.

karmeśe karmage jñeyā caturāśītikā daśā |
pavanājjanmabhaṁ yāvad yā saṇkhyā saptabhājitā || 35||
śeṣe ravīndubhaumajñā guruśukraśanaiścarāḥ |
daśādhīśāḥ kramādeṣāṁ jñeyā dvādaśavatsarāḥ || 36||

### *Chaturashiti-Sama Dasha*

Die Anwendung der Chaturashiti-Sama Dasha wird in den Fällen als angemessen betrachtet, in denen der Herr des 10. im 10.

steht. Zähle von Svati aus bis zum Janma Nakshatra und teile das Ergebnis durch 7. Der Rest ergibt die Dasha-Herren in der folgenden Reihenfolge: Sonne, Mond, Mars, Merkur, Jupiter, Venus und Saturn. Die Dasha-Phase jedes Planeten dauert 12 Jahre.

mūlājjanmarkṣaparyantaṁ gaṇayedaṣṭabhirbhajet I
śeṣāddaśādhīpā jneyā aṣṭau ravyādayaḥ kramāt I I 37I I
nava varṣāṇi sarveṣāṁ viketūnāṁ nabhaḥsadām I
lagneśe saptame yasya lagne vā saptamādhipe I I 38I I
cintanīyā daśā tasya dvisaptatisamāhvayā I
viṁśottarīvadatrā'pi bhuktaṁ bhogyaṁ ca sādhayet I I 39I I

### *Dvisaptati-Sama Dasha*

Das Dvisaptati-Sama-Dasha-System gilt als geeignet in den Fällen, in denen der Herr des Aszendenten sich im Aszendenten selbst oder im 7. befindet. Zähle von Mula aus bis zum Janma Nakshatra und teile das Ergebnis durch 8. Der Rest legt die Herren der Dashas in der folgenden Reihenfolge fest: Sonne, Mond, Mars, Merkur, Jupiter, Venus, Saturn und Rahu. In diesem Dasha-System haben alle 8 Planeten-Dashas eine Dauer von jeweils 9 Jahren.

yadārko lagnarāśisthaścintyā ṣaṣṭisamā tadā I
dāsrāt trayaṁ catuṣkaṁ ca trayaṁ ceti punaḥ punaḥ I I 40I I
gurvarkabhūsutānāṁ ca daśā daśa daśābdakāḥ I
tataḥ śaśijñaśukrārkaputrāgūnāṁ rasābdakāḥ I I 41I I

### *Shastihayani Dasha*

Die Shastihayani Dasha kann in Fällen zur Anwendung kommen, in denen die Sonne im Aszendenten steht. Mit Ashvini beginnend repräsentieren wechselnde Gruppen von 3 und 4 Nakshatras die Dasha-Herren in der Reihenfolge Jupiter, Sonne, Mars, Mond, Merkur, Venus, Saturn und Rahu. Die ersten 3 Dashas der Planeten dauern je 10 Jahre und die letzten 5 Dashas dauern jeweils 6 Jahre.

śravaṇājjanmabhaṁ yāvat saṅkhyā vasuvibhājitā I
śeṣe candraravījyārabudhārkibhṛgurāhavaḥ I I 42I I
kramāddaśādhipāsteṣāmekādyekottarāḥ samā I
lagne dine'rkahorāyāṁ candrahorāgate niśi I I 43I I

## *Shat-Trimshat-Sama Dasha*

Für die Berechnung der Shat-Trimshat-Sama Dasha zähle ab Shravana bis zum Janma Nakshatra und teile das Ergebnis durch 8. Der verbleibende Rest von 1 usw. gibt die Dasha-Herren an, deren Reihenfolge wie folgt lautet: Mond, Sonne, Jupiter, Mars, Merkur, Saturn, Venus und Rahu. Die Dauer der Dashas ist entsprechend 1, 2, 3, 4, 5, 6, 7 und 8 Jahre. Die Anwendung dieses Systems kommt in Frage, wenn die Geburt tagsüber erfolgte und der Aszendent sich in der Hora der Sonne befindet und wenn die Geburt in der Nacht erfolgte und der Lagna sich in der Hora des Mondes befindet.

sūryasyā'rdhāstayaḥ pūrvaṁ parastādūdayādapi ।
pañca pañca ghaṭī sandhyā daśanāḍī prakīrtitā ।। 44।।
sandhyādvayañca viṁśatyā nāḍikābhiḥ prakīrtitam ।
dinasya viṁśatirghaṭyaḥ pūrṇasañjñā udāhṛtāḥ ।। 45।।
niśāyāḥ mugdhasañjñāśca ghaṭikā viṁśatiśca yāḥ ।
sūryodaye ca yā sandhyā khaṇḍākhyā dasanāḍikā ।। 46।।
astakāle ca yā sandhyā sudhākhyā daśanāḍikā ।
pūrṇamugdhaghaṭīmāne dviguṇe tithibhirbhajet ।। 47।।
tathā khaṇḍasudhāghaṭyau caturghne tithibhirbhajet ।
labdhaṁ varṣādikaṁ mānaṁ sūryādīnāṁ khacāriṇām ।। 48।।
ekādisaṅkhyayā nighnaṁ daśāmānaṁ pṛthak kramāt ।
rāhuketuyutānāṁ ca navānāṁ kālasañjñakam ।। 49।।

## *Kala Dasha*

Die Berechnung der Kala Dasha geschieht wie folgt: Betrachte 5 Ghatikas (1 Ghatika entspricht 24 modernen Minuten) vor dem Anblick der Halbscheibe der untergehenden Sonne und 5 Ghatikas danach sowie 5 Ghatikas vor und nach dem Sonnenaufgang, d. h. 10 Ghatikas am Abend und 10 Ghatikas am Morgen. Die Gesamtdauer dieser beiden Sandhyas (Dämmerungen) wird als 20 Ghatikas angenommen. Die 20 Ghatikas der Nacht werden Purna und die 20 Ghatikas des Tages werden Mugdha genannt. Das Sandhya zur Zeit des Sonnenaufgangs wird Khanda genannt und das Sandhya zur Zeit des Sonnenuntergangs Shudha. Beide dieser Sandhyas bestehen aus jeweils 10 Ghatikas.

Wenn die Geburt in Purna oder Mugdha erfolgt, dann sollen ihre vergangenen Ghatikas mit 2 multipliziert und das Ergebnis durch

15 geteilt werden. Die so ermittelte Zahl soll in Jahre, Monate usw. umgerechnet werden. Indem man sie mit der Kennziffer der Sonne und anderer Planeten in ihrer normalen Reihenfolge multipliziert (Sonne = 1, Mond = 2 usw.) erhält man die Kala Dasha der Planeten. Wenn die Geburt während Sandhya stattfindet, dann sollten die vergangenen Ghatikas mit 4 multipliziert und das Ergebnis durch 15 geteilt werden. Die so ermittelte Zahl in Jahren, Monaten usw. sollte mit der Kennziffer der Sonne und der anderen Planeten multipliziert werden, um die Kala Dasha aller 9 Planeten zu erhalten.

rātrau lagnāśritādrāśerdine lagneśvarāśritām |
sandhyāyāṁ vittabhāvasthānneyā cakradaśā budhaiḥ || 50||
daśā varṣāṇi rāśīnāmekaikasya daśāmitiḥ |
kramāccakrasthitānāñca vijñātavyā dvijottama || 51||

## *Chakra Dasha*

Die Berechnung der Chakra Dasha geschieht wie folgt: Wenn die Geburt in der Nacht stattfand, beginnt die Dasha mit dem Zeichen des Aszendenten. Wenn die Geburt tagsüber stattfand, beginnt die Dasha ab dem Zeichen, in dem der Herr des Aszendenten sich befindet. Wenn die Geburt während des Sandhya (Dämmerung) stattfand, beginnt die Dasha mit dem Zeichen, das dem 2. Haus zugeordnet ist. Die Dasha jedes Zeichens dauert 10 Jahre. Da es das Dasha System der 12 Rashis im Tierkreis ist, wurde es Chakra Dasha genannt (Chakra bedeutet Kreis oder Rad).

athā'haṁ śaṅkaraṁ natvā kālacakradaśāṁ bruve |
pārvatyai kathitā pūrvaṁ sādaraṁ yā pinākinā || 52||
tasyāḥ sāraṁ samuddhṛtya tavāgre dvijamandana |
śubhā'śubhaṁ manuṣyāṇāṁ yathā jānanti paṇḍitāḥ || 53||

## *Kalachakra Dasha*

O Brahmane, nachdem ich Shiva respektvoll verehrt habe, werde ich die Kalachakra Dasha beschreiben. Das, was Shiva einst der Göttin Parvati hierüber mitteilte, werde ich jetzt zum Nutzen der Gelehrten berichten, damit es zum Wohle der Menschen angewandt werden kann.

*Parashara schätzt die Kalachakra Dasha offensichtlich sehr hoch ein. Unter den Jyotishis gibt es in Bezug auf einige Stellen in Parasharas Beschreibung dieses Dasha-Systems unterschiedliche Auffassungen, und das Verstehen seiner recht knappen Ausführungen gilt als schwierig.*

dvādaśāraṁ likheccakraṁ tiryagūrghvasamānakam I
gṛhā dvādaśa jāyante savye'savye dvidhā dvija I I 54I I
dvitīyādiṣu koṣṭheṣu rāśīn meṣādikān likhet I
evaṁ dvādaśarāśyākhyaṁ kālacakramudīritam I I 55I I

Indem du vertikale und horizontale Linien ziehst, erstelle 2 Chakras (Charts), Savya (im Uhrzeigersinn) und Apsavya (entgegen dem Uhrzeigersinn), die jeweils 12 Kosthas (Abteilungen, Wohnungen) enthalten. Im 2. Kostha in jedem Chart trage die Zeichen Widder, Stier, Zwillinge, Krebs, Löwe, Jungfrau, Waage, Skorpion, Schütze, Steinbock, Wassermann, Fische ein. Dann können die Nakshatras in der nachstehend angegebenen Weise aufgenommen werden. Diese Charts, welche die 12 Zeichen anzeigen, werden Kala Chakra genannt.

aśvinyāditrayaṁ savyamārge cakre vyavasthitam I
rohiṇyāditrayaṁ caivamapasavye vyavisthitam I I 56I I
evamṛkṣavibhāgaṁ hi kṛtvā cakraṁ samuddharet I
aśvinyaditihastakṣemūlaproṣṭhapadābhidhāḥ I I 57I I
vahnivātādiviśvarkṣarevatyaḥ savyatārakāḥ I
etaddaśoṣupādānāmaśvinyādau ca vīkṣayet I I 58I I

Trage Ashvini, Bharani und Krittika im Savya-Chakra und Rohini, Mrigashira, Ardra im Apsavya-Chakra ein. Nimm dann die drei folgenden Nakshatras Punarvasu, Pushya und Aslesha in die Savya und Magha, Purvaphalguni und Uttaraphalguni in die Apsavya auf. Dann nimm die drei folgenden Hasta, Chitra und Swati in die Savya und Vishakha, Anuradha und Jyeshtha in die Apsavya auf. Nimm dann Mula, Purvashadha und Uttarashadha in die Savya und Shravana, Dhanishtha und Shatabhisha in die Apsavya auf. Schließlich nimm noch die letzten drei Nakshatras Purvabhadrapada, Uttarabhadrapada und Revati in das Savya Chakra auf.

Damit gibt es nun 15 Nakshatras in der Savya und 12 Nakshatras in der Apsavya. Die Padas von Ashvini, Punarvasu, Hasta, Mula, Purvabhadrapada, Krittika, Aslesha, Svati, Uttarashadha und

Revati der Savya sind in der gleichen Weise zu rechnen wie die Padas von Ashvini.

dehajīvau kathaṁ vīkṣyau nakṣatrāṇāṁ padeṣu ca I
viśadaṁ tatprakāraṁ ca maitreya kathayāmayaham I I 59I I

Nun werde ich im Einzelnen beschreiben, wie der Deha (Körper) und der Jiva (der Bewohner des Körpers) den Padas (Füßen, Vierteln) der Nakshatras zugeordnet werden sollten.

dehajīvau meṣacāpau dāsrādyacaraṇasya ca I
meṣādyāścāpaparyantaṁ rāśipāśca daśādhipāḥ I I 60I I

Im ersten Pada von Ashvini ist Widder und Deha ist damit angezeigt, während Schütze Jiva anzeigt. Die Herren von Widder, Stier, Zwillinge, Krebs, Löwe, Jungfrau, Waage, Skorpion und Schütze sind Herren der Dashas in der Reihenfolge, wie sie zuvor beschrieben wurde.

mṛgayugme dehajīvau dvitīyacaraṇe smṛtau I
kramāt mithunaparyantaṁ rāśipāśca daśādhipāḥ I I 61I I

Im zweiten Pada von Ashvini ist Steinbock Deha, Zwillinge Jiva und die Herren der Zeichen von Steinbock bis Zwillinge sind die Herren der Dashas.

dāsrādidaśatārāṇāṁ tṛtīyacaraṇe dvija I
gaurdeho mithunaṁ jīvo dvyekārkeśadaśāṅkapāḥ I I 62I I

Im dritten Pada der 10 Nakshatras, beginnend mit Ashvini, ist Stier Deha und Zwillinge Jiva. Die Herren der Zeichen Stier, Widder, Fische, Wassermann, Steinbock, Schütze, Widder, Stier und Zwillinge sind in dieser Reihenfolge die Herren der Dashas, d. h. dies sind der Reihe nach Venus, Mars, Jupiter, Saturn, Saturn, Jupiter, Mars, Venus und Merkur.

kvakṣirāmarkṣanāthāśca daśādhipatayaḥ kramāt I
aśvinyādidaśauḍūnāṁ caturthacaraṇe tathā I I 63I I
karkamīnau dehajīvau karkādinavarāśipāḥ I
daśādhīśāśca vijñeyā navaite dvijasattama I I 64I I

Für den 4. Pada der 10 Nakshatras, beginnend mit Ashvini, ist Krebs Deha und Fische Jiva und die Herren der Zeichen von Krebs bis Fische sind die Herren der Dashas.

yamejyacitrātoyarkṣā'hīrbudhnyāḥ savyatārakāḥ I
etatpañcoḍupādānāṁ bharaṇyādau vicintayet II 65II

In den vier Padas der 5 Nakshatras Bharani, Pushya, Chitra, Purvashadha und Uttarabhadra sind Deha und Jiva die gleichen wie für Bharani.

yāmyaprathamapādasya dehajīvāvalirjhaṣaḥ I
nāgāgartupayodhīṣurāmākṣīndvarkabheśvarāḥ II 66II

Im ersten Pada von Bharani ist Skorpion Deha und Fische ist Jiva und die Herren der Zeichen Skorpion, Waage, Jungfrau, Krebs, Löwe, Zwillinge, Stier, Widder und Fische sind die Herren der Dashas in dieser Reihenfolge.

yāmyadvitīyapādasya dehajīvau ghaṭāṅgane I
rudradiṅnandacandrākṣirāmābdhīṣvaṅgabheśvarāḥ II 67II

Im 2. Pada von Bharani ist Wassermann Deha und Jungfrau ist Jiva und die Herren von Wassermann, Steinbock, Schütze, Widder, Stier, Zwillinge, Krebs, Löwe und Jungfrau sind die Herren der Dashas in dieser Reihenfolge.

yāmyatṛtīyapādasya dehajīvau tulāṅgane I
saptāṣṭāṅkadigīśārkagajādriramabheśvarāḥ II 68II

Im 3. Pada von Bharani ist Waage Deha und Jungfrau ist Jiva und die Herren der Zeichen Waage, Skorpion, Schütze, Steinbock, Wassermann, Fische, Skorpion, Waage und Jungfrau sind die Herren des Dashas in dieser Reihenfolge.

karko deho dhanurjīvo yāmyaturyapade dvija I
vedabāṇāgninetrendusūryeśāśāṅkabheśvarāḥ II 69II
saptamevaṁ vijānīyādasavyaṁ kathayāmyaham I
dvādaśārāṁ likheccakaṁ pūrvavad dvijasattama II 70II

Im 4. Pada von Bharani ist Krebs Deha und Schütze ist Jiva und die Herren der Zeichen Krebs, Löwe, Zwillinge, Stier, Widder, Fische,

Wassermann, Steinbock und Schütze sind die Dasha-Herren in dieser Reihenfolge.

dvitīyādiṣu koṣṭheṣu vṛścikād vyastamālikheet |
rohiṇī ca maghā dvīśaḥ karṇaśceti catuṣṭayam || 71||
uktaṁ cā'savyanākṣatraṁ pūrvācāryairdvijottama |
etadvedoḍupādānāṁ rohinīvannirīkṣayet || 72||

O Brahmane, hiermit habe ich dir die Beschreibung des Savya Chakra gegeben. Nun werde ich das Apsavya Chakra beschreiben.

Erstelle erneut ein Chart mit 12 Abteilungen und platziere ab der 2. Abteilung die Zeichen ab Skorpion in der umgekehrten Reihenfolge, d. h. Skorpion, Waage, Jungfrau usw. In diesem Chart sind Deha und Jiva für Rohini, Magha, Vishakha und Shravana die gleichen wie für Rohini.

rohiṇyādipade dehajīvau karkidhanurdharau |
navadigrudrasūryendunetrāgnoṣvabdhibheśvarāḥ || 73||
dhātṛdvitīcaraṇe dehajīvau tulastriyau |
aṅkāgavasusūryeśadigaṅkavasujūkapāḥ || 74||
tṛtīyacaraṇe brāhma deehajīvau ghaṭāṅgane |
ṣaḍbāṇabdhiguṇakṣīndunandadigrudrabheśvarāḥ || 75||
rohiṇyantapade dehajīvāvalijaṣau smṛtau |
sūryendudviguṇeṣvabdhitarkaśailāṣṭabheśvarāḥ || 76||

Im ersten Pada von Rohini ist Krebs Deha und Schütze ist Jiva. Die Herren der Zeichen Schütze, Steinbock, Wassermann, Fische, Widder, Stier, Zwillinge, Löwe und Waage sind in dieser Reihenfolge die Dasha-Herren.

Im 2. Pada von Rohini ist Waage Deha und Jungfrau Jiva und die Herren der Zeichen Jungfrau, Waage, Skorpion, Fische, Wassermann, Steinbock, Schütze, Skorpion und Skorpion sind die Dasha-Herren.

Im 3. Pada von Rohini ist Wassermann Deha und Jungfrau ist Jiva. Die Herren der Zeichen Jungfrau, Löwe, Krebs, Zwillinge, Stier, Widder, Schütze, Steinbock und Wassermann sind die die Dasha-Herren.

Im 4. Pada von Rohini ist Skorpion Deha und Fische ist Jiva und die Herren der Zeichen Fische, Widder, Stier, Zwillinge, Löwe, Krebs, Jungfrau, Waage und Skorpion werden in der genannten Reihenfolge die Herren der Dashas sein.

cāndraraudrabhagāryamṇamitrenduvasuvāruṇam I
etattārāṣṭakaṁ vijñairvijñeyaṁ cāndravat kramāt I I 77 I I

In den 4 Padas der Apsavya Nakshatras Mrigashira, Ardra, Purvaphalguni, Uttaraphalguni, Anuradha, Jyeshtha, Dhanishta und Satabhisha sind Deha und Jiva und die Dasha-Herren die gleichen wie für Mrigashira.

karko deho jhaṣo jīvo mṛgādyacaraṇe dvija I
vyastānmīnādikarkāntarāśipāśca daśādhipāḥ I I 78 I I
gaurdeho mithunaṁ jīvo dvitīyacaraṇe mṛge I
tridvyekāṅkadiśīśārkacandrākṣibhavanādhipāḥ I I 79 I I
dehajīvau nakrayugme tṛtīyacaraṇe mṛge I
tribāṇābdhirasāgāṣṭasūryeśadaśabheśvarāḥ I I 80 I I
meṣo deho dhanurjīvo caturthacaraṇe mṛge I
vyastāccāpādimeṣāntarāśipāśca daśādhipāḥ I I 81 I I

Im 1. Pada von Mrigashira ist Krebs Deha und Fische ist Jiva und die Herren der Zeichen Fische, Wassermann, Steinbock, Schütze, Skorpion, Waage, Jungfrau, Löwe und Krebs werden in dieser Reihenfolge die Dasha-Herren sein.

Im 2. Pada von Mrigashira ist Stier Deha und Zwillinge ist Jiva und die Herren der Zeichen Zwillinge, Stier, Widder, Schütze, Steinbock, Wassermann, Fische, Widder und Stier werden die Dasha-Herren sein.

Im 3. Pada von Mrigashira ist Steinbock Deha und Zwillinge ist Jiva und die Herren der Zeichen Zwillinge, Löwe, Krebs, Jungfrau, Waage, Skorpion, Fische, Wassermann und Steinbock werden die Dasha-Herren sein.

Im 4. Pada von Mrigashira ist Widder Deha und Schütze ist Jiva und die Herren der Zeichen Schütze, Skorpion, Waage, Jungfrau, Löwe, Krebs, Zwillinge, Stier und Widder werden die Dasha-Herren sein.

apasavyagaṇe tvevaṁ dehajīvadaśādikam ।
pārvatyai śambhunā proktamidāvīṅkathitaṁ mayā ।। 82।।

Maharishi Parashara sagte:

O Brahmane, diese Beschreibung von Deha und Jiva der Padas der Apsavya Nakshatras und der Dasha-Herren entspricht dem, was Mahadeva der Göttin Parvati darüber erzählte.

keṣāṁ ca kati varṣāṇi daśeśānāṁ mahāmune ।
daśāyā bhuktabhogyādyaṁ tadārambha pracakṣva me ।। 83।।

Maitreya sagte:

O ehrwürdiger Maharishi Parashara, bitte unterweise mich nun über die Dasha-Phasen der Dasha-Herren, die du beschrieben hast. Bitte zeige auch auf, wie der Beginn der Dasha, ihr Verlauf und die bei Geburt verbleibende Phase zu berechnen sind.

bhūtaikaviṁśagirayo navadikṣoḍaśābdhayaḥ ।
sūryādīnāṁ daśābdhāḥ syū rāśīnāṁ svāmino vaśāt ।। 84।।

Parashara sprach:

5, 21, 7, 9, 10, 16 und 4 ist jeweils die Dauer der Dasha von Sonne, Mond, Mars, Merkur, Jupiter, Venus und Saturn.

narasya janmakāle vā praśnakāle yadaṁśakaḥ ।
tadādinavarāśināmabdāstasyāyurucyate ।। 85।।
sampūrṇāyurbhavedādāvardhamaṁśasya madhyake ।
aṁśānte paramaṁ kaṣṭamityāhurapare budhāḥ ।। 86।।

Die Lebensspanne eines Geborenen oder eines Fragestellers (bei einem Frage-Horoskop, Prashna genannt) wird aus dem Pada (Amsha) der Nakshatra geschlussfolgert, das zum Zeitpunkt der Geburt oder zur Zeit der Fragestellung aktiv war. Die Anzahl der Jahre, die den 9 Zeichen (ab dem Pada des Nakshatra) zugeordnet ist, bestimmt die Lebensdauer der Person.

Einige gelehrte Astrologen vertreten die Auffassung, dass die Person sich der vollen Lebensspanne (Purna Ayu) erfreut, wenn die Geburt am Anfang der Padas war, einer mittleren Lebensspanne (Madhaya Ayu), wenn die Geburt in der Mitte der Padas und eine kurze Lebensspanne (Alap Ayu) oder aber Leiden, das dem des Todes gleicht, zu erwarten ist, wenn die Geburt am Ende der Padas des Nakshatras war.

jñātvaivaṁ sphuṭasiddhāntaṁ rāśyaṁśaṁ gaṇayed budhaḥ ।
anupātena vakṣyāmi tadupāyamataḥ param ।। 87।।
gatatārāstribhirbhaktāḥ śeṣaṁ caiva caturguṇam ।
vartamānapadenāḍhyaṁ rāśīnāmaṁśako bhavet ।। 88।।

Auf dieser Grundlage sollte man sich mit den Padas der Nakshatras vertraut machen.

Nun werde ich dir erklären, wie die Berechnungen dem Anteil der Padas eines Nakshatras entsprechend vorzunehmen sind. Die Anzahl der Nakshatras ab Ashvini sollte durch 3 geteilt werden. Danach soll man den Rest davon mit 4 multiplizieren. Zu diesem Ergebnis soll man die Padas des gegenwärtigen Nakshatras hinzufügen. Das Ergebnis hiervon zeigt, von Widder an gerechnet, das Nakshatra-Zeichen der Navamsha an.

meṣe śataṁ vṛṣe'kṣāṣṭau mithune trigajāḥ samāḥ ।
karkaṭe'ṅgagajāḥ proktāstāvantastattrikoṇayoḥ ।। 89।।

In der Kalachakra Dasha ist die Anzahl der Jahre (Purna Ayu) wie folgt: Für die Widder-Amsha 100 Jahre, Stier 85 Jahre, Zwillinge 83 Jahre und Krebs 86 Jahre. Die Anzahl der Jahre ist die gleiche für Zeichen, die sich im 5. und 9. von den genannten Zeichen aus befinden.

jano yatrāṁśake jāto gatanāḍīpalādibhiḥ ।
tadāṁśasya hatāḥ svābdāḥ pañcabhūmivibhājitāḥ ।। 90।।
evaṁ mahādaśārambho bhavedaṁśādyathā kramāt ।
gaṇayennavaparyantaṁ tattadāyuḥ prakīrtitam ।। 91।।

Multipliziere die vergangenen Ghatikas der Padas des Nakshatra, in dem jemand geboren wurde, mit den Dasha-Jahren und teile das Ergebnis durch 15. Das Ergebnis hiervon wird die abgelaufene Periode der Dasha in Jahren, Monaten usw. anzeigen. Wenn man dieses von der Gesamtzahl der zugeteilten Jahre abzieht, erhält man die verbleibende Zeit der Dasha ab der Geburt. Die Mahadashas sollten als mit jenem Zeichen beginnend angesehen werden.

padasya bhuktaghaṭyādyaiḥ svābdamānaṁ hataṁ tataḥ ।
bhabhogāṅghrihṛtaṁ bhuktaṁ bhogyaṁ mānād viśodhitam ।। 92।।

Multipliziere die vergangenen Ghatikas, Palas usw. des aktuellenen Padas des Nakshatras mit der Anzahl der Jahre und teile das Ergebnis durch den vierten Teil von Bhabhog. Die so erhaltenen Jahre usw. können dann von der gesamten Dasha-Periode abgezogen werden. Das Ergebnis ist die verbleibende Zeit der Dasha ab der Geburt in Jahren, Monaten usw.

candrāṅkāṁśakalā bhuktāḥ svābdamānahatā hṛtāḥ ।
dviśatyā bhuktavarṣādyaṁ jñeyaṁ bhogyaṁ tato budhaiḥ ।। 93।।

Der bereits abgelaufene Abschnitt (Kala) der Navamsha des Mondes sollten mit der Zahl der Jahre multipliziert werden, die dem aktuellen Pada des Nakshatras entsprechen und das Ergebnis sollte durch 200 geteilt werden. Dies als Jahre, Monate usw. aufgefasst zeigt den bereits abgelaufenen Anteil des Dasha an. Indem man dies von der Gesamtzahl der Dauer der Dasha abzieht, erhält man die verbleibende Zeit der Dasha ab der Geburt.

savyākhye prathamāṁśo yaḥ sa deha iti kathyate ।
antyāṁśo jīvasañjñaḥ syād vilomamapasavyake ।। 94।।
dehādiṁ gaṇayet savye jīvādimapasavyake ।
evaṁ vijñāya daivajñastatastatphalamādiśet ।। 95।।

Im Savya Chakra wird die erste Amsha Deha und die letzte Jiva genannt. Im Apsavya-Chakra ist dies umgekehrt. Daher sollten sich die Berechnungen auf Deha usw. im Savya-Chakra und auf Jiva usw. im Apsavya Chakra stützen.

kālacakragatiḥ proktā tridhā pūrvamaharṣibhiḥ ।
maṇḍūkākhyā gatiścaikā markaṭīsañjñakā'parā ।। 96।।
siṁhāvalokanākhyā ca tṛtīyā parikīrtitā ।
utplutya gamanaṁ vijñā maṇḍūkākhyaṁ pracakṣate ।। 97।।
pṛṣṭhato gamanaṁ nāma markaṭīsañjñakaṁ tathā ।
vāṇācca navaparyantaṁ gatiḥ siṁhāvalokanam ।। 98।।

Es gibt drei Arten von Bewegungen (Gati) der Zeichen im Kala Chakra, nämlich Manduki, Markati und Simhavlokan. Die Bewegung eines Zeichens durch Überspringen eines Zeichens ist als

Manduki Gati bekannt. Die Rückwärtsbewegung zum vorherigen Zeichen hin wird als Markati Gati bezeichnet. Die Bewegung eines Zeichens zum 5. und 9. Zeichen hin wird als Simhavlokan bezeichnet.

kanyākarkaṭayoḥ siṁhayugmayormaṇḍūykī gatiḥ ।
karkakesariṇorevaṁ kathyate markaṭīṁ gatiḥ ।। 99।।
mīnavṛścikayoścāpameṣayoḥ saiṁhikī gatiḥ ।
iti sañcintya vijñeyaṁ kālacakradaśāphalam ।। 100।।

Die Bewegung von Jungfrau zu Krebs und von Löwe zu Zwillingen ist Manduki Gati. Die Bewegung von Löwe zu Krebs ist Markati Gati. Die Bewegung von Fische zu Skorpion und von Schütze zu Widder heißt Simhavlokan Gati.

maṇḍūkagatikāle hi savye bandhujane bhayam ।
pitrorvā viṣaśastrāgnijvaracorādijaṁ bhayam ।। 101।।
kesarīyugmamaṇḍūke māturmaraṇmādiśet ।
svamṛtiṁ rājabhitiṁ vā sannipātabhayaṁ bhavet ।। 102।।

Die Auswirkungen der Dasha des Zeichens mit Manduki Gati im Savya Chakra sind Probleme für Freunde, Verwandte, Eltern und Ältere und es besteht eine Tendenz zu Ärger durch Gift, Waffen, Diebe und Feinde. In der Manduki Dasha der Bewegung von Löwe zu Zwillinge besteht die Wahrscheinlichkeit des Todes der Mutter oder von einem selbst, Problemen mit der Regierung und die Möglichkeit von Gehirnfieber.

markaṭīgamane savye dhanadhānyapaśukṣayaḥ ।
piturmaraṇamālasyaṁ tatsamānāṁ ca va mṛtiḥ ।। 103।।

Die Auswirkungen der Dasha eines Zeichens mit Markati Gati im Savya Chakra sind der Verlust von Reichtum, landwirtschaftlichen Produkten und Tieren, der Tod des Vaters oder eines älteren nahen Verwandten und ein Gefühl der Lethargie.

savye siṁhāvaloke tu paśubhītirbhavennṛṇām ।
suhṛtsnehādināśaśca samānajanapīḍanam ।। 104।।
patanaṁ vāpi kūpādau viṣaśasrtāgnijaṁ bhayam ।
vāhanāt patanaṁ vāpi jvarārtiḥ sthānanāśanam ।। 105।।

Die Auswirkungen der Dasha von Zeichen mit Simhavlokan Gati im Savya Chakra sind die Möglichkeit von Verletzungen durch Tiere, Verlust der guten Beziehungen mit Freunden, Probleme für nahe Verwandte, Ertrinken in einem Brunnen, Sturz von Tieren herab, Schädigungen durch Gift, Waffen und Krankheiten sowie Zerstörung der eigenen Wohnstätten.

maṇḍūkagamane vāme strīsutādiprapīḍanam I
jvaraṁ ca śvāpadād bhītiṁ vaded vijñaḥ padacyutim II 106II
markaṭīgamane vā'pi jalabhītiṁ padacyutim I
piturnāśaṁ nṛpakrodhaṁ durgāraṇyāṭanaṁ vadet II 107II
siṁhāvalokane vāme padabhraṁśaḥ piturmṛtiḥ I
tatsamānamṛtirvā'pi phalamevaṁ vicintayet II 108II

In der Dasha eines Zeichens mit Manduki Gati im Apsavya Chakra werden die Auswirkungen Kummer für die Ehefrau, Verlust von Kindern, die Möglichkeit von Fieberzuständen und der Verlust der Stellung sein.

In der Dasha eines Zeichen mit Markati Gati kann es Gefahr durch Orte am Wasser, Verlust der Stellung, Probleme für den Vater, Bestrafung durch die Regierung und Herumwandern in den Wäldern geben.

In der Dasha eines Zeichen mit Simhavlokan Gati im Apsavya Chakra kann es zur Zerstörung des Wohnsitzes und zum Tod des Vaters usw. kommen.

mīnāt tu vṛścike yāte jvaro bhavati niścitaḥ I
kanyātaḥ karkaṭe yāte bhrātṛbandhuvināśanam II 109II
siṁhāttu mithune yāte striyā vyādhirbhaved dhruvam I
karkaṭācca harau yāte vadho bhavati dehinām II 110II
pitṛbandhumṛtiṁ vidyāccāpānmeṣe gate punaḥ I
bhayaṁ pāpakhagairyukte śubhakheṭayute śubham II 111II

Bei der Bewegung von Fische nach Skorpion kann der Geborene an Fieber leiden, bei der Bewegung von Jungfrau zu Krebs kann es zum Verlust von Brüdern und Verwandten kommen, bei der Bewegung von Löwe zu Zwillingen zur Erkrankung der Ehefrau, bei der Bewegung von Löwe zu Krebs kann der Geborene sterben, bei der Bewegung von Schütze zu Widder kann es zum Tod von Onkeln und ähnlichen Verwandten kommen.

Falls das Zeichen mit einem Übeltäter in Konjunktion steht, kann mit ungünstigen Ereignissen in der Dasha des Zeichens gerechnet werden. Günstige Auswirkungen werden in der Dasha eines Zeichens zu spüren sein, wenn es mit einem Wohltäter in Konjunktion steht.

śubhaṁ vā'pyaśubhaṁ vā'pi kālacakradaśāphalam I
rāśidikbhāgato vāpi pūrvādidigtabhaścarāt I I 112 I I
taddigāvabhāge vaktavyaṁ taddaśāsamaye nṛṇām I
yathopadeśamārgeṇa sarveṣāṁ dvijasattama I I 113 I I

O Brahmane, in der Kalachakra Dasha können günstige und ungünstige Auswirkungen auf der Grundlage des Zeichens der Dasha vorhergesagt werden. Die Voraussagen für die Phase eines Zeichens sollten die Bewegungsart des Zeichens mit einbeziehen.

kanyātaḥ karkaṭe yāte pūrvabhāge mahatphalam I
uttaraṁ deśamāśritya śubhā yātrā bhaviṣyati I I 114 I I
siṁhāttu mithune yāte pūrvabhāgaṁ vivarjayet I
kāryānte'pi ca nairtyāṁ sukhaṁ yātrā bhaviṣyati I I 115 I I
karkaṭāt siṁhabhe yāte kāryahāniśca dakṣiṇe I
dakṣiṇāṁ diśamāśritya pratyagāgamanaṁ bhavet I I 116 I I
mīnāttu vṛścike yāte udag gacchati saṅkaṭam I
cāpācca makare yāte saṅkaṭaṁ jāyate dhruvam I I 117 I I
cāpānmeṣe tu yātrāyāṁ vyādhirbandho mṛtirbhavet I
vṛścike tu sukhaṁ sampat strīprāptiśca dvijottama I I 118 I I
siṁhācca karkaṭe yāte pascimāṁ varjayeddiśam I
śubhayoge śubhaṁ brūyādaśubhe tvaśubhaṁ phalam I I 119 I I

Wenn es um eine Bewegung von Jungfrau zu Krebs geht, werden gute Auswirkungen an Orten erfahren, die im Osten liegen, und auch Reisen zu Orten im Norden werden sich als fruchtbar erweisen. Ungünstige Auswirkungen werden an Orten im Westen und im Süden zu spüren sein; es ist ratsam, in der Dasha dieser Zeichen keine Reisen in diese Richtungen zu unternehmen.

Falls eine Bewegung von Löwe zu Zwillingen erfolgt, sollte keine Reise zu Orten im Osten unternommen werden. Die Reisen in den Südwesten werden sich jedoch in der Dasha dieser Zeichen als fruchtbar erweisen. Bei einer Bewegung von Krebs zu Löwe erweisen sich in diesem Zeitraum Reisen in den Süden als ungünstig und führen zu Verlusten und der Geborene muss aus dem Süden in den Westen zurückkehren.

Falls eine Bewegung von Fische nach Skorpion erfolgt, wird es zu Problemen kommen, wenn der Geborene nach Norden reist. Dasselbe würde für eine Bewegung von Schütze zu Steinbock gelten. Es kann zu Krankheit, Inhaftierung oder Tod kommen, wenn die Bewegung von Schütze zu Widder geht. In der Bewegung von Schütze zu Skorpion kann es Gewinne von Annehmlichkeiten und Wohlstand und eine Heirat geben.

Es ist nicht ratsam, während einer Bewegung von Löwe zu Krebs Reisen in den Westen zu unternehmen.

Günstige Ergebnisse sollten vorhergesagt werden, falls die aktiven Zeichen mit Wohltätern in Konjunktion stehen und negative, wenn die Zeichen mit Übeltätern in Konjunktion stehen.

śūraścauraśca meṣāṁśe lakṣmīvāṁśca vṛṣāṁśake |
mithunāṁśe bhavejjñānī karkāṁśe nṛpatirbhavet || 120||
siṁhāṁśe rājamānyaśca kanyāṁśe paṇḍito bhavet |
tulāṁśe rājamantrī syād vṛścikāṁśe ca nirdhanaḥ || 121||
cāpāṁśe jñānasampanno marakāṁśe ca pāpakṛt |
kumbhāṁśe ca vaṇikkarmā mīnāṁśe dhanadhānyavān || 122||

Dem Kalachakra zufolge wird derjenige, der in den Amshas der verschiedenen Zeichen geboren wurde, folgende Eigenschaften besitzen: in Widder-Amsha tapfer und ein Dieb, in Stier wohlhabend, in Zwillinge gelehrt, in Krebs ein König (oder gleich einem König), in Löwe vom König (Regierung usw.) respektiert, in Jungfrau gelehrt, in Waage Minister oder Ratgeber, in Schütze sündhaft, in Wassermann Geschäftsmann und in Fische wohlhabend.

deho jīvo'thavā yukto ravibhaumārkirāhubhiḥ |
ekaikayoge mṛtyuḥ syād bahuyoge tu kā kathā || 123||
krūrairyukte tanau rogaṁ jīve yukte mahad bhayam |
ādhī rogo bhaved dvābhyāmapamṛtyusrtibhirbhavet || 124||
caturbhirmṛtimāpanno dehe jīve'śubhairyute |
yugapaddehajīvau ca krūragrahayutau tadā || 125||
rājacorādibhītiśca mṛtiścāpi na saṁśayaḥ |
vahnivādhā ravau jñeyā kṣīṇendau ca jalād bhayam || 126||

kuje śastrakṛtā pīḍā vāyuvādhā budhe bhavet I
gulmavādhā śanau jñeyā rāhau ketau viṣād bhayam I I 127 I I
dehajīvagṛhe yāto budho jīvo'thavā bhṛguḥ I
sukhasmpatkarāḥ sarve rogaśokavināśanāḥ I I 128 I I

Wenn die Deha- oder Jiva-Zeichen mit Sonne, Mars, Saturn oder Rahu in Konjunktion stehen, wird der Geborene sterben; schlechtere Ergebnisse sind grundsätzlich zu erwarten, wenn die Deha- und Jiva-Zeichen mit zwei oder allen der genannten Übeltäter in Konjunktion stehen. Wenn sich ein Übeltäter im Deha-Zeichen befindet, leidet der Geborene an einer Krankheit; ein Übeltäter in einem Jiva-Zeichen macht den Geborenen sehr zaghaft. Bei einer Konjunktion mit zwei Übeltätern kommt es zu Problemen und Krankheiten. Drei Übeltäter führen zu einem vorzeitigen Tod. Vier Übeltäter werden definitiv zum Tod führen.

Wenn sowohl die Deha- als auch die Jiva-Zeichen von Übeltätern besetzt sind, so werden Furcht vor dem König und vor Dieben und der Tod des Geborenen die Folgen sein.

Falls die Sonne sich im Deha- oder Jiva-Zeichen befindet, besteht Gefahr durch Feuer, bei Mond Gefahr durch Wasser, bei Mars durch Waffen, bei Merkur durch Vata-Störungen, bei Saturn Angst vor Gulma (Geschwüren im Bauchraum), bei Rahu und Ketu Angst vor Gift.

Wenn die Deha- oder Jiva-Zeichen von Merkur, Jupiter und Venus besetzt sind, wird der Geborene wohlhabend sein, alle Arten von Annehmlichkeiten genießen und eine gute Gesundheit haben. Gemischte Ergebnisse sind zu erwarten, wenn die Deha- und Jiva-Zeichen sowohl von Wohltätern als auch von Übeltätern besetzt sind.

miśragṛhaiśca saṁyukte miśraṁ phalamavāpnuyāt I
pāpakṣetradaśākāle dehajīvau tu duḥkhitau I
śubhakṣetradaśākāle śubhaṁ bhavati niścitam I I 129 I I
śubhayuktāśubhakṣetradaśā miśraphalā smṛtā I
krūrayuktaśubhakṣetradaśā miśraphalā tathā I I 130 I I

In der Dasha eines Zeichens, dessen Herr ein Übeltäter ist, werden Körper und Geist leiden. In der Dasha der Zeichen, deren Herren Wohltäter sind, werden die Auswirkungen günstig sein.

Wenn ein Übeltäter-Zeichen von einem Wohltäter-Planeten besetzt ist oder wenn ein Wohltäter-Zeichen von einem Übeltäter besetzt ist, werden die Auswirkungen gemischter Natur sein.

janānāṁ janmakāle tu yo rāśistanubhāvagaḥ |
tasya cakradaśākāle dehārogyaṁ sukhaṁ mahat || 131||
śubhe pūrṇasukhaṁ pāpe dehe rogādisambhavaḥ |
svoccādigatakheṭāḍhye rājyamānadhanāptayaḥ || 132||

In der Kalachakra Dasha des Zeichens am Aszendenten ist der Körper gesund und der Geborene verbringt sein Leben mit vielen Annehmlichkeiten. Wenn es sich beim Aszendentenzeichen um ein Zeichen handelt, dessen Herr ein Wohltäter ist, kommen die guten Wirkungen voll zum Tragen. Wenn es sich beim Aszendentenzeichen um ein Zeichen handelt, dessen Herr ein Übeltäter ist, besteht die Wahrscheinlichkeit einer Erkrankung. Wenn sich ein Planet erhöht oder in seinem eigenen Zeichens im Aszendenten befindet, wird der Geborene vom König oder der Regierung geachtet sein und Wohlstand erwerben.

dhanabhāve ca yo rāśistasya cakradaśā yadā |
tadā subhojanaṁ putrastrisukhaṁ ca dhanāptayaḥ || 133||
vidyāptirvākpaṭutvaṁ ca sugoṣṭhyā kālayāpanam |
śubharkṣe phalamevaṁ syāt pāpabhe phalamanyathā || 134||

In der Kalachakra Dasha des Zeichens im 2. Haus erhält der Geborene gutes Essen, erlebt Freude an Frau und Kindern, erlangt Wohlstand, erzielt Fortschritte im Bildungsbereich, wird geschickt im Führen von Gesprächen sein und bewegt sich in guter Gesellschaft. Im Fall eines Wohltäter-Zeichens werden die positiven Auswirkungen in vollem Umfang manifestiert, andernfalls sind die Auswirkungen gemischter Natur.

tṛtīyabhāvarāśestu kālacakradaśā yadā |
tadā bhrātṛsukhaṁ śauryaṁ dhairyaṁ cāpi mahatsukham || 135||
svarṇābharaṇavastrāptiḥ sammānaṁ rājasaṁsadi |
śubharkṣe phalamevaṁ syāt pāparkṣe phalamanyathā || 136||

Freude durch Geschwister, Tapferkeit, Geduld, Annehmlichkeiten, Erlangung von Gold, Schmuck und Kleidung sowie Anerkennung seitens des Königs oder der Regierung sind die Auswirkungen in der Kalachakra Dasha des Zeichens im 3. Haus. Wenn es sich um ein Wohltäter-Zeichen handelt, werden die guten Ergebnisse in vollem Umfang manifestiert, andernfalls können auch negative Auswirkungen auftreten.

sukhabhāvagatarkṣasya kālacakradaśā yadā |
tadā bandhusukhaṁ bhūmigṛharājyasukhāptayaḥ || 137 ||
ārogyamarthalābhaśca vastravāhanajaṁ sukham |
śubharkṣe śobhanaṁ jñeyaṁ pāpabhe phalamanyathā || 138 ||

Gute Beziehungen zu Verwandten, der Erwerb von Land, Häusern oder einem Königreich, Fahrzeugen und Kleidung, Sinnesfreuden und gute Gesundheit sind die Auswirkungen der Kalachakra Dasha des Zeichens im 4. Haus. Wenn es ein Wohltäter-Zeichen ist, werden die guten Auswirkungen in vollem Umfang erlebt. Wenn es sich um ein Übeltäter-Zeichen handelt, werden auch negative Ergebnisse erfahren.

sutabhāvagatarkṣasya kālacakradaśā yadā |
sutastrīrājyasaukhyāptirārogyaṁ mitrasaṅgamaḥ || 139 ||
vidyābuddhiyaśolābho dhairyaṁ ca vikramodayaḥ |
śubharāśau śubhaṁ pūrṇaṁ pāparkṣe phalamanyathā || 140 ||

Mit Frau und Kindern gesegnet sein, Gunst seitens der Regierung erfahren, Freude an guter Gesundheit, gute Beziehungen zu Freunden, Erlangung von Ruhm, gute Fortschritte im Bildungsbereich, Geduld und Tapferkeit sind die Wirkungen der Kalachakra Dasha des Zeichens im 5. Haus. Wenn es ein Wohltäter-Zeichen ist, werden die guten Auswirkungen vollständig eintreten. Wenn es sich um ein Übeltäter-Zeichen handelt, werden auch negative Auswirkungen eintreten.

ripubhāvagatarkṣasya kālacakradaśā yadā |
tadā corādibhūpāgniviṣaśastrabhayaṁ mahat || 141 ||
pramehagulmapaṇḍvādirogāṇāmapi sambhavaḥ |
pāparkṣe phalamevaṁ syāt śubharkṣe miśramādiśet || 142 ||

Gefahr durch den König (Regierung usw.), Feuer und Waffen und die Gefahr, an Diabetes, Gulma (Geschwüren im Bauchbereich) und Gelbsucht zu erkranken, sind die Auswirkungen in der Kalachakra Dasha des Zeichens im 6. Haus. Wenn es sich dabei um ein Übeltäter-Zeichen handelt, werden die oben genannten unerfreulichen Auswirkungen in vollem Umfang manifestiert. Eine gewisse Milderung der üblen Auswirkungen wird es im Fall eines Wohltäter-Zeichens geben.

jāyābhāvagatarkṣasya kālacakradaśā yadā I
tadā pāṇigrahaḥ patnīputralābhādikaṁ sukham II 143II
kṛṣiyodhanavastrāptirnṛpapūjā mahadyaśaḥ I
śubharāśau phalaṁ pūrṇaṁ pāparāśau ca taddalam II 144II

Heirat, eheliche Freude, mit Kindern gesegnet sein, Erlangung von landwirtschaftlichen Produkten, Kühen und Kleidung, Gunst und Anerkennung durch den König und der Gewinn von Ruhm sind die Auswirkungen in der Kalachakra Dasha des Zeichens im 7. Haus. Die segensreichen Ergebnisse werden in vollem Umfang erfahren, wenn es ein Wohltäter-Zeichen ist. Mittlelmäßig gute Auswirkungen werden im Fall eines Übeltäter-Zeichens erfahren werden.

mṛtyubhāvasthitarkṣasya kālacakradaśā tadā I
sthānanāśaṁ mahad duḥkhaṁ bandhunāśaṁ dhanakṣayam II 145II
dāridryamannavidvopamaribhītiṁ ca nirdiśet I
pāparāśau phalaṁ pūrṇaṁ śubharāśau ca taddalam II 146II

Zerstörung des Wohnsitzes, Probleme, Verlust von Wohlstand, Armut und Gefahr durch Feinde sind die Auswirkungen der Kalachakra Dasha des Zeichens im 8. Haus. Die negativen Auswirkungen werden in vollem Umfang erlebt, wenn es sich dabei um ein Übeltäter-Zeichen handelt. Ein gewisses Maß an Milderung der unerfreulichen Auswirkungen kann im Fall eines Wohltäter-Zeichens erwartet werden.

dharmabhāvagatarkṣasya kālacakradaśā yadā I
tadā putrakalatrārthakṛṣigehasukhaṁ vadet II 147II
satkarmadharmasaṁsiddhiṁ mahajjanaparigraham I
śubharāśau śubhaṁ pūrṇaṁ pāparāśau ca taddalam II 148II

Erfreuliche Erfahrungen in Bezug auf Ehefrau, Kinder, Haus, landwirtschaftliche Aktivitäten, Ausführung guter und frommer Taten, Fortschritt in der spirituellen Entwicklung und das Privileg, sich in der Gesellschaft großer religiöser oder spiritueller Führer bewegen zu dürfen, sind die Auswirkungen des Zeichens im 9. Haus (Dharma Bhava) in der Kalachakra Dasha. Die segensreichen Ergebnisse werden in vollem Umfang erfahren, wenn es sich dabei um ein Wohltäter-Zeichen handelt. Im Fall eines Übeltäter-Zeichens werden die guten Auswirkungen nur spärlich in Erscheinung treten.

karmabhāvagatarkṣasya kālacakradaśā yadā |
rājyāptirbhūpasammānaṁ putradārādijaṁ sukham || 149||
satkarmaphalamaiśvaryaṁ sadgoṣṭhyā kālayāpanam |
śubharāśau phalaṁ pūrṇaṁ pāparāśau ca miśritam || 150||

Gewinn eines Königreichs (hohe Position in der Regierung usw.), Anerkennung durch den König (Regierung), Freude an Frau und Kindern, Erfolg in Unternehmungen und die Ausführung guter Handlungen sind die Auswirkungen in der Kalachakra Dasha des Zeichens im 10. Haus. Die guten Ergebnisse werden im Falle eines Wohltäter-Zeichens in vollem Umfang verwirklicht. Wenn es sich um ein Übeltäter-Zeichen handelt, werden die guten Auswirkungen gering sein.

lābhabhāvasthitarkṣasya kālacakradaśā yadā |
putrastrībandhusaukhyāptirbhūpaprītirmahatsukham || 151||
dhanavastrāptirārogyaṁ satāṁ saṅgaśca jāyate |
śubharāśau phalaṁ pūrṇaṁ pāparāśau ca khaṇḍitam || 152||

Freude an der Ehefrau, Kindern und Verwandten, der Erhalt von Gefälligkeiten seitens der Regierung, Erwerb von Reichtum und Kleidung und die Verbindung mit guten Menschen sind die Auswirkungen in der Kalachakra Dasha des Zeichens im 11. Haus (Labha Bhava). Die guten Wirkungen kommen im Fall eines Wohltäter-Zeichens vollständig zum Tragen. Sehr wenig Gutes wird sich im Fall eines Übeltäter-Zeichens einstellen.

vyayabhāvagatarkṣasya kālacakradaśā tadā |
udyogabhaṅgamālasyaṁ dehapīḍāṁ padacyutim || 153||
dāridyaṁ karmavaiphalyaṁ tathā vyarthavyayaṁ vadet |
pāparāśau phalaṁ tvevaṁ śubharāśau ca taddalam || 154||

Scheitern in den Bemühungen und Unternehmungen, Schmerzen im Körper, Verlust der Position, Armut und unnötige Ausgaben sind die Auswirkungen in der Kalachakra Dasha des Zeichens im 12. Haus (Vyaya Bhava). Im Falle eines Übeltäter-Zeichens werden die negativen Auswirkungen in vollem Umfang erfahren. Etwas Gutes kann ab und zu geschehen, wenn es sich um ein Wohltäter-Zeichen handelt.

lagnādivyayaparyantaṁ bhānāṁ caradaśāṁ bruve ।
tasmāt tadīśaparyantaṁ saṅkhyāmatra daśāṁ viduḥ ।। 155।।
meṣāditritribhairjñeyaṁ padamojapade kramāt ।
daśābdānayane kāryā gaṇanā vyutkramāt same ।। 156।।

## *Chara Dasha*

Nun werde ich dir die Chara Dasha der Zeichen (Rashis) der 12 Häuser beschreiben. In diesem Dasha-System wird die Anzahl der Jahre der Dasha berechnet, indem man vom Zeichen selbst bis zu dem Zeichen, in dem sein Herr steht, zählt. Die Besonderheit dieses Systems besteht darin, dass alle drei Zeichen ab Widder usw. vier Padas haben. Bei den ungeraden (1, 3) Padas wird vom Rashi bis zu dem Rashi gezählt, in dem sein Herr sich befindet. Bei den geraden Padas (2, 4) erfolgt die Zählung in umgekehrter Reihenfolge.

vṛścikādhipatī dvau ca ketubhaumau smṛtau dvija ।
śanirāhu ca kumbhasya svāminau parikīrtito ।। 157।।

In diesem System sind Mars und Ketu beide Herren von Skorpion. In ähnlicher Weise sind Saturn und Rahu Herren von Wassermann.

dvināthakṣetrayoratra kriyate nirṇayo'dhunā ।
dvāvevādhipatī vipra yuktau svarkṣe sthitau yadi ।। 158।।
varṣa dvādaśakaṁ tatra na cedekādi cintayet ।
ekaḥ svakṣetrayo'nyastu paratra yadi saṁsthitaḥ ।। 159।।
tadā'nyatra sthitaṁ nāthaṁ parigṛhya daśāṁ nayet ।
dvāvapyanyarkṣagau tau cet tamormadhye ca yo balī ।। 160।।
tata eva daśā grāhyā kramād votkramato dvijaḥ ।
balasyā'tra vicāre syādagrahāt sagraho balī ।। 161।।
dvāveva sagrahau tau cet balī tatrādhikagrahaḥ ।
grahayogasamānatve jñeyaṁ rāśibalād balam ।। 162।।
jñeyāścarasthiradvandvāḥ kramato balaśālinaḥ ।
rāśisattvasamānatve bahuvarṣo balī bhaved ।। 163।।
ekaḥ svoccagataścā'nyaḥ paratra yadi saṁsthitaḥ ।

gṛhṇīyāduccakheṭasthaṁ rāśimanyaṁ vihāya vai || 164||
uccakheṭasya sadbhāve varṣamekaṁ ca nikṣipet |
tathaiva nīcakheṭasya varṣamekaṁ viśodhayet || 165||
evaṁ sarvaṁ samālocya jātakasya phalaṁ vadet || 166||

Nun werde ich über die Feststellung der Dasha-Jahre von Skorpion und Wassermann berichten. Wenn die beiden Herren der zwei Rashis Skorpion und Wassermann in ihren eigenen Rashis platziert sind, dauert ihre Dasha 12 Jahre. Andernfalls wird die Dasha die Anzahl der Jahre dauern, die durch die Zahl angezeigt wird, die der Entfernung vom Rashi bis zu dem Rashi entspricht, in dem sein Herr steht.

Falls ein Planet in seinem eigenen Rashi und der andere in irgendeinem der anderen Rashis platziert ist, wird die Dasha die Anzahl von Jahren haben, die von dem genannten ersten Rashi bis zum anderen Rashi gezählt wird. Befinden sich die Herren in verschiedenen Rashis, so ist die Zählung bis zu dem Rashi vorzunehmen, das stärker ist. Das Rashi, in dem ein Planet platziert ist, gilt diesbezüglich als stärker als das Rashi ohne Planet. Wenn beide von Planeten bewohnt sind, wird dasjenige mit mehr Planeten als stärker angesehen.

Wenn beide Rashis von der gleichen Anzahl von Planeten besetzt sind, sollte die Stärke des Rashis selbst berücksichtigt werden. Das Prinzip für die Bewertung der Stärke (Bala) eines Rashis ist, dass ein festes Rashi stärker ist als ein bewegliches und ein duales Rashi als stärker als ein festes Rashi angesehen wird. Wenn es eine Gleichheit in der Stärke von Rashis gibt, dann sollte zur Bestimmung der Anzahl der Jahre der Dasha die Zählung bis zu dem Rashi mit einer größeren Anzahl erfolgen.

Wenn ein Rashi von einem erhöhten Planeten besetzt ist, sollte die Zählung nur bis zu diesem Rashi erfolgen. Darüber hinaus sollte im Fall eines Rashis mit einem erhöhten Planeten 1 zu der Anzahl der Jahre addiert und im Fall eines Rashis mit einem Planeten im Fall 1 von der Anzahl der Jahre abgezogen werden. Die Vorhersage sollte nach der so beschriebenen Berechnung der Dashas erfolgen.

kramādutkramato vā'pi dharmabhāvapadakramāt |
lagnarāśiṁ samārabhya vijñaścaradaśāṁ nayet || 167||

Wenn sich das Rashi im 9. Haus in einem ungeraden Pada befindet, sollte die Zählung ab dem Rashi im Aszendenten erfolgen. Die Zählung sollte in umgekehrter Reihenfolge erfolgen, wenn das Pada gerade ist. Wenn die Dashas der Rashis festgestellt werden, muss man dies berücksichtigen.

athā'haṁ sampravakṣyāmi sthirasañjñāṁ daśāṁ dvija |
care sapta sthire cā'ṣṭau dvandve nava samāḥ smṛtāḥ || 168||
sthiratvācca daśābdānāṁ sthirākhyeti nigadyate |
brahmakheṭāśritarkṣādirdaśeyaṁ parivartate || 169||

### *Sthira Dasha*

Parashara sprach:

Nun werde ich die Sthira Dasha beschreiben. In diesem Dasha-System sind 7, 8 und 9 Jahre die Dashadauer der beweglichen (Chara), festen (Sthira) und dualen (Dvishvabhava) Rashis. In diesem System beginnt die Dasha der 12 Zeichen mit dem Brahma Grahashrit Rashi. Die Dashas werden bei den ungeraden Rashis vorwärts gezählt und in umgekehrter Reihenfolge bei den geraden Rashis.

yo'sazusammenstehahmagrahaḥ proktaḥ kathaṁ sa jñāyate mune |
iti spaṣṭataraṁ brūhi kṛpā'sti yadi te mayi || 170||
ṣaṣṭhāṣṭavyayanātheṣu yo balī viṣamarkṣagaḥ |
pṛṣṭhasthito bhaved brahmāṁ balino lagnajāyayoḥ || 171||
kārakādaṣṭameśo vā brahmā'pyaṣṭabhāvagaḥ |
śanau pāte ca brahmattve brahmā tatṣaṣṭhakhecaraḥ || 172||
bahavo lakṣaṇakrāntā jñeyasteṣvadhikāṁśakaḥ |
aṁśasāmye balādhikyād vijñeyo brahmakhecaraḥ || 173||

Maitreya sagte:

O Maharishi, bitte erkläre mir nun, wie der Brahma Graha (Planet des Schöpfers) in einem Chart festgestellt werden kann.

Maharishi Parashara sprach:

Unter den Herren des 6., 8. und 12. Hauses, vom Aszendenten oder vom 7. Haus aus gerechnet (je nachdem welches der beiden stärker ist), wird derjenige Planet, der in einem ungeraden Rashi steht und sich innerhalb von 6 Zeichen vom Aszendenten oder vom 7. Haus aus (je nachdem welches der beiden gewählt wurde) befindet, der Brahma Graha genannt. Der Herr des 8. im 8. wird ebenfalls als Brahma Graha akzeptiert. Wenn Saturn, Rahu oder Ketu entsprechend qualifiziert sind, können sie zum Brahma Graha werden. Wenn mehrere Planeten sich qualifizieren, wird der Planet mit den meisten Graden zum Brahma Graha. Falls die Grade identisch sein sollten, würde der stärkste unter ihnen zum Brahma Graha werden.

yogārdhe ca daśāmānaṁ dvayoryogārdhasammitam I
lagnasaptamaprāṇyādirdaśeyaṁ ca pravartate II 174II

### *Yogardha Dasha*

Die Dauer der Dashas der Zeichen im Yogardha Dasha System ist jeweils die Hälfte der Jahre in den Chara und Sthira Dashas. Die Dasha beginnt mit dem Zeichen des Aszendenten oder des 7., je nachdem, welches stärker ist. Die Reihenfolge der Dashas der 12 Zeichens wird vorwärts gezählt, wenn die Anfangs-Dasha die eines ungeraden Zeichens ist. Wenn es sich um ein gerades Zeichen handelt, werden die Dashas in umgekehrter Reihenfolge gezählt.

lagnasaptamayormadhye yo rāśirbalavān bhavet I
tataḥ kendrādisaṁsthānāṁ rāśīnāñca balakramāt II 175II
kārakādapi rāśīnāṁ kheṭānāṁ caivameva hi I
daśābdāścaravajjñeyāḥ kheṭānāṁ ca svabhāvadhi II 176II

### *Kendradi Dasha*

Vom Aszendenten oder vom 7. Haus aus, je nachdem, welches stärker ist, erhalten in diesem System die Zeichen der Eckhäuser (Kendra) ihre Dashas. Wenn der Aszendent oder das 7. mit einem ungeraden Zeichen verbunden ist, werden die Kendras usw. in der Reihenfolge vorwärts gezählt. Bei geraden Rashis erfolgt die Zählung rückwärts, also in umgekehrter Reihenfolge.

Die Dashas folgen einander entsprechend der relativen Stärke der Rashis. Die Reihenfolge der Dashas ist dabei dieselbe wie vom Atmakaraka aus gerechnet. Die Dauer der Dashas ist die gleiche wie in der Chara Dasha. Bei der Berechnung der Jahre der Dashas der Planeten wird vom Planeten bis hin zu seinem eigenen Rashi gezählt. Die Jahre der Dashas entsprechen der Zahl, die man durch Hochzählen bis zu dem Rashi des Planeten erhält, das stärker oder zahlenmäßig größer ist.

*Kapoor merkt an, dass es in diesem System zwei Arten von Dashas gibt, nämlich Lagna Kendradi und Atmakaraka Kendradi. Es gibt außerdem eine Kendradi Rashi Dasha und eine Kendradi Graha Dasha in beiden oben genannten Dasha-Systemen.*

dvirāśyadhipakṣeṭasya gaṇyedubhayāvadhi |
ubhayordhika saṅkhyā kārakasya daśā samāḥ || 177||

Falls ein Planet Herr von zwei Zeichen ist, so sind die Dasha-Jahre gleich der Zahl, die größer ist, wenn man vom Zeichen des bewohnenden Planeten aus rechnet.

ātmakārakamārabhya kārakākhyadaśā kramāt |
lagnāt kārakaparyantaṁ saṅkhyāmatra daśāṁ viduḥ || 178||

### *Karaka Dasha*

Das System, bei dem die erste Dasha dem Atmakaraka gehört und die nachfolgenden Dashas zu den übrigen 7 Karakas in ihrer Reihenfolge gehören, ist als Karaka Dasha bekannt. In diesem System entsprechen die Dasha-Jahre der Anzahl von Rashis, gezählt vom Lagna aus bis zu dem betreffenden Karaka.

maṇḍūkāparaparyāyā trikūṭākhyadaśā dvija |
lagnasaptamayormadhye yo rāśirbalavān bhavet || 179||
tataḥ krameṇaujarāśau same neyā tatho'tkramāt |
trikūṭānāṁ ca vijñeyāḥ sthiravacca daśā samāḥ || 180||

### *Manduka Dasha*

Im Manduka-Dasha-System beginnt die Dasha vom 1. (Aszendent) oder dem 7. Haus aus, je nachdem, welches stärker ist. Wenn das Anfangszeichen ungerade ist, werden die Dashas von 3 beweglichen, 3 festen und 3 dualen Zeichen der Reihe nach vorwärts gezählt. Im Falle eines geraden Zeichens werden sie in umgekehrter Reihenfolge gezählt. In diesem System sind die Dasha-Jahre die gleichen wie in der Sthira Dasha. In diesem System ist jeweils die folgende Dasha die des nächsten 3. Zeichens.

niryāṇasya vicārārthaṁ kaiścichūladaśā smṛtā ।
lagnasaptamato mṛtyubhayoryo balavān bhavet ।। 181।।
tadādirviṣame vipra kramādutkramataḥ same ।
daśābdāḥ sthiravattatra balimārakabhe mṛtiḥ ।। 182।।

### *Shula Dasha*

Einige Weise haben die Shula Dasha zur Bestimmung des Todeszeitpunkts entworfen. In diesem System beginnt die Dasha ab dem 2. oder 8. Haus, je nachdem, welches stärker ist. Wenn das zugeordnete Zeichen ungerade ist, werden die Zeichen der Dashas vorwärts gezählt, im Fall eines geraden Zeichens rückwärts. Die Dasha-Jahre in diesem System entsprechen denen in der Sthira Dasha. Es besteht die Möglichkeit, dass der Tod in der Dasha des Maraka-Zeichens eintritt, das die größere Stärke hat.

janmalagnatrikoṇeṣu yo rāśirbalavān bhavet ।
tamārbhya nayed dhīmān cariparyāyavad daśām ।। 183।।
kramādutkramato grāhyaṁ trikoṇaṁ viṣame same ।
trikoṇākhyadaśā proktā samā nāthāvasānakāḥ ।। 184।।

### *Trikona Dasha*

In diesem System ist die erste Dasha die des stärksten unter den Zeichen, die den Trigonalhäusern (Trikona, d. h. 1, 5 und 9) zugeordnet sind. Dieses System ähnelt dem der Chara Dasha. Auch hier werden die Dashas der Zeichen bei ungeraden Zeichen vorwärts und bei geraden Zeichen rückwärts gezählt. Die Dasha-Jahre entsprechen denen in der Chara Dasha. Der Name Trikona wurde gewählt, weil die Dashas mit den Zeichen in den Trikonas beginnen.

lagnād dharmasya taddṛṣṭarāśīnāṁ ca daśāstataḥ ।
daśamasya ca taddṛṣṭarāśīnāṁ ca nayet punaḥ ।। 185।।
ekādaśasya taddṛṣṭarāśīnāṁ sthiravat samāḥ ।
pravṛttā dṛg vaśādyasmād dṛgdaśeyaṁ tataḥ smṛtā ।। 186।।
care vyutkramato grāhyā dṛgyogyāḥ sthirabhe kramāt ।
viṣame kramato dvandve rāśayo vyutkramāt same ।। 187।।

### *Driga Dasha*

In diesem System ist die Reihenfolge der Dashas wie folgt: 1. das 9. Zeichen vom Aszendenten aus; 2. die Zeichen, die vom Zeichen im 9. aspektiert werden; 3. das Zeichen im 10. vom Aszendenten aus; 4. die Zeichen, die vom Zeichen im 10. aspektiert werden; 5. das Zeichen im 11. vom Aszendenten aus; 6. die Zeichen, die vom Zeichen im 11. aspektiert werden.

Da dieses System hauptsächlich auf Aspekten basiert, wurde es Driga Dasha genannt. Für bewegliche, feste und duale Zeichen werden drei verschiedene Verfahren, vom 9., 10. und 11. Haus aus, angewandt. Dementsprechend wird ab einem Zeichen, das einen Aspekt von einem beweglichen Zeichen erhält, rückwärts gezählt und ab einem Zeichen, das einen Aspekt von einem festen Zeichen erhält, wird vorwärts gezählt. Im Fall eines dualen Zeichens wird vorwärts gezählt, wenn es ungerade ist, und die Zählweise ist rückwärts im Fall eines aspektierenden geraden Zeichens.

ṛkṣe lagnādirāśīnāṁ daśā rāśidaśā smṛtā |
bhayātaṁ ravibhirnighnaṁ bhabhogavihṛtaṁ phalam || 188||
rāśyādyaṁ lagnarāśyādau yojyaṁ dvādaśaśeṣitam |
tadārabhya kramādoje daśā jñeyotkramāt same || 189||

### *Lagnadi Rashi Dasha*

In diesem System gibt es Dashas von allen 12 Zeichen (Rashi) und dem Aszendenten in jedem Nakshatra. Der Bhayat bei Geburt wird mit 12 multipliziert und das Ergebnis dann durch den Bhabhog geteilt. Der Rest als Rashi, Grad usw. soll zur Länge des Aszendenten addiert werden. Mit dem so ermittelten Rashi beginnen die Dashas der 12 Rashis. Dabei wird im Fall eines ungeraden Anfangs-Rashis vorwärts, bei einem geraden Rashi rückwärts weitergezählt.

daśābdā bhuktabhāgaghnā triṁśatā vihṛtāh phalam |
bhuktaṁ varṣādikaṁ jñeyaṁ bhogyaṁ mānād viśodhitam || 190||

Um den verbleibenden Zeitraum der Dasha bei der Geburt herauszufinden, multipliziere den abgelaufenen Grad usw. mit den Dasha-Jahren der ersten Rashi Dasha und teile das Ergebnis durch

30. Die so ermittelten Jahre usw. werden von den Gesamt-Dasha-Jahren abgezogen. Das Ergebnis wird die verbleibende Dauer der Dasha ab der Geburt in Jahren, Monaten usw. anzeigen.

akārādīn svarān pañca prathamaṁ vinyaset kramāt ।
kādihāntāṁllikhed varṇān svarādho ṅañaṇojjhitān ।। 191।।
tiryak paṅktikrameṇaiva pañcapañcavibhāgataḥ ।
na proktā ṅañaṇā varṇā nāmādau santi te nahi ।। 192।।
ced bhavanti tadā jñeyā gajaḍāste yathākramāt ।
yatra svare svanāmādyavarṇaḥ syāt tatsvarādayaḥ ।। 193।।
kramāt pañca daśādhīśāḥ dvādaśadvādaśābdakāḥ ।
svarāṇāṁ ca kramājjñeyāḥ daśāsvantardaśādayaḥ ।। 194।।

## *Panchasvara Dasha*

Beginnend mit den Akaradi notiere die 5 Svaras (die Vokale, a, i, u, e, o); trage darunter die Varnas (die Buchstaben des Alphabets) in 6 Zeilen ein. Lasse die Buchstaben ṅ, ñ und ṇ weg, weil sie nicht in Namen verwendet werden. Falls sie doch einmal in Namen vorkommen sollten, kannst du sie jeweils durch ga, ja und da ersetzen, um die Dashas auszuarbeiten und Vorhersagen zu treffen. Auf diese Weise bestimmt der Svara, unter dem der erste Buchstabe des Namens des Geborenen gefunden wird, die Reihenfolge der Dashas der fünf Svaras. Die Dashas haben für alle fünf Svaras eine Laufzeit von 12 Jahren. In der Dasha jedes Svaras wird es Antardashas aller fünf Svaras in der gleichen Reihenfolge geben.

pūrvameva mayā proktā varṇadākhyā daśā dvija ।
idānīṁ śambhunā proktā kathyate yoginī daśā ।। 195।।
maṅgalā piṅgalā dhanyā bhrāmarī bhadrikā tathā ।
ulkā siddhā saṅkaṭā ca yoginyo'ṣṭau prakīrtitāḥ ।। 196।।
maṅgalāto'bhavaccandraḥ piṅgalāto divākaraḥ ।
dhanyāto devapūjyo'bhūd bhrāmarīto'bhavat kujaḥ ।। 197।।
bhardikāto budho jātastatholkātaḥ śanaiścaraḥ ।
siddhāto bhārgavi jātaḥ saṅkaṭātastamo'bhavad ।। 198।।
janmarkṣa ca tribhiryuktaṁ vasubhirbhāgamāharet ।
ekādiśeṣe vijñeyā yoginyoḥ maṅgalādikāḥ ।। 199।।
ekādyekottarā jñeyāḥ kramādāsāṁ daśāsamāḥ ।
nakṣatrayātabhogābhyāṁ bhuktaṁ bhogyaṁ ca sādhayet ।। 200।।

### *Yogini Dasha*

Maharishi Parashara sagte:

O Brahmane, ich habe dir bereits die Beschreibung der Panchasvara Dasha gegeben. Jetzt werde ich dich mit der Yogini Dasha, wie sie von Mahadeva beschrieben wurde, bekannt machen.

Es gibt 8 Yoginis, nämlich Mangala, Pingala, Dhanya, Bhramari, Bhadrika, Ulka, Siddha und Shankata. Mond, Sonne, Jupiter, Mars, Merkur, Saturn, Venus und Rahu werden der Reihenfolge entsprechend aus ihnen geboren.

Füge dem Janma Nakshatra 3 hinzu und teile das Ergebnis durch 8. Der Rest zeigt dann die Yogini Dasha von Mars usw. an. Die Dashas haben jeweils eine Länge von 1, 2, 3, 4, 5, 6, 7 und 8 Jahren. Die verbleibende Dauer der Dasha ab der Geburt sollte aus dem Bhayat und Bhabhog usw. berechnet werden, wie es bereits zuvor erklärt wurde.

yeṣāṁ yadāyuḥ samproktaṁ paiṇḍamāṁśaṁ nisargajam |
takṣat teṣāṁ daśā jñeyā paiṇḍī cāṁśī nisargajā || 201||
balī lagnārkacandrāṇāṁ yattasya prathamā daśā |
tatkendrādigatānāṁ ca jñeyā balavaśāttataḥ || 202||

### *Pinda, Amsha und Nisarga Dasha*

Die Pinda, Amsha und Nisarga Dasha sind die gleichen wie Pindayu, Amshayu und Nisargayu, deren Bestimmungsmethode bereits zuvor (in Kapitel 43) erläutert wurde. Die Reihenfolge der Dashas wird wie folgt sein: Die erste wird die von Lagna (Aszendent), Sonne oder Mond sein, je nachdem, wer stärker ist. Die folgenden Dashas werden die von Planeten in Eckhäusern (Kendra) von den genannten 3 aus sein, dann von Planeten in Panaphara-Häusern und schließlich in Apoklima-Häusern von den 3 aus. Die Dashas und Antardashas von Lagna und den sieben Grahas werden ebenfalls in der gleichen Reihenfolge sein.

aṣṭavargabalenaiṣāṁ phalāni paricintayet |
aṣṭavargadaśāścaitāḥ kathitāḥ pūrvasūribhiḥ || 203||

Die Auswirkungen dieser Dashas werden in Einklang mit der Ashtakavarga Bala (Ashtakavarga Stärke) stehen; dieses Thema wird später (ab Kapitel 66) behandelt. Diese Dashas werden daher auch Ashtakavarga Dashas genannt.

parāyurdvādaśo bhāgastasya sandhyā prakīrtitā |
tanmitā lagnabhādīnāṁ kramāt sandhyādaśā smṛtā || 204||

### *Sandhya Dasha*

Die Dvadashamsa (1/12) des Paramayu (maximale Lebensdauer von 120 Jahren) entspricht Sandhya. Die Abfolge der Zeichen ab dem Aszendenten bilden das System der Sandhya Dasha. Jede Dasha hat dabei eine Dauer von 10 Jahren (je 1/12 von 120).

sandhyā rasaguṇā kāryā candravahnihṛtā phalam |
saṁsthāpyaṁ prathame koṣṭhe tadardhaṁ triṣu vinyaset || 205||
tribhāgaṁ vasukoṣṭheṣu vinyasya tatphalaṁ vadet |
evaṁ dvādaśabhāveṣu pācakāni prakalpayet || 206||

### *Die Pachaka Dasha der Sandhya Dasha*

Die Dasha-Jahre der Sandhya Dasha werden mit 6 multipliziert und das Produkt wird durch 31 geteilt. Die so ermittelten Jahre, Monate usw. werden in die Zellen einer Tabelle eingetragen. Danach wird die Hälfte dieser Jahre, Monate usw. in die nächsten drei Zellen der Tabelle eingetragen. Die restlichen 8 Tabellenfelder werden mit einem Drittel der genannten Jahre, Monate usw. belegt. Auf diese Weise kann die Pachaka Dasha in der Sandhya Dasha jedes Hauses ausgearbeitet werden, und es können daraus Vorhersagen gemacht werden.

viṁśattaridaśevā'tra kaiścit tārādaśā smṛtā |
āśaṅkurāguśabukeśvādisthāneṣu tārakāḥ || 207||
anmasampatvipatkṣemapratyariḥ sādhako badhaḥ |
maitraṁ paramamaitraṁ ca kendrasthabalino grahāt || 208||
jñeyā tārādaśā vipra nāmatulyaphalapradā |
yasya kendre sthitaḥ kheṭo daśeyaṁ tasya kīrtitā || 209||

### *Tara Dasha*

O Brahmane, einige Gelehrte haben die Tara Dasha, die der Vimshottari Dasha gleicht, in Betracht gezogen. In dieser Dasha ersetzen Janma, Sampat usw. in ihrer Reihenfolge Sonne, Mond usw., die in Kendras (Eckhäusern) stehen. Diese Dasha wird nur in den Fällen angewendet, in denen es Planeten in Kendras gibt. Wenn es davon mehrere Planeten gibt, gehört die erste Dasha zu dem stärksten unter ihnen.

iti te kathitā vipra daśa bhedā anekadhā I
etadantardaśābhedān kathayiṣyāmi cāgrataḥ II 210II

O Brahmane, damit habe ich nun die Beschreibung der verschiedenen Arten von Dashas abgeschlossen. Ich werde die Beschreibung ihrer Antardashas (Unterphasen) später geben.

*Es sei daran erinnert, dass Parashara am Anfang dieses Kapitels die meisten der eben beschriebenen Dasha-Systeme als „nicht zweckdienlich" bewertet hatte.*

# Kapitel 47: Auswirkungen der Dashas

**atha daśāphalādyāyaḥ || 47||**
śrutāśca bahudhā bhedā daśānāṁ ca mayā mune |
phalaṁ ca kīdṛśaṁ tāsāṁ kṛpayā me taducyatām || 1||

Maitreya sagte:

O Weiser, du hast mir die verschieden Arten von Dashas vorgetragen. Nun sei bitte so freundlich und erleuchte mich, was die Auswirkungen der Dashas anbetrifft.

sādhāraṇaṁ viśiṣṭañca daśānāṁ dvividhaṁ phalam |
grahāṇāṁ ca svabhāvena sthānasthitivaśena ca || 2||

Parashara antwortete:

O Brahmane, es gibt zwei Arten der Auswirkungen von Dashas: allgemein und spezifisch. Die natürlichen Eigenschaften der Planeten bewirken die allgemeinen Auswirkungen und die spezifischen Auswirkungen verwirklichen sich durch ihre Stellung usw.

grahavīryānusāreṇa phalaṁ jñeyaṁ daśāsu ca |
ādyadreṣkāṇage kheṭe daśārambhe phalaṁ vadet || 3||
daśāmadhye phalaṁ vācyaṁ madhyadreṣkāṇage khage |
ante phalaṁ tṛtīyasthe vyastaṁ kheṭe ca vakrage || 4||

Die Auswirkungen der Dashas der Planeten sind in Einklang mit ihrer Stärke.

Die Auswirkungen eines Planeten, der im ersten Drittel (Drekkana) seines Tierkreiszeichens steht, manifestieren sich (hauptsächlich) zu Beginn der Dasha. Die Auswirkungen eines Planeten im zweiten Drekkana werden (hauptsächlich) in der Mitte der Dasha spürbar. Die Auswirkungen eines Planeten im dritten Drekkana werden (hauptsächlich) am Ende der Dasha erfahren. Falls der Planet rückläufig sein sollte, stellen sich die Auswirkungen in umgekehrter Reihenfolge ein, das heißt die Auswirkungen eines solchen Planeten im dritten Drekkana spürt man (hauptsächlich) zu Beginn der Dasha, und die eines rückläufigen Planeten im ersten Drekkana werden (hauptsächlich) am Ende der Dasha erfahren. Die Auswirkungen der Dashas von Rahu und Ketu, die stets rückläufig sind, werden sich immer in der beschriebenen umgekehrten Reihenfolge manifestieren.

daśārambhe daśādīśe lagnage śubhadṛgyute |
svocce svabhe svamaitre vā śubhaṁ tasya daśāphalam || 5||
ṣaṣṭhā'ṣṭamavyayasthe ca nīcāstaripubhasthite |
aśubhaṁ tatphalaṁ cā'tha bruve sarvadaśāphalam || 6||

Die Auswirkungen sind positiv, wenn der Herr der Dasha sich zu Beginn der Dasha im Aszendenten, in seinem Zeichen der Erhöhung, in seinem eigenen Zeichen oder im Zeichen eines Freundes befindet. Die Ergebnisse sind negativ, wenn der Herr der Dasha sich im 6, 8. oder 12. Haus, in seinem Zeichen des Falls oder im Zeichen eines Feindes befindet.

mūlatrikoṇe svakṣetre svocce vā paramoccage |
kendratrikoṇalābhasthe bhāgyakarmādhipairyute || 7||

sūrye balasamāyukte nijavargabalairyute |
tasmindāye mahat saukhyaṁ dhanalābhādikaṁ śubham || 8||
atyantaṁ rājasanmānamaśvāndolyādikaṁ śubham |
sutādhipasamāyukte putralābhaṁ ca vindati || 9||
dhaneśasya ca sambandhe gajāntaiśvaryamādiśet |
vāhanādhipasambandhe vāhanātrayalābhakṛt || 10||
nṛpalatuṣṭirvittāḍhyaḥ senādhīśaḥ sukhī naraḥ |
vastravāhanalābhaśca daśāyāṁ balino raveḥ || 11||

## *Auswirkungen der Vimshottari Dasha der Sonne*

Während der Dasha der Sonne erfährt man Erlangung von Wohlstand, große Freude sowie Ehrungen seitens der Regierung, wenn zur Zeit der Geburt die Sonne in ihrem eigenen Zeichen, im Zeichen der Erhöhung, in einem Kendra oder im 11. Haus steht, mit dem Herrn des 9. oder 10. Hauses verbunden ist und stark in den Vargas steht.

Der Geborene wird mit einem Sohn (Kindern) gesegnet, falls die Sonne mit dem Herrn des 5. Hauses zusammensteht. Er wird Elefanten und andere Arten von Reichtum erlangen, falls die Sonne mit dem Herrn des 2. Hauses verbunden ist. Er wird sich an Annehmlichkeiten in Zusammenhang mit Fahrzeugen erfreuen, falls die Sonne mit dem Herrn des 4. Hauses verbunden ist.

Er wird durch das Wohlwollen des Königs (der Regierung und von Autoritäten) eine hohe Position wie die eines Armeeführers erlangen und alle Arten von Freuden genießen. So gibt es während der Dasha einer stark und gut gestellten Sonne die Erlangung von guter Kleidung, landwirtschaftlichen Produkten, Wohlstand, Ehrungen, Fahrzeugen usw.

nīce ṣaḍaṣṭake riḥphe durbale pāpasaṁyute I
rāhuketusamāyukte duhsthānādhipasaṁyute I I 12I I
tasmindāye mahāpīḍā dhanadhānyavināśakṛta I
rājakopaḥ pravāsaśca rājadaṇḍo dhanakṣayaḥ I I 13I I
jvarapīḍā yaśohānirbandhumitravirodhakṛta I
pitṛkṣayabhayaṁ caiva gṛhe tvaśubhameva ca I I 14I I
pitṛvarge manastāpaṁ jandveṣaṁ ca vindati I
śubhadṛṣṭiyute sūrye madhye tasmin kvacitsukham I
pāpagrhena sandṛṣṭe vadetpāpaphalaṁ budhaḥ I I 15I I

Während der Dasha der Sonne erlebt man Schwierigkeiten, Bestrafung durch die Regierung, Exil, Entehrung oder Diffamierung, Konflikte mit Angehörigen, Kummer mit dem Vater, unerfreuliche Ereignisse zuhause, Kummer in Zusammenhang mit Onkeln usw. väterlicher- und mütterlicherseits, Angst, Kummer und feindschaftliche Beziehungen ohne irgendeinen Grund mit anderen Menschen, falls die Sonne in ihrem Zeichen des Falls, schwach im 6., 8. oder 12. Haus steht oder mit Übeltäter-Planeten oder dem Herrn des 6., 8. oder 12. Hauses verbunden ist.

Es wird zeitweise im geschilderten Fall einige positive Wirkungen geben, falls die Sonne von einem Wohltäter-Planeten aspektiert wird. Die Auswirkungen werden stets widrig sein, falls (auch noch) Aspekte von Übeltäter-Planeten (auf die Sonne im Geburtshoroskop) hinzukommen.

evaṁ sūryaphalaṁ vipra saṅkṣepāduditaṁ mayā I
viṁśottarīmatenātha bruve candradaśāphalam I I 16I I
svocce svakṣetrage caiva kendre lābhatrikoṇage I
śubhagraheṇa saṁyukte pūrṇe candrebalairyute I I 17I I
karmabhāgyādhipairyukte vāhaneśabalairyute I
ādyantaiśvaryasaubhāgyadhanadhānyādilābhakṛta I I 18I I
gṛhe tu śubhakāryāṇi vāhanaṁ rājadarśanam I
yatnakāryārthasiddhiḥ syād gṛhe lakṣmīkaṭākṣakṛt I I 19I I

mitraprabhuvaśādbhāgyaṁ rājyalābhaṁ mahatsukham |
aśvāndolyādilābhaṁ ca śvetavastrādikaṁ labhet || 20||
putralābhādisantoṣaṁ gṛhagodhanasaṅkulam |
dhanasthānagate candre tuṅge svakṣetrage'pi vā || 21||
anekadhanalābhaṁ ca bhāgyavṛddhirmahatsukham |
nikṣeparājasanmānaṁ vidyālābhaṁ ca vindati || 22||

### *Auswirkungen der Vimshottari Dasha des Mondes*

O Brahmane, nachdem ich dir kurz die Auswirkungen der Dasha der Sonne beschrieben habe, komme ich nun zu den Auswirkungen der Vimshottari Dasha des Mondes.

Während der Dasha des Mondes werden von Anfang bis Ende Reichtum und Ruhm in Fülle, glückliche Fügungen, Erlangung von Wohlstand, Freuden im eigenen Zuhause, Gewinn eines Vermögens, Erlangung eines hohen Regierungsamtes (Gewinn eines Königreichs), Gewinn von Fahrzeugen, Kleidung, Geburt von Kindern und Erlangung von Viehbesitz erfahren werden, falls der Mond im Zeichen der Erhöhung, im eigenen Zeichen, in einem Eckhaus (Kendra), im 11., 9. oder 5. Haus steht, mit Wohltäter-Planeten verbunden ist oder von ihnen aspektiert wird, volle Stärke besitzt und mit dem Herrn des 10., 9. oder 4. Hauses verbunden ist. Ganz außergewöhnlich großer Wohlstand und Luxus werden erlangt, falls ein solcher Mond sich im 2. Haus befindet.

nīce vā kṣīṇacandre vā dhanahānirbhaviṣyati |
duścikye balasaṁyukte kvacitsaukhyaṁ kvaciddhanam || 23||
durbale pāpasaṁyukte dehajāḍyaṁ manorujam |
bhṛtyapīḍā vittahānirmātṛvargajanādvadhaḥ || 24||
ṣaṣṭhāṣṭamavyaye candre durbale pāpasaṁyute |
rājadveṣo manoduḥkhaṁ dhanadhānyādināśanam || 25||
mātṛkleṣaṁ manastāpaṁ dehajāḍyaṁ manorujam |
duḥsthe candre balairyukte kvacillābhaṁ kvacitsukham |
dehajāḍyaṁ kvaciccaiva śāntyā tatra śubhaṁ diśet || 26||

Sollte der Mond im Zeichen des Falls stehen oder am Abnehmen sein, wird es in seiner Dasha Verlust von Wohlstand geben. Falls der Mond im 3. Haus steht, wird es abwechselnd Freude und Kummer geben. Falls der Mond mit einem Übeltäter verbunden ist, so sind Schwachsinn, geistige Spannungen, Ärger mit Angestellten und der Mutter sowie Verlust von Wohlstand die Folge.

Falls der abnehmende Mond im 6., 8. oder 12. Haus steht oder mit Übeltäter-Planeten verbunden ist, so werden feindschaftliche Beziehungen zur Regierung, Verlust von Wohlstand, Kummer in Bezug auf die Mutter und ähnliche widrige Wirkungen festzustellen sein. Falls ein starker Mond sich im 6., 8. oder 12. Haus befindet, so werden schwierige und gute Zeiten einander abwechseln.

svabhoccādigatasyaivaṁ nīcaśatrubhagasya ca ।
bravīmi bhūmipurtasya śubhā'śubhadaśāphalam ।। 27।।
paramoccagate bhaume svocce mūlatrikoṇage ।
svarkṣe kendratrikoṇe vā lābhe vā dhanage'pi vā ।। 28।।
sampūrṇabalasaṁyukte śubhadṛṣṭe śubhāṁśake ।
rājyalābhaṁ bhūmilābhaṁ dhanadhānyādilābhakṛt ।। 29।।
ādhikyaṁ rājasammānaṁ vāhanāmbarabhūṣaṇam ।
videśe sthānalābhaṁ ca sodarāṇāṁ sukhaṁ labhet ।। 30।।
kendre gate sadā bhaume duścikye balasaṁyute ।
parākramādvittalābho yuddhe śatrujayo bhavet ।। 31।।
kalatraputravibhavaṁ rājasammānameva ca ।
daśādau sukhamāpnoti daśānte kaṣṭamādiśet ।। 32।।

### *Auswirkungen der Vimshottari Dasha von Mars*

Sollte der Mars sich stark in seinem Zeichen der Erhöhung, in seinem Mulatrikona-Zeichen, im eigenen Zeichen, in einem Kendra (Eckhaus), im 11. oder im 2. Haus befinden, in einem wohltätigen Amsha (Navamsha usw.) stehen und mit einem Wohltäter verbunden sein, so werden in seiner Dasha die Erlangung von Königsherrschaft (hohe Position im Leben), von Wohlstand aus fremden Ländern und Gewinn von Fahrzeugen und Schmuck erfahren. Wenn Mars mit Stärke begabt in einem Kendra oder im 4. Haus steht, so erlangt man Wohlstand durch Tapferkeit, Sieg über Feinde sowie Freude durch Frau und Kinder. Es besteht jedoch die Möglichkeit von einigen negativen Auswirkungen gegen Ende der Dasha.

nīcādiduṣṭabhāvasthe bhaume balavivarjite ।
pāpayukte pāpadṛṣṭe sā daśā neṣṭadāyikā ।। 33।।

Falls der Mars sich in seinem Zeichen des Falls befindet, schwach oder in einem ungünstigen Haus (6, 8 oder 12) steht, mit einem Übeltäter-Planeten verbunden ist oder von ihm aspektiert wird, wird es während seiner Dasha Verlust von Wohlstand, Leid und ähnliche ungünstige Auswirkungen geben.

evaṁ rāhośca ketośca kathayāmi gṛhādikam |
tayordaśāphalajñaptyai tavā'gre dvijanandana || 34||
rāhostu vṛṣabhaṁ ketorvṛścikaṁ tuṅgasañjñakam |
mūlatrikoṇakaṁ jñeyaṁ yugmaṁ cāpaṁ krameṇa ca || 35||
kumbhālī ca gṛhau proktau kanyāmīnau ca kenacit |
taddāye bahusaukhyaṁ ca dhanadhānyādisampadām || 36||
mitrprabhuvaśādiṣṭaṁ vāhanaṁ putrasambhavaḥ |
navīnagṛhanirmāṇaṁ dharmacintā mahotsavaḥ || 37||
videśarājasanmānaṁ vastrālaṅkārabhūṣaṇam |
śubhayukte śubhairdṛṣṭe yogakārakasaṁyute || 38||
kendratrikooṇalābhe vā duścikye śubharāśige |
mahārājaprasādena sarvasampatsukhāvaham || 39||

### *Auswirkungen der Vimshottari Dasha von Rahu*

Um die Auswirkungen der Dasha von Rahu zu verdeutlichen, will ich zunächst die Zeichen der Erhöhung und des Falls von Rahu und Ketu anführen.

Rahus Zeichen der Erhöhung ist Stier. Das Zeichen der Erhöhung von Ketu ist Skorpion. Die Mulatrikona-Zeichen von Rahu und Ketu sind jeweils Zwillinge und Schütze. Die eigenen Zeichen von Rahu und Ketu sind der Reihenfolge nach Wassermann und Skorpion. Einige Gelehrte vertreten die Ansicht, dass Jungfrau das eigene Zeichen von Rahu ist und Fische das eigene Zeichen von Ketu.

Sollte Rahu in seinem Zeichen der Erhöhung usw. stehen, wird während der Dasha von Rahu große Freude durch die Erlangung von Wohlstand, landwirtschaftlichen Produkten, Fahrzeugen usw. mit Hilfe von Freunden oder der Regierung erfahren. Man erfreut sich am Bau eines neuen Hauses, der Geburt von Söhnen (Kindern), an religiösen und spirituellen Bestrebungen, an der Wertschätzung seitens der Regierungen von fremden Ländern sowie dem Erwerb von Wohlstand, Kleidung usw.

Falls Rahu mit Wohltätern verbunden ist oder von ihnen aspektiert wird und in einem günstigen Zeichen und im 1., 4., 7., 10., 11. oder 3. Haus steht, wird es in seiner Dasha alle Arten von Annehmlichkeiten durch das Wohlwollen der Regierung, den Gewinn von Wohlstand durch eine fremde Regierung oder einen fremden Herrscher und häusliche Freuden geben.

yavanaprabhusanmānaṁ gṛhe kalyāṇasambhavam I
randhre vā vyayage rāhau taddāye kaṣṭamādiśet I I 40I I
pāpagraheṇa sambandhe mārakagṛhasaṁyute I
nīcarāśigate vāpi sthānabhraṁśo manovyathā I I 41I I
vināśo dāraputrāṇāṁ kutsitānnaṁ ca bhojanam I
daśādau dehapīḍā ca dhanadhānyaparicyutiḥ I I 42I I
daśāmadhye tu saukhyaṁ syāt svadeśe dhanalābhakṛt I
daśānte kaṣṭamāpnoti sthānabhraṁśo manovyathā I I 43I I

Wenn Rahu im 8. oder 12. Haus steht, wird es während seiner Dasha alle Arten von Schwierigkeiten und Kummer geben. Sollte Rahu mit einem Übeltäter oder einem Maraka (todbringender Planet für den Aszendenten) verbunden sein oder in seinem Zeichen des Falls stehen, so werden Statusverlust, Zerstörung des eigenen Wohnhauses, Seelenqualen, Ärger mit Frau und Kindern (oder diese leiden) und Probleme durch die Aufnahme von schlechter Nahrung erfahren.

Zu Beginn der Dasha wird der Verlust von Wohlstand erlebt, (in der Mitte) etwas Erleichterung und Erwerb von Wohlstand im eigenen Land und im letzten Abschnitt der Dasha Kummer und Angst.

yaḥ sarveṣu nābhogeṣu budhairatiśubhaḥ smṛtaḥ I
tasya devendrapūjyasya kathayāmi daśāphalam I I 44I I

### *Auswirkungen der Vimshottari Dasha von Jupiter*

Nun werde ich die Auswirkungen der Dasha von Brihaspati (Guru, Jupiter) beschreiben, des großen Wohltäters und Lehrmeisters der Götter.

svocce svakṣetrage jīve kendre lābhatrikoṇage I
mūlatrikoṇalābhe vā tuṅgāṁśe svāṁśage'pi vā I I 45I I
rājyalābhaṁ mahāpauruṣaṁ rājasanmānakīrtanam I
gajavājisamāyuktaṁ devabrāhmaṇapūjanam I I 46I I

dāraputrādisaukhyaṁ ca vāhanāmbaralābhajam |
yajñādikarmasiddhiḥ syādvedāntaśravaṇādikam || 47||
mahārājaprasādenā'bhīṣṭasiddhiḥ sukhāvahā |
āndolikādilābhaśca kalyāṇaṁ ca mahatsukham || 48||

Wenn Jupiter in seinem Zeichen der Erhöhung, in seinem eigenen Zeichen, in seinem Mulatrikona, im 10., 5. oder 9. Haus, in seinem eigenen Zeichen oder erhöht in der Navamsha steht, wird man in seiner Dasha die Erlangung von Königsherrschaft (hohe Position in der Gesellschaft), große Freude, Anerkennung seitens der Regierung, Gewinn von Fahrzeugen und Gewändern, Hingabe an Gottheiten und Brahmanen, Freude in Bezug auf Frau und Kinder sowie Erfolg in der Durchführung von vedischen Yagyas erlangen.

putradārādilābhaśca annadānaṁ mahatpriyam |
nīcāstapāpasaṁyukte jīvai riṣphāṣṭasaṁyute || 49||
sthānabhraṁśaṁ manastāpaṁ putrapīḍāmahadbhayam |
paśvādidhanahāniśca tīrthayātrādikaṁ labhet || 50||
ādau kaṣṭaphalaṁ caiva catuṣpājjīvalābhakṛt |
madhyānte sukhamāpnoti rājasammānavaibhavam || 51||

Falls Jupiter in seinem Zeichen des Falls steht, verbrannt ist, mit Übeltäter-Planeten verbunden ist oder sich im 6. oder 8. Haus befindet, so werden während seiner Dasha der Verlust von Wohnstätten, Angst, Kummer mit den Kindern (oder Probleme der Kinder), Verlust von Vieh und Ausgaben durch Pilgerfahrten erfahren.

Die Dasha wird nur bei ihrem Beginn einige widrige Effekte hervorbringen. Während des späteren Verlaufes der Dasha werden gute Wirkungen wie die Erlangung von Wohlstand sowie Anerkennung und Belohnungen seitens der Regierung manifestiert.

atha sarveṣu kheṭeṣu yo'tihīnaḥ prakīrtitaḥ |
tasya bhāskaraputrasya kathayāmi daśāphalam || 52||

### *Auswirkungen der Vimshottari Dasha von Saturn*

Nun schildere ich dir (dem Rishi Maitreya) die Auswirkungen der Dasha von Shani, der als der gemeinste und niedrigste aller Planeten angesehen wird.

svocce svakṣetrage mande mitrakṣetre'tha vā yadi |
mūlatrikoṇe bhāgye vā tuṅgāṁśe svāṁśage'pi vā || 53||
duścikye lābhage caiva rājasammānavaibhavam |
satkīrtirdhanalābhaśca vidyāvādavinodakṛt || 54||
mahārājaprasādena gajavāhanabhūṣaṇam |
rājayogaṁ prakurvīta senādhīśānmahatsukham || 55||
lakṣmīkaṭākṣacihnāni rājyalābhaṁ karoti ca |
gṛhe kalyāṇasampattirdāraputrādilābhakṛt || 56||

Falls Saturn in seinem Zeichen der Erhöhung, in seinem eigenen Zeichen oder Mulatrikona oder im Zeichen eines Freundes oder in der Navamsha im Zeichen der Erhöhung und im 3. oder 11. Haus steht, so werden während seiner Dasha Anerkennung seitens der Regierung, Fülle an Reichtum, Herrlichkeit, Ruhm und Ehre, Erfolg im Bereich der Bildung und Erziehung, Gewinn von Fahrzeugen und Schmuck usw., die Gunst der Regierung, die Erlangung einer hohen Position wie die eines Befehlshabers der Armee oder eines Herrschers über ein Königreich, das Wohlwollen der Göttin Lakshmi, eine Zunahme von Besitztümern und die Geburt von Kindern erfahren.

ṣaṣṭhāṣṭamavyaye mande nīce vā'staṅgate'pi vā |
viṣaśastrādipīḍā ca sthābhraṁśaṁ mahadbhayam || 57||
pitṛmātṛviyogaṁ ca dāraputrādipīḍanam |
rājavaishamyakāryāṇi hyaniṣṭaṁ bandhanaṁ tathā || 58||
śubhayuktekṣite mande yogakārakasaṁyute |
kendratrikoṇalābhe vā mīnage kārmuke śanau || 59||
rājyalābhaṁ mahotsāhaṁ gajaśvāmbarasaṅkulam || 60||

Steht Saturn im 6., 8. oder 12. Haus oder in seinem Zeichen des Falls oder ist er verbrannt, wird man in der Shani Mahadasha unter schlimmen Folgen von Vergiftungen, Verletzungen durch Waffen, Trennung vom Vater, Kummer durch Frau und Kinder (oder diese müssen Kummer erdulden), Katastrophen als Folge des Missfallens seitens der Regierung, Gefängnisaufenthalte usw. erleiden.

Wird Saturn von einem Wohltäter-Planeten aspektiert oder ist mit ihm verbunden, steht in einem Eck- oder Trigonal-Haus (Kendra oder Trikona) oder in Schütze oder Fische, so bewirkt dies die Erlangung eines Königreichs (hohe Stellung in der Gesellschaft) sowie von Fahrzeugen und Gewändern.

atha sarvanabhogeṣu yaḥ kumāraḥ prakīrtitaḥ I
tasya tāreśaputrasya kathayāmi daśāphalam II 61II

### *Auswirkungen der Vimshottari Dasha von Merkur*

Nun werde ich dir die Auswirkungen der Dasha von Merkur beschreiben, der unter den Planeten ein Kumara (junger Mann) genannt wird.

svocce svakṣetrasaṁyukte kendralābhatrikoṇage I
mitrakṣetrasamāyukte saumye dāye mahatsukham II 62II
dhanadhānyādilābhaṁ ca satkīrtidhanasampadām I
jñānādhikyaṁ nṛpaprītiṁ satkarmaguṇavarddhanam II 63II
putradārādisaukhyaṁ ca dehārogyaṁ mahatsukham I
kṣīreṇa bhojanaṁ saukhyaṁ vyāpārāllabhate dhanam II 64II
śubhadṛṣṭiyute saumye bhāgye karmādhipe daśā I
ādhipatye balavatī sampūrṇphaladādikā II 65II

Wenn Merkur in seinem Zeichen der Erhöhung, in seinem eigenen Zeichen, im Zeichen eines Freundes oder im 11., 5. oder 9. Haus steht, wird man in seiner Dasha Erlangung von Wohlstand und gutem Ruf, Zunahme von Wissen, das Wohlwollen der Regierung, gutes Gelingen, Freude durch Frau und Kinder, gute Gesundheit, den Genuss süßer Speisen und geschäftliche Gewinne usw. erleben.

Falls Merkur von einem Wohltäter aspektiert wird, sich im 10. Haus befindet oder Herr des 10. Hauses ist, so werden die zuvor erwähnten positiven Ergebnisse vollständig erlangt und es wird rundum große Freude erfahren.

pāpagrahayute dṛṣṭe rājadveṣaṁ manorujam I
bandhujanavirodhaṁ ca videśagamanaṁ labhet II 66II
parapreṣyaṁ ca kalahaṁ mūrtakṛrcchānmahanbhayam I
ṣaṣṭhāṣṭamavyaye saumye lābhabhogārthanāśanam II 67II
vātapīḍāṁ dhanaṁ caivaṁ pāṇḍurogaṁ vinirdiśet I
nṛpacaurāgnibhītiṁ ca kṛṣigobhūmināśanam II 68II
daśādau dhanadhānyaṁ ca vidyālābhaṁ mahatsukham I
putrakalyāṇasampattiḥ sanmārge dhanalābhakṛt II 69II
madhye narendrasanmānamante duḥkhaṁ bhaviṣyati II 70II

Falls Merkur mit einem Übeltäter verbunden ist, so gibt es während seiner Dasha Bestrafung seitens der Regierung, feindselige

Beziehungen mit Angehörigen, Reisen in ein fremdes Land, Abhängigkeit von anderen und die Möglichkeit von Harnwegserkrankungen.

Wenn sich Merkur im 6., 8. oder 12. Haus befindet, so erfährt man Verlust von Wohlstand infolge von lüsternen Aktivitäten. Es besteht die Möglichkeit, an Rheuma und Gelbsucht zu erkranken, Gefahr durch Diebe, Missgunst seitens der Regierung sowie des Verlustes von Land, Vieh usw.

Zu Beginn der Dasha von Merkur erlangt man Wohlstand, verbessert sich im Bereich von Bildung und Erziehung, erfreut sich an der Geburt von Kindern und erfährt Freude. In der Mitte der Dasha wird es Anerkennung seitens der Regierung geben. Der letzte Teil der Dasha wird schmerzvoll sein.

### ***Auswirkungen der Vimshottari Dasha von Ketu***

yastamograhayormadhye kabandhaḥ kathyate budhaiḥ ।
tasya ketoridānīṁ te katheyāmi daśāphalam ॥ 71॥

Nun will ich zu dir von der Dasha von Ketu sprechen, der unter den Planeten ein kopfloser Rumpf ist.

kendre lābhe trikoṇe va śubharāśau śubhekṣite ।
svocce vā śubhavarge vā rājaprītiṁ manonugam ॥ 72॥
deśāgrāmādhipatyaṁ ca vāhanaṁ putrasambhavam ।
deśāntaraprayāṇaṁ ca nirdiśet tat sukhāvaham ॥ 73॥
putradārasukhaṁ caiva catuṣpājjīvalābhakṛt ।
duścikye ṣaṣṭhalābhe vā keturdāye sukhaṁ diśet ॥ 74॥
rājyaṁ karoti mitrāṁśaṁ gajavājisamanvitam ।
daśadau rājayogaśca daśāmadhye mahadbhayam ॥ 75॥
ante dūrāṭanaṁ caiva dehaviśramaṇaṁ tathā ।
dhane randhre vyaye ketau pāpadṛṣṭiyutekṣite ॥ 76॥
nigaḍaṁ bandhunāśaṁ ca sthānabhraṁśaṁ manorujam ।
śūdrasaṅgādilābhaṁ ca kurute rogasaṅkulam ॥ 77॥

Falls Ketu in einem Eck- oder Trigonalhaus (Kendra oder Trikona) steht oder im 11. Haus, im Zeichen eines Wohltäters, im Zeichen der Erhöhung oder in seinem eigenen Zeichen, wird es während seiner Dasha eine herzliche Beziehung zum König (zur Regierung oder zu Autoritäten) geben, man erlangt die Führungsposition in einem Land oder einer Ortschaft, erfreut sich an Fahrzeugen und den eigenen Kindern, gewinnt Wohlstand aus fremden Ländern, genießt Freuden durch die Ehefrau und erwirbt Viehbesitz.

Wenn Ketu im 3., 6. oder 11. Haus steht, wird man in seiner Dasha ein Königreich (hohe Position in der Gesellschaft) erlangen, eine gute Beziehung zu Freunden haben und es ergeben sich Gelegenheiten zum Erwerb von Elefanten.

Zu Beginn der Ketu Mahadasha gibt es einen Rajayoga (zeigt großen Erfolg an). Der mittlere Abschnitt der Dasha ist möglicherweise von Furcht geprägt und im letzten Teil ist Leiden durch Krankheiten und Reisen zu weit entfernten Orten angesagt.

Steht Ketu im 2., 8. oder 12. Haus oder wird er von einem Übeltäter aspektiert, so sind Gefangenschaft, Vernichtung von Verwandten und Wohngebäuden, Ängste, Gemeinschaft mit niederen Menschen und Krankheiten zu erwarten.

atha bhūteṣu yaḥ śukrā madarūpeṇa tiṣṭhati I
tasya daityagurorvipra kathayāmi daśāphalam II 78II

### *Auswirkungen der Vimshottari Dasha von Venus*

Nun beschreibe ich die Auswirkungen der Dasha der Venus, die unter allen Planeten die Verkörperung von Rausch, Extase, Lust und Hochmut ist.

paramoccagate śukre svocce svakṣetrakendrage I
nṛpā'bhiṣekasamprāptirvāhanā'mbarabhūṣaṇam II 79II
gajāśvapaśulābhaṁ ca nityaṁ miṣṭhānnabhojanam I
akhaṇḍamaṇḍalādhīśārājasanmānavaibhavam II 80II
mṛdaṅgavādyaghoṣaṁ ca gṛhe lakṣmīkaṭākṣakṛt I
trikoṇasthe nije tasmin rājyārthagṛhahasampadaḥ II 81II
vivāhotsavakāryāṇi putrakalyāṇavaibhavam I
senādhipatyaṁ kurute iṣṭabandhusamāganam II 82II

Wenn Venus sich im Zeichen der Erhöhung, im eigenen Zeichen oder in einem Kendra (Eckhaus) oder Trikona (Trigonalhaus) befindet, wird während der Dasha die Erlangung von extravaganter Kleidung, Schmuck und Fahrzeugen sowie von Vieh und Landbesitz erlebt. Durch das Wohlwollen der Göttin Lakshmi werden täglich köstliche Süßspeisen zur Verfügung stehen, es wird Anerkennung seitens der Regierung genossen und Freude durch Tanz und Musik erfahren.

Falls Venus in ihrem Mulatrikona-Zeichen steht, werden während der Dasha definitiv als Auswirkungen der Gewinn von Königsherrschaft (hohe Position in der Gesellschaft), der Erwerb eines Hauses, die Geburt von Kindern und Enkeln, Hochzeiten im Familienkreis, die Erlangung einer hohen Stellung wie die des Befehlshabers einer Armee, der Besuch von Freunden und die Wiedererlangung von verlorenem Wohlstand oder eines verlorenen Königreichs erfahren.

naṣṭarājyāddhanaprāptiṁ gṛhe godhanasaṅgraham ।
ṣaṣṭhāṣṭamavyaye śukre nīce vā vyayarāśige ।। 83।।
ātmabandhujanadveṣaṁ dāravargādipīḍanam ।
vyavasāyātphlaṁ naṣṭaṁ gomahiṣyādihānikṛt ।। 84।।
dāraputrādipīḍā vā ātmabandhuviyogakṛt ।
bhāgyakarmādhipatyena lagnavāhanarāśige ।। 85।।
taddaśāyāṁ mahatsaukhyaṁ deśagrāmādhipālatā ।
devālayataḍāgādipuṇyakarmasu saṅgrahaḥ ।। 86।।
annadāne mahatsaukhyaṁ nityaṁ miṣṭhānnabhojanam ।
utsāhaḥ kīrtisampattī strīputradhanasampadaḥ ।। 87।।

Sollte Venus im 6., 8. oder 12. Haus stehen, wird es während der Shukra-Mahadasha feindschaftliche Beziehungen zu Angehörigen, Ärger mit der Ehefrau, geschäftliche Verluste, Vernichtung des Viehbestandes und Trennung von Verwandten geben.

Wenn Shukra als Herr des 9. oder 10. Hauses im 4. Haus steht, wird während ihrer Dasha die Herrschaft über ein Land oder eine Ortschaft erlangt, man führt tugendhafte Handlungen wie den Bau von Wasserreservoirs und Tempeln oder das wohltätige Spenden von Getreide usw. aus, erfreut sich jeden Tag an köstlichen Süßspeisen, besitzt große Tatkraft, erlangt Ruhm und Ehren und erfährt Freude durch Frau und Kinder.

svabhuktau phalamevaṁ syādbalānyanyāni bhuktiṣu ।
dvitīyadyūnanāthe tu dehapīḍā bhaviṣyati ।। 88।।
taddoṣaparihārārthaṁ rudraṁ vā tryambakaṁ japet ।
svetāṁ gāṁ mahiṣīṁ davyādārogyaṁ ca tato bhavet ।। 89।।

Ähnlich sind die Auswirkungen der Venus in ihren Unterphasen (Antardasha usw.). Falls Venus Herr des 2. oder des 7. Hauses ist (2 Maraka Häuser), wird es während der Dasha körperliche

Schmerzen und Probleme geben. Um diese Probleme zu mildern, sollte der Geborene Shatarudriya oder das Mrityunjaya Japa auf die vorgeschriebene Weise durchführen und als Gabe eine Kuh oder eine Büffelkuh verschenken.

# Kapitel 48: Spezifische Auswirkungen der Herren der Häuser in der Vimshottari Dasha

**atha viśeṣanakṣatradaśāphalādhyāyaḥ II 48II**
sthānasthitivaśenaivaṁ phalaṁ proktaṁ purātanaiḥ I
mitho bhāveśasambandhātphalāni kathayāmyaham II 1II

Falls der Herr des 10. Hauses in einem günstigen Haus in seinem Zeichen der Erhöhung usw. steht, werden seine Dasha-Auswirkungen positiv sein. Die Auswirkungen werden negativ sein, falls der Herr des 10. Hauses in seinem Zeichen des Falls steht und ein ungünstiges Haus besetzt.

Dies beweist, dass ein Übeltäter-Planet in seinem Zeichen der Erhöhung usw. keine negativen Ergebnisse hervorbringen wird, wenn er sich in einem günstigen Haus befindet und dass ein Wohltäter-Planet, der sich in seinem Zeichen des Falls und in einem ungünstigen Haus befindet, negative Effekte hervorrufen wird.

Nun werde ich die Auswirkungen der Dashas der Herren der verschiedenen Häuser beschreiben, die miteinander in Beziehung stehen:

lagneśasya gaśākāle satkītirdehajaṁ sukham I
dhaneśasya daśāyāṁ tu kleśo vā mṛtyuto bhayam II 2II
sahajeśadaśākāle jñeyaṁ pāpaphalaṁ nṛṇām I
sukhādhīśadaśāyāṁ tu gṛhabhūmisukhaṁ bhavet II 3II
pañcameśasya pāke ca vidyāptiḥ putrajaṁ sukham I
rogeśasya daśākāle dehapīḍā riporbhayam II 4II

Körperliches Wohlergehen wird in der Dasha des Herrn des Aszendenten erfahren, Leiden und die Möglichkeit des Todes in der Dasha des Herrn des 2. Hauses, negative Auswirkungen in der Dasha des Herrn des 3. Hauses, Erlangung von Haus- und Landbesitz in der Dasha des Herrn des 4. Hauses, Fortschritt im Bereich der Erziehung und Bildung und Freude durch Kinder in der Dasha des Herrn des 5. Hauses und Gefahr durch Feinde und schlechte Gesundheit in der Dasha des Herrn des 6. Hauses.

saptameśasya pāke tu strīpīḍā mṛtyuto bhayam I
aṣṭameśadaśākāle mṛtyubhītirdhanakṣatiḥ II 5II

dharmaśasya daśāyāṁ ca bhūrillābho yaśaḥsukham |
daśameśadaśākāle sammānaṁ nṛpasaṁsadi || 6||
lābheśasya daśākāle lābhe bādhā rujobhayam |
vyayeśasya daśā nṛṇāṁ bahukaṣṭapradā dvija || 7||
daśārambhe śubhasthāne sthitasyāpi śubhaṁ phalam |
aśubhasthānagasyaivaṁ śubhasyāpi na śobhanam || 8||

Es wird Kummer für die Ehefrau und die Möglichkeit des Todes des Geborenen selbst geben in der Dasha des Herrn des 7. Hauses, die Möglichkeit des Todes und finanzielle Verluste in der Dasha des Herrn des 8. Hauses, Fortschritte im Bereich der Erziehung und Bildung, Sinn für Religion und Spiritualität sowie unerwarteten Gewinn von Wohlstand in der Dasha des Herrn des 9. Hauses, Anerkennung und Belohnungen seitens der Regierung in der Dasha des Herrn des 10. Hauses, Hindernisse beim Erlangen von Wohlstand und die Möglichkeit von Krankheiten in der Dasha des Herrn des 11. Hauses und Leid und Gefahr von Krankheiten in der Dasha des Herrn des 12. Hauses.

Ein Planet, der zu Beginn der Dasha in einem günstigen Haus wie einem Trikona usw. steht, wird in dieser Dasha positive Ergebnisse hervorbringen. Ein Planet, der sich zu dieser Zeit im 6., 8. oder 12. Haus befindet, wird in seiner Dasha nur negative Wirkungen hervorbringen.

Es ist daher äußerst wichtig, dass beides, die Stellung eines Planeten zur Zeit der Geburt und seine Stellung zur Zeit des Beginns der Dasha, mit einbezogen wird, um die Wirkungen einer Dasha richtig zu bewerten.

pañcameśena yuktasya karmeśasya daśā śubhā |
navameśena yuktasya karmeśasyātiśabhanā || 9||
pañcameśena yuktasya grahasyāpi daśā śubhā |
tathā dharmapayuktasya daśā paramaśobhanā || 10||
sukheśasahitasyāpi dharmeśasya daśā śubhā |
pañcamasthānagasyāpi māneśasya daśāśubhā || 11||
evaṁ trikoṇanāthānāṁ kendrasthānāṁ daśāḥ śubhāḥ |
tathā koṇasthitānāṁ ca kendreśānāṁ daśāḥ śubhāḥ || 12||
kendreśaḥ koṇabhāvasthaḥ koṇeśaḥ kendrago yadi |
tayordaśāṁ śubhāṁ prāhurjyotiḥśāstravido janāḥ || 13||

Falls der Herr des 9. und des 10. Hauses in Konjunktion mit dem Herrn des 5. Hauses steht, so bringen ihre Dashas positive Wirkungen hervor. Wenn irgend ein anderer Planet mit dem Herrn des 5. Hauses verbunden ist, wird seine Dasha gute Ergebnisse bringen. Die Dashas der Herren des 10. und des 4. Hauses bringen günstige Wirkungen hervor, falls sie mit dem Herrn des 9. Hauses verbunden sind. Wenn der Herr eines Kendra sich in einem Trikona oder der Herr eines Trikona sich in einem Kendra befindet, so werden ihre Dashas sich als extrem segensreich erweisen.

ṣaṣṭhāṣṭamavyayādhīśā api koṇeśasaṁyutā ।
teṣāṁ daśā'pi śubhadā kathitā kālakovidaiḥ ।। 14।।
koṇeśo yadi kemdrasthaḥ kendreśo yadi koṇagaḥ ।
tābhyāṁ yuktasya kheṭasya dṛṣṭiyuktasya caitayoḥ ।। 15।।
daśāṁ śubhapradāṁ prāhurvidvāṁso daivacintakāḥ ।
lagneśo dharmabhāvastho dharmeśo lagnago yadi ।। 16।।
etayostu daśākāle sukhadharmasamudbhavaḥ ।
karmeśo lagnarāśistho lagneśaḥ karmabhāvagaḥ ।। 17।।
tayordaśāvipāke tu rājyalābho bhaveddhruvam ।
triṣaḍāyagatānāṁ ca triṣaḍāyādhipairyujam ।। 18।।
śubhānāmapi kheṭānāṁ daśā pāpaphalapradā ।
mārakasthānagānāṁ ca mārakeśayujāmapi ।। 19।।
randhrasthānagatānāṁ ca daśā'niṣṭaphalapradā ।
evaṁ bhāveśasambandhādūranīyaṁ daśāphalam ।। 20।।

Die Dashas der Herren des 6., 8. oder 12. Hauses werden ebenfalls förderlich sein, falls sie mit dem Herrn eines Trikona verbunden sind.

Wenn der Herr eines Kendra in einem Trikona oder der Herr eines Trikona in einem Kendra steht, wird die Dasha eines Planeten, der mit einem der beiden verbunden ist, ebenfalls förderlich sein. Auch die Dasha eines Planeten, der von dem Herrn eines Kendra oder Trikona aspektiert wird, ist förderlich.

Falls der Herr des 9. Hauses im Aszendenten steht und der Herr des Aszendenten im 9. Haus, so werden die Dashas beider Planeten extrem segensreiche Wirkungen hervorbringen.

Die Erlangung eines Königreichs (einer hohen und einflussreichen Position im Leben) wird es in der Dasha der Herren des Aszendenten und des 10. Hauses geben, wenn der Herr des 10. Hauses sich im Aszendenten und der Herr des Aszendenten sich im 10. Haus befindet.

Die Dashas der Herren des 3., 6. und 11. Hauses und die Dasha der Planeten, die sich in diesen Häusern befinden, werden sich als ungünstig erweisen.

Die Dashas von Planeten, die mit den Herren der Maraka-Häuser (todbringenden Häuser), nämlich des 2. oder 7. Hauses, verbunden sind oder sich im 2. oder 7. Haus befinden und die Dasha eines Planeten, der im 8. Haus steht, werden negative Ergebnisse zeitigen.

Auf diese Weise sollten die positiven (oder negativen) Auswirkungen der Dasha (eines Planeten) beurteilt werden, nachdem man die Stellung des Planeten und seine Beziehung zu anderen Planeten untersucht hat.

## Kapitel 49: Auswirkungen der Kalachakra Dasha

**atha kālacakradaśāphalādhyāyaḥ || 49||**
kathayāmyatha viprendra kālacakradaśāphalam |
tatrādau rāśināthānāṁ sūryādīnāṁ phalaṁ bruve || 1||
raktapittādito vyādhiṁ nṛṇāmarkaphalaṁ vadet |
dhanakīrtiprajāvṛddhivastrābharaṇadaḥ śaśī || 2||
jvaramāśu diśet paittyaṁ granthisphoṭaṁ kujastathā |
prajānāṁ ca dhanānāṁ ca sadā vṛddhiṁ budho diśet || 3||
dhanaṁ kīrtiṁ prajāvṛddhiṁ nānābhogaṁ bṛhaspatiḥ |
vidyāvṛddhirvivāhaśca gṛhaṁ dhānyaṁ bhṛgoḥ phalam || 4||
tāpādhikyaṁ mahadduḥkhaṁ bandhunāśaḥ śaneḥ phalam |
evamarkādiyogena vadedrāśidaśāphalam || 5||

Der Weise sprach:

O Brahmane, ich werde dir nun die Auswirkungen der Kalachakra Dasha beschreiben. Während der Dasha des Zeichens, das der Sonne gehört oder von ihr besetzt ist, wird es Krankheit aufgrund von Blut- oder Gallenbeschwerden geben; im Fall von Mond wird es Wohlstand und Kleidung, Ruhm und Ehre und die Geburt von Kindern geben; im Fall von Mars wird es Pitta-bedingtes Fieber, Gicht und Wunden geben; im Fall von Merkur wird es Erwerb von Wohlstand und Geburt von Kindern geben; im Fall von Jupiter wird es eine Zunahme der Kinderzahl, Erwerb von Wohlstand und viel Freude geben; im Fall von Venus wird es Erwerb von Bildung, Heirat und Gewinn von Wohlstand geben; im Fall von Saturn wird es alle Arten von negativen Ereignissen geben.

meṣe tu raktapīḍā ca vṛṣabhe dhānyavarddhanam |
mithune jñānasampānnaścāndre dhanapatirbhavet || 6||
sūryakṣe śatrubādhā ca kanyā strīṇāṁ ca nāśanaṁ |
tālike rājamantritvaṁ vṛścike maraṇaṁ bhavet || 7||

In der Kalachakra Dasha von Widder in der Widder-Navamsha (Pada) wird es aufgrund von Störungen, die durch Verunreinigung des Blutes verursacht wurden, Probleme geben. In der Dasha von Widder in der Stier-Navamsha werden der Wohlstand und der Besitz von landwirtschaftlichen Produkten zunehmen. In der Navamsha von Zwillinge wird es einen Fortschritt des Wissens geben. In der Navamsha von Krebs wird es Erwerb von Reichtum geben, in der Navamsha des Löwen Gefahr durch Feinde, in Jungfrau Probleme der Ehefrau, in Waage Königtum, in Skorpion Tod und in Schütze Erwerb von Wohlstand. Dies werden die Auswirkungen der 9 Padas von Widder sein. Bei der Beurteilung der tatsächlichen Auswirkungen sollte auch die Natur des Planeten, der das jeweilige Zeichen besetzt, mit berücksichtigt werden.

arthalābho bhaveccāpe meṣasya navabhāgake |
makare pāpakarmāṇi kumbhe vāṇijyameva ca || 8||
mīne sarvārthasiddhiśca vṛścikeṣvagnito bhayam |
taulike rājapūjyaśca kanyāyāṁ śatruvardhanam || 9||
śaśibhe dārasambādhā siṁhe ca tvakṣirogakṛt |
mithune vṛttibādhā syādvṛṣabhasya navāṁśake || 10||

In der Dasha der Steinbock-Navamsha in Stier wird es die Tendenz geben, nicht wünschenswerte Handlungen auszuführen, zusammen mit weiteren negativen Auswirkungen. Im Wassermann-Navamsha wird es Gewinne im Geschäftsleben geben, in Fische Erfolg in allen Unternehmungen, in der Dasha der Skorpion-Navamsha Gefahr durch Feuer, in der Dasha der Waage-Navamsha Anerkennung seitens der Regierung und Respekt von allen, in der Dasha der Jungfrau-Navamsha Gefahr von Feinden, in der Dasha der Krebs-Navamsha Probleme der Ehefrau, in der Dasha der Löwe-Navamsha Augenkrankheiten und in der Dasha der Zwillinge-Navamsha Hindernisse beim Verdienen des Lebensunterhalts. Dies sind die Auswirkungen der 9 Navamshas im Zeichen Stier. Weitere Verse zu diesem Thema sollten auf ähnliche Weise interpretiert werden.

vṛṣabhe tvarthalābhāśca meṣe tu jvararogakṛt |
mīne tu mātulaprītiḥ kumbhe śatrupravarddhanam || 11||
mṛge caurasya sambādhā dhanuṣi śastravardhanam |
meṣe tu śastrasaṅghāto vṛṣabhe kalaho bhavet || 12||

In Zwillinge wird es in der Dasha des Stier-Abschnitts (Amsha) zur Erlangung von Wohlstand kommen, in der Dasha des Widder-Amsha gibt es Fieberanfälle, in der Dasha des Fische-Amsha eine herzliche Beziehung zum Onkel mütterlicherseits, in der Dasha des Wassermann-Amsha eine Zunahme der Zahl der Feinde, in der Dasha des Steinbock-Amsha Gefahr durch Diebe, in der Dasha des Schütze-Amsha Zunahme des Besitzes von Waffen, in der

Dasha des Stier-Amsha Verletzungen durch eine Waffe und in der Dasha des Zwillinge-Amsha Sinnesfreuden.

mithune sukhamāpnoti mithunasya navāṁśake |
karkaṭe saṅkaṭaprāptiḥ siṁhe rājaprakopakṛt || 13 ||
kanyāyāṁ bhrātṛpūjā va taulike priyakṛnnaraḥ |
vṛścike pitṛbādhā syāt cāpe jñānadhanodayaḥ || 14 ||
makare jalabhītiḥ syāt kumbhe dhānyavivardhanam |
mīne ca sukhasampattiḥ karkaṭasya navāṁśake || 15 ||

In Krebs wird es in der Dasha des Krebs-Amsha Probleme geben, in Löwe Missfallen seitens des Herrschers, in Jungfrau Hochachtung seitens der Verwandten, in Waage Wohltätigkeit, in Skorpion Erschaffung von Hindernissen seitens des Vaters, in Schütze Zunahme an Bildung und Wohlstand, in Steinbock Gefahr durch Wasser, in Wassermann Zunahme der Produktion von landwirtschaftlichen Produkten und in der Dasha der Fische-Amsha Erwerb von mehr Reichtum sowie Sinnesfreuden.

vṛścike kalaḥ pīḍā taulike hyadhikaṁ phalam |
kanyāyāmatilābhaśca śaśāṅke mṛgabādhikā || 16 ||
siṁhe ca putralābhaśca mithune śatruvarddhanam |
vṛṣeḥ catuṣpadāllābho meṣāṁśe paśuto bhayam |
mīne tu dīrghayātrā syāt siṁhasya navabhāgake || 17 ||

In Löwe wird es in der Dasha der Navamsha von Skorpion Probleme und Streitigkeiten geben, in Waage außerordentliche Gewinne, in Jungfrau Gewinn von Wohlstand, in Krebs Gefahr durch wilde Tiere, in Löwe Geburt eines Sohnes, in Zwillinge Zunahme von Feinden, in Stier Gewinne durch den Verkauf von Rindern, in Widder Gefahr durch Tiere und in der Dasha des Fische-Amsha Reisen zu weit entfernten Orten.

kumbhe tu dhanalābhaśca makare dravyalābhakṛt |
dhanuṣi bhrātṛsaṁsargo meṣe mātṛvivarddhanam || 18 ||
vṛṣabhe putravṛddhiḥ syānmithune śatruvarddhanam |
śaśibhe tu striyāṁ prītiḥ siṁhe vyādhivivarddhanam || 19 ||

In Jungfrau gibt es in der Dasha des Wassermann-Amsha Erwerb von Wohlstand, in Steinbock finanzielle Gewinne, in Schütze Zusammensein mit Verwandten, in Widder Glück seitens der Mutter, in Stier Geburt von Kindern, in Zwillinge Zunahme von Feinden, in Krebs Liebesbeziehung mit einer Frau, in Löwe Verschlimmerung von Krankheiten und in der Dasha des Jungfrau-Amsha Geburt von Kindern.

kanyāyāṁ putravṛddhiḥ syātkanyāyā navamāṁśake |
tulāyāmarthalābhaśca vṛścike bhrātṛvarddhanam || 20||
cāpe ca tātasaukhyaṁ ca mṛge mātṛvirodhitā |
kumbhe putrārthalābhaśca mīne śatruvirodhitā || 21||
alau jāyāvirodhaśca tule ca jalabādhatā |
kanyāyāṁ dhanavṛddhiḥ syāt tulāyā navabhāgake || 22||

In Waage gibt es in der Dasha des Waage-Amsha finanzielle Gewinne, in Skorpion gute Beziehungen zu Verwandten, in Schütze Freude durch den Vater, in Steinbock Streitigkeiten mit der Mutter, in Wassermann Geburt eines Sohnes und finanzielle Gewinne, in Fische Auseinandersetzungen mit Feinden, in Skorpion Streit mit Frauen, in Waage Gefahr durch Wasser und in der Dasha des Jungfrau-Amsha zunehmende finanzielle Gewinne.

karkaṭe hyarthanāśaśca siṁhe rājavirodhitā |
mithune bhūmilābhaśca vṛṣabhe cā'rthalābhakṛt || 23||
meṣe sarpādibhītiḥ syānmīne caiva jalād bhayam |
kumbhe vyāpārato lābho makare'pi rujo bhayam || 24||
cāpe tu dhanalābhaḥ syād vṛścikasya navāṁśake |
meṣe tu dhanalābhaḥ syād vṛṣe bhūmivivarddhanam || 25||
mithune sarvasiddhiḥ syātkarkaṭe sarvasiddhikṛt |
siṁhe tu pūrvavṛddhiḥ syātkanyāyāṁ kalaho bhavet || 26|

In Skorpion wird es in der Dasha des Krebs-Amsha finanzielle Gewinne geben, in Löwe Opposition gegen den König (Regierung), in Zwillinge Erwerb von Landbesitz, in Stier finanzielle Gewinne, in Widder Gefahr durch Reptilien, in Fische Gefahr durch Wasser, in Wassermann geschäftliche Gewinne, in Steinbock Gesundheitsprobleme und in der Dasha des Schütze-Amsha Erlangung von Wohlstand.

In Schütze gibt es in der Dasha des Widder-Amsha finanzielle Gewinne, in Stier Erwerb von Ländereien, in Zwillinge Erfolg in Unternehmungen, in Krebs rundum Erfolg, in Löwe Zunahme des Besitzes von Wohlstand, in Jungfrau Streitigkeiten, in Waage finanzielle Gewinne, in Skorpion Leiden unter Krankheiten und in Schütze Freude an den Kindern.

taulike cārthalābhaḥ syād vṛścike roogamāpnuyāt I
cāpe tu sutavṛddhiḥ syāccāpasya navamāṁśake I I 27I I
makare putralābhaḥ syātkumbhe dhānyavivarddhanam I
mīne kalyāṇamāpnoti vṛścike viṣabādhitā I I 28I I
taulike tvarthalābhaśca kanyāyāṁ śatruvarddhanam I
śaśibhe sriyamāpnoti siṁhe tu mṛgabādhitā I I 29I I

In Steinbock wird es in der Dasha des Steinbock-Amsha Freude durch Kinder geben, in Wassermann Gewinn von landwirtschaftlichen Produkten, in Fische Wohlergehen, in Skorpion Gefahr durch Gift, in Waage finanzielle Gewinne, in Jungfrau Zunahme der Feinde, in Krebs Zunahme von Besitz, in Löwe Gefahr durch wilde Tiere und in der Dasha des Zwillinge-Amsha Gefahr, von einem Baum zu fallen.

mithune vṛkṣabādhā ca mṛgasya navabhāgake I
vṛṣabhe tvarthalābhaśca meṣabhe tvakṣirogakṛt I I 30I I
mīne tu dīrghayātrā syātkumbhe dhanavivarddhanam I
makare sarvasiddhiḥ syāccāpe śatruvivarddhanam I I 31I I
meṣe saukhyavināśaśca vṛṣabhe maraṇaṁ bhavet I
yugme kalyāṇamāpnoti kumbhasya navamāṁśake I I 32I I

In Wassermann wird es in der Dasha des Stier-Amsha finanzielle Gewinne geben, in Widder Augenkrankheiten, in Fische Reisen zu fernen Orten, in Wassermann Zunahme des Wohlstands, in Steinbock Erfolg in allen Arten von Unternehmungen, in Schütze mehr Feinde, in Widder Verlust von Glück und Freude, in Stier Tod und in Zwillinge Wohlbefinden.

karkaṭe dhanavṛddiḥ syāt siṁhe tu rājapūjanam I
kanyāyāmarthalābhastu tulāyāṁ lābhamāpnuyāt I I 33I I
vṛścike jvaramāpnoti cāpe śatruvivarddhanam I
mṛge jāyāvirodhaśca kumbhe jalavirodhatā I I 34I I
mīne tu sarvasaubhāgyaṁ mīnasya navabhāgake I
daśāṁśakrameṇaivaṁ jñātvā sarvaphalaṁ vadet I I 35I I
krūragrahadaśākāle śāntiṁ kuryādvicakṣaṇaḥ I
yat proktaṁ rājayogādau sañjñādhyāye ca yat phalam I I 36I I

tatsarvaṁ catrakāle hi subuddhyā yojayed budhaḥ |
iti saṅkṣepataḥ proktaṁ kālacakradaśāphalam || 37||

In Fische wird in der Dasha des Krebs-Amsha der Wohlstand zunehmen, in Löwe gibt es Anerkennung seitens der Regierung, in Jungfrau finanzielle Gewinne, in Waage Gewinne aus allen Quellen, in Skorpion Fieber, in Schütze mehr Feinde, in Steinbock eheliche Streitigkeiten, in Wassermann Gefahr durch Wasser und in der Dasha des Fische-Amsha rundum Glück.

Auf diese Weise können im Kalachakra, das auf der Grundlage des Pada des Janma Nakshatras erstellt wird, die Dashas der Navamsha-Zeichen und ihre Dauer festgelegt und Vorhersagen für das gesamte Leben des Geborenen gemacht werden. Geeignete Hilfsmaßnahmen (Rezitation von Mantras, Opfergaben usw.) sollten ergriffen werden, um die negativen Auswirkungen, die durch Übeltäter-Dashas verursacht werden, zu mildern.

Die Auswirkungen der Dashas in Zusammenhang mit Raja Yoga usw. wurden bereits zuvor (in Band 1 dieses Buches) beschrieben. Dieselben dort angeführten Prinzipien sollten auf vernünftige Weise auf das Kalachakra angewendet werden. Dies sind in Kürze die Auswirkungen der Kalachakra Dasha.

## Kapitel 50: Auswirkungen der Chara Dasha usw.

**atha carādidaśāphalādhyāyaḥ || 50||**
carasthirādisañjñā yā daśāḥ proktāḥ purā dvija |
śubhā'śubhaphalaṁ tāsāṁ kathayāmi tavā'grataḥ || 1||
lagnādidvādaśāntānāṁ bhāvānāṁ phalakīrtane |
tattadrāśīśavīryeṇa yathāyogyaṁ prayojayet || 2||
balayukte ca rāśīśe pūrṇaṁ tasya tadā phalam |
phalaṁ madhybale madhyaṁ balahīne viparyayaḥ || 3||

Parashara sprach:

O Brahmane, ich habe bereits zuvor die Chara Dasha usw. beschrieben. Nun werde ich dir von den Auswirkungen dieser Dashas berichten.

Die Auswirkungen der Dashas der Tierkreiszeichen (Rashis) sollten entsprechend der Stärke der Herren der Rashis beurteilt werden und danach, ob sie wohltätig oder übelwollend sind. Wenn der Herr eines Rashis die volle Stärke besitzt, werden die (positiven) Wirkungen der Dashas der Rashis in vollem Umfang manifestiert werden. Die Auswirkungen der Dasha werden von mittelmäßiger Natur sein, wenn die Stärke mittelmäßig ist. Wenn der Herr des Rashis wenig Stärke besitzt, werden die Wirkungen dementsprechend erfahren.

yo yo daśāprado rāśistasya randhratrikoṇake |
pāpakheṭayute vipra taddaśā duḥkhadāyikā || 4||
tṛtīyaṣaṣṭhage pāpe jyādiḥ parikīrtitaḥ |
śubhakheṭayute tatra jāyate ca parājayaḥ || 5||
lābhasthe ca śubhe pāpe lābho bhavati niścitaḥ |
yadā daśāprado rāśiḥ śubhakheṭayuto dvija || 6||
śubhakṣetre hi tadrāśeḥ śubhaṁ jñeyaṁ daśāphalam |
pāpayukte śubhakṣetre pūrvaṁ śubhamasatpare || 7||
pāparkṣe śubhasaṁyukte pūrvaṁ saukhyaṁ tato'śubham |
pāpakṣetre pāpayukte sā daśā sarvadukhadā || 8||
śubhakṣetradaśā rāśau yukte pāpaśubhairdvija || 9||
pūrvaṁ kaṣṭaṁ sukhaṁ paścānnirviśaṅkaṁ prajāyate |
śubhakṣetre śubhaṁ vācyaṁ pāparkṣe tvaśubhaṁ phalam || 10||

Wenn es Übeltäter im 8., 5. und 9. von einem Dasha-Rashi (dem Rashi, dessen Dasha aktiv ist) aus gibt, dann werden die Auswirkungen der Dasha dieses Rashis problematisch sein. Wenn im 3. und 6. von einem Dasha-Rashi aus Übeltäter stehen, werden die Auswirkungen der Dasha Sieg über die Feinde und Freude sein. Wenn sich im 3. und 6. vom Dasha-Rashi aus Wohltäter befinden, wird es in der Dasha eine Niederlage geben.

Wenn es im 11. vom Dasha-Rashi aus Wohltäter oder Übeltäter gibt, wird es Eroberungen und Freude in der Dasha geben. Wenn das Dasha-Rashi von einem Wohltäter besetzt ist oder sich im Besitz eines Wohltäters befindet (d. h. der Herr des Rashis ist ein Wohltäter-Planet), so werden die Auswirkungen der Dasha positiv sein. Wenn ein Dasha-Rashi, das im Besitz eines Wohltäters ist, von einem Übeltäter besetzt ist, werden im ersten Teil der Dasha positive Auswirkungen auftreten, während sie im zweiten Teil der Dasha negativ sein werden. Wenn ein Dasha-Rashi, das einem Übeltäter gehört, von einem Wohltäter besetzt ist, werden ebenfalls im ersten Teil der Dasha positive Auswirkungen auftreten, während sie im zweiten Teil der Dasha negativ sein werden. Ein Dasha-Rashi, das einem Übeltäter gehört und auch von einem Übeltäter besetzt ist, wird immer zu ungünstigen Ergebnissen führen. Ein Dasha-Rashi, das einem Wohltäter gehört und auch von einem Wohltäter besetzt ist, wird hingegen stets zu erfreulichen Ergebnissen führen. Wenn ein Dasha-Rashi, das einem Wohltäter gehört und sowohl von einem Wohltäter als auch von einem Übeltäter besetzt ist, werden die Auswirkungen der Dasha in ihrem ersten Teil negativ und im zweiten Teil positiv sein.

dvitīye pañcame saumye rājaprītirjayo dhruvam |
pāpe tatra gate jñeyamaśubhaṁ taddaśāphalam || 11||
caturthe tu śubhaṁ saukhyamārogyaṁ tvaṣṭame śubhe |
dharmavṛddhirgurujanātsaukhyaṁ ca navame śubhe || 12||
viparīte viparyāso miśre miśraṁ prakīrtitam |
pāke bhoge ca pāpāḍhye dehapīḍā manovyathā || 13||
saptame pākabhogābhyāṁ pāpe dārārtirīritā |
caturthe sthānahāniḥ syātpañcame putrapīḍanam || 14||
daśame kīrtihāniḥ syānnavame pitṛpīḍanam |
pākādrudrāgate pāpe pīḍā sarvāpyabādhikā || 15||
uktasthānagate saumye tataḥ saukhyaṁ vinirdiśet |
kendrasthānagate saumye lābhaḥ śatrujapapradaḥ || 16||

janmakālagrahasthityā sagocagagrahairapi I
vicāritaiḥ pravaktavyaṁ tattadrāśidasāphalam I I 17I I

Die Beurteilung der Auswirkungen der Dasha des Dasha-Rashis sollte unter Berücksichtigung der Zustände der Planeten in dem Dasha-Rashi bei der Geburt und der Zustände der Planeten während der Dasha vorgenommen werden. Wenn das Dasha-Rashi sowohl zum Zeitpunkt der Geburt als auch während der Dasha positiv geprägt ist, werden die positiven Ergebnisse in vollem Umfang realisiert werden. Wenn es während der Dasha negativ geprägt ist, werden die Auswirkungen gemischter Natur sein. Wenn die Dasha-Rashi sowohl zum Zeitpunkt der Geburt als auch während der Dasha negativ geprägt ist, werden nur negative Auswirkungen auftreten.

yaśca rāśiḥ śubhākānto yasya paścācchubhagrahāḥ I
taddaśā śubhadā proktā viparīte viparyayaḥ I I 18I I
trikoṇarandhrariṣphasthaiḥ śubhapāpaiḥ śubhā'śubham I
taddaśāyāṁ ca vaktavyaṁ phalaṁ daivavidā sadā I I 19I I

Die Auswirkungen der Dasha des Rashis werden günstig sein, wenn es von einem Wohltäter besetzt ist und es auch einen Wohltäter in dem ihm vorausgehenden Rashi gibt. Wenn das Rashi von einem Übeltäter besetzt ist, werden die Auswirkungen ungünstiger Natur sein. Wenn es im 5. und 9. vom Dasha-Rashi aus Wohltäter gibt, werden die Auswirkungen der Dasha günstig sein. Das Umgekehrte ist der Fall, wenn das 5. und 9. von Übeltätern besetzt ist.

meṣakarkatulānakrarāśīnāṁ ca yathākramam I
bādhā stānāni samproktā kubhagosiṁhavṛścikāḥ I I 20I I
pākeśākrāntarāśau vā bādhāsthāne śubhetare I
sthite sati mahāśoko bandhanavyasanāmayāḥ I I 21I I

Wassermann, Stier, Löwe und Skorpion sind Badhaka-Zeichen (hemmende Zeichen) für die vier beweglichen Rashis Widder, Krebs, Waage und Steinbock, in dieser Reihenfolge (das 11. Rashi von einem beweglichen Rashi aus ist also sein Badhaka-Rashi). Wenn sich ein Übeltäter in dem Haus befindet, das von dem Herrn des Dasha-Rashis bewohnt wird, oder in dem Badhaka-Zeichen des Dasha-Rashis, wird es während der Dasha große Probleme, Gefangenschaft und Krankheiten geben.

uccasvarkṣagrhe tasmiñchubhaṁ saukhyaṁ dhanāgamaḥ |
tacchūnyaṁ cedasaukhyaṁ syāttaddaśā na phalapradā || 22||

Die Dasha eines Rashis wird günstig sein, wenn es von seinem eigenen Herrn oder von einem erhöhten Planeten besetzt ist. Die Dasha eines Rashis, das von keinem Planeten besetzt ist, wird ungünstig verlaufen.

bādhakavyayaṣaḍarandhre rāhuyukte mahadbhayam |
prasthāne bandhanaprāptī rājapīḍā ripobhayam || 23||
ravyārarāhuśanayo bhuktirāśau sthitā yadi |
tadrāśibhiktau patanaṁ rājakopān mahadbhayam || 24||
bhuktirāśitrikoṇe tu nīcakheṭaḥ sthito yadi |
tadrāśau vā yute nīce pāpe mṛtyubhayaṁ vadet || 25||

Es wird große Gefahr geben, Inhaftierung während einer Reise, Missfallen seitens der Regierung und Gefahr durch Feinde in der Dasha und Antardasha eines Rashis, wenn dessen Badhaka-Haus oder das 12., 6. und 8. von ihm aus gerechnet von Rahu besetzt ist. Verluste und Gefahr aufgrund des Missfallens des Königs werden in der Antardasha eines Zeichens erlebt, das von Sonne, Mars, Rahu und Saturn besetzt ist. Es besteht die Möglichkeit des Todes, wenn das 5. und das 9. vom Antardasha-Rashi aus von einem Planeten im Fall oder von einem Übeltäter-Planeten besetzt sind.

bhuktirāśau svatuṅgasthe trikoṇe vāpi khecare |
yadā bhuktidaśā prāptā tadā saukhyaṁ labhennaraḥ || 26||
nagaragrāmanāthatvaṁ putralābhaṁ dhanāgamam |
kalyāṇaṁ bhūribhāgyaṁ ca senapatyaṁ mahonnatam || 27||
pākeśvaro jīvadṛṣṭaḥ śubharāśisthito yadi |
taddaśāyāṁ dhanaprāptirmaṅgalaṁ putrasambhavam || 28||

Es wird Sinnesfreuden, die Übernahme der Herrschaft über eine Stadt oder ein Dorf, die Geburt eines Sohnes, finanzielle Gewinne, Wohlstand, eine Glückssträhne, die Erlangung der Position eines Heeresbefehlshabers und rundum Fortschritte geben, wenn ein erhöhter Planet in einem Trigonalzeichen vom Antardasha-Rashi aus steht. Es wird in der Dasha finanzielle Gewinne, Wohlergehen und die Geburt eines Sohnes geben, wenn der Planet, welcher der

Herr des Dasha-Rashis ist, sich in einem Wohltäter-Rashi befindet und einen Aspekt von Jupiter erhält.

sitāsitabhayugmāśca sūryasya ripurāśayaḥ |
kaurpitaulighaṭāścendrorbhaumasya ripurāśayaḥ || 29||
ghaṭamīnanṛyultaulikanyā jñasya tataḥ param |
karkamīnālikumbhāśca rāśayo ripavaḥ smṛtāḥ || 30||
vṛṣataulinṛyukkanyārāśayo ripavo guroḥ |
siṁhālikarkacāpāśca śukasya ripurāśayaḥ || 31||
meṣasiṁhadhanuḥkaurpikarkaṭā śaniśatravaḥ |
evaṁ grāhantaradāśāṁ cintayetkovido dvija || 32||

Stier, Waage, Steinbock, Wassermann und Zwillinge sind die feindseligen Zeichen der Sonne; Skorpion, Waage und Wassermann für den Mond; Wassermann, Fische, Zwillinge, Waage und Jungfrau für Mars; Krebs, Fische, Skorpion und Wassermann für Merkur; Stier, Waage, Zwillinge und Jungfrau für Jupiter; Löwe, Skorpion, Krebs und Schütze für Venus; Widder, Löwe, Schütze, Skorpion und Krebs für Saturn.

| **Planet** | **Feindselige Zeichen** |
|---|---|
| Sonne | Stier, Waage, Steinbock, Wassermann, Zwillinge |
| Mond | Skorpion, Waage, Wassermann |
| Mars | Wassermann, Fische, Zwillinge, Waage, Jungfrau |
| Merkur | Krebs, Fische, Skorpion, Wassermann |
| Jupiter | Stier, Waage, Zwillinge, Jungfrau |
| Venus | Löwe, Skorpion, Krebs, Schütze |
| Saturn | Widder, Löwe, Schütze, Skorpion, Krebs |

Wenn sich ein Planet in einem feindseligen Zeichen befindet, wird seine Dasha viele Probleme mit sich bringen. Bei der Bewertung der Auswirkungen der Dashas und Rashis sollten diese Prinzipien mit berücksichtigt werden.

ye rājayogadā ye ca śubhamadhyamatā grahāḥ |
yasmādvā dvitrituryasthāḥ grahāḥ śubhaphalapradāḥ || 33||
taddaśānāṁ śubhaṁ brūyādrājayogādisambhavam |
śubhadvayāntaragataḥ pāpo'pi śubhadaḥ smṛtaḥ || 34||

Die Dashas eines Planeten werden günstig sein, wenn er ein Rajayoga Karaka ist, zwischen Wohltätern steht (d. h. es stehen Wohltäter im 2. und 12. Haus von diesem Planeten aus) und wenn Wohltäter von ihm aus gerechnet im 2., 3. und 4. stehen. Ein Übeltäter-Planet wird wohltätig werden, wenn er sich zwischen Wohltätern befindet.

gatā śubhadaśāmadhyaṁ daśā saumyasya śobhanā |
śubhā yasya trikoṇasthastaddaśāpi śubhapradā || 35||
ārambhānto mitraśubharāśyoryadi phalaṁ śubham |
pratirāśyaivamavdādyaṁ vibhajya tatphalaṁ vadet || 36||

Die gesamte Dasha eines Planeten, der zu Beginn und am Ende der Dasha mit einem freundlichen und wohltätigen Planeten verbunden ist, wird förderlich sein. In einer ungünstigen Dasha wird die Antardasha eines Wohltäters (Planet oder Rashi) sich günstig auswirken. Die Dasha eines Planeten oder Rashis, von dem aus im 5. oder 9. Wohltäter stehen, ist ebenfalls förderlich. Auf diese Weise sollten die Auswirkungen einer Dasha unter Berücksichtigung der Ausprägung des Planeten oder Rashis am Anfang und am Ende der Dasha beurteilt werden.

ārambhāttattrikoṇe tu saumye tu śubhabhāvahet |
śubharāśau śubhārambhe daśā syādatiśobhanā || 37||
śubhādirāśau pāpaśceddaśārambhe śubhā smṛtā |
śubhārambhe kathā keti prārambhasya phalaṁ vadet || 38||
ārambhe pāparāśau vā yadīśo durbalo dvija |
nīcādau taddaśādyante vadedbhāgyaviparyayam || 39||

Die Dasha der Planeten und Rashis, von denen aus gerechnet Wohltäter in Trikonas stehen, ist förderlich. Segensreiche Antardashas in einer segensreichen Dasha sind außergewöhnlich förderlich. Eine ungünstige Antardasha in einer günstigen Dasha ist (nur) zu Beginn förderlich. Ein Wohltäter-Zeichen zu Beginn einer Dasha ist sehr gut.

Man sollte stets die Situation zu Beginn einer Dasha beachten, wenn es um die Beurteilung einer Dasha geht.

Wenn die Dasha mit einem widrigen Zeichen beginnt oder der Herr des Zeichens (zu Beginn der Dasha) schwach oder im Zeichen des Falls steht, wird der Beginn der Dasha unglücklich verlaufen.

yatra sthito nīcakheṭastrikoṇe vā'tha nīcagaḥ ।
tathā rāśīśvare nīce sambandho nīcakheṭakaiḥ ।। 40।।
bhāgyasya viparītatvaṁ karotyeva dvijottama ।
dhanadhānyādihāniśca dehe rogabhayaṁ tathā ।। 41।।

Es wird Verluste von Glück, Wohlstand und landwirtschaftlichen Produkten sowie Erkrankungen während der Dasha desjenigen Rashis geben, das von einem Planeten im Fall besetzt ist, oder wenn im 5. oder 9. von ihm aus gesehen ein Planet im Fall steht oder wenn sein Herr im Fall oder mit einem Planeten im Fall zusammen ist.

rāhoḥ ketośca kumbhādi vṛścikādi catuṣṭayam ।
svabhaṁ tatra samārambhastaddaśāyāṁ śubhaṁ bhavet ।। 42।।

Vier Rashis ab Wassermann und vier Rashis ab Skorpion gehören zu Rahu bzw. Ketu. Wenn Rahu und Ketu sich (bei Geburt oder zu Beginn der Dasha) in einem der genannten Rashis befinden, wird die Dasha günstige Auswirkungen zeitigen.

yaddaśāyāṁ śubhaṁ brūyātsa cenmārakasaṁsthitaḥ ।
yasmin rāśaudaśāntaḥsyāttasmin dṛṣṭe yute'pi vā ।। 43।।
śukreṇa vidhunā vā syādrājakopāddhanakṣayaḥ ।
daśāntaścedarikṣetre rāhudṛṣṭayute'pi vā ।। 44।।
idaṁ phalaṁ śaneḥ pāke na vicintyaṁ dvijottama ।
daśāprade nakrarāśau na vicintyamidaṁ phalam ।। 45।।

Wenn ein Planet, dessen Dasha eigentlich als günstig angesehen wird, in einem Maraka-Haus steht oder wenn das Rashi, in dem seine Dasha endet, einen Aspekt von Venus oder Mond erhält oder mit ihnen in Konjunktion steht, wird es in seiner Dasha Unzufriedenheit seitens der Regierung und Verlust von Wohlstand geben.

rāhurdaśānte sarvasvanāśo maraṇabandhane ।
daśānnirvāsanaṁ vā syātkaṣṭaṁ vā mahadaśnute ।। 46।।
tattrikoṇagate pāpe niścayādduḥkhamādiśet ।
evaṁ śubhāśubhaṁ sarvaṁ niścayena vaded budhaḥ ।। 47।।

Am Ende der Dasha von Rahu wird es den Verlust von allem geben, Gefangenschaft, Tod, Exil in einem fremden Land und große Probleme. Die oben genannten Auswirkungen werden definitiv eintreten, wenn das 5. und 9. von Rahu aus von Übeltätern besetzt sind. Bei der Bewertung der Dasha sollte man dies berücksichtigen.

rāhvādyāśritarāśistu bhavedyadi daśāpradaḥ I
tatra kāle'pi pūrvoktaṁ cintanīyaṁ prayatnataḥ II 48II
dasārambho daśānto vā mārake cenna śobhanam I
tasminneva ca rāhuścannarodho dravyanāśanaḥ II 49II
yatra kvāpi ca bhe rāhau daśārambhe vināśanam I
gṛhabhraṁśaḥ samuddiṣṭo dhane rāhudhanārtikṛt II 50II

Das Gleiche gilt für die Auswirkungen in der Dasha des Rashis, das von Übeltätern wie Rahu usw. besetzt ist. Die Verbindung eines Maraka-Planeten mit dem Rashi zum Zeitpunkt des Beginns oder Endes ist nicht förderlich für gute Auswirkungen. Wenn es sich bei dem Planeten um Rahu handelt, kommt es zu Inhaftierung oder zum Verlust von Wohlstand.

candrśukrau dvādaśa cedrājakopo bhaveddhruvam I
bhaumaketū tatra yadi vadho'gnermahatī vyathā II 51II
cendraśukrau dhane vipra yadi rājyaṁ prayacchataḥ I
daśārambhe daśānte ca dvitīyasthamidaṁ phalam II 52II

Die natürlichen Eigenschaften des Hauses, das von Rahu besetzt ist, werden zu Beginn der Dasha des Rashis geschädigt. Wenn es sich dabei um das 2. Haus handelt, kommt es zum Verlust von Wohlstand. Wenn Mond und Venus im 12. (vom Dasha-Rashi aus) stehen, wird es aufgrund des Unmuts der Regierung Verluste geben. Wenn Mars und Ketu sich in dieser Position befinden, wird es große Verluste durch Mord oder durch Feuer geben. Es wird zum Gewinn eines Königreichs kommen, wenn sich Venus und Mond zu Beginn der Dasha im 11. befinden. Die Auswirkungen werden (vor allem) am Beginn oder am Ende der Dasha zu spüren sein.

evamargalabhāvānāṁ phalaṁ vijñaiḥ pradarśitam I
yasya pāpaḥ śubho vā'pi grahastiṣṭhecchubhārgale II 53II
tena draṣṭrekṣite lagnaṁ pābalyāyopakalpyate I
yadi paśyedgrahastanna viparītārgalasthitaḥ II 54II
tadbhāvasya daśāyāstu viparītaphalaṁ bhavet I
saddṛṣṭe'pi śubhaṁ brūyānnirviśaṅkaṁ dvijottama II 55II

In ähnlicher Weise haben die Gelehrten die Wirkungen der Häuser beschrieben, die Argala (planetare Intervention) bewirken. Der Aszendent und andere Häuser werden gestärkt, wenn sie Aspekte von Wohltäter- oder Übeltäter-Planeten erhalten, die Signifikatoren (Karaka) des Zeichens mit einem förderlichen Argala sind. Die Dasha eines Rashis, das nicht von einem förderlichen Argala aspektiert wird, oder eines Rashis mit Viprit Argala, wird nicht günstig sein. Die Dasha eines Rashis, das von einem Wohltäter aspektiert wird, wird positiv verlaufen.

yasminbhāve śubhasvāmisambandhastuṅgakhecaraḥ ǀ
syāttadbhāvadaśāyāṁ tu antyaiśvaryamakhaṇḍitam ǀǀ 56ǀǀ
yadbhāveśaḥ svārtharāśimadhitiṣṭhati paśyati ǀ
syātadbhāvadaśākāle dhanalābho mahattaraḥ ǀǀ 57ǀǀ
yasmādvyayagato yastu taddaśāyāṁ dhanakṣayaḥ ǀ
yasmāttrikoṇagāḥ pāpāstatrātmaśubhanāśanam ǀǀ 58ǀǀ
putrahāniḥ pituḥ pīḍā manastāpo mahān bhavet ǀ
yasmāttrikoṇgā riḥpharandhreśārkārasūryajāḥ ǀǀ 59ǀǀ

Finanzielle Gewinne und Annehmlichkeiten werden in der Dasha des Rashis erfahren, das von seinem Herrn besetzt ist, der ein Wohltäter ist oder in Verbindung mit einem erhöhten Planeten steht. Der Herr eines Hauses, der in seinem eigenen Zeichen steht oder es aspektiert, dessen Dasha bringt Reichtum in Fülle. Wenn der Herr eines Hauses sich im 12. von dem Dasha-Rashi aus befindet, wird der Wohlstand schwinden. Ein Zeichen, von dem aus Übeltäter in Trikonas stehen, dessen Dasha bringt zahlreiche Probleme, Kummer mit den Kindern, Leid für den Vater, mentale Probleme usw.; wenn in den Trigonalhäusern der Herr des 8. oder 12. steht oder Sonne oder Saturn, wird auch diese Dasha ungünstige Ergebnisse zeitigen.

putrapīḍā dravyahānistatra ketvahisaṅgame ǀ
videśabhramaṇaṁ kleśo bhayaṁ caiva pade pade ǀǀ 60ǀǀ
tasmātṣaṣṭhāṣṭame krūranīcakheṭādayaḥ sthitāḥ ǀ
rogaśatrunṛpālebhyo muhuḥ pīḍā suduḥsahā ǀǀ 61ǀǀ
yasmāccaturthaḥ krūraḥ syādbhūgṛhakṣetranāśanam ǀ
paśuhānistatra bhaume gṛhadāhaḥ pramādakṛt ǀǀ 62ǀǀ
śanau hṛdayaśūlaṁ syātsūrye rājaprakopanam ǀ
sarvasvaharaṇaṁ rāhau viṣacaurādijaṁ bhayam ǀǀ 63ǀǀ

Wenn Rahu und Ketu sich in Trikona zum Rashi befinden, wird die Dasha des Rashis den Kindern Probleme bringen sowie das Exil in einem fremden Land und ständige Störungen im Leben verursachen. Es wird Gefahr von Feinden, vom König und von Krankheiten in der Dasha des Rashis entstehen, wenn das 6. und 8. von ihm aus gerechnet von Übeltätern, im Fall befindlichen oder verbrannten Planeten besetzt sind. Es wird zur Zerstörung von Haus, Land und landwirtschaftlichen Feldern kommen, wenn ein Übeltäter oder ein Planet im Fall das 4. vom Rashi aus bewohnt; es wird einen Verlust des Heims aufgrund von Fahrlässigkeit geben, wenn es sich bei diesem Planeten um Mars handelt; es wird Herzschmerzen und Gefahr seitens der Regierung geben, wenn der Planet Saturn ist und es wird rundum Verluste geben sowie Gefahr durch Gift und Diebe, wenn der Planet Rahu ist.

yasmād daśamabhe rāhuḥ puṇyatīrthāṭanaṁ bhavet ।
yasmātkarmāyabhāgyarkṣagataḥ śobhanakhecarāḥ ।। 64।।
vidyārthadharmasatkarmakhyātipauruṣasiddhayaḥ ।
yataḥ pañcamakāmārigatāḥ svoccaśubhagrahāḥ ।। 65।।
putradārādisamprāptirnṛpapūjā mahttarā ।
yasmānputrāyakarmāmbunavalagnādhipāḥ sthitāḥ ।। 66।।
tattadbhāvārthasiddhiḥ syācchreyo yogānusārataḥ ।
yasmin gururvā śukrovā śubheśo vāpi saṁsthitaḥ ।। 67।।
kalyāṇaṁ sarvasampattir devabrāhmaṇatarpanam ।
yatcaturthe tuṅgakheṭāḥ śubhasvāmī grahaśca vā ।। 68।।
vāhanagrāmalābhaśca paśuvṛddhiśca bhūyasī ।
tatra candre ca lābhaḥ syādbahudhānyarasānvitaḥ ।। 69।।
pūrṇe vidhau nidhiprāptirlabhedvā maṇisañjayam ।
tatra sukre bhṛdaṅgādivādyagānapuraskṛtaḥ ।। 70।।

Es wird Pilgerreisen zu heiligen Orten in der Dasha des Rashis geben, falls Rahu das 10. von ihm aus besetzt. Es wird zunehmende Einnahmen, religiöse Riten, Gewinn von Wohlstand, Ruhm für gute Taten und Erfolg in den Bemühungen und Unternehmungen in der Dasha des Rashis geben, dessen 10., 11. und 9. von ihm aus gerechnet von Wohltätern besetzt ist. Es wird die Geburt von Kindern, Freude am Zusammensein mit der Ehefrau und Anerkennung seitens der Regierung in der Dasha des Rashis geben, von dem aus das 5., 7. und 9. mit Wohltätern oder erhöhten Planeten besetzt sind. Während der Dasha der Häuser (Rashis), die von den Herren des 5., 11., 10., 4., 9. oder des Aszendenten besetzt sind, werden die Angelegenheiten dieser Häuser gedeihen. Die guten Auswirkungen werden im Verhältnis zur Stärke der Häuser sowie der Planeten stehen, die sie besetzen.

*In klassischen Texten sind die Begriffe Haus (Bhava) und Zeichen (Rashi) oft austauschbar, weil beide in einem Horoskop (Kundali) eine untrennbare Verbindung eingehen.*

In der Dasha eines Rashis (Hauses) wird es Wohlergehen, Zunahme an Reichtum und Herrlichkeit sowie Hingabe an Gottheiten und Brahmanen geben, wenn es von Jupiter, Venus oder dem Herrn eines Trikona besetzt ist. In der Dasha des Rashis (Hauses), dessen 4. von ihm aus von einem erhöhten Planeten oder dem Herrn eines Trikona bewohnt ist, wird es einen Zugewinn an Fahrzeugen und Vieh usw. geben. Der Mond in dieser Stellung wird Dinge wie Korn, Ghee usw. geben; der volle Mond wird einen Schatz an Juwelen, Luxusgütern usw. schenken. Venus in dieser Stellung wird große Freude an Musik, Musikinstrumenten usw. bringen.

āndolikāptirjīve tu kanakāndolikā dhruvam |
lagnakarmeśabhāgyeśatuṅgasthaśubhayogataḥ || 71 ||
sarvotkarṣamahaiśvaryasāmrājyādimahatphalam |
evaṁ tattadbhāvadāyaphalaṁ yatsyādvicintayet || 72 ||

Es wird Freude an Transportmiteln wie Sänften usw. in der Dasha des Rashis (Hauses) geben, von dem aus das 4. von Jupiter bewohnt wird. Es wird Erfolg in allen Unternehmungen geben, eine Überfülle an Reichtum und Herrlichkeit und den Erwerb eines Königreichs während der Dasha eines Rashis (Hauses), das in einen Yoga (Konstellation) mit dem Herrn des Aszendenten, des 9. oder 10. oder mit einem erhöhten Planeten oder mit einem Wohltäter eingebunden ist. Die Beurteilung der Auswirkungen der Dashas der unterschiedlichen Häuser sollte dies mit berücksichtigen.

ekaikoḍudaśā svīyairguṇairaṣṭādaśātmabhi |
bhinnaṁ phalavipākaṁ tu kuryādvai citrasaṁyutam || 73 ||
paramocce tuṅgamātre tadarvāktaduparyapi |
mūlatrikoṇabhe svarkṣe svādhimitragrahasya bhe || 74 ||
tatkālasuhṛdo gehe udāsīnasya bhe tathā |
śartorbhe'dhiriporbhe ca nīcāntādūrdhvadeśabhe || 75 ||

tasmādarvāṅ nīcamātra nīcānte paramāṁśake I
nīcārivarge sakhale svavarge kendrakoṇabhe I I 76I I
vyavasthitasya kheṭasya samare pīḍitasya ca I
gāḍhapūḍhasya ca daśāpacitiḥ svaguṇaiḥ phalam I I 77I I

Die Auswirkungen der Dashas der einzelnen Rashis oder Planeten (in der Nakshatra Dasha) hängen von ihren verschiedenen Arten von Stellungen ab. Es handelt sich dabei um 1. tiefe Erhöhung, 2. Erhöhung, 3. Stellung neben dem Zeichen der Erhöhung, 4. Mulatrikona, 5. Eigenes Zeichen, 6. Zeichen des besten Freundes, 7. Zeichen des (temporären) Freundes, 8. Zeichen des Neutralen, 9. Zeichen des Feindes, 10. Zeichen des Todfeindes (Adhishatru), 11. Zeichen des Falls, 12. neben dem Zeichen des Falls, 13. Zeichen des tiefsten Falls, 14. Varga (Unterabschnitt) des Falls oder eines Feindes, 15. eigenes Varga, 16. Stellung in einem Eckhaus (Kendra), 17. Stellung in einem Trigonalhaus (Trikona), 18. im planetaren Krieg besiegt und 19. verbrannt.

paramoccagato yastu yo'tivīryasamanvitaḥ I
sampūrṇākhyā daśā tasya rājyabhoogyaśubhapradā I I 78I I
lakṣmīkaṭākṣacihnānāṁ ciravāsagṛhapradā I
tuṅgamātragatasyāpi tathā vīryādhikasya ca I I 79I I
pūrṇākhyā bahulaiśvaryadāyinyāpi rujapradā I
atinīcagatasyāpi durbalasya grahasya tu I I 80I I
riktā tvaniṣṭaphaladā vyādhyanarthamṛtipradā I
atyucce'pyatinīcasthe madhyagasyāvarohiṇī I I 81I I
mitroccabhāvaprāptasya madhyākhyā hyarthadā daśā I
nīcāntāduccabhāgāntaṁ bhaṣaṭke madhyagasya ca I I 82I I
daśā cārohiṇī nīcaripubhāṁśagatasya ca I
adhamākhyā bhayakleśavyādhiduḥkhavivardhinī I I 83I I
nāmānurūpaphaladāḥ pākakāle daśā imāḥ I
bhāgyeśagurusambandho yogadṛkkendrabhādibhiḥ I I 84I I
pareṣāmapi dāyeṣu bhagyopakramamunnayet I
jātako yastu phalado bhagyayogaprado'tha yaḥ I I 85I I
saphalo vakrimādūrdhvamanyānapi ca khecarān I
durbalānasamarthāṁśca phaladāneṣu yāgataḥ I I 86I I
tāratamyātsusambandhā daśā hyetāḥ phalapradāḥ I
svakendrādijuṣāṁ teṣāṁ pūrṇārddhāṅghrivyavasthayā I I 87I I

Erlangung eines Königreichs, Sinnesfreuden und zunehmender Erwerb von Wohlstand und Besitz sind die Auswirkungen der gesamten Dasha eines Planeten, der sich in tiefer Erhöhung befindet und mit allen sechs Arten von Kraft (Shadbala) versehen ist. Reichtum und Herrlichkeit in Fülle mit einer Möglichkeit der Erkrankung sind die Auswirkungen der Dasha eines Planeten im Zeichen der Erhöhung. Die Dasha eines Planeten in tiefem Fall wird Rikta (leer) genannt; Krankheiten, Verlust von Wohlstand und Todesgefahr sind die Auswirkungen der Dasha eines solchen Planeten. Die Dasha eines Planeten, der sich in einer Stellung zwischen tiefer Erhöhung und tiefem Fall (d. h. er bewegt sich vom Zeichen der Erhöhung hin zum Zeichen des Falls) befindet, wird als Avarohini (absteigend) bezeichnet. Die Dasha eines Planeten in der Erhöhung oder dem Zeichen eines Freundes wird Madhya (mittlere Ordnung) genannt; diese Dasha hat entsprechend mittelmäßig gute Wirkungen. Die Dasha eines Planeten in einer Stellung zwischen tiefem Fall und tiefer Erhöhung (d. h. er bewegt sich vom Zeichen des Falls hin zum Zeichen der Erhöhung) wird Rohini (aufsteigend) genannt. Die Dasha eines Planeten, der sich im Fall im Zeichen eines Feindes befindet, wird Adhama (ganz unten, bösartig) genannt; Furcht, Probleme und Kummer sind die Folgen der Dasha eines solchen Planeten. Diese Dashas bringen Ergebnisse, die ihrer Bezeichnung entsprechen.

Die Dashas anderer Planeten werden segensreich und vergrößern das Glück und den Reichtum im Leben, wenn der Herr des 9. und Jupiter in irgendeiner Weise über Yoga, Stellung in einem Kendra in Bezug auf sie usw. mit ihnen in Verbindung stehen.

Der Planet, der bei der Geburt in einen glückverheißenden Yoga eingebunden ist, wird seine positiven Wirkungen voll entfalten, wenn er sich gerade nach seiner Rückläufigkeit wieder vorwärts bewegt.

Die Auswirkungen der Planeten in ihren Dashas hängen von ihrer Stärke oder Schwäche, ihrem Eingebundensein in Yogas und von ihren wechselseitigen Beziehungen (in Freundschaft, Feindschaft usw.) ab. Ihre Dashas bringen volle, mittlere oder geringe Auswirkungen mit sich, je nachdem, ob sich die Planeten in Eckhäusern (Kendra), nachfolgenden (Panaphara) oder fallenden (Apoklima) Häusern befinden.

śīrṣodayabhagāḥ svasvadaśādau svaphalapradāḥ I
ubhayodayarāśisthadaśā madhyaphalapradā I I 88I I
pṛṣṭhodayarkṣagāḥ kheṭāḥ svadaśānte phalapradāḥ I
nisargataśca tatkāle suhṛdāṁ haraṇe śubham I I 89I I
sampādayettadā kaṣṭaṁ tadviparyayagāminām I
daśeśākrāntabhāvarkṣādārabhya dvādaśarkṣakam I I 90I I
bhaktvā dvādaśarāśīnāṁ daśābhukti prakalpayet I
ekaikarāśeryā tatra suhṛtsvakṣetragāminī I I 91I I
tasyāṁ rājyādisampattipūrvakaṁ śubhamīrayet I
duḥsthānaripugehasthanīcakrūrayutā ca yā I I 92I I
tasyāmanarthakalahaṁ rogamṛtyubhayādikam I
bindubhūyastvaśūnyatvavaśāt svīyāṣṭavargake I I 93I I
vṛddhiṁ hāniṁ ca tadrāśibhāvasya svagṛhātkramāt I
bhāvayojanayā vidyātsutastryādiśubhā'śubham I I 94I I
dhātvādirāśibhedācca dhātvādigrahayogataḥ I
śubhapāpanaśābhedācchubhapāpayutairapi I I 95I I
iṣṭāniṣṭasthānabhedāt phalabhedāt samunnayet I
evaṁ sarvagrahāṇāṁ ca svāṁ svāmantardaśāmapi I I 96I I
svarāśito rāśibhuktiṁ prakalpya phalamīrayet I
antarantardaśāṁ svīyāṁ vibhajyaivaṁ punaḥ punaḥ I I 97I I

Die Planeten in Shirshodaya (Zeichen mit dem Kopf aufsteigend), Ubhayodaya (mit dem Kopf und dem hinteren Teil aufsteigend) und Prishthodaya (mit dem hinteren Ende aufsteigend) zeitigen ihre Auswirkungen entsprechend zu Beginn, in der Mitte und am Ende ihrer Dashas.

Alle Planeten, die wechselseitig natürliche und temporäre Freunde sind, bringen positive Ergebnisse in ihrer kombinierten Dasha und Antardasha. In der kombinierten Dasha und Antardasha von verfeindeten Planeten werden die Ergebnisse negativ sein.

In den Rashi Dashas haben die 12 Rashis (Tierkreiszeichen) auch Antardashas aller 12 Rashis, die immer mit dem Rashi beginnen, in dem der Herr der Dasha platziert ist.

Es wird vielversprechende Ergebnisse wie den Erwerb eines Königreichs in der Antardasha eines Rashis geben, das von seinem eigenen Herrn oder einem mit diesem befreundeten Planeten besetzt ist.

Es wird ungünstige Ergebnisse wie Verlust von Wohlstand, Streitigkeiten, Gefahr durch Krankheiten, Todesgefahr usw. in der Antardasha eines Rashis geben, das mit dem 6., 8. oder 12. Haus zusammenfällt oder von einem Übeltäter, einem Planeten im Fall oder von einem Planeten im Zeichen des Feindes besetzt ist.

Ein Rashi, das in der Ashtakavarga mehr positive Punkte (Rekha) besitzt, wird in seiner Antardasha positive Auswirkungen haben. Nachteilig werden sich die Auswirkungen der Antardasha eines Rashis auswirken, das in der Ashtakavarga mehr negative Punkte (Bindu) besitzt (siehe Kapitel 66 ff. der BPHS).

Zur Beurteilung der Ergebnisse einer Rashi Dasha sollte das Rashi, dessen Dasha aktiv ist, als Aszendent genommen werden, und die darauf folgenden Häuser sollten so zugeordnet werden, wie das vom Aszendenten aus geschieht; das 2. Haus vom aktiven Rashi aus wird so das Haus des Besitzes sein, das 3. das der Geschwister usw.

Es wird in der Antardasha eines aktiven Rashis zu Gewinnen oder Verlusten in Bezug auf die Angelegenheiten kommen, die den Rashis und den Planeten zugeordnet sind. Bei der Beurteilung der Auswirkungen der Antardashas der Planeten sollten ihre Wohltäter- und Übeltäter-Natur, ihre Beziehungen zu Wohltätern und Übeltätern (Konjunktion usw.), die förderlichen oder schädlichen Aspekte auf sie und ihre Stellung in günstigen oder ungünstigen Häusern im Auge behalten werden.

Die Ergebnisse der Antardashas und Pratyantardashas der Rashis sollten auf die in diesem Kapitel erläuterte Weise festgestellt werden.

# Kapitel 51: Die Antardashas der Planeten und Zeichen

**athā'ntardaśādhyāyaḥ || 51||**
daśābdāḥ svasvamānaghnāḥ sarvāyuryogabhājitāḥ |
pṛthagantardaśā evaṁ pratyantaradaśādikāḥ || 1||

Um die Dauer der Antardasha eines Planeten in seiner eigenen Dasha oder in der Dasha eines anderen Planeten herauszufinden, multipliziere die Dasha-Jahre des Ersteren mit den Dasha-Jahren des Letzteren und dividiere das Ergebnis durch die gesamten Dasha-Jahre aller Planeten. Um die Spanne der Pratyantar-Dashas desselben oder eines anderen Planeten in den Antar-Dashas eines anderen Planeten herauszufinden, multipliziere die Jahre usw. der Antar-Dashas mit den Dasha-Jahren des anderen Planeten und dividiere das Ergebnis durch die gesamten Dasha-Jahre aller Planeten. Die so erhaltene Zahl in Monaten usw. wird die Pratyantardasha des Ersteren repräsentieren.

*Der Begriff Dasha steht hier immer für Mahadasha, d. h. für die großen Phasen, die zusammen 120 Jahre ergeben.*

ādāvantardaśā pākapatestatkramato'parāḥ |
evaṁ pratyantarādau ca kramo jñeyo vicakṣaṇaiḥ || 2||

In jeder Dasha gehört die erste Antardasha dem Herrn der Dasha. Dann gehören die weiteren Antardashas zu den anderen 8 Planeten in der gleichen Reihenfolge, wie sie für die Dashas gilt. Dasselbe gilt für Pratyantardasha usw.

bhuktirnavānāṁ tulyā syād vibhājyā navadhā daśā |
ādau daśāpaterbhuktistatkendrādiyujāṁ tataḥ || 3||
vidyāt krameṇa bhuktyaṁśānevaṁ sūkṣmadaśādikam |
balakramāt phalaṁ vijñairvaktavyaṁ pūrvarītitaḥ || 4||

## *Die Antardashas der Chara-Planeten in der Chara Dasha*

Die Antardashas der Charadi Kendradi Dasha der Planeten werden durch Division der Dasha-Jahre durch 9 berechnet, wobei die erste Dasha stets die des Herrn der Dasha sein wird. Danach wird es Antardashas der Planeten geben, die entsprechend ihrer Stärke in Kendras, Panapharas und Apoklimas eingeteilt werden.

kṛtvā'rkadhā rāśidaśāṁ rāśerbhuktiṁ kramād vadet |
pratyantardaśādyevaṁ kṛtvā tattatphalaṁ vadet || 5||

### *Antardashas von Rashis*

Die Antardashas von Rashis werden berechnet, indem die Dasha-Jahre durch 12 geteilt werden. Auf die gleiche Weise werden auch die Pratyantardashas der Antardashas berechnet.

ādyasaptamayormadhye yo rāśirbalavāṁstataḥ |
oje daśāśraye gaṇyāḥ kramādutkramataḥ same || 6||

Die Antardashas beginnen mit dem Dasha-Rashi oder mit dem 7. Rashi von dort aus, je nachdem, welches stärker ist. Die Reihenfolge der Antardashas wird dann vorwärts gezählt, wenn das Dasha-Rashi ungerade ist, und rückwärts, wenn es gerade ist.

atrā'paro viśeṣo'sti bravīmi tamahaṁ dvija |
care'nujjhitamārgaḥ syāt ṣaṣṭhaṣaṣṭhādikāḥ sthire || 7||
ubhaye kaṇṭakāj jñeyā lagnapañcamabhāgyataḥ |
carasthiradvisvabhāveṣvojeṣuḥ prāk kramo mataḥ || 8||
teṣveva triṣu yugmeṣu grāhyaṁ vyutkramato'khilam |
evamullikhito rāśi pākarāśirudīryute || 9||
sa eva bhogarāśiḥ syāt paryāye prathame smṛtaḥ |
ādyād yāvatithaḥ pākaḥ paryāye yatra dṛśyate || 10||
tasmāt tāvatitho bhogaḥ paryāye tatra gṛhyatām |
tadidaṁ caraparyāyasthiraparyāyayordvayoḥ || 11||
trikoṇākhyadaśāyāṁ ca pākabhogaprakalpanam |
pāke bhoge ca pāpāḍhye depapīḍā namovyathā || 12||

O Brahmane, nun werde ich dich mit den besonderen Merkmalen der Reihenfolge der Antardashas der Rashis vertraut machen. Wenn das Dasha-Rashi ein bewegliches ist, dann werden die Antardashas der 12 Rashis vorwärts oder rückwärts gezählt. Wenn das Dasha-Rashi ein festes ist, beginnen die Antardashas mit ihm und danach gibt es von jedem 6. Rashi eine nächste Antardasha. Wenn das Dasha Ashraya Rashi ein duales ist, gehört ihm die erste Antardasha und danach wird es Antardashas von Rashis in Kendras von ihm aus, Rashis in Kendras im 5. von ihm aus und Rashis in Kendras im 9. von ihm aus geben.

Bei allen Arten von Rashis, d. h. ob beweglich, fest oder dual, wird die Reihenfolge vorwärts sein, wenn das Dasha-Rashi ungerade ist, und rückwärts, wenn es gerade ist.

Das sogenannte Dasha Ashraya Rashi ist auch als Paka Rashi bekannt. In der ersten Reihenfolge (bei ungeraden Zeichen) wird das Rashi, welches das Pak Rashi ist, auch Bhoga Rashi genannt. Später, wenn das Dasha Prada Rashi gerade ist, wird das Bhog Rashi dasjenige sein, das in der gleichen Entfernung vom Rashi liegt wie das Dasha Ashraya Rashi vom Dasha Prada Rashi. Für die Chara, Sthira und Trikona Dasha werden Paka und Bhoga auf diese Weise bestimmt. Wenn die Paka und Bhoga Rashis mit Übeltätern in Verbindung stehen, wird es körperliche Schmerzen und Seelenqualen geben. Wenn sie mit Wohltätern in Verbindung stehen, wird Freude vorherrschen.

piṇḍatrikadaśāyāṁ tzusammenstehavimyantardaśāvidhim ।
pūrṇa daśāpatirdadyāt tadardhaṁ tena saṁyutaḥ ।। 13।।
trikoṇagastṛtīyāṁśaṁ turyāṁśaścaturasragaḥ ।
smaragaḥ saptamaṁ bhāgaṁ bahuṣveko balī grahaḥ ।। 14।।
evaṁ salagnakāḥ kheṭāḥ pācayanti mithaḥ sthitāḥ ।
samacchedīkṛtāḥ prāptā aṁsāśchedavivarjitāḥ ।। 15।।
daśābdāḥ pṛthagaṁśaghnā aṁśayogavibhājitāḥ ।
antardaśā bhavantyevaṁ tatpratyantardaśādikāḥ ।। 16।।

### *Antardashas in den Pinda Dashas usw.*

Nun werde ich dir die Methode zur Feststellung der Antardashas in der Pinda, Amsha und Nisarga Dasha erläutern. Der Herr der aktiven Dasha erhält den vollen Teil (1/1) der Dauer, der Planet, der mit ihm verbunden ist, erhält 1/2 Teil, der Planet in Trikona von ihm aus erhält 1/3 Teil, der Planet im 4. und 8. von ihm aus erhält 1/4 und der Planet im 7. von ihm aus erhält 1/7 Teil der Dauer des Herrn der Dasha. Kein Planet in irgendeinem anderen Haus ist der Antardasha-Herr (Pachaka).

Auf diese Weise gibt es in den oben genannten Häusern Antardasha Pachakas aus den verschiedenen Häusern, einschließlich des Aszendenten. Wenn es in einem dieser Häuser mehr als einen Planeten gibt, dann ist der Pachaka der stärkste unter ihnen. Die Anteile der Antardashas der Dashas werden mit einem gemeinsamen Nenner umgewandelt und indem man den Nenner weglässt, zeigen die Zähler dann die ganzzahligen Werte für jeden Planeten an.

*Kapoor merkt an, dass er die letzten Verse nicht wörtlich, sondern sinngemäß übersetzt hat und sich dabei an der Vorgehensweise orientierte, wie sie in anderen klassischen Jyotish-Texten beschrieben wird.*

# Kapitel 52: Die Auswirkungen der Antardashas in der Dasha von Surya

*Die Auswirkungen der Mahadashas der 9 Planeten hat Parashara bereits in Kapitel 47 beschrieben.*

**atha viṁśottarīmatena sūryadaśāntardaśāphalādhyāyaḥ || 52||**
svocce svbhe sthitaḥ sūryo lābhe kendre trikoṇake |
svadaśāyāṁ svabhuktau ca dhanadhānyādilābhakṛt || 1||
nīcādyaśubharāśistho viparītaṁ phalaṁ diśet |
dvitīyadyūnanāthe'rke tvapamṛtyubhayaṁ vadet || 2||
taddoṣaparihārārthaṁ mṛtyuñjayajapaṁ caret |
sūryaprītikarīṁ śāntiṁ kuryādārogyalabdhaye || 3||

## *Die Antardasha von Surya in der Dasha von Surya*

Gute Auswirkungen wie die Erlangung von Wohlstand und Getreide usw. sind in der Antardasha von Surya in seiner eigenen Dasha zu erwarten, wenn die Sonne erhöht ist, im eigenen Zeichen, im 11. Haus oder in einem Kendra oder Trikona steht.

Widrige Ergebnisse werden erfahren, falls die Sonne im Fall oder in einem ungünstigen Haus oder Zeichen steht.

Mittelmäßige Wirkungen stellen sich ein, wenn die Sonne sich in anderen (als den genannten) Häusern befindet.

Falls die Sonne Herr des 2. oder 7. Hauses sein sollte, besteht die Gefahr vorzeitigen Todes oder von Leiden, die denen des Todes gleichen. Als Heilmittel sind (in diesem Fall) das Mrityunjaya Japa oder die Verehrung von Surya anzuwenden.

vivāhaṁ śubhakāryaṁ ca dhanadhānyasamṛddhikṛt || 4||
gṛhakṣetrābhivṛddhiṁ ca paśuvāhanasampadām |
tuṅge vā svarkṣage vā'pi dārasaukhyaṁ dhanāgamam || 5||
putralābhasukhaṁ caiva saukhyaṁ rājasamāgamam |
mahārājaprasādena iṣṭasiddhisukhavāham || 6||

## *Die Antardasha von Chandra in der Dasha von Surya*

Ereignisse wie Hochzeiten usw., Erlangung von Wohlstand, Erwerb eines Hauses, von Grundbesitz, Vieh und Fahrzeugen werden die Auswirkungen der Antardasha des Mondes in der Dasha der Sonne sein, falls der Mond in einem Kendra oder Trikona steht. Der Geborene heiratet, erlangt Kinder sowie Anerkennung und Belohnungen seitens des Königs (Regierung usw.) und hat Erfolg in allen Bestrebungen, wenn der Mond in seinem Zeichen der Erhöhung oder in seinem eigenen Zeichen steht.

kṣīṇe vā pāpasaṁyukte dāraputrādipoḍanam I
vaiṣamyaṁ janasaṁvādaṁ bhṛtyavargavināśanam I I 7I I
virodhaṁ rājakalahaṁ dhanadhānyapaśukṣayam I
ṣaṣṭhāṣṭamavyaye candre jalabhītiṁ manorujam I I 8I I
bandhanaṁ rogapīḍāṁ ca sthānavicyutikārakam I
duḥsthānaṁ cāpi cittena dāyādajanavigraham I I 9I I
nirdiśet kutsitānnaṁ ca caurādinṛpapīḍanam I
mūtrakṛcchādirogaśca dehapīḍā tathā bhavet I I 10I I

Kummer mit Frau und Kindern (oder diese erleiden Kummer), Fehlschläge von Unternehmungen, Streit mit anderen Menschen, Verlust von Untergebenen, Konflikte mit dem König und Vernichtung von Wohlstand und Getreide werden die Auswirkungen sein, falls der Mond am Abnehmen oder mit Übeltätern verbunden ist. Dinge wie Gefahr durch Wasser, seelische Qualen, Gefängnisaufenthalte, Verlust des Status, Reisen zu Orten, wo man es schwer hat, Erbstreitigkeiten, Genuss schlechter Nahrung, Ärger mit Dieben usw., Missgunst seitens des Königs (Regierung, Vorgesetzte usw.), Harnwegserkrankungen und körperliche Schmerzen werden erfahren, falls der Mond im 6., 8. oder 12. Haus steht.

dāyeśāllabhabhāgye ca kendre vā śubhasaṁyute I
bhogabhāgyādisantoṣadāraputrādivarddhanam I I 11I I
rājyaprāptiṁ mahatsaukhyaṁ sthānaprāptiṁ ca śāśvartām I
viviāhaṁ yajñadīkṣāṁ ca sumālyāmabarabhūṣaṇam I I 12I I
vāhanaṁ putrapautrādi labhate sukhavarddhanam I
dāyeśādripurandhrasthe vyaye vā balavarjite I I 13I I
akāle bhojanaṁ caiva deśāddeśaṁ gamiṣyati I
dvitīyadyūnanāthe ca hyapamṛtyurbhaviṣyati I
śvetāṁ gāṁ mahiṣīṁ gadyācchānti kuryātsukhāptaye I I 14I I

Luxus, Annehmlichkeiten, Sinnesfreuden, Glücksfälle und Gedeihen, zunehmende Freude an Frau und Kindern, Erlangung eines

Königreichs (hohe Position), Ereignisse wie Hochzeiten und religiöse Aktivitäten und Feierlichkeiten, Gewinn von Gewändern, Landbesitz und Fahrzeugen sowie die Geburt von Kindern und Enkelkindern werden die wohltätigen Auswirkungen (der Dasha) sein, wenn Wohltäter sich im 1., 9. oder in einem Kendra vom Herrn der Dasha aus gesehen befinden.

Probleme mit verdorbener Nahrung, Exil in der Fremde usw. werden die Auswirkungen in der Antardasha sein, falls der Mond im 6., 8. oder 12. Haus vom Herrn der Dasha aus gesehen oder schwach steht.

Vorzeitiger Tod ist zu erwarten, falls der Mond Herr eines Maraka-Hauses (2 oder 7) sein sollte. Um Frieden und Wohlergehen sicher zu stellen, sollte man (in diesem Fall) als Heilmittel eine weiße Kuh und eine Büffelkuh als wohltätige Gabe spenden.

sūryasyāntargate bhaume svocce svakṣetralābhage ।
lagnātkendratrikoṇe vā śubhakāryaṁ samādiśet ।। 15।।
bhūlābhaṁ kṛṣilābhaṁ ca dhanadhānyavivardhanam ।
gṛhakṣetrādi lābhaṁ ca raktavastrādilābhakṛt ।। 16।।
lagnādhipena saṁyukte saukhyaṁ rājapriyaṁ vadet ।
bhāgyalābhādhipairyukte lābhaścaiva bhaviṣyati ।। 17।।
bahusenādhipatyaṁ ca śatrunāśaṁ manodṛḍham ।
ātmabandhusukham caiva bhrātṛvarddhanakaṁ tathā ।। 18।।

## *Die Antardasha von Mangal in der Dasha von Surya*

Positiver Auswirkungen wie Gewinn von Ländereien, von Wohlstand und Getreide und einem Haus usw. erfreut man sich in der Antardasha des Mars in der Dasha der Sonne, wenn sich der Mars in seinem Zeichen der Erhöhung, in seinem eigenen Zeichen, in einem Kendra oder Trikona befindet. Rundum Gewinne, Erlangung der Stellung eines Armeeführers, Vernichtung von Feinden, Gemütsruhe und Zufriedenheit, erfreuliches Familienleben und Wachstum der Familie werden die Auswirkungen sein, wenn der Mars im selben Zeichen wie der Herr des Aszendenten steht.

dāyeśādvyayarandhrasthe pāpairyukte ca vīkṣite ।
ādhipatyabalairhīne krūrabuddhiṁ manorujam ।। 19।।
kārāgṛhe praveśaṁ ca kathayed bandhunāśanam ।
bhrāṛvagavirodhaṁ ca karmanāśamathāpi vā ।। 20।।

Erfahrung von Brutalität, geistige Leiden, Gefangenschaft, Verlust von Angehörigen, Streit mit Geschwistern und Fehlschläge von Unternehmungen werden das Ergebnis sein, wenn Mars sich im 8. oder 12. Haus vom Herrn der Dasha aus gesehen befindet, mit Übeltätern verbunden ist oder ohne Würde und Stärke sein sollte.

nīce vā durbale bhaume rājamūläddhanakṣayaḥ ।
dvitīyadyūnanāthe tu dehe jāḍyaṁ manorujam ।। 21 ।।
subrahmajapadānaṁ ca vṛṣotsargaṁ tathaiva ca ।
śāntiṁ kurvīta vidyivadāyurārogyasiddhidām ।। 22 ।।

Vernichtung von Wohlstand durch das Missfallen des Königs (der Regierung usw.) wird das Ergebnis sein, falls Mars in seinem Zeichen des Falls steht oder schwach ist.

Krankheiten von Geist und Körper werden die Folge sein, wenn Mars der Herr des 2. oder 7. Hauses ist. Die Erholung von schlechter Gesundheit, Zunahme der Langlebigkeit und Erfolg in den eigenen Bestrebungen sind aber möglich, wenn Heilmittel wie die Rezitation der Veden, Japa (Wiederholen von Mantras) oder Yagyas auf die vorgeschriebene Weise Anwendung finden.

sūryasyāntargate rāhau lagnātkendratrikoṇage ।
ādau dvimāsaparyantaṁ dhananāśo mahadbhayam ।। 23 ।।
caurādivraṇabhītiśca dāraputrādipīḍanam ।
tatparaṁ sukhamāpnoti śubhayukte śubhāṁśake ।। 24 ।।
dehārogyaṁ manastuṣṭi rājaprītikaraṁ sukham ।
lagnādupacaye rāhau yogakārakasaṁyute ।। 25 ।।
dāyeśācchubharāśisthe rājasanmānamādiśet ।
bhāgyavṛddhiṁ yaśolābhaṁ dāraputrādipīḍanam ।। 26 ।।
putrotsavādisantoṣaṁ gṛhe kalyāṇaśobhanaṁ ।
dāyeśādatha riṣphasthe randhre vā balavarjite ।। 27 ।।
bandhanaṁ sthānanāśaśca kārāgṛhaniveśanam ।
caurādivraṇabhītiśca dāraputrādivarddhanam ।। 28 ।।
catuṣpājjīvanāśaśca gṛhakṣetrādināśanaṁ ।
gulmakṣayādirogaśca hyatisārādipīḍanaṁ ।। 29 ।।

### *Die Antardasha von Rahu in der Dasha von Surya*

In der Antardasha von Rahu in der Dasha der Sonne wird es, falls Rahu in einem Kendra oder Trikona vom Aszendenten aus gesehen steht, in den ersten zwei Monaten Verlust von Wohlstand, Gefahr durch Diebe und Schlangen, Wundverletzungen und Kummer mit Frau und Kindern geben. Nach 2 Monaten werden die negativen Auswirkungen verschwinden und positive Wirkungen wie Freuden und Annehmlichkeiten, gute Gesundheit, Zufriedenheit, Belohnungen seitens des Königs und der Regierung usw. werden sich einstellen, falls Rahu in Konjunktion mit Wohltätern oder in der Navamsha eines Wohltäter-Planeten steht.

Anerkennung seitens des Königs, Glücksfälle, Ruhm und Ehren, etwas Ärger in Bezug auf Frau und Kinder, die Geburt eines Sohnes, Freude im Familienkreis usw. werden erlebt, wenn Rahu vom Aszendenten aus gesehen in einem der verbessernden Häuser (Upachaya, d. h. Haus 3, 6, 10 oder 11) steht, mit einem Yogakaraka verbunden ist oder günstig zum Herrn der Dasha (Surya) positioniert ist.

Gefangenschaft, Verlust der Stellung, Gefahr durch Diebe und Schlangen, Wundinfektionen, Kummer mit Frau und Kindern, Vernichtung von Viehbestand, Haus und Feldern, Krankheiten wie Auszehrung, Ruhr usw. werden Auswirkungen sein, falls Rahu schwach oder im 8. oder 12. Haus vom Herrn der Dasha (Surya) aus gesehen steht.

dvisphasthe tathā rāhau tatsthānādhipasaṁyute ।
apamṛtyubhayaṁ caiva sarpabhītiśca sambhavet ।। 30।।
durgājapaṁ ca kurvīt chāgadānaṁ samācaret ।
kṛṣṇāṁ gāṁ mahiṣīṁ dadyacchāntimāpnotyasaṁśayam ।। 31।।

Negative Auswirkungen wie frühzeitiger Tod und Gefahr durch Schlangen werden abgeleitet, falls Rahu im 2. oder 7. Haus oder zusammen mit einem Herrn der genannten Häuser steht. Die Verehrung der Göttin Durga und das Spenden einer schwarzen Kuh oder einer Büffelkuh sind Heilmittel, um die genannten negativen Wirkungen abzumildern oder ihnen gänzlich zu entgehen.

sūryasyāntargate jīve lagnātkendratrikoṇage ।
svocce mitrasya vargasthe vivāhaṁ rājadarśanam ।। 32।।
dhanadhānyādilābha ca putralābhaṁ mahatsukhaṁ ।
mahārājaprasādena iṣṭakāryārthalābhakṛt ।। 33।।
brāhmaṇpriyasanmānaṁ priyavastrādilābhakṛt ।
bhāgyakarmādhipavaśādrājyalābhaṁ vaded dvija ।। 34।।

naravāhanayogaśca sthānādhikyaṁ mahatsukham |
dāyeśācchubharāśisthe bhāgyavṛddhiḥ sukhāvahā || 35||
dīnadharmakriyāyukto devatārādhanapriyaḥ |
gurubhaktirmanaḥsiddhiḥ puṇyukarmādisaṅgrahaḥ || 36||

### *Die Antardasha von Guru in der Dasha von Surya*

Die Hochzeit des Geborenen, die Gunst des Königs (der Regierung usw.), Gewinn von Wohlstand und Getreide, die Geburt eines Sohnes, Erfüllung der eigenen Bestrebungen durch das Wohlwollen des Herrschers und Erlangung guter Gewänder werden die segensreichen Auswirkungen der Antardasha von Jupiter in der Dasha der Sonne sein, falls Jupiter vom Aszendenten aus gesehen in einem Kendra oder Trikona steht, in seinem Zeichen der Erhöhung, in seinem eigenen Zeichen oder eigenen Varga (Zeichen in Navamsha).

Erlangung eines Königreichs oder einer hohen Position in der Gesellschaft, luxuriöser Fahrzeuge wie Sänften (oder ähnlicher moderner Fahrzeuge) usw. sind das Ergebnis, falls Jupiter der Herr des 9. oder 10. Hauses ist.

Zunehmendes Glück, Schenken wohltätiger Spenden, religiöse und spirituelle Tendenzen, Hingabe an den Meister und Erfüllung der eigenen Bestrebungen werden die segensreichen Auswirkungen sein, wenn Jupiter günstig zum Herrn der Dasha (Surya) steht.

rāśeśādripurandhrasthe nīce vā pāpasaṁyute |
dāraputrādipīḍā ca dehapīḍā mahadbhayam || 37||
rājakopaṁ prakurute'bhīṣṭavastuvināśnam |
pāpamūladdravyanāśaṁ dehabhraṣṭaṁ manorujam || 38||
svarṇadānaṁ prakurvīta sveṣṭajāpyaṁ ca kārayet |
gavāṁ kapilavarṇānāṁ dānenārogyamādiśet || 39||

Kummer mit Frau und Kindern, körperliche Schmerzen, die Missgunst des Königs, das Nichterreichen von angestrebten Zielen, Verlust von Wohlstand infolge sündhafter Handlungen, seelischer Kummer usw. werden in der Antardasha von Guru erfahren, falls er vom Herrn der Dasha aus im 6. oder 8. Haus steht oder mit Übeltätern verbunden ist. Wohltätiges Spenden von Gold und einer gelbbraunen Kuh sowie die Verehrung der eigenen Gottheit

(Ishta Devata) sind die Methoden, um diese widrigen Effekte zu mildern und gute Gesundheit und Freude zu sichern.

sūryasyāntargate mande lagnātkendratrikoṇage |
śatrunāśo mahatsaukhyaṁ svalpadhānyārthalābhakṛt || 40||
vivāhādisukāryañca gṛhe tasya śubhāvaham |
svocce svakṣetrage mande suhṛdgrahasamanvite || 41||
gṛhe kalyāṇasampattirvivāhādiṣu satkriyā |
rājasanmānakīrtiśca nānāvastradhanāgamam || 42||

### *Die Antardasha von Shani in der Dasha von Surya*

Vernichtung von Feinden, Freuden in Fülle, etwas Gewinn an Getreide, erfreuliche häusliche Ereignisse wie Hochzeit usw. werden die guten Auswirkungen in der Antardasha des Saturn in der Dasha der Sonne sein, wenn Saturn vom Aszendenten aus gesehen in einem Kendra oder Trikona steht. Wohlergehen, Gewinn von Ansehen im Land und von Wohlstand aus zahlreichen verschiedenen Quellen werden sich einstellen, falls Saturn in seinem Zeichen der Erhöhung, in seinem eigenen Zeichen, im Zeichen eines Freundes oder in Konjunktion mit einem befreundeten Planeten steht.

dāyeśādatha randhrasthe vyaye vā pāpasaṁyute |
vātaśūlamahāvyādhijvarātīsārapīḍanam || 43||
bandhanaṁ kāryahāniśca vittanāśo mahadbhayam |
akaśmātkalahaścaiva dāyādajanavigrahaḥ || 44||

Rheumatismus, Schmerzen, Fieber, mit Ruhr verwandte Krankheiten, Gefangenschaft, Verlust durch Unternehmungen oder Spekulationen, Verlust von Wohlstand, Streitigkeiten, Konflikte in Zusammenhang mit Erbschaften und Klägern usw. werden die Wirkungen der Antardasha sein, wenn Saturn vom Herrn der Dasha (Surya) aus im 8. oder 12. Haus steht oder mit Übeltätern verbunden ist.

bhuktyādau mitrahāniḥsyānmadhye kiñcitsukhāvaham |
ante kleśakaraṁ caiva nīce teṣāṁ tathaiva ca || 45||
pitṛmātṛviyogaśca gamanāgamamamaṁ tathā |
dvitīyadyūnanāthe tu apamṛtyubhayaṁ bhavet || 46||
kṛṣṇāṁ gāṁ mahiṣīṁ dadyānmṛtyuñjayajapaṁ caret |
chāgadānaṁ prakurvīta sarvasampatpradāyakam || 47||

Zu Beginn der Antardasha wird der Verlust von Freunden erfahren, im mittleren Teil überwiegen gute Erfahrungen und am Ende Kummer. Zusätzlich zu anderen negativen Wirkungen wird es Trennung von den Eltern und ruheloses Umherirren geben, falls Saturn im Zeichen seines Falls steht.

Sollte Saturn Herr des 2. oder 7. Hauses sein, so besteht die Gefahr vorzeitigen Todes. Das Spenden einer schwarzen Kuh, eines Büffels oder einer Ziege und das Mrityunjaya Japa sind Mittel, um die negativen Wirkungen der Antardasha zu mildern. Diese Mittel helfen Glück, Wohlstand und Besitztümer zu sichern.

sūryāsyāntargate saumye svocce vā svarkṣage'pi vā |
kendratrikoṇalābhasthe budhe vargabalairyute || 48 ||
rājyalābho mahotsāho dāraputrādisaukhyakṛt |
mahārajaprasādena vāhanāmbarabhūṣaṇaṁ || 49 ||
puṇyatīrthaphalāvāptirgṛhe godhanasaṅkulam |
bhāgyalābhādhipairyukte lābhavṛddhikoro bhavet || 50 ||
bhāgyapañcamakarmasthe sanmāno bhavati dhruvam |
sukarmadharmabuddhiśca gurudevadvijārjanam || 51 ||
dhanadhānyādisaṁyukto vivāhaḥ putrasambhavaḥ |
dāyeśācchubharāśisthe saumyayukte mahatsukham || 52 ||
vaivāhikaṁ yajñakarma dānadharmajapādikam |
svanāmāṅkitapadyāni nāmadvayamathā'pi vā || 53 ||
bhojanāmbarabhūṣāptiramareśo bhavennaraḥ |
dāyeśādripurandhrasthe riṣphage nīcage'pi vā || 54 ||
dehapīḍā manastāpo dāraputrādipīḍanam |
bhuktyādau duḥkhamāpnoti madhye kiñcitsukhāvaham || 55 ||
ante tu rājabhītiśca gamanāgamanaṁ tathā |
dvitīye dyūnanāthe tu dehajāḍyaṁ jvarādikam || 56 ||
viṣṇunāmasahasraṁ ca hyannadānaṁ ca kārayet |
rajatapratimādānaṁ kuryādārogyasiddhaye || 57 ||

### *Die Antardasha von Budha in der Dasha von Surya*

Erlangung eines Königreichs (hohe Position), Enthusiasmus und Munterkeit, Freude mit Frau und Kindern, Gewinn von Fahrzeugen durch das Wohlwollen des Herrschers sowie von Gewändern und Schmuck, Pilgerreisen zu heiligen Stätten, Erwerb einer Kuh usw. werden die guten Effekte in der Antardasha von Merkur in der Dasha der Sonne sein, falls Merkur vom Aszendenten aus in einem Kendra oder Trikona steht.

Merkur wird überaus wohltätig, wenn er mit dem Herrn des 9. Hauses verbunden ist. Sollte Merkur im 9., 5. oder 10. Haus stehen, so werden Ehrungen und Beliebtheit seitens anderer Menschen, die Ausführung verdienstvoller Taten und religiöser Riten, Hingabe an den Meister und Gottheiten, Zunahme von Wohlstand und des Besitzes an Getreide und die Geburt eines Sohnes die segensreichen Auswirkungen (der Antardasha) sein.

Hochzeit, Darbringung von Opfergaben, wohltätiges Spenden, Durchführung vedischer Zeremonien, Ruhm und Ehre, Erlangung von Ruhm durch das Annehmen eines anderen Namens, gute Nahrung, durch die Erlangung von Wohlstand so glücklich wie der Götterkönig Indra werden, Gewinn von Roben und Gewändern - dies werden die Wirkungen von Merkur sein, falls er vom Herrn der Dasha (Surya) aus gesehen in einem günstigen Haus wie einem Trikona usw. steht.

Körperliche Leiden, Störung des inneren Friedens, Kummer in Bezug auf Frau und Kinder werden die negativen Wirkungen der Antardasha des Merkur sein, wenn er sich vom Herrn der Dasha (Surya) aus im 6., 8. oder 12. Haus befindet [im Rashi-Chart kann Merkur sich allerdings nicht im 6. oder 8. Haus von der Sonne aus befinden, in der Navamsha usw. allerdings schon]. Zu Beginn der Antardasha sind negative Auswirkungen zu erwarten, einige positive Wirkungen im mittleren Teil der Antardasha und die Gefahr der Missgunst des Königs und des Exils in einem fremden Land am Ende.

Sollte Merkur der Herr des 2. oder 7. Hauses sein, wird es körperliche Schmerzen und Fieberanfälle geben. Um diese negativen Effekte zu mildern und gute Gesundheit und Lebensfreude wiederherzustellen, sollte man als Mittel die Rezitation des Vishnu Sahasranama und das Spenden von Getreide und einer aus Silber gefertigten Statue zur Anwendung bringen.

sūryasyāntargate ketau dehapīḍā manovyathā |
arthavyayaṁ rājakopaṁ svajanāderupadravam || 58||
lagnādhipena saṁyukte ādau saukhyaṁ dhanāgamam |
madhye tatkleśamāpnoti mṛtavārtāgamaṁ vadet || 59||

### *Die Antardasha von Ketu in der Dasha von Surya*

Körperliche Schmerzen, Seelenqualen, Verlust von Wohlstand, Gefahr durch den König (Regierung usw.) und Streit mit Angehörigen werden die Auswirkungen der Antardasha von Ketu in der Dasha der Sonne sein. Falls Ketu mit dem Herrn des Aszendenten verbunden ist, wird es etwas Freude zu Beginn, Kummer in der Mitte und Nachrichten von Todesfällen gegen Ende der Antardasha geben.

athāṣṭamavyaye caivaṁ dāyeśātpāpasaṁyute I
kapoladantarogaśca mūtrakṛrcchasya sambhavaḥ I I 60I I
sthānavicyutirarthasya mitrahāniḥ piturmṛtiḥ I
videśagamanaṁ caiva śatrupīḍā mahadbhayam I I 61I I

Krankheiten der Zähne oder im Wangenbereich, Probleme mit den Harnwegen, Verlust der Stellung sowie von Freunden und Wohlstand, der Tod des Vaters, Reisen in fremde Länder und Kummer durch Feinde werden erfahren, wenn Ketu vom Herrn der Dasha (Surya) aus im 8. oder 12. Haus steht.

lagnādupacaye ketau yogakārakasaṁyute I
śubhāṁśe śubhavarge ca śubhakarmaphalodayaḥ I I 62I I
putradārādisaukhyaṁ ca santoṣaṁ priyavarddhanam I
vicitravastralābhaśca yaśovṛddhiḥ sukhāvahā I I 63I I
dvitīyādyūnanāthe vā hyapamṛtyubhayaṁ vadet I
durgājapaṁ ca kurvīta chāgadānaṁ sukhāptaye I I 64I I

Segensreiche Auswirkungen wie Freude an Frau und Kindern, Zufriedenheit, Gewinn von Freunden, Gewändern, Anerkennung usw. sind abzuleiten, falls Ketu vom Aszendenten aus im 3., 6., 10. oder 11. Haus (also in einem verbessernden Haus) steht.

Sollte Ketu der Herr (oder Bewohner) des 2. oder 7. Hauses sein, so besteht die Gefahr vorzeitigen Todes. Die Mittel, um diese negativen Auswirkungen abzumildern, sind die Rezitation von Hymnen an die Göttin Durga und das Spenden einer Ziege.

sūryasyāntargate śukre trikoṇe kendrage'pi vā I
svocce mitrasvavargasthe'bhīṣṭastrībhogyasampadaḥ I I 65I I
grāmāntaraprayāṇaṁ ca bhāhmaṇaprabhudarśanam I
rājyalābho mahotsāhaśchatracāmaravaibhavam I I 66I I

gṛhe kalyāṇasampattirnityaṁ miṣṭhānnabhojanam I
vidrumādiratnalābho muktāvastrādi lābhakṛt II 67II
catuṣpājjīvalābhaḥ syādbahudhānyadhanādikam I
utsāhaḥ kīrtisampattirnaravāhanasampadaḥ II 68II

## *Die Antardasha von Shukra in der Dasha von Surya*

Hochzeit und das ersehnte freudevolle Zusammensein mit der Ehefrau, Gewinn von Besitztümern, Reisen zu anderen Orten, Treffen mit Brahmanen oder dem König (hochgestellten Personen), Erlangung eines Königreichs (hohes Amt), Gewinn von Reichtümern, Großmut und edle Würde, Segen im häuslichen Bereich, Genuss von Süßspeisen, Erlangung von Perlen und Edelsteinen, Gewändern, Viehbesitz, Wohlstand, Getreide und Fahrzeugen, Enthusiasmus, guter Ruf usw. – dies sind die segensreichen Auswirkungen der Antardasha von Shukra in der Surya Mahadasha, wenn Shukra in einem Kendra oder Trikona, im Zeichen der Erhöhung, im eigenen Zeichen, im eigenen Varga (Zeichen in Navamsha) oder im Zeichen eines Freundes steht.

ṣaṣṭhāṣṭamavyaye śukre dāyeśādbalavarjite I
rājakopo manaḥkleśaḥ putrastrīdhananāśanam II 69II
bhuktyādau madhyamaṁ madhye lābhaḥ śubhakaro bhavet I
ante yaśonāśanaṁ ca sthānabhraṁśamathāpi vā II 70II
bandhudveṣaṁ vaded vāpi svakulādbhoganāśanam I
bhārgave dyūnanāthe tu dehe jāḍyaṁ rujobhayam II 71II
randhrariṣphasamāyukte hyapamṛtyurbhaviṣyati I
taddoṣaparihārārthaṁ mṛtyurjayajapaṁ caret II 72II
śvetāṁ gāṁ mahiṣīṁ dadyādrudrajāpyaṁ ca kārayet I
tataḥ śāntibhavāpnoti śaṅkarasya prasādataḥ II 73II

Missgunst des Königs, Seelenqualen sowie Kummer mit Frau und Kindern werden die Wirkungen der Antardasha von Shukra sein, falls Shukra sich im 6., 8. oder 12. Haus vom Herrn der Dasha (Surya) aus befindet.

Die Effekte der Antardasha sind zu Beginn mittelmäßig, gut im mittleren Abschnitt, und im letzten Teil sind negative Wirkungen wie Ehrverlust, Verlust der Stellung, Feindschaft mit Angehörigen und Verlust von Annehmlichkeiten zu erwarten.

Wenn Venus Herr des 7. (oder 2.) Hauses ist, besteht die Gefahr von körperlichen Schmerzen und Krankheiten. Vorzeitiger Tod kann eintreten, falls Shukra mit den Herren des 6. oder 8. Hauses verbunden ist. Um diese negativen Effekte zu mildern oder abzuwenden, sind als Heilmittel Mrityunjaya Japa, Rudra Japa und das Spenden einer gelbbraunen Kuh oder einer Büffelkuh anzuwenden.

# Kapitel 53: Die Auswirkungen der Antardashas in der Dasha von Chandra

**atha candrāntardaśāphalādhyāyaḥ ||53||**
svocce svakṣetrage candre trikoṇe lābhage'pi vā |
bhāgyakarmādhipairyukte gajāśvāmbarasaṅkulam ||1||
devatāgurubhaktiśca puṇyaślokādikīrtanam |
rājyalābho mahatsaukhyaṁ yaśovṛddhiḥ sukhāvahā ||2||
pūrṇe candre balaṁ pūrṇaṁ senāpatyaṁ mahatsukham |
pāpayukte'thavā candre nīce vā riṣphaṣaṣṭhage ||3||
atakāle dhananāśaḥ syātsthānacyutirathāpi vā |
dehalasyaṁ manastapo rājamantrivirodhakṛt ||4||
mātṛkleśo manoduḥkhaṁ nigaḍaṁ bandhunāśanam |
dvitīyadyūnanāthe tu randhrariṣpheśasaṁyute ||5||
dehajāḍyaṁ mahābhaṅgamapamṛtyobhayaṁ vadet |
śvetāṁ gāṁ mahiṣīṁ dadyāt svadaśāntargate vidhau ||6||

## *Die Antardasha von Chandra in der Dasha von Chandra*

Gewinn von Pferden, Elefanten und Gewändern, Hingabe an Gottheiten und an den Meister, Rezitation von Lobeshymnen an Gott, Erlangung eines Königreichs (hohe Position), Freude und Genuss in großer Fülle sowie Ruhm und Ehre werden die positiven Ergebnisse in der Antardasha von Chandra in ihrer (Chandra ist weiblich) eigenen Dasha sein, falls sie in ihrem Zeichen der Erhöhung, in ihrem eigenen Zeichen, in einem Kendra oder Trikona steht oder mit dem Herrn des 9. oder 10. Hauses verbunden ist.

Verlust von Wohlstand und der eigenen Stellung, Lethargie, Seelenqual, Konflikte mit dem König und Ministern, Kummer in Zusammenhang mit der Mutter (oder es geht ihr nicht gut), Gefangenschaft und Verlust von Angehörigen werden die negativen Auswirkungen von Chandra in ihrer Antardasha sein, falls sie in ihrem Zeichen des Falls steht, mit Übeltäter-Planeten verbunden ist oder sich im 6., 8. oder 12. Haus befindet.

Wenn der Mond Herr des 2. oder 7. Hauses oder mit dem Herrn des 8. oder 12. Hauses verbunden ist, wird es körperliche Schmerzen geben und es besteht die Gefahr vorzeitigen Todes. Das Heilmittel dagegen ist das wohltätige Spenden einer gelbbraunen Kuh oder einer Büffelkuh.

candrasyāntargate bhaume lagnātkendratrikoṇage I
saubhāgyaṁ rājasanmānaṁ vastrabharaṇabhūṣaṇam I I 7I I
yatnāt kāryārthasiddhistu bhaviṣyati na saṁśayaḥ I
gṛhakṣetrābhivṛddhiśca vyavahāre jayo bhavet I I 8I I
kāryalābho mahatsaukhyaṁ svocce svakṣetrage phalam I
tathā'ṣṭamavyaye bhaume pāpayukte'tha vā yadi I I 9I I
dāyaśādaśubhasthāne dehārtiḥ paravīkṣite I
gṛhakṣetrādihāniśca vyavahāre tathā kṣatiḥ I I 10I I
mṛtyuvargeṣu kalaho bhūpālasya virodhanam I
ātmabandhuviyogaśca nityaṁ niṣṭhurabhāṣaṇam I I 11I I
dvitīye dyūnanāthe tu randhre randhrādhipo yadā I
tattoṣaparihārārthaṁ brāhmaṇasyā'rcanaṁ caret I I 12I I

### *Die Antardasha von Mangal in der Dasha von Chandra*

Vermehrte Glücksfälle, Anerkennung seitens der Regierung, Gewinn von Gewändern und Schmuck, Erfolg in allen Bestrebungen, Zunahme der landwirtschaftlichen Produktion und des häuslichen Wohlstands sowie finanzieller Gewinn durch die Berufstätigkeit werden die förderlichen Effekte der Antardasha des Mars in der Dasha des Mondes sein, falls Mangal sich in einem Kendra oder Trikona befindet. Große Freude und Genuss von Annehmlichkeiten werden erfahren, wenn der Mars in seinem Zeichen der Erhöhung oder im eigenen Zeichen steht.

Körperliche Leiden, Verluste im eigenen Heim und in der landwirtschaftlichen Produktion, Verluste in Handelsgeschäften, Feindseligkeiten oder schlechte Beziehungen zu Dienern und dem König (Regierung usw.), Trennung von Angehörigen und ein (übermäßig) heißes Temperament werden die widrigen Auswirkungen in der Antardasha des Mars sein, falls er vom Aszendenten aus im 6., 8. oder 12. Haus steht, mit Übeltätern verbunden ist oder von ihnen aspektiert wird oder sich vom Herrn der Dasha (Chandra) aus gerechnet im 6., 8. oder 12. Haus befindet.

candrasyāntargate rāhau lagnātkendratrikoṇage I
ādau svalphalaṁ jñeyaṁ śatrupīḍā mahadbhayam I I 13I I
caurāhirājabhītiśca catuṣpājjivapīḍanam I
bandhunāśo mitrahānirmānahānirmanovyathā I I 14I I

### *Die Antardasha von Rahu in der Dasha von Chandra*

Zu Beginn der Antardasha von Rahu in der Dasha des Mondes wird es einige segensreiche Ergebnisse geben, aber später werden die Auswirkungen Gefahren durch den König (Regierung usw.), durch Diebe und Schlangen, Kummer mit dem Viehbestand, Verlust von Angehörigen und Freunden, Rufverlust und Seelenqualen sein, falls Rahu in einem Kendra oder Trikona steht.

śubhayukte śubhairdṛṣṭe lagnādupacaye'pi vā I
yogakārakasambandhe sarvakāryārthasiddhikṛt II 15II
nairṛtye paścime bhāve kvacitprabhusamāgamaḥ I
vāhanāmabaralābhaśca sveṣṭakāryārthasiddhikṛt II 16II

Erfolg in allen Bestrebungen, Gewinn von Fahrzeugen, Gewändern usw. durch die Gunst des Königs aus südwestlicher Richtung werden in der Antardasha von Rahu erfahren, wenn er von Wohltätern aspektiert wird, im 3., 6., 10. oder 11. Haus (d. h. als Übeltäter günstig in einem der verbessernden Häuser) steht oder mit einem Yogakaraka-Planeten verbunden ist.

dāyeśādatha randhrathe vyaye vā balavarjite I
sthānabhraṁśo manodukhaṁ putrakleśo mahadbhayam II 17II
dārapīḍā kvacijjñeyā kvacitsvāṅge rujobhayam I
vṛścikādiviṣādbhītiścaurāhinṛpapīḍanam II 18II

Verlust der Stellung, Seelenqualen, Kummer mit Frau und Kindern, Gefahr von Krankheiten und Gefahr durch den König, Skorpione, Schlangen usw. werden sich ereignen, falls Rahu schwach ist oder sich vom Herrn der Dasha (Chandra) aus gesehen im 8. oder 12. Haus befindet.

dāyeśātkendrakoṇe va duścikye lābhage'pi vā I
puṇyatīrthaphalāvāptirdevatādarśanaṁ mahat II 19II
paropakārakarmādipuṇyakarmādisamprahaḥ I
dvitīyadyūnarāśiathe dehabādhā bhaviṣyati II 20II
taddoṣaparihārārthaṁ rudrajāpyaṁ samācaret I
chāgadānaṁ prakurvīta dehārogyaṁ prajāyate II 21II

Pilgerfahrten zu heiligen Stätten, Besuch von sakralen Schreinen, Wohltätigkeit, Tendenz zu großzügigen Spenden usw. werden die Ergebnisse sein, wenn Rahu sich vom Herrn der Dasha (Chandra) aus gerechnet in einem Kendra, Trikona, im 3. oder 11. Haus befindet.

Es wird körperliche Leiden geben, sollte Rahu im 2. oder 7. Haus stehen. Rahu Japa (Rezitation von Hymnen an Rahu) und das wohltätige Spenden einer Ziege sind als Heilmittel anzuwenden, um eine Milderung der negativen Auswirkungen in der Antardasha von Rahu zu bewirken.

candrasyāntargate jīve lagnātkendratrikoṇage I
svagehe lābhage svocce rājyalābho mahotsavaḥ I I 22I I
vastrā'laṅkārabhūṣāptī rājaprītirdhanāgamaḥ I
iṣṭadevaprasādena garbhādhānādikaṁ phalam I I 23I I
tathā śobhanakāryāṇi gṛhe lakṣmīḥ kaṭākṣakṛt I
rājāśrayaṁ dhanaṁ bhūmigajavājisamanvitam I I 24I I
mahārājaprasādena sveṣṭasiddhiḥ sukhāvahā I
ṣa I ṣṭhāṣṭamavyaye jīve nīca vāstaṅgate yadi I I 25I I
pāpayukte'śubhaṁ karma guruputrādināśanam I
sthānabhraṁśo manoduḥkhamakasmātkalaho dhruvam I I 26I I
gṛhakṣetrādināśaśca vāhanāmbaranāśanam I
dāyeśātkendrakoṇe vā duścikye lābhage'pi vā I I 27I I
bhojanāmbaraparavādilābhaṁ saukhyaṁ karoti ca I
brhātrādisukhasampattiṁ dhairyaṁ vīryaparākramam I I 28I I
yajñavratavivāhādirājyaśrīdhanasampadaḥ I
dāyeśādripurandhrasthe vyaye vā balavarjite I I 29I I
karoti kutsinānnaṁ ca videśagamanaṁ tathā I
bhuktyādau śobhanaṁ proktamante kleśakaraṁ bhavet I I 30I I
dvitīyadyūnanāthe ca hyapamṛtyurbhaviṣyati I
taddoṣaparihārārthaṁ śivasāhasrakaṁ japet I
svarṇadānamiti proktaṁ sarvakaṣṭanivārakam I I 31I I

### *Die Antardasha von Guru in der Dasha von Chandra*

Erlangung eines Königreichs (einflussreiche Machtstellung), segenbringende Festlichkeiten im eigenen Heim, Gewinn von Gewändern und Schmuck, Anerkennung durch den König (Regierung, Vorgesetzter usw.), das Wohlwollen der persönlichen Gottheit (Ishta Devata), Erlangung von Wohlstand, Landbesitz und Fahrzeugen sowie Erfolg in allen Bestrebungen durch das Wohlwollen des Königs werden die wohltätigen Auswirkungen in der Antardasha von Jupiter in der Dasha des Mondes sein, wenn

Jupiter vom Aszendenten aus in einem Kendra oder Trikona, in seinem eigenen Zeichen oder im Zeichen seiner Erhöhung stehen sollte.

Vernichtung des Meisters (bzw. Vaters usw.) und der Kinder, Verlust der Stellung, Seelenqualen, Streitigkeiten, Zerstörung von Haus, Fahrzeugen und Ackerland werden die negativen Effekte in Jupiters Antardasha sein, falls er sich im 6., 8. oder 12. Haus befindet, verbrannt ist, in seinem Zeichen des Falls steht oder mit Übeltätern verbunden ist.

Gewinn von Vieh, Getreide, Kleidung, Freude durch Geschwister, Gewinn von Besitztümern, Mut, Geduld, Opfergaben, Festlichkeiten wie Hochzeit usw., Erlangung eines Königreichs (hohe Position) werden die erfreulichen Wirkungen sein, wenn Guru vom Herrn der Dasha (Chandra) aus im 3. oder 11. Haus steht.

Auswirkungen wie der Genuss von schlechter Nahrung und Reisen in Länder fern der Heimat sind zu erwarten, wenn Jupiter schwach und vom Mond aus gesehen im 6., 8. oder 12. Haus steht. Zu Beginn der Antardasha wird es (dann) gute Erfahrungen geben und Leiden am Ende der Antardasha.

Vorzeitiger Tod droht, falls Jupiter vom Aszendenten aus Herr des 2. oder 7. Hauses ist. Heilmittel zur Linderung der genannten negativen Auswirkungen sind die Rezitation (Japa) des Shiva Sahasranama und das wohltätige Spenden von Gold.

candrasyāntargate mande lagnātkendratrikoṇage |
svakṣetre svāṁśage caiva mande tuṅgāṁśasaṁyute || 32||
śubhadṛṣṭayute vā'pi lābhe vā balasaṁyute |
putramitrārthasampattiḥ śūdraprabhusamāgamāt || 33||
vyayasāyātphalādhikyaṁ gṛhe kṣetrādivṛddhidam |
putralābhaśca kalyāṇaṁ rājānugrahavaibhavam || 34||

### *Die Antardasha von Shani in der Dasha von Chandra*

Auswirkungen wie die Geburt eines Sohnes, Freundschaft, Erlangung von Wohlstand und Besitztümern, geschäftliche Profite mit Hilfe von Shudras (Arbeiterklasse), Zunahme der landwirtschaftlichen Produktion, Einkünfte durch den Sohn, Reichtümer und Ehrungen durch den König (Regierung usw.) werden in der Antardasha des Saturn in der Dasha des Mondes erfahren, falls

Saturn vom Aszendenten aus in einem Kendra oder Trikona oder in seinem eigenen Zeichen, in seinem eigenen Zeichen in der Navamsha oder in seinem Zeichen der Erhöhung steht, von Wohltätern aspektiert wird oder mit ihnen verbunden ist oder stark im 11. Haus steht.

ṣaṣṭhāṣṭamavyaye mande nīce vā dhanage'pi vā I
tadbhuktyādau puṇyatīrthe snānaṁ caiva tu darśanam II 35II
anekajanatrāsaśca śastrapīḍā bhaviṣyati I
dāyeśātkendrarāśisthe trikoṇe balage'pi vā II 36II
kvacitsaukhyaṁ dhanāptiśca dāraputravirodhakṛt I
dvitīyadyūnarandhrasthe dehabādhā bhaviṣyati II 37II
taddoṣaparihārārthaṁ mṛtyuñjayajapaṁ caret I
kṛṣṇāṁ gāṁ mahiṣīṁ dadyāddānemārogyamādiśet II 38II

Wirkungen wie der Besuch heiliger Stätten, Baden in heiligen Flüssen usw., Schwierigkeiten mit vielen Menschen und Kummer durch Feinde werden in der Antardasha von Saturn manifestiert, wenn Saturn im 6., 8., 12. oder 2. Haus steht oder in seinem Zeichen des Falls.

Zu manchen Zeiten Effekte wie Sinnesfreuden und Erlangung von Wohlstand, zu anderen Zeiten Konflikte oder Streitigkeiten mit Frau und Kindern – dies wird erfahren, sollte Saturn vom Herrn der Dasha (Chandra) aus in einem Kendra oder Trikona stehen oder Stärke besitzen.

Sollte Saturn sich im 2., 7. oder 8. Haus befinden, wird es körperliche Leiden geben. Als Heilmittel zur Linderung der genannten negativen Effekte ist das Mrityunjaya Japa und das wohltätige Spenden einer schwarzen Kuh oder einer Büffelkuh anzuwenden.

candrasyāntargate saumye kendralābhatrikoṇage I
svarkṣe nijāṁśake saumye tuṅge vā balasaṁyute II 39II
dhanāgamo rājamānapriyavastrādilābhakṛt I
vidyāvinodasadgoṣṭhī jñānavṛddhiḥ sukhāvahā II 40II
santānaprāptiḥ santoṣo vāṇijyāddhanalābhkṛt I
vāhanacchatrasaṁyuktanānālaṅkāralābhakṛt II 41II

### *Die Antardasha von Budha in der Dasha von Chandra*

Auswirkungen wie die Erlangung von Wohlstand, Anerkennung seitens des Königs (Regierung usw.), Gewinn von Gewändern usw., Gespräche über die vedischen Schriften (Shastras), Zunahme von Wissen durch Gemeinschaft mit gebildeten und heiligen Menschen, Freuden aller Art, Geburt von Kindern, Zufriedenheit, Gewinn aus Geschäften sowie Erlangung von Fahrzeugen und Schmuck usw. werden in der Antardasha des Merkur in der Dasha des Mondes erfahren, wenn Merkur stark in einem Kendra oder Trikona, im Zeichen der Erhöhung, im eigenen Zeichen oder im eigenen Zeichen in der Navamsha steht.

dāyeśātkendrakoṇe vā lābhe vā dhanage'pi vā |
vivāho yajñadīkṣā ca dānadharmaśubhādikam || 42||
rājaprītikaraścaiva vidvajjanasamāgamaḥ |
muktāmaṇipravālāni vāhanāmbarabhūṣaṇam || 43||
ārogyaprītisaukhyaṁ ca somapānādikaṁ sukham |
dāyeśādripurandhrasthe vyaye vā nīcage'pi vā || 44||
tadbhuktau dehabādhā ca kṛrṣigobhūmināśanam |
kārāgṛhapraveśāśca dāraputrādipīḍanam || 45||
dvitīyadyūnanāthe tu jvarapīḍā mahadbhayam |
chāgadānaṁ prakurvīta viṣṇusāhasrakaṁ japet || 46||

Ergebnisse wie Heirat, Darbringung von Opfergaben, wohltätiges Spenden, Durchführung religiöser Zeremonien, enge Beziehung zum König (Regierung usw.), soziale Kontakte mit gebildeten und gelehrten Menschen, Gewinn von Perlen, Korallen, Juwelen, Fahrzeugen, Gewändern, Schmuck, gute Gesundheit, Zuneigung anderer Menschen, Sinnesfreude, Trinken des Soma Rasa (der Unsterblichkeitstrank der Götter) und anderer wohlschmeckender Getränke usw. werden in der Antardasha von Budha erfahren, falls er vom Herrn der Dasha (Chandra) aus in einem Kendra oder Trikona oder im 11. oder 2. Haus von diesem aus gesehen steht.

Körperliche Schmerzen, Verlust im Handel mit Argrargütern, Gefangenschaft sowie Kummer mit Frau und Kindern werden die widrigen Wirkungen sein, wenn Merkur sich vom Herrn der Dasha (Chandra) aus im 6., 8. oder 12. Haus oder in seinem Zeichen des Falls befindet. Sollte Merkur der Herr des 2. oder 7. Hauses sein, so gibt es Furcht vor Fieber. Als Heilmittel zur Minderung der negativen Effekte sind die Rezitation des Vishnu Sahasranama und das wohltätige Spenden einer Ziege anzuwenden.

### *Die Antardasha von Ketu in der Dasha von Chandra*

candrasyāntargate ketau kendralābhatrikoṇage I
duścikye balasaṁyukte dhanalābhaṁ mahatsukham II 47II
putradārādisaukhyaṁ ca vidhikarma karoti ca I
bhuktyādau dhanahāniḥ syānmadhyage sukhamāpnuyāt II 48II

Wirkungen wie Erlangung von Wohlstand, Sinnesfreuden, Freude mit Frau und Kindern, religiöse Tendenzen usw. werden sich in der Antardasha von Ketu in der Dasha des Mondes entfalten, wenn Ketu mit Stärke ausgestattet vom Aszendenten aus in einem Kendra, Trikona oder dem 3. Haus steht. Zu Beginn der Antardasha wird es etwas Verlust von Wohlstand geben, aber später wird dann alles gut.

dāyeśātkendralābhe vā trikoṇe balasaṁyute I
kvacitphalaṁ daśādau tu dadyāt saukhyaṁ dhanāgamam II 49II
gomahiṣyādilābhaṁ ca bhuktyante cārthanāśanam I
pāpayukte'thavā dṛṣṭe dāyeśādrandhrariḥphage II 50II
śatrutaḥ kāryahāniḥ syādakasmātkalaho dhruvam I
dvitīyadyūnarāśistyhe hyanārogyaṁ mahadbhayam II 51II
mṛtyuñjayajapaṁ kuryāt sarvasampatpradāyakam I
tataḥ śāntimavāpnoti śaṅkarasya prasādataḥ II 52II

Erlangung von Wohlstand, Viehbesitz usw. werden die Auswirkungen sein, falls Ketu sich mit Stärke begabt vom Herrn der Dasha (Chandra) aus im 9., 5. oder 11. Haus befindet. Gegen Ende der Antardasha wird es (in diesem Fall) Verlust von Wohlstand geben.

Hindernisse in den eigenen Bestrebungen infolge des Einwirkens von Feinden und von Streitigkeiten wird es geben, sollte Ketu vom Herrn der Dasha (Mond) aus gerechnet im 8. oder 12. Haus stehen oder mit Übeltätern verbunden oder von diesen aspektiert sein.

Wenn Ketu im 2. oder 7. Haus steht, besteht die Gefahr von körperlichen Leiden in Verbindung mit Erkrankungen. Mrityunjaya Japa wird all diese negativen Effekte mildern und Wohlstand und Besitztümer durch das Wohlwollen von Shiva sichern.

candrasyāntargate śukre kendralābhatrikoṇage I
svocce svakṣetrage vāpi rājyalābhaṁ karoti ca II 53II

mahārājaprasādena vāhanāmbarabhūṣaṇam ।
catuṣpājjivalābhaḥ syāddāraputrādivardhanam ।। 54।।
nūtanāgāranirmāṇaṁ nityaṁ miṣṭhānnabhojanaṁ ।
sugandhapuṣpamālyādiramyastryārogyasampadam ।। 55।।

## *Die Antardasha von Shukra in der Dasha von Chandra*

Auswirkungen wie die Erlangung eines Königreichs (einflussreiche Position) sowie von Kleidung, Schmuck, Viehbesitz, Fahrzeugen usw., Freude an Frau und Kindern, Bau eines neuen Hauses, täglicher Genuss von Süßspeisen und Parfümen, Liebesaffären mit schönen Frauen, gute Gesundheit usw. werden in der Antardasha der Venus in der Dasha des Mondes erfahren, falls Venus vom Aszendenten aus in einem Kendra, Trikona, im 4. oder 9. Haus steht oder im Zeichen der Erhöhung oder im eigenen Zeichen.

daśādhipena saṁyukte dehasaukhyaṁ mahatsukham ।
satkīrtisukhasampattigṛhakṣetrādivṛddhikṛt ।। 56।।

Physisches Wohlbefinden, guter Ruf sowie Zugewinn an Land und Hausbesitz werden das Ergebnis sein, wenn Shukra mit dem Herrn der Dasha (Chandra) zusammensteht.

nīce vā'staṅgate śukre pāpagrahayutekṣite ।
bhūnāśaḥ putramitrādināśanaṁ patnināśanam ।। 57।।
catuṣpājjivahāniḥ syādrājadvāre virodhakṛt ।
dhanasthānagate śukre svacce svakṣetrasaṁyute ।। 58।।
nidhilābhaṁ mahatsaukhyaṁ bhū lābhaṁ putrasambhavam ।
bhāgyalābhādipairyukte bhāgyavṛddhiḥ karotyasau ।। 59।।
mahārājaprasādena sveṣṭasiddhiḥ sukhāvahā ।
devabrāhmaṇabhaktiśca muktavidrumalābhakṛt ।। 60।।

Es wird Verluste in Bezug auf Landbesitz, Kinder, Ehefrau und Vieh geben sowie Konflikte mit der Regierung, sollte Venus im Zeichen des Falls stehen oder von Übeltätern aspektiert oder mit diesen verbunden sein.

Falls Shukra sich im 2. Haus in ihrem Zeichen der Erhöhung oder im eigenen Zeichen befindet oder in dieser Stellung mit dem Herrn des 11. Hauses verbunden ist, werden sich als Auswirkungen der Gewinn eines im Boden versteckten Schatzes, Gewinn von Landbesitz, Sinnesfreuden, die Geburt eines Sohnes usw. einstellen. Eine Folge von Glücksfällen und Fortschritten im Leben, Erfüllung der eigenen Bestrebungen durch das Wohlwollen des Königs (Regierung, Vorgesetzte usw.), Hingabe an Gottheiten und Brahmanen, Gewinn von Juwelen, Perlen usw. werden erfahren, wenn Venus in Konjunktion mit dem Herrn des 9. oder 11. Hauses steht.

dāyaśāllābhage śukre trikoṇe kendrage'pi vā |
gṛhakṣetrābhivṛddhiśca vittalābho mahatsukham || 61||

Zunahme des Besitzes an Häusern und Ackerland, Erlangung von Wohlstand und Sinnesfreuden werden die guten Effekte sein, falls Shukra vom Herrn der Dasha (Chandra) aus gesehen in einem Kendra oder Trikona steht.

dāyeśādripurandhrasthe vyaye vā pāpasaṁyute |
videśavāsaduḥkhārtimṛtyucaurādipīḍanam || 62||

Deportation in fremde Länder, Sorgen, Tod sowie Gefahr durch Diebe und Schlangen werden die Ergebnisse sein, wenn Venus sich vom Herrn der Dasha (Mond) aus gerechnet im 6., 8. oder 12. Haus befinden sollte.

dvitīyadyūnanāthe tu apamṛtyubhayaṁ bhavet |
taddoṣavinivṛttyarthaṁ rudrajāpyaṁ ca kārayet || 63||
śvetāṁ gāṁ rajataṁ dadyācchantimāpnotyasaṁśayaḥ |
śaṅkarasya prasādena nā'tra kāryā vicāraṇā || 64||

Gefahr eines vorzeitigen Todes besteht, sollte Shukra Herr des 2. oder 7. Hauses sein. Heilmittel zur Minderung der negativen Auswirkungen sind Rudra Japas sowie das wohltätige Spenden einer weißen Kuh und von Silber.

candrasyāntargate bhānau svocce svakṣetrasaṁyute |
kendre trikoṇe lābhe vā dhane vā sodarālaye || 65||
naṣṭarājyadhanaprāptirgṛhe kalyāṇaśobhanam |
mitrarājaprasādena grāmabhūmyādilābhkṛt || 66||
garbhādhānaphalaprāptirgṛhe lakṣmīḥ kaṭākṣakṛt |
bhuktyante deha ālasyaṁ jvarapīḍā bhaviṣyati || 67||

### *Die Antardasha von Surya in der Dasha von Chandra*

Wiedererlangung eines verlorenen Königreichs (einer hohen

Machtposition), Freude im Kreis der Familie, Gewinn von Dörfern und Landbesitz durch die freundliche Unterstützung des Königs (Regierung), Geburt eines Sohnes und das Wohlwollen der Glücksgöttin Lakshmi werden die positiven Ergebnisse der Antardasha der Sonne in der Dasha des Mondes sein, wenn Surya in seinem Zeichen der Erhöhung, im eigenen Zeichen, in einem Kendra oder im 5., 9. 11., 2. oder 3. Haus steht.

Gegen Ende der Antardasha sind Fieberattacken und Lethargie wahrscheinlich.

dāyeśādapi randhrasthe vyaye vā pāpasaṁyute |
nṛpacaurāhibhītiśca jvararogādisambhavaḥ || 68 ||
videśagamane cārti labhate na saṁśayaḥ |
dvitīyadyūnanāthe tu jvarapīḍā bhaviṣyati || 69 ||
taddoṣaparihārārthaṁ śivapūjāṁ ca kārayet |
tataḥ śāntibhavāpnoti śāṅkarasya prasādataḥ || 70 ||

Gefahr seitens der Regierung und durch Diebe und Schlangen sowie Probleme bei Reisen in die Fremde sind wahrscheinliche Ergebnisse, falls die Sonne vom Herrn der Dasha (Mond) aus gesehen im 8. oder 12. Haus steht.

Sollte Surya Herr des 2. oder des 7. Hauses sein, so sind in seiner Antardasha Fieberleiden zu erwarten. Die Verehrung von Shiva ist das Heilmittel, um eine Milderung der genannten negativen Wirkungen zu erreichen.

## Kapitel 54: Die Auswirkungen der Antardashas in der Dasha von Mangal

**atha kujadaśāntardaśāphalādhyāyaḥ ।। 54।।**
kuje svāntargate vipra lagnātkendratrikoṇage ।
lābhe vā śubhasaṁyukte duṣcikye dhanasaṁyute ।। 1।।
lagnādhipena saṁyukte rājā'nugrahavaibhavam ।
lakṣmīkaṭokṣacihnāni naṣṭarājyārthalābhakṛt ।। 2।।
putrotsavādisantoṣo gṛhe gokṣīrasaṅkalam ।
svocce vā svarkṣage bhaume svāṁśe vā balasaṁyute ।। 3।।
gṛhakṣetrābhivṛddhiśca gomahiṣyādilābhakṛt ।
mahārājaprasādena sveṣṭasiddhiḥ sukhāvahā ।। 4।।

### *Die Antardasha von Mangal in der Dasha von Mangal*

Auswirkungen wie Gewinn von Wohlstand durch das Wohlwollen des Königs (Regierung usw.) die Gunst der Göttin Lakshmi, Wiedererlangung eines verlorenen Königreichs (hohe Position) und verlorener Reichtümer und Geburt eines Sohnes stellen sich in der Antardasha des Mars in seiner eigenen Dasha ein, falls er in einem Kendra, dem 5., dem 9., dem 11., dem 3. oder dem 2. Haus steht oder mit dem Herrn des Aszendenten verbunden ist.

Erfüllung der eigenen Bestrebungen durch die Gunst des Königs und Erwerb eines Hauses, von Landbesitz, Kühen, Büffeln usw. werden die Auswirkungen sein, wenn Mangal stark in seinem Zeichen der Erhöhung, in seinem eigenen Zeichen oder seinem eigenen Zeichen in der Navamsha steht.

Harnwegprobleme, Wunden, Gefahr durch Schlangen und den König (Autoritäten, Vorgesetzte usw.) werden die Ergebnisse sein, falls Mars sich im 8. oder 12. Haus befindet oder mit Übeltätern verbunden ist oder von diesen aspektiert wird.

athā'ṣṭamavyaye bhaume pāpadṛgyogasaṁyute ।
mūtrakṛrcchādirogaśca kaṣṭādhikyaṁ vraṇādbhayam ।। 5।।
caurāhirājapīḍā ca dhanadhānyaparukṣayaḥ ।
dvitīye dyūnanāthe tu dehajāḍyaṁ manovyathā ।। 6।।
taddoṣaparihārārthaṁ rudrajāpyaṁ ca kārayet ।
anaḍvāhaṁ pradadvācca kujadoṣanivṛttaye ।। 7।।

tena tuṣṭo bhaved bhaumaḥ śaṅkarasya prasādataḥ ।
ārogyaṁ kurute tasya sarvasampattidāyakam ।। 8।।

Seelenqualen und körperliche Schmerzen werden erfahren, wenn Mars Herr des 2. oder des 7. Hauses ist. Shiva wird Linderung bringen, indem er die Gesundheit wiederherstellt und die Erlangung von Wohlstand und Lebensfreude schenkt, wenn der Geborene Rudra Japa ausführt und einen rotfarbenen Stier als wohltätige Gabe schenkt.

kujasyāntargate rāhau svocce mūlatrikoṇage ।
śubhairyukte śubhairdṛṣṭe kendralābhatṛkoṇage ।। 9।।
tatkāle rājasammānaṁ gṛhabhūmyādilābhakṛt ।
kalatraputralābhaḥ syādvyavasāyātphalādhikam ।। 10।।
gaṅgāsnānaphalāvāptiṁ videśagamanaṁ tathā ।
tathā'ṣṭamavyaye rāhau pāpayukte'tha vīkṣite ।। 11।।
caurāhivraṇabhītiśca catuṣpājjīvanaśanam ।
vātapittarujobhītiḥ kārāgṛhaniveśanam ।। 12।।
dhanasthānagate rāhau dhananāsaṁ mahadbhayam ।
saptamasthānage vā'pi hyapamṛtyubhayaṁ mahat ।। 13।।
nāgapūjāṁ prakurvīta devabrāhmaṇabhojanaṁ ।
mṛtyuñjayajapaṁ kuryādāyurārogyalabdhaye ।। 14।।

### *Die Antardasha von Rahu in der Dasha von Mangal*

Anerkennung seitens der Regierung, Gewinn von Haus- und Landbesitz usw., Freude durch den Sohn (Kinder), außergewöhnliche geschäftliche Gewinne, Baden in heiligen Flüssen wie der Ganga und Reisen in fremde Länder werden die positiven Effekte in der Antardasha von Rahu in der Dasha des Mars sein, falls Rahu in seinem Mulatrikona-Zeichen, in seinem Zeichen der Erhöhung, in einem Kendra, im 11., 5. oder 9. Haus vom Aszendenten aus steht oder mit Wohltätern verbunden ist.

Gefahr durch Schlangen (Gift usw.), Wunden, Vernichtung des Viehbestandes, Gefahr durch Tiere, Krankheiten infolge des Ungleichgewichtes von Pitta und Vata, Gefangenschaft usw. werden sich einstellen, falls Rahu vom Aszendenten aus im 8. oder 12. Haus steht oder von Übeltätern aspektiert wird bzw. mit diesen verbunden ist.

Verlust des Wohlstands ist die Folge, wenn Rahu im 2. Haus steht, und es besteht die große Gefahr vorzeitigen Todes, sollte Rahu sich im 7. Haus befinden. Heilmittel um die genannten negativen Auswirkungen zu mildern sind die Durchführung der Naga Puja, das Verschenken von Nahrung an die Brahmanen und das Mrityunjaya Japa; dies wird helfen, die Lebenserwartung zu verlängern.

kujasyāntargate jīve trikoṇe kendrage'pi vā ।
lābhe vā dhanasaṁyukte tuṅgāṁśe svāṁśagepi vā ।। 15।।
satkīrtī rājasammānaṁ dhanadhānyasya vṛddhikṛt ।
gṛhe kalyāṇasampattirdāraputrādilābhakṛt ।। 16।।

## *Die Antardasha von Guru in der Dasha von Mangal*

Wirkungen wie Ruhm und guter Ruf, Ehrungen durch die Regierung, Zunahme an Wohlstand und Getreide, häusliche Freude, Erlangung von Besitztümern sowie Freude mit Frau und Kindern erfährt man in der Antardasha von Jupiter in der Dasha des Mars, wenn Jupiter vom Aszendenten aus im 9., 5., in einem Kendra, im 11. oder 2. Haus steht oder sich in der Navamsha im Zeichen der Erhöhung oder im eigenen Zeichen befindet.

dāyeśātkendrarāśisthe trikoṇe lābhage'pi vā ।
bhāgyakarmādhipairyukte vāhanādhipasaṁyute ।। 17।।
lagnādhipasamāyukte śubhāṁśe śubhavargage ।
gṛhakṣetrābhivṛddhiśca gṛhe kalyāṇasampadaḥ ।। 18।।
dehārogyaṁ mahatkīrtigṛhe gokulasaṅgrahaḥ ।
catuṣpājjīvalābhaḥ syādvyavasāyātphalādhikam ।। 19।।
kalaputrasaukhyaṁ ca rājasammānavaibhavam ।
ṣaṣṭhāṣṭamavyaye jīve nīce vāstaṅgate sati ।। 20।।
pāpagraheṇa saṁyukte dṛṣṭe vā durbale sati ।
caurāhinṛpabhītiśca pittarogādisambhavam ।। 21।।
pretabādhā bhṛtyanāśaḥ sodarāṇāṁ vināśanam ।
dvitīyadyūnanāthe tu hyapamṛtyujvarādikam ।
taddoṣaparihārārthaṁ śivasāhasrakaṁ japet ।। 22।।

Erlangung eines Hauses sowie von Landbesitz, generelles Wohlergehen, Gewinn von Besitztümern, gute Gesundheit, Mehrung von Viehbesitz, beruflicher Erfolg, Freude mit Frau und Kindern, Ehrungen seitens der Regierung, Wohlstand usw. werden die positiven Wirkungen sein, falls Jupiter sich vom Herrn der Dasha (Mars) aus in einem Kendra, Trikona oder dem 11. Haus befindet oder mit dem Herrn des 9., 10. oder 1. Hauses verbunden ist oder im Navamsha-Zeichen eines Wohltäters steht usw.

Gefahr durch Diebe und Schlangen oder den Zorn des Königs (Regierung usw.), Pitta-Krankheiten, von Goblins gequält werden, Verlust von Dienern (Angestellten) und Mitgeborenen (Geschwistern) - dies werden die negativen Auswirkungen sein, wenn Jupiter im 6., 8. oder 12. Haus oder in seinem Zeichen des Falls steht, mit Übeltätern verbunden ist oder von ihnen aspektiert wird oder in anderer Hinsicht schwach steht.

Fieberleiden oder die Gefahr vorzeitigen Todes drohen, sollte Jupiter Herr des 2. Hauses sein. Als Heilmittel gegen die genannten negativen Auswirkungen ist die Rezitation des Shiva Sahasranama anzuwenden.

kujasyāntargate mande svarkṣe kendratrikoṇage |
mūlatrikoṇakendre vā tuṅgāṁśe svāṁśage sati || 23||
lagnādhipatinā vāpi śubhadṛṣṭiyute'site |
rājyasaukhyaṁ yaśovṛddhiḥ svagrāme dhānyavṛddhikṛt || 24||
putrapautrasamāyukto gṛhe godhanasaṅgrahaḥ |
svavāre rājasammānaṁ svamāse putravṛddhikṛt || 25||

### *Die Antardasha von Shani in der Dasha von Mangal*

Wirkungen wie Anerkennung seitens des Königs (Regierung, Staat usw.), verbesserte Reputation, Gewinn an Wohlstand und Getreide, Freude an Kindern und Enkelkindern, Zunahme der Anzahl der Kühe usw. wird in der Antardasha des Saturn in der Dasha des Mars erfahren, falls Saturn in einem Kendra, Trikona, in seinem Mulatrikona-Zeichen oder im Zeichen seiner Erhöhung oder in seinem eigenen Zeichen in der Navamsha steht oder mit dem Herrn des Aszendenten oder Wohltätern verbunden ist. Die Ergebnisse werden sich im allgemeinen an Samstagen oder im Monat des Saturn manifestieren.

nīcādikṣetrage mande tathā'ṣṭavyayarāśige |
mlecchavargaprabhubhayaṁ dhanadhanyādināśanam || 26||
nigaḍe bandhanaṁ vyādhirante kṣetranāśakṛt |

dvitīyadyūnanāthe tu pāpayukte mahadbhayam || 27||
dhananāśaśca sañcāre rājadveṣo manovyathā |
caurāgninṛpapīḍā ca sahodaravināśanam || 28||
bandhudveṣaḥ pramādyaiśca jīvahāniśca jāyate |
akasmācca mṛterbhītiḥ putradārādipīḍanam || 29||
kārāgṛhādibhīdiśca rājadaṇḍo mahadbhayam |
dāyeśātkendrarāśisthe lābhasthe vā trikoṇage || 30||
videśayānaṁ labhate duṣkīrtirvividhā tathā |
pāpakarmarato nityaṁ bahujīvādihiṁsakaḥ || 31||
vikrayaḥ kṣetrahāniśca sthānabhraṁśo manovyathā |
raṇe parājayaścaiva mūtrakṛrcchānmahadbhayam || 32||

Gefahr durch Yavana-Könige (ausländische Würdenträger), Verlust von Wohlstand, Gefangenschaft, eventuelle Erkrankungen, Verlust im Bereich landwirtschaftlicher Produktion werden die Folge sein, wenn Saturn sich in seinem Zeichen des Falls oder im Zeichen eines Feindes oder im 8. oder 12. Haus befindet.

Auswirkungen wie große Gefahr, Verlust des Lebens, Zorn des Königs (Regierung usw.), Seelenqualen, Gefahr durch Diebe und Feuer, Bestrafung durch den König, Verlust von Mitgeborenen (Geschwistern), Zerwürfnisse innerhalb der Familie, Verlust von Viehbestand, Todesangst, Kummer mit Frau und Kindern, Gefangenschaft usw. werden erfahren, falls Saturn Herr des 2. oder 7. Hauses und mit Übeltätern verbunden ist.

Reisen in fremde Länder, Verlust des guten Rufs, gewalttätige Handlungen, Verluste beim Verkauf von Ackerland, Verlust der Stellung, Seelenqualen, Niederlage im Kampf, Harnwegleiden usw. wird es geben, wenn Saturn vom Herrn der Dasha (Mars) aus gerechnet in einem Kendra, im 11. oder 5. Haus steht.

dāyeśādatha randhre vā vyaye vā pāpasaṁyute |
tadbhuktau maraṇaṁ jñeyaṁ nṛpacaurādipīḍanam || 33||
vātapīḍā ca śūlādijñātiśtrubhayaṁ bhavet || 34||
taddoṣaparihārārthaṁ mṛtyuñjayajapaṁ caret |
tataḥ sukhamavāpnoti śaṅkarasya prasādataḥ || 35||

Effekte wie Tod, Gefahr durch den König und Diebe, Rheumatismus, Schmerzen, Gefahr durch Feinde und Mitglieder der eigenen

Familie werden erfahren, falls Saturn sich vom Herrn der Dasha (Mars) aus im 8. oder 12. Haus befindet und mit Übeltätern verbunden ist. Die negativen Wirkungen werden durch die Gnade von Shiva gemildert, wenn Mrityunjaya Japa auf die vorgeschriebene Weise durchgeführt wird.

kujasyāntargate saumye lagnātkendratrikoṇage I
satkathāścā'japādānaṁ dharmabuddhirmahadyaśaḥ I I 36 I I
nītimārgaprasaṅgaśca nityaṁ miṣṭānnabhojanam I
vāhanāmbarapaśvādirrājakarma sukhāni ca I I 37 I I
kṛṣikarmaphale siddhirvāraṇāmbarabhūṣaṇam I
nīce vāstaṅgate vāpi ṣaṣṭhāṣṭavyayage'pi vā I I 38 I I
hṛdrogaṁ mānahāniśca nigaḍaṁ bandhunāśanam I
dāraputrārthanāśaḥ syāccatuṣpājjīvanāśanam I I 39 I I

### *Die Antardasha von Budha in der Dasha von Mangal*

Auswirkungen wie Gemeinschaft mit frommen und heiligen Menschen, Praktizieren von Ajapa Japa (stille Wiederholung eines Mantras ohne Bemühen), wohltätige Spenden, Durchführung religiöser Zeremonien, Erlangung von gutem Ruf, Tendenz zu diplomatischer Vorgehensweise, Genuss von Süßspeisen, Erwerb von Fahrzeugen, Gewändern und Vieh usw., Gewinn einer einflussreichen Stellung im Gefolge des Königs (d. h. Regierungsamt usw.), Erfolg mit landwirtschaftlichen Unternehmungen usw. werden in der Antardasha des Merkur in der Dasha des Mars erfahren, wenn Merkur vom Aszendenten aus in einem Kendra oder Trikona steht.

Herzerkrankungen, Gefangenschaft, Verlust von Angehörigen, Kummer mit Frau und Kindern, Vernichtung des Wohlstands und des Viehbestandes usw. sind das Ergebnis, falls Merkur in seinem Zeichen des Falls steht, verbrannt ist (zu nahe an der Sonne) oder sich (vom Aszendenten aus) im 6., 8. oder 12. Haus befindet.

daśādhipena saṁyukte śatruvṛddhirmahadbhayam I
videśagamanaṁ caiva nānārogāstathaiva ca I I 40 I I
rājadvāre virodhaśca kalahaḥ svajanairapi I
dāyeśātkendratrikoṇe vā svocce yuktārthalābhakṛt I I 41 I I

anekadhananāthatvaṁ rājasammanameva ca I
bhūpālayogaṁ kurute dhanambaravibhūṣaṇam I I 42I I
bhūravādyamṛdaṅgādi senāpatyaṁ mahatsukham I
vidyāvinodavimalā vastravāhanabhūṣaṇam I I 43I I
dāraputrādivibhavaṁ gṛhe lakṣmīḥ kaṭākṣakṛt I
dāyeśātṣaṣṭhariḥphasthe randhre vā pāpasaṁyute I I 44I I
taddāye mānohāniḥ syātkrūrabuddhistu krūravāk I
caurāgninṛpapīḍā ca mārge dasyubhayādikam I I 45I I
akasmātkalahaścaiva budhamuktau na saṁśayaḥ I
dvitīyadyūnanāthe tu mahāvyādhirbhayaṅkaraḥ I I 46I I
aśvadānaṁ prakurvīta viṣṇornāmasahasrakam I
sarvasampatpradaṁ vipra sarvāriṣṭapraśāntaye I I 47I I

Reisen in fremde Länder, Zunahme der Anzahl der Feinde, Leiden unter vielerlei Arten von Beschwerden, Konflikte mit dem König (Regierung usw.), Streit mit Angehörigen usw. wird es geben, sollte Budha mit dem Herrn der Dasha (Mangal) verbunden sein.

Erfüllung sämtlicher Bestrebungen, Zugewinn an Wohlstand und Getreide, Anerkennung seitens des Königs (Regierung, Vorgesetzter usw.), Erlangung eines Königreichs (hohe Position, Regierungsamt usw.), Erwerb von Gewändern und Schmuck, Vorliebe für viele Arten von Musikinstrumenten, Aufstieg zur Position eines Armeeführers, Gespräche über vedische Schriften (Shastras) und Puranas, Zunahme des Reichtums von Frau und Kindern und das Wohlwollen der Göttin Lakshmi werden die überaus segensreichen Auswirkungen sein, wenn Merkur sich vom Herrn der Dasha (Mars) aus gerechnet in einem Kendra, Trikona oder in seinem Zeichen der Erhöhung befindet.

Auswirkungen wie Diffamierung, sündhaftes Denken, rüde Sprache, Gefahr durch Diebe, Feuer und den König (Regierung usw.), grundlose Streitereien, Furcht vor dem Angriff von Dieben und Banditen während Reisen sind zu erwarten, wenn Merkur sich vom Mars aus gesehen im 6., 8. oder 12. Haus befindet oder mit Übeltätern verbunden ist.

In der Antardasha von Merkur besteht die Möglichkeit von kritischen Erkrankungen, sollte er der Herr des 2. oder 7. Hauses sein. Heilmethoden zur Linderung dieser negativen Auswirkungen sind die Rezitation des Vishnu Sahasranama und das wohltätige Spenden eines Pferdes.

kujasyāntargate ketau trikoṇe kendrage'pi vā |
diścikye lābhage vā'pi śubhayukte śubhekṣite || 48 ||
rājānugrahaśāntiśca bahusaukhyaṁ dhanāgamaḥ |
kiñcitphalaṁ daśādau tu bhūlābhaḥ putralābhakṛt || 49 ||
rājasaṁlābhakāryāṇi catuṣpājjīvalābhakṛt |
yogakārakasaṁsthāne balavīryasamanvite || 50 ||
putralābho yaśovṛddhirgṛhe lakṣmīḥ kaṭākṣakṛt |
bhṛtyavargadhanaprāptiḥ senāpatyaṁ mahatsukham || 51 ||
bhūpālamitraṁ kurute yāgāmbarādibhūṣaṇam |
dāyeśātṣaṣṭhariḥphasthe randhre vā pāpasaṁyute || 52 ||
kalaho dantarogaśca cauravyāghrādipīḍanam |
jvarātisārakuṣṭhādidāraputrādipīḍanam || 53 ||
dvitīyasaptamasthāne dehe vyādhirbhaviṣyati |
apamānamanastāpo dhanadhānyādipracyutim || 54 ||

### *Die Antardasha von Ketu in der Dasha von Mangal*

Zu Beginn der Antardasha kann man das Wohlwollen des Königs (Regierung usw.) sowie Wohlstand und etwas Landbesitz erlangen und später dann bedeutend mehr davon; die Geburt eines Sohnes, Erreichen einer einflussreichen Position mit Hilfe der Regierung, Gewinn von Viehbesitz usw. – dies werden die Auswirkungen der Antardasha von Ketu in der Dasha des Mars sein, falls Ketu sich (vom Aszendenten aus) in einem Kendra, Trikona, im 3. oder 11. Haus befindet oder in Verbindung mit Wohltätern steht oder von diesen aspektiert wird.

Geburt eines Sohnes, Zunahme des guten Rufs, das Wohlwollen der Göttin Lakshmi, Gewinn von Wohlstand durch Angestellte, Erreichen der Position eines Armeeführers, Freundschaft mit dem König (Regierungsbeamten usw.), Darbringung von Opfergaben, Erwerb von Gewändern und Schmuck usw. werden die Errungenschaften sein, wenn Ketu ein Yogakaraka ist und Stärke besitzt.

Auswirkungen wie Streitigkeiten, Zahnprobleme, Kummer durch Diebe und Tiger (bzw. gefährliche Menschen usw.), Fieber, Ruhr, Lepra und Kummer mit Frau und Kindern usw. werden erfahren, sollte Ketu vom Herrn der Dasha (Mars) aus im 6., 8. oder 12. Haus stehen.

Befindet Ketu sich vom Aszendenten aus im 2. oder 7. Haus so wird es zu Krankheit, Schande, Seelenqualen und Verlust von Wohlstand kommen.

*Heilmittel werden hier ausnahmsweise von Maharishi Parashara nicht angeführt. Ein Kommentator der BPHS meint, dass die Rezitation des Vishnu Sahasranama und das Spenden einer Ziege als Mittel zur Linderung der negativen Effekte in Betracht kommen.*

kujasyāntargate śukre kendralābhatrikoṇage I
svocce vā svarkṣage vā'piśubhasthānādhipe'thavā I I 55I I
rājyalābho mahatsaukhyaṁ gajāśvāmbarabhūṣaṇam I
lagnādhipena sambandhe putradārādivardhanam I I 56I I
āyuṣo vṛddhiraiśvaryaṁ bhāgyavṛddhisukhaṁ bhavet I
dāyeśātkendrakoṇasthe lābhe vā dhanage'pi vā I I 57I I
tatkāle śriyamāpnoti putralābhaṁ mahatsukham I
svaprabhośca mahatsaukhyaṁ dhanavastrādilābhakṛt I I 58I I
mahārajaprasādena grāmabhūmyādilābhadam I
bhuktyante phalamāpnoti gītanṛtyādilābhakṛt I I 59I I
puṇyatīrthasnānalābhaṁ karmādhipasamanvite I
puṇyadharmadayākūpataḍāgaṁ kārayiṣyati I I 60I I

### *Die Antardasha von Shukra in der Dasha von Mangal*

Auswirkungen wie Erlangung eines Königreichs (hohe Position), Genuss von Sinnesfreuden und luxuriösen Dingen, Erwerb von Elefanten, Pferden, Gewändern usw. wird in der Antardasha der Venus in der Dasha des Mars erfahren, falls die Venus vom Aszendenten aus in einem Kendra, in ihrem Zeichen der Erhöhung oder in ihrem eigenen Zeichen steht oder Herr des Aszendenten, des 5. oder des 9. Hauses ist. Sollte Venus mit dem Herrn des Aszendenten verbunden sein, wird es Freude an Frau und Kindern, Reichtum in Fülle und vermehrte Glücksfälle im Leben geben.

Gewinn von Besitztümern, erfreuliche Feierlichkeiten wie die zur Geburt eines Sohnes, Gewinn von Reichtum durch den Vorgesetzten, Erlangung von Haus, Landbesitz, Ortschaften usw. durch das Wohlwollen des Herrschers werden Ergebnisse sein, wenn

Shukra vom Herrn der Dasha (Mangal) aus gesehen im 5., 9., 11. oder 2. Haus steht.

Im letzten Zeitabschnitt der Antardasha wird es Gesänge, Tanz und Baden in heiligen Gewässern geben. Falls Venus mit dem Herrn des 10. Hauses verbunden ist, so ist der Bau von Brunnen, Wasserreservoirs usw. sowie die Ausführung von religiösen, wohltätigen und frommen Handlungen angezeigt.

dāyeśādrandhrariṣphasthe ṣaṣṭhe vā pāpasaṁyute I
karoti duḥkhabāhulyaṁ dehapīḍāṁ dhanakṣayaṁ II 61II
rājacaurādibhītiñca gṛhe kalahameva ca I
dāraputrādipīḍāṁ ca gomahiṣyādināśakṛt II 62II

Sorgen, körperliche Leiden, Verlust von Wohlstand, Gefahr durch Diebe und den König (Regierung usw.), Zwietracht in der Familie, Kummer mit Frau und Kindern und Vernichtung des Viehbestandes wird es geben, wenn Venus vom Herrn der Dasha (Mars) aus im 6., 8. oder 12. Haus steht oder mit Übeltätern verbunden ist.

dvitīyadyūnanāthe tu dehabādhā bhaviṣyati I
śvetāṁ gāṁ mahiṣīṁ dadyādāyurārogyavṛddhaye II 63II

Falls Shukra Herr des 2. oder 7. Hauses sein sollte, wird es in ihrer Antardasha körperliche Schmerzen geben. Um eine gute Gesundheit wiederherzustellen, sollte als Heilmittel das wohltätige Spenden einer Kuh oder einer Büffelkuh angewandt werden.

kujasyāntargate sūrye svocce svakṣetrakendrage I
mūlatrikoṇalābhe vā bhāgyakarmeśasaṁyute II 64II
tadbhuktau vāhanaṁ kīrtiṁ putralābhaṁ ca vindati I
dhanadhānyasamṛddhiḥ syād gṛhe kalyāṇasampadaḥ II 65II
kṣemārogyaṁ mahaddhairyaṁ rājapūjyaṁ mahatsukham I
vyavasāyātphalādhikyaṁ videśe rājadarśanam II 66II

### *Die Antardasha von Surya in der Dasha von Mangal*

Auswirkungen wie der Erwerb von Fahrzeugen, Erlangung eines guten Rufes, Geburt eines Sohnes, Zunahme an Wohlstand, eine liebevolle Atmosphäre im Kreis der Familie, gute Gesundheit, Potenz, Anerkennung seitens des Königs (Regierung usw.), außergewöhnliche berufliche Profite, eine Audienz beim König (hochgestellte Persönlichkeiten) usw. werden in der Antardasha der Sonne in der Dasha des Mars erfahren, falls die Sonne im Zeichen der Erhöhung, im eigenen Zeichen oder in einem Kendra, Trikona oder dem 11. Haus mit den Herren des 10. und des 11. Hauses zusammen steht.

dāyeśātṣaṣṭhariṣphe vā vyaye vā pāpasaṁyute |
dehapīḍā manastāpaḥ kāryahānirmahadbhayam || 67||
śirorogo jvarādiśca atisāramathāpi vā |
dvitīyadyūnanāthe tu sarpajvaraviṣādbhayam || 68||
sutapīḍābhayaṁ caiva śānti kuryādyathāvidhi |
dehārogyaṁ prakurute dhanadhānyacayaṁ tathā || 69||

Körperliche Leiden, Seelenqualen, Fehlschlag von Unternehmungen, die Möglichkeit von Leiden im Stirnbereich, Fieber, Ruhr usw. werden die Ergebnisse sein, wenn Surya vom Herrn der Dasha (Mars) aus im 6., 8. oder 12. Haus steht oder mit Übeltätern verbunden ist.

Fieberanfälle, Gefahr durch Schlangen und Gift und Kummer in Zusammenhang mit dem Sohn wird es geben, sollte Surya Herr des 2. oder des 7. Hauses sein. Das Heilmittel, um gute Gesundheit und Wohlstand zu sichern, besteht darin, Surya auf die vorgeschriebene Art und Weise zu verehren.

kujasyāntargate candre svocce svakṣetrakendrage |
bhāryavāhanakarmeśalagnādhipasamanvite || 70||
karoti vipulaṁ rājyaṁ gandhamālyāmbarādikam |
taḍāgaṁ gopurādīnāṁ puṇyadharmādisaṅgraham || 71||
vivāhotsavakarmāṇi dāraputrādisaukhyakṛt |
pitṛmātṛsukhāvāptiṁ gṛhe lakṣmīḥ kaṭākṣakṛt || 72||
mahārajaprasādena sveṣṭasiddhisukhādikam |
pūrṇe candre pūrṇaphalaṁ kṣīṇe svalpaphalṁ bhavet || 73||

### *Die Antardasha von Chandra in der Dasha von Mangal*

Erweiterte Königsherrschaft (Zugewinn von Macht und Einfluss), Erwerb von Parfümen, Gewändern, der Bau von Wasserreservoiren, Unterständen für Kühe usw., segensreiche Feierlichkeiten wie Hochzeit usw., Freude an Frau und Kindern, gute Beziehungen zu den Eltern, Erlangung von Besitz durch die Gunst des Herrschers, Erfolg und Wunscherfüllung in den eigenen Bestrebungen werden die Auswirkungen der Antardasha des Mondes in der Dasha des Mars sein, wenn Chandra im Zeichen der Erhöhung oder im eigenen Zeichen oder in einem Kendra, im 9., 4. oder 10. Haus oder im Aszendenten mit den Herren der genannten Häuser zusammensteht. Die guten Wirkungen werden sich vollständig manifestieren, wenn der Mond am Zunehmen ist; ein abnehmender Mond wird die Verwirklichung der (genannten positiven) Effekte in gewissem Grade mindern.

nīcāristha'ṣṭame ṣaṣṭhe dāyeśādripurandhrake |
maraṇaṁ dāraputrāṇāṁ kaṣṭaṁ bhūmivināśanam || 74||
paśudhānyakṣayaścaiva caurādiraṇabhītikṛt |
dvitīyadyūnanāthe tu hyapamṛtyurbhaviṣyati || 75||
dehajāḍyaṁ manoduḥkhaṁ durgā lakṣmījapaṁ caret |
śvetāṁ gāṁ mahiṣīṁ dadyādanemārogyamādiśet || 76||

Auswirkungen wie Tod, Kummer mit Frau und Kindern, Verlust von Landbesitz, Wohlstand und Vieh sowie Gefahr durch Krieg usw. werden erlebt, falls der Mond in seinem Zeichen des Falls oder im Zeichen eines Feindes oder im 6., 8. oder 12. Haus vom Aszendenten oder vom Herrn der Dasha (Mars) aus steht.

Die Möglichkeit vorzeitigen Todes, körperlicher Leiden und Seelenqualen ist gegeben, wenn der Mond Herr des 2. oder 7. Hauses sein sollte. Um die genannten negativen Auswirkungen zu mildern, sollte als Heilmittel die Rezitation von Mantras der Göttin Durga und der Göttin Lakshmi angewandt werden.

# Kapitel 55: Die Auswirkungen der Antardashas in der Dasha von Rahu

**atha rahvantardaśāphalādhyāyaḥ || 55||**
kulīre vṛścike rāhau kanyatyāṁ cāpage'pi vā |
tadbhukto rājasammānaṁ vastravāhanabhūṣaṇam || 1||
vyavasāyātphalādhikyaṁ catuṣpājjīvalābhakṛt |
prayāṇaṁ paścime bhāge vāhanāmbaralābhakṛt || 2||
lagnādupacaye rāhau śubhagrahayutekṣite |
mitrāṁśe tuṅgabhāgāṁśe yogakārakasaṁyute || 3||
rājyalābhaṁ mahotsāhaṁ rājaprītiṁ śubhāvaham |
karoti sukhasampattiṁ dāraputrādivarddhanam || 4||

## *Die Antardasha von Rahu in der Dasha von Rahu*

Auswirkungen wie die Erlangung eines Königreichs (hohe Position), Enthusiasmus, herzliche Beziehungen zum König (einflussreiche Persönlichkeiten), Freude mit Frau und Kindern und Zunahme von Besitztümern sind in der Antardasha von Rahu in der Dasha von Rahu festzustellen, falls Rahu in Krebs, Skorpion, Jungfrau oder Schütze und vom Aszendenten aus im 3., 6., 10. oder 11. Haus steht oder mit einem Yogakaraka-Planeten verbunden ist, der sich in seinem Zeichen der Erhöhung befindet.

lagnāṣṭme vyaye rāhau pāpayukte'tha vīkṣite |
caurādivraṇapīḍā ca sarvatraivaṁ bhaveddvija || 5||
rājadvārajanadveṣa iṣṭabandhuvināśanam |
dāraputrādipīḍā ca bhavatyeva na saṁśayaḥ || 6||

Gefahr durch Diebe, Schmerz durch Verletzungen, Konflikte mit Regierungsvertretern, Vernichtung von Angehörigen, Kummer mit Frau und Kindern wird erfahren, wenn Rahu vom Aszendenten aus im 8. oder 12. Haus steht oder mit Übeltätern verbunden ist.

dvitīyadyūnanāthe vā saptamasthānamāśrite |
sadā rogo mahākaṣṭaṁ śāntiṁ kuryādyathāvidhi |
ārogyaṁ sampadaścaiva bhaviṣyanti tadā dvija || 7||

Ist Rahu der Herr des 2. oder 7. Hauses oder steht in einem dieser beiden Häuser, so sind Leid und Krankheit zu erwarten. Um die genannten negativen Effekte zu lindern, sollte man Rahu verehren und Dinge spenden, die mit Rahu verbunden sind oder von ihm beherrscht werden.

rāhurantargate jīve lagnātkendratrikoṇage I
svocce svakṣetrage vāpi tuṅgasvarkṣāṁśage'pi vā I I 8I I
sthānalābhaṁ manodhairyaṁ śatrunāśaṁ mahatsukham I
rājaprītikaraṁ saukhyaṁ jano'tīva samaśnute I I 9I I
dinedine vṛddhirapi sitapakṣe śaśī yathā I
vāhanādidhanaṁ bhūri gṛhe godhanasaṅkulam I I 10I I
nairṛtye paścime bhāge prayāṇaṁ rājadarśanam I
yuktakāryārthasiddhiḥ syātsvadeśe punareṣyati I I 11I I
upakāro brāhmaṇānāṁ tīrthayātrādikarmaṇām I
vāhanagrāmalābhaśca devabrāhmaṇapūjanam I I 12I I

putrotsavādisantoṣo nityaṁ miṣṭhānnabhojanam I
nīce vā'staṅgate vāpi ṣaṣṭhāṣṭavyayarāśige I I 13I I
śatrukṣetre pāpayukte dhanahānirbhaviṣyati I
karmavighno bhavettasya mānahāniśca jāyate I I 14I I
kalatraputrapīḍā ca hṛdrogo rājakārakṛt I
dāyeśātkendrakoṇe vā lābhe vā dhanage'pi vā I I 15I I
duścikye balasampūrṇe gṛhakṣetrādivṛddhikṛt I
bhojanāmbarapaśvādidānadharmajapādikam I I 16I I
bhuktyante rājakopācca dvimāsaṁ dehapīḍanam I
jyeṣṭhabhrāturvināśaśca mātṛpitrādipīḍanam I I 17I I

## *Die Antardasha von Guru in der Dasha von Rahu*

Auswirkungen wie Erlangung einer (einflussreichen) Stellung, Geduld, Vernichtung von Feinden, herzliche Beziehungen zum König (Regierung, Vorgesetzter usw.), stetige Zunahme von Wohlstand und Besitztümern - so wie der Mond in der hellen Monatshälfte (Shukla Paksha) immer mehr zunimmt, - Erwerb von Fahrzeugen und Kühen, eine Audienz beim König (mächtige Persönlichkeiten) in Zusammenhang mit Reisen Richtung Westen oder Südosten, Erfolg in den eigenen Bestrebungen, Rückkehr in die Heimat, Brahmanen Gutes Tun, Besuch von heiligen Stätten, Gewinn einer Ortschaft, Hingabe an Gottheiten und Brahmanen, Freude mit Frau, Kindern und Enkelkindern, täglicher Genuss von Süßspeisen usw. sind in der Antardasha von Jupiter in der Dasha von Rahu zu erwarten, falls Jupiter in seinem Zeichen der Erhöhung, in seinem eigenen Zeichen, in der Navamsha in seinem eigenen Zeichen oder dort erhöht steht oder sich vom Aszendenten aus in einem Kendra oder Trikona befindet.

Verlust von Wohlstand, Hindernisse bei der Arbeit, Diffamierung, Kummer mit Frau und Kindern, Herzerkrankung, Misstrauen seitens der Regierung usw. werden die Folgen sein, wenn Jupiter in seinem Zeichen des Falls steht, verbrannt ist, sich vom Aszendenten aus im 6., 8. oder 12. Haus oder im Zeichen eines Feindes befindet oder mit Übeltätern verbunden ist.

Erwerb von Ländereien, gute Nahrung, Gewinn von Viehbesitz usw., Tendenz zu wohltätigen und tugendhaften Handlungen usw. wird festzustellen sein, wenn Jupiter mit Stärke ausgestattet vom Herrn der Dasha (Rahu) aus gerechnet in einem Kendra, Trikona, im 11., 2. oder 3. Haus steht.

dāyeśātṣaṣṭharandhre vā riḥphe vā pāpasaṁyute |
tadbhuktau dhanahāniḥ syāddehapīḍā bhaviṣyati || 18||
dvitīyadyūnanāthe vā hyapamṛtyurbhaviṣyati |
svarṇasya prtimādānaṁ śivapūjaṁ ca kāryate || 19||
srīśambhośca prasādena grahastuṣṭo dvijottama |
dehārogyaṁ prakurute śāntiṁ kuryādvicakṣaṇam || 20||

Verlust von Wohlstand und körperliche Leiden werden das Ergebnis sein, sollte Jupiter sich vom Herrn der Dasha (Rahu) aus im 6., 8. oder 12. Haus befinden oder mit Übeltätern verbunden sein.

Die Gefahr vorzeitigen Todes besteht, wenn Jupiter der Herr des 2. oder 7. Hauses ist. Man kann eine Linderung der genannten negativen Effekte erreichen und sich guter Gesundheit erfreuen, indem man eine goldene Statue von Shiva verehrt und damit sein Wohlwollen gewinnt.

rāhorantargate mande lagnātkendratrikoṇage |
svocce mūlatrikoṇe vā duścikye lābharāśige || 21||
tadbhuktau nṛpateḥ sevā rājaprītikarī śubhā |
vivāhotsavakāryāṇi kṛtvā puṇyāni bhūriśaḥ || 22||
ārāmakaraṇe yukto taḍāgaṁ kārayiṣyati |

śūdraprabhuvaśādiṣṭalābho godhanasaṅgrahaḥ || 23||
prayāṇaṁ paścime bhāge prabhumūlāddhanakṣayaḥ |
dehālasyaṁ phalālpatvaṁ svadeśe punareṣyati || 24||

## *Die Antardasha von Shani in der Dasha von Rahu*

Auswirkungen wie den König durch hingebungsvolle Dienste erfreuen, segenbringende häusliche Festlichkeiten wie die einer Hochzeit usw., Anlegen eines Gartens, eines Wasserreservoirs usw., Gewinn von Wohlstand und Viehbesitz durch großzügige Angehörige der Shudra-Schicht (Arbeiterklasse), Verlust von Wohlstand während einer Reise Richtung Westen durch die Einwirkung des Königs (Regierung usw.), Verringerung des Einkommens durch Faulheit und Untätigkeit und Rückkehr in die Heimat werden sich in der Antardasha des Saturn in der Dasha des Rahu manifestieren, falls Saturn in einem Kendra, Trikona, in seinem Zeichen der Erhöhung, in seinem eigenen Zeichen, in seinem Mulatrikona-Zeichen, im 3. oder im 11. Haus steht.

nīcārikṣetrage mande randhre vā vyayage'pi vā |
nīcārirājabhītiśca dāraputrādipīḍanam || 25||
ātmabandhumanastāpaṁ dāyādajanavigraham |
vyavahāre ca kalahamakasmādbhūṣaṇaṁ labhet || 26||

Gefahr durch Diener und Angestellte, den König (Regierung usw.) und Feinde, Kummer mit Frau und Kindern, Ärger mit Angehörigen, Erbstreitigkeiten, Konflikte und Streitigkeiten in der Beziehung zu anderen Menschen, aber auch unerwarteter Gewinn von Schmuck usw. werden die Folgen sein, wenn Saturn in seinem Zeichen des Falls, im Zeichen eines Feindes oder vom Aszendenten aus im 8. oder 12. Haus steht.

dāyeśātṣaṣṭhariṣphe vā randhre vā pāpasaṁyute |
hṛdrogo mānahāniśca vivādaḥ śatrupīḍanam || 27||
anyadeśādisañcāro gulmavadvayādhibhāgbhavet |
kubhojanaṁ kodravādi jātiduḥkhādbhayaṁ bhavet || 28||
dvitīyadyūnanāthe tu hyapamṛtyurbhaviṣyati |
kṛṣṇāṁ gāṁ mahiṣīṁ dadyāddānemārogyamādiśet || 29||

Herzkrankheit, Schande, Streit, Gefahr durch Feinde, Reisen in fremde Länder, Hautkrankheiten, ungenießbare Nahrung, Sorgen usw. sind angezeigt, falls Saturn sich vom Herrn der Dasha (Rahu) aus im 6., 8. oder 12. Haus befindet.

Ein vorzeitiger Tod ist wahrscheinlich, sollte Saturn Herr des 2. oder 7. Hauses sein. Als Heilmittel zur Linderung der genannten negativen Effekte und zur Sicherung guter Gesundheit ist das wohltätige Spenden einer schwarzen Kuh oder einer Büffelkuh anzuwenden.

rāhorantargate saumye bhāgye vā svarkṣage'pi vā I
tuṅge vā kendrarāśisthe putre vā balage'pi vā I I 30I I
rājayogaṁ prakurute gṛhe kalyāṇavarddhanam I
vyāpāreṇa dhanaprāptividyāvāhanamuttamam I I 31I I
vivāhotsavakāryāṇi catuṣpājjīvalābhakṛt I
saumyamāse mahatsaukhyaṁ svavāre rājadarśanam I I 32I I
sugandhapuṣpaśayyādi strīsaukhyaṁ cātirobhanam I
mahārājaprasādena dhanalābho mahadyaśaḥ I I 33I I

### *Die Antardasha von Budha in der Dasha von Rahu*

Positive Auswirkungen wie Rajayoga (großer Erfolg), Wohlergehen in der Familie, Profite und Zunahme von Wohlstand durch die berufliche Tätigkeit, komfortable Fahrzeuge, Zunahme des Viehbestandes, Genuss von Parfümen und bequemen Betten, Frauen usw. werden in der Antardasha von Merkur in der Dasha von Rahu erfahren, falls Merkur in seinem Zeichen der Erhöhung oder stark in einem Kendra oder im 5. Haus steht. Die guten Ergebnisse wie Rajayoga, Wohlwollen des Königs (Regierung usw.) und Erlangung von Wohlstand und gutem Ruf werden sich vorzugsweise an einem Mittwoch im Monat von Merkur manifestieren.

dāyeśātkendralābhe vā duścikye bhāgyakarmage I
dehārogyaṁ hṛdutsāha iṣṭasiddhiḥ sukhāvahā I I 34I I
puṇyaślokādikīrtiśca purāṇaśravaṇādikam I
vivāho yajñadīkṣā ca dānadharmadayādikam I I 35I I

Gute Gesundheit, Ishta Siddhi (Erfolg bei der Verehrung der persönlichen Gottheit), Teilnahme an Gesprächen über die Puranas und Itihasas (vedische Geschichtsschreibung), Hochzeit, Darbringung von Opfergaben, wohltätige Spenden verteilen, spirituelle Tendenzen und eine mitfühlende Haltung gegenüber anderen werden erfahren, wenn Merkur vom Herrn der Dasha (Rahu) aus gerechnet in einem Kendra, im 11., 3., 9. oder 10. Haus steht.

ṣaṣṭhāṣṭamavyaye saumye mandenāpi yutekṣite ।
dāyeśātṣaṣṭhariḥphe vā randhre vā pāpasaṁyute ।। 36।।
devabhāhmaṇanindā ca bhogabhāgyavivarjitaḥ ।
satyahīnaśca durbuddhiścaurāhinṛpapīḍanam ।। 37।।
akasmātkalahaścaiva guruputrādināśanam ।
arthavyayo rājakopo dāraputrādipīḍanam ।। 38।।

Schmähungen gegenüber Gottheiten und Brahmanen durch den Geborenen, Verlust des Glücks, Aussprechen von Lügen, unweise Handlungen, Furcht vor Schlangen, Dieben und der Regierung, Streitigkeiten, Ärger mit Frau und Kindern usw. werden das Ergebnis sein, sollte Merkur sich im 6., 8. oder 12. Haus befinden oder von Saturn aspektiert werden.

dvitīyadyūnanāthe vā hyapamṛtyubhayaṁ vadet ।
taddoṣaparihārārthaṁ viṣṇusāhasrakaṁ japet ।। 39।।

Falls Merkur Herr des 2. oder 7. Hauses sein sollte, so ist Furcht vor vorzeitigem Tod angesagt. Als Heilmittel, um die genannten negativen Effekte zu lindern, ist die Rezitation des Vishnu Sahasranama anzuwenden.

rāhorantargate ketau bhramaṇaṁ rājato bhayam ।
vātajvarādirogaśca catuṣpājjīvahānikṛt ।। 40।।
aṣṭamādhisaṁyukte dehajāḍyaṁ manovyathā ।
śubhayukte śubhairdṛṣṭe dehasaukhyaṁ dhanāgamaḥ ।
rājasammānabhūṣāptirgṛhe śubhakaro bhavet ।। 41।।

### *Die Antardasha von Ketu in der Dasha von Rahu*

Während der Antardasha von Ketu in der Dasha von Rahu wird es Reisen in fremde Länder, Gefahr durch den König (Regierung usw.), rheumatisches Fieber usw. und Verlust von Viehbestand geben. Falls Ketu in Konjunktion mit dem Herrn des 8. Hauses steht, wird es körperliche Schmerzen und geistige Anspannung

geben.
Sinnesfreuden, Erlangung von Wohlstand, Anerkennung seitens des Königs, Zugewinn an Gold usw. werden die Ergebnisse sein, falls Ketu mit Wohltätern verbunden sein oder von ihnen aspektiert werden sollte.

lagnādhipena sambandhe iṣṭasiddhiḥ sukhāvahā |
lagnādhipasamāyukte lābho vā bhavati dhruvam || 42||
catuṣpājjivalābhaḥ syātkendre vātha trikoṇage |
randhrasthānagate ketau vyaye vā balavarjite || 43||
tadbhuktau bahurogaḥ syāccorāhivraṇapīḍanam |
pitṛmātṛviyogaśca bhātṛdveṣo manorujā || 44||
dvitīyadyūnanāthe tu dehabādhā bhaviṣyati |
taddoṣaparihārārthaṁ chāgadānaṁ ca kārayet || 45||

Ishta Siddhi (erfolgreiche Verehrung der persönlichen Gottheit) wird erfahren, falls Ketu mit dem Herrn des Aszendenten in Beziehung steht. Falls Ketu mit dem Herrn des Aszendenten verbunden ist, wird es definitiv eine Zunahme von Wohlstand geben. Ebenso wird es definitiv eine Zunahme des Viehbestandes geben, wenn Ketu (vom Aszendenten aus) in einem Kendra oder Trikona steht.

Auswirkungen wie Gefahr durch Diebe und Schlangen, Schmerzen durch Verletzungen, Trennung von den Eltern, angespannte Beziehungen mit Angehörigen, Seelenqualen usw. sind zu erwarten, falls Ketu ohne Stärke vom Aszendenten aus im 8. oder 12. Haus stehen sollte.

Sollte Ketu Herr des 2. oder 7. Hauses sein, wird es körperliche Leiden geben. Als Heilmittel gegen die genannten negativen Effekte ist das wohltätige Spenden einer Ziege anzuwenden.

rāhorantargate śukre kagnātkendgatrikoṇage |
lābhe vā balasaṁyukte yogaprābalyamādiśet || 46||
vipramūläddhanaprāptirgomahiṣyādilābhakṛt |
putrotsavādisantoṣo gṛhe kalyāṇasambhavaḥ || 47||
sammānaṁ rājasammanaṁ rājyalābho mahatsukham |
svocce vā svarkṣage vāpi tuṅgāṁśe svāṁśage'pi vā || 48||
nūtanaṁ gṛhanirmāṇaṁ nityaṁ miṣṭhānnabhojanaṁ |

kalatraputravibhavaṁ mitrasaṅgaḥ subhojanam || 49||
annadānaṁ priyaṁ nityaṁ dānadharmādisaṅgrahaḥ |
mahārājaprasādena vāhanāmbarabhūṣaṇaṁ || 50||

### *Die Antardasha von Shukra in der Dasha von Rahu*

Auswirkungen wie Erlangung von Wohlstand durch Brahmanen, Wachstum des Viehbestandes, Feierlichkeiten zur Geburt eines Sohnes, Wohlergehen, Anerkennung seitens der Regierung, Gewinn eines Königreichs (einflussreiche Position), große Sinnesfreuden und Annehmlichkeiten usw. werden in der Antardasha der Venus in der Dasha von Rahu erfahren, falls Venus mit Stärke begabt vom Aszendenten aus in einem Kendra, Trikona oder im 11. Haus steht.

Bau eines neuen Hauses, Genuss von Süßspeisen, Freude an Frau und Kindern, Zusammensein mit Freunden, mildtätiges Spenden von Getreide usw., Wohlwollen seitens des Königs (Regierung usw.), Erlangung von Fahrzeugen und Gewändern, außergewöhnlich hohe geschäftliche Profite, Feierlichkeiten der Upanayana Zeremonie des Anlegens der heiligen Schnur usw. werden die segensreichen Ergebnisse sein, wenn Shukra im Zeichen der Erhöhung, im eigenen Zeichen oder in der Navamsha erhöht oder im eigenen Zeichen steht.

vyavasāyātphalādhikyaṁ vivāho mauñjibandhanam |
ṣaṣṭhāṣṭamavyaye śukre nīce śatrugṛhe sthite || 51||
mandāraphaṇisaṁyukte tadbhuktau rogamādiśet |
akasmātkalahaṁ caiva pitṛputraviyogakṛt || 52||
svabandhujanahāniśca sarvatra janapīḍanam |
dāyādakalahaścaiva svaprabhoḥ svasya mṛtyukṛt || 53||

Krankheiten, Streitigkeiten, Trennung von Sohn oder Vater, Kummer mit Angehörigen (bzw. es geht ihnen schlecht), Auseinandersetzungen wegen Erbstreitigkeiten, Gefahr des Todes von einem selbst oder Angestellten, unglückliche Erfahrungen mit Frau und Kindern (oder es geht ihnen nicht gut), Bauchschmerzen usw. wird es geben, sollte Venus vom Aszendenten aus im 6., 8. oder 12. Haus, im Zeichen des Falls oder eines Feindes stehen oder mit Saturn, Mars oder Rahu verbunden sein.

kalatraputrapīḍā ca śūlarogādisambhavaḥ |
dāyeśātkendrarāśisthe trikoṇe vā samanvite || 54||
lābhe vā karmarāśisthe kṣetrapālamahatsukham |
sugandhavastraśayyādi gānavādyasukhaṁ bhavet || 55||
chatracāmarabhūṣāptiḥ priyavastusamanvitā |
dāyeśādripurandhrasthe vyaye vā pāpasaṁyute || 56||
viprāhinṛpacaurādimūtrakṛcchrānmahadbhayam |
pramehādraudhiro rogaḥ kutsitānnaṁ śirovyathā || 57||
kārāgṛhapraveśaśca rājadaṇḍāddhanakṣayaḥ |
dvitīyadyūnanāthe vā dāraputrādināśanam || 58||
ātmapīḍā bhayaṁ caiva hyapamṛtyubhayaṁ bhavet |
durgālakṣmījapaṁ kuryāt tataḥsukhamavāpnuyāt || 59||

Freude an Parfümen, Bettfreuden, Musik usw. und Wunscherfüllung werden das Ergebnis sein, falls Venus vom Herrn der Dasha (Rahu) aus in einem Kendra, Trikona, im 11. oder 10. Haus steht.

Ergebnisse wie Gefahr durch die Verfluchung seitens Brahmanen, Gefahr durch Schlangen und den König (Regierung usw.), Möglichkeit an Erkrankungen wie Urinstau, Diabetes, Blutverunreinigung oder Anämie zu leiden, Verfügbarkeit von ausschließlich wenig wertvoller Nahrung (Fastfood usw.), Nervenleiden, Gefangenschaft, Verlust von Wohlstand durch Strafen oder Bußgelder seitens der Regierung sind zu erwarten, wenn Venus sich vom Herrn der Dasha (Rahu) aus mit Übeltätern verbunden im 6., 8. oder 12. Haus befindet.

Kummer mit Frau und Kindern (oder es geht ihnen schlecht) und Gefahr des eigenen vorzeitigen Todes wird es geben, falls Venus Herr des 2. oder 7. Hauses sein sollte. Als Heilmittel zur Linderung der genannten negativen Effekte ist die Verehrung der Göttin Durga und der Göttin Lakshmi anzuwenden.

rāhorantargate sūrye svocce svakṣetrakendrage |
trikoṇe lābhage vā'pi tuṅgāṁśe svāṁśage'pi vā || 60||
śubhagraheṇa sandṛṣṭe rājaprītikaraṁ śubham |
dhanadhānyasamṛddhiśca hyalpamāna sukhavāham || 61||
alpagrāmādhipatyaṁ ca svalpalābho bhaviṣyati |
bhāgyalagneśasaṁyukte karmeśena nirīkṣite || 62||

rājāśrayo mahākīrtirvideśagamanaṁ tathā ।
deśādhipatyayogaśca gajaśvāmbarabhūṣaṇam ।। 63।।
mano'bhiṣṭapradānaṁ ca putrakalyāṇasambhavam ।
dayeśādriḥpharandhrasthe ṣaṣṭhe vā nīcage'pi vā ।। 64।।
jvarātisārarogaśca kalaho rājavigrahaḥ ।
prayāṇaṁ śatruvṛddhiśca nripacaurāgnipīḍanam ।। 65।।

## ***Die Antardasha von Surya in der Dasha von Rahu***

Auswirkungen wie herzliche Beziehungen zum König (Regierung, Vorgesetzter usw.), Zunahme von Wohlstand und Getreide, eine gewisse Popularität und Anerkennung, die Möglichkeit, Oberhaupt einer Ortschaft usw. zu werden, sind in der Antardasha der Sonne in der Dasha von Rahu zu erwarten, falls die Sonne im Zeichen der Erhöhung, im eigenen Zeichen sowie (vom Aszendenten aus gerechnet) im 11. Haus oder in einem Kendra oder Trikona steht oder in der Navamsha erhöht oder im eigenen Zeichen steht.

Guter Ruf sowie Ermutigung und Unterstützung seitens der Regierung, Reisen in fremde Länder, Erlangung von Herrschaft über das Land, Zugewinn an Elefanten, Pferden, Gewändern, Schmuck usw., Wunscherfüllung, Freude an den Kindern usw. werden erfahren, wenn Surya mit dem Herrn des Aszendenten, des 9. oder des 10. Hauses verbunden ist oder von ihnen aspektiert wird.

Fieber, Ruhr und andere Krankheiten, Streitigkeiten, Konflikte mit dem König (Regierung usw.), Reisen, Gefahr durch Feinde, Diebe, Feuer usw. werden Ergebnisse sein, falls Surya im Zeichen des Falls oder vom Herrn der Dasha (Rahu) aus im 6., 8. oder 12. Haus steht.

dāyeśātkendrakoṇe vā daścikye lābhage'pi vā ।
videśe rājasammānaṁ kalyāṇaṁ ca śubhāvaham ।। 66।।

Rundum Wohlergehen und die Anerkennung von Königen aus fremden Ländern (ausländischen einflussreichen Persönlichkeiten) werden das Ergebnis sein, wenn Surya sich vom Herrn der Dasha (Rahu) aus in einem Kendra, Trikona oder im 3. oder 11. Haus befindet.

dvitīyadyūnanāthe tu mahārogo bhaviṣyati ।

sūryapraṇāmaṁ śāntiṁ ca kuryādārogyasambhavām || 67||
Gefahr einer lebensgefährlichen Krankheit ist gegeben, sollte Surya Herr des 2. oder 7. Hauses sein. Die Verehrung von Surya ist als Mittel anzuwenden, um die genannten negativen Effekte zu mildern.

rāhorantargate candre svakṣetre svoccage'pi vā |
kendratrikoṇalābhe vā mitrarkṣe śubhasaṁyute || 68||
rājatvaṁ rājapūjyatvaṁ dhanārthaṁ dhanalābhakṛt |
ārogyaṁ bhūṣaṇṁ caiva mitrastrīputrasampadaḥ || 69||

pūrṇe candre phalaṁ pūrṇaṁ rājaprītyā śubhāvaham |
aśvavāhanalābhaḥ syadgṛhakṣetrādivṛddhikṛt || 70||

### *Die Antardasha von Chandra in der Dasha von Rahu*

Auswirkungen wie Erlangung eines Königreichs (hohe Position), Anerkennung seitens des Königs (Regierung usw.), Erlangung von Wohlstand, gute Gesundheit, Erwerb von Gewändern und Schmuck, Freude an den Kindern, komfortable Fahrzeuge, Zunahme von Haus- und Landbesitz usw. sind in der Antardasha des Mondes in der Dasha von Rahu zu erwarten, falls Chandra im Zeichen der Erhöhung, im eigenen Zeichen, in einem Kendra, Trikona oder dem 11. Haus oder im Zeichen eines Freundes mit Aspekt von Wohltätern steht.

dāyeśātsukhabhāgyasthe kendre vā lābhage'pi vā |
lakṣmīkaṭākṣacihnāni gṛhe kalyāṇasambhavaḥ || 71||
sarvakāryasiddhiḥ syāddhanadhānyasukhāvahā |
satkīrtilābhasammānaṁ devyārādhanamācaret || 72||

Das Wohlwollen der Göttin Lakshmi, rundum Erfolg, Zunahme an Wohlstand und Getreide, guter Ruf und Verehrung von Gottheiten werden die Ergebnisse sein, wenn Chandra vom Herrn der Dasha (Rahu) aus im 5. oder 9. Haus, in einem Kendra oder im 11. Haus steht.

dāyeśātṣaṣṭharandhrasthe vyaye vā balavarjite |
piśācakṣudravyāghrādysirgṛhakṣetrārthanāśanam || 73||
mārge caurabhayaṁ caiva vraṇādhikya mahodayam |

dvitīyadyūnanāthe tu apamṛtyustadā bhavet || 74||
śvetāṁ gāṁ mahiṣīṁ dadyād viprāyārogyasiddhaye |
tataḥ saukhyamavāpnoti candragrahaprasādataḥ || 75||

Entstehung von häuslichen und landwirtschaftlichen Schwierigkeiten durch böse Geister, Leoparden und andere wilde Tiere, Gefahren durch Diebe während Reisen sowie Magenbeschwerden wird es geben, falls der Mond ohne Stärke vom Herrn der Dasha (Rahu) aus im 6., 8. oder 12. Haus steht.

Ein vorzeitiger Tod ist möglich, sollte der Mond Herr des 2. oder 12. Hauses sein. Als Heilmittel zur Linderung der genannten negativen Effekte ist das wohltätige Spenden einer weißen Kuh oder einer Büffelkuh anzuwenden.

rāhorantargate bhaume lagnāllābhatrikoṇage |
kendre vā śubhasaṁyukte svocce svakṣetrage'pi vā || 76||
naṣṭarājyadhanprāptirgṛhakṣetrābhivṛddhikṛt |
iṣṭadevaprasādena santānasukhabhāgbhavet || 77||
kṣiprabhojyānmahatsaukhyaṁ bhūṣaṇaśvāmbarādikṛt |
dāyeśātkendrakoṇe vā duścikye lābhage'pi vā || 78||
raktavastrādilābhaḥ syātprayāṇaṁ rājadarśanam |
putravargeṣu kalyāṇaṁ svaprabhośca mahatsukham || 79||
senapatyaṁ mahotsāho bhrātṛvargadhanāgamaḥ |
dāyeśādrandhririḥphe vā ṣaṣṭhe pāpasamanvite || 80||
putradārādihāniśca soodarāṇāṁ ca pīḍanam |
sthānabhraṁśo bandhuvargadāraputravirodhanam || 81||
caurāhivraṇabhītiśca svadehasya ca pīḍanam |
ādau kleśakaraṁ caiva madhyānte saukhamāpnuyāt || 82||

## *Die Antardasha von Mangal in der Dasha von Rahu*

Auswirkungen wie das Wiedererlangen eines verlorengegangenen Königreichs (hohe Position) und verlorenen Wohlstands, Komfort im eigenen Heim und Zunahme der landwirtschaftlichen Produktion, Gewinn von Reichtum, der Segen der Gottheit des Haushaltes, Freude mit den Kindern, Genuss guter Nahrung usw. werden in der Antardasha des Mars in der Dasha von Rahu manifestiert, falls Mars vom Aszendenten aus im 11., 5., oder 9. Haus oder in einem Kendra steht, von Wohltätern aspektiert wird oder sich in seinem Zeichen der Erhöhung oder im eigenen Zeichen befindet. Es wird den Erwerb von rotfarbenen Gewändern, Reisen, eine Audienz mit dem König (einflussreichen Persönlichkeiten), Wohlergehen von Kindern und Angestellten, die Erlangung der Position eines Armeeführers, Enthusiasmus und Gewinn von Wohlstand durch Angehörige geben, wenn Mars vom Herrn der Dasha (Rahu) aus in einem Kendra, im 5., 9., 3. oder 11. Haus steht.

Kummer mit der Ehefrau, Kindern und Geschwistern (oder es geht ihnen schlecht), Verlust der Stellung, angespannte Beziehungen mit Kindern, Ehefrau und anderen Menschen, die einem nahe stehen, Gefahr durch Diebe, Verletzungen und körperliche Schmerzen usw. werden Ergebnisse sein, falls Mars von Übeltätern aspektiert vom Herrn der Dasha (Rahu) aus gerechnet im 6., 8. oder 12. Haus steht.

dvitīyadyūnanāthe tu dehālasyaṁ mahadbhayam ।
anaḍvāhaṁ ca gāṁ dadyādārogyasukhalabdhaye ।। 83 ।।

Lethargie und Todesgefahr sind zu erwarten, sollte Mars der Herr des 2. oder des 7. Hauses sein. Als Heilmittel zur Linderung der genannten negativen Effekte ist das wohltätige Spenden einer Kuh oder eines Stieres anzuwenden.

# Kapitel 56: Die Auswirkungen der Antardashas in der Dasha von Guru

**atha jīvāntardaśāphalādhyāyaḥ || 56||**
svocce svakṣetrage jīve lagnātkendratrikoṇage |
anekarājadhīśo vā sampanno rājapūjitaḥ || 1||
momahiṣyādilābhaśca vastravāhanabhūṣaṇam |
nūtanasthānanirmāṇaṁ harmyaprākārasaṁyutam || 2||
gajāntaiśvaryasampattirbhāgyakarmaphalaodayaḥ |
brāhmaṇaprabhusammānaṁ samānaṁ prabhudarśanam || 3||
svaprabhoḥ svaphalādhikya dāraputrādilābhakṛt |
nīcāṁśe nīcarāśisthe ṣaṣṭhāṣṭamavyayarāśige || 4||
nīcasaṅgo mahāduḥkhaṁ dāyādajanavigrahaḥ |
kalaho na vicārosya svaprabhuṣvapamṛtyukṛt || 5||

## *Die Antardasha von Guru in der Dasha von Guru*

Auswirkungen wie Herrschaft über viele Könige, sehr gute Ausstattung mit Reichtümern, vom König geehrt werden, Gewinn von Vieh, Gewändern, Fahrzeugen, Bau eines neuen Hauses und einer beachtlichen Villa, Wohlstand und Ruhm in Fülle, viele Glücksfälle, Erfolg in den eigenen Bestrebungen, Treffen mit Brahmanen und dem König, außergewöhnliche Profite durch den Vorgesetzten und Freude an Frau und Kindern werden in der Antardasha von Jupiter in seiner eigenen Dasha erfahren, falls Jupiter in seinem Zeichen der Erhöhung, in seinem eigenen Zeichen und vom Aszendenten aus gerechnet in einem Kendra oder Trikona steht.

Gemeinschaft mit niedrigen Menschen, großer Kummer, Verleumdung durch Miterben, Zorn seitens des Vorgesetzten, Gefahr vorzeitigen Todes, Trennung von Frau und Kindern sowie Verlust von Wohlstand und Getreide werden die Ergebnisse sein, wenn Jupiter sich in seinem Zeichen des Falls, im Fall in der Navamsha oder vom Aszendenten aus im 6., 8. oder 12. Haus befindet.

putradāraviyogaśca dhanadhānyārthahānikṛt |
saptamādhipadoṣeṇa devavādhā bhaviṣyati || 6||
taddoṣaparihārārthaṁ śivasāhasrakaṁ japet |
rudrajāpyaṁ ca godānaṁ kuryāt svā'bhīṣṭalabdhaye || 7||

Körperliche Schmerzen sind zu erwarten, sollte Jupiter Herr des 7. (oder 2.) Hauses sein. Als Heilmittel, um die genannten negativen Auswirkungen zu lindern und seine Ziele im Leben zu verwirklichen, ist die Rezitation von Rudra Japa und des Shiva Sahasranama anzuwenden.

jīvasyāntargate mande svocce svakṣetramitrabhe |
lagnātkendratrikoṇasthe lābhe vā balasaṁyute || 8||
rājyalābho mahatsaukhyaṁ vastrābharaṇasaṁyutam |
dhanadhānyādilābhaśca strīlābho bahusaukhyakṛt || 9||
vāhanāmbarapaśvādibhūlābhaḥ sthānalābhakṛt |
putramitrādisaukhyaṁ ca naravāhanayogakṛt || 10||
nīlavastrādilābhaśca nīlāśvaṁ labhate ca saḥ |
paścimāṁ diśamāśritya prayāṇaṁ rājadarśanam || 11||
anekayānalābhaṁ ca nirdiśenmandabhuktiṣu |
lagnātṣaṣṭhāṣṭame mande vyaye nīce'stage'pyarau || 12||
dhanadhānyādināśaśca jvarapīḍā manorujaḥ |
strīputrādiṣu pīḍā vāvraṇārtyādikamudbhavet || 13||
gṛhe tvaśubhakāryāṇi bhrtyavargādipīḍanam |
gomahiṣyādihāniśca bandhudveṣī bhaviṣyati || 14||

### *Die Antardasha von Shani in der Dasha von Guru*

Auswirkungen wie der Gewinn eines Königreichs (hohe Position) und von Gewändern, Schmuck, Wohlstand, Getreide, Fahrzeugen, Vieh und Anstellung, Freude an Sohn und Freunden usw., Erlangung eines insbesondere blaufarbenen Pferdes, Reisen Richtung Westen, Audienz mit dem König und Gewinn von Wohlstand durch ihn werden in der Antardasha von Saturn in der Dasha von Jupiter erfahren, falls Saturn in seinem Zeichen der Erhöhung, in seinem eigenen Zeichen oder stark in einem Kendra oder Trikona steht.

Verlust von Wohlstand, Fieberkrankheiten, Seelenqualen, Verletzungen und Wunden bei Frau und Kindern, unerfreuliche häusliche Ereignisse, Verlust von Vieh und der Stellung, Konflikte mit Angehörigen usw. werden das Ergebnis sein, wenn Saturn sich vom Aszendenten aus im 6., 8. oder 12. Haus befindet, verbrannt ist oder im Zeichen eines Feindes steht.

dāyeśātkendrakoṇasthe lābhe vā dhanage'pi vā |
bhūrābhaścārthalābhaśca putralābhasukhaṁ bhavet || 15||
gomahiṣyādilābhaśca śūdramūlāddhanaṁ tathā |
dāyeśādripurandhrasthe vyaye vā pāpasaṁyute || 16||
dhanadhānyādināśaśca bandhumitravirodhakṛt |
udyogabhaṅgo dehārtiḥ svajanānāṁ mahadbhayam || 17||

Eine Zunahme von Land- und Hausbesitz, Söhnen und Vieh, Zugewinn an Reichtümern und Besitz durch den Feind usw. wird eintreten, wenn Saturn vom Herrn der Dasha (Jupiter) aus in einem Kendra, Trikona, im 11. oder 2. Haus steht.

Effekte wie Verlust von Wohlstand, konfliktreiche Beziehungen zu Angehörigen, Hindernisse in beruflichen Unternehmungen, Schmerzen im Körper, Gefahr durch Familienmitglieder usw. werden eintreten, falls Saturn sich vom Herrn der Dasha (Jupiter) aus gerechnet im 6., 8. oder 12. Haus befindet oder mit einem Übeltäter verbunden ist.

dvisaptamādhipe mande hyapamṛtyurbhaviṣyati |
taddoṣaparihārārthaṁ viṣṇusāhasrakaṁ japet || 18||
kṛṣṇāṁ gāṁ mahiṣīṁ dadyādanenārogyamādiśet |
mandagrahaprasādena satyaṁ satyaṁ dvijottama || 19||

Furcht vor frühzeitigem Tod ist zu erwarten, sollte Saturn Herr des 2. oder 7. Hauses sein. Als Heilmittel zur Linderung der genannten negativen Effekte und zur Sicherung guter Gesundheit sollten die Rezitation des Vishnu Sahasranama und das wohltätige Spenden einer schwarzen Kuh oder einer Büffelkuh Anwendung finden.

jīvasyāntargate saumye kendralābhatrikoṇage |
svocce vā svarkṣage vāpi daśādhipasamanvite || 20||
arthalābho dehasaukhyaṁ rājyalābho mahatsukham |
mahārājaprasādena sveṣṭasiddhiḥ sukhāvahā || 21||
vāhanāmbarapaśvādigodhanaissaṅkulaṁ gṛham |
mahīsutena sandṛṣṭe śatruvṛddhiḥ sukhakṣayaḥ || 22||
vyavasāyātphalaṁ niṣṭaṁ jvarātīmārapīḍanam |
dāyeśādbhāgyakoṇe vā kendre vā tuṅgarāśige || 23||
svadeśe dhanalābhaśca pitṛmātṛsukhāvahā |
gajavājisamāyukto rājamitraprasādataḥ || 24||

### *Die Antardasha von Budha in der Dasha von Guru*

Auswirkungen wie Erlangung von Wohlstand, körperliches Wohlbefinden, Erlangung eines Königreichs (hohe Position), Erfüllung von Bestrebungen durch das Wohlwollen des Königs (Regierung usw.), Erwerb von Fahrzeugen, Gewändern und Vieh usw. werden sich in der Antardasha von Merkur in der Dasha von Jupiter manifestieren, falls Merkur in seinem Zeichen der Erhöhung, in seinem eigenen Zeichen, in einem Kendra oder Trikona steht oder mit dem Herrn der Dasha (Jupiter) verbunden ist.

Es wird eine Zunahme der Anzahl der Feinde geben, Verlust von Freuden und Annehmlichkeiten sowie geschäftliche Verluste, Fiebererkrankungen und Ruhr, wenn Merkur von Mars aspektiert wird.

Gewinn von Wohlstand im eigenen Land, Freude durch die Eltern, Erwerb von Fahrzeugen durch die Gunst des Königs (Dienstfahrzeuge usw.) werden das Ergebnis sein, falls Merkur vom Herrn der Dasha (Jupiter) aus in einem Kendra, dem 5. oder 9. Haus oder in seinem Zeichen der Erhöhung steht.

dāyeśātṣaṣṭharandhrasthe vyaye vā pāpasaṁyute |
śubhadṛṣṭivihīne ca dhandhānyaparicyutiḥ || 25||
videśagamanaṁ caiva mārge caurabhayaṁ tathā |
vraṇadāhākṣirogaśca nānādeśaparibhramaḥ || 26||

Es wird Verlust von Wohlstand, Reisen in fremde Länder, Gefahr durch Diebe während Reisen, Wunden, brennende Schmerzen, Augenprobleme und Herumwandern in fremden Ländern geben, sollte Merkur sich vom Herrn der Dasha (Jupiter) aus gesehen im 6., 8. oder 12. Haus befinden oder mit einem Übeltäter verbunden sein, ohne den Aspekt eines Wohltäters zu erhalten.

lagnātṣaṣṭhāṣṭamabhāve vā vyaye vā pāpasaṁyute |
aksamātkalahaścaiva gṛhe miṣṭhurabhāvaṇam || 27||
catuṣpājjīvahāniśca vyavahāre tathaiva ca |
apamṛtyubhayaṁ caiva śatrūṇāṁ kalaho bhavet || 28||

Grundlose Streitigkeiten, Zorn, Verlust von Viehbestand und berufliche Verluste, Furcht vor vorzeitigem Tod usw. werden das Ergebnis sein, falls Merkur mit einem Übeltäter verbunden ist oder sich mit Übeltätern verbunden vom Aszendenten aus im 6., 8. oder 12. Haus befindet.

śubhadṛṣṭe śubhairyukte dārasaukhyaṁ dhanāgamaḥ I
ādau śubhaṁ dehasaukhyaṁ vāhanāmbaralābhakṛt I I 29I I
ante tu dhanahāniścetsvātmasaukhyaṁ na jāyate I
dvitīyadyūnanāthe vā hyapamṛtyurbhaviṣyati I I 30I I
taddoṣaparihārārthaṁ viṣṇusāhasrakaṁ japet I
āyurvṛddhikaraṁ caiva sarvasaubhāgyadāyakam I I 31I I

Zu Beginn der Antardasha wird es selbst dann, wenn Merkur mit einem Übeltäter verbunden ist, Sinnesfreuden, Erlangung von Wohlstand, Fahrzeugen und Gewändern geben, wenn Merkur zugleich von einem Wohltäter aspektiert wird. Am Ende der Phase werden aber (im genannten Fall) Verlust von Wohlstand und körperliche Leiden erfahren.

Vorzeitiger Tod kann erwartet werden, sollte Merkur der Herr des 2. oder des 7. Hauses sein. Das effektivste und heilsamste Mittel für die Verlängerung der Lebensdauer und zur Linderung anderer negativer Effekte ist die Rezitation des Vishnu Sahasranama.

jīvasyāntargate ketau śubhagrahasamanvite I
alpasaukhyadhanavyāptiḥ kutsitānnasya bhojanam I I 32I I
parānnaṁ caiva śrāddhānnaṁ pāpamūlāddhanāni ca I
dāyeśādripurandhrasthe vyaye vā pāpasaṁyute I I 33I I
rājakopo dhanacchedo bandhanaṁ rogapīḍanam I
balāhāniḥ pitṛdveṣo bhrātṛdveṣo manorujam I I 34I I

### *Die Antardasha von Ketu in der Dasha von Guru*

Mittelmäßige Freuden im Leben, mittelmäßiger Gewinn von Wohlstand, verdorbene oder von anderen empfangene Nahrung oder Nahrung, die einem zur Zeit von Begräbniszeremonien gegeben wird, und Erlangung von Wohlstand durch unrechtmäßige Mittel werden die Ergebnisse in der Antardasha von Ketu in der Dasha von Jupiter sein, falls Ketu mit einem Wohltäter verbunden ist oder von ihm aspektiert wird.

Auswirkungen wie Verlust von Wohlstand durch den Zorn des Königs (Regierung, Vorgesetzter usw.), Gefangenschaft, Krankheiten, Verlust körperlicher Stärke, Konflikte mit dem Vater und dem Bruder und Seelenqualen werden erlebt, wenn Ketu sich vom Herrn der Dasha (Jupiter) aus im 6., 8. oder 12. Haus befindet oder mit Übeltätern verbunden ist.

dāyeśātsutabhāgyasthe vāhane karmage'pi vā ।
naravāhanayogaśca gajāśvāmbarasaṅkulam ।। 35।।
mahārājaprasādena sveṣṭakāryārthalābhakṛt ।
vyavasāyātphalādhikyaṁ gomahiṣyādilābhakṛt ।। 36।।
yavanaprabhumūlādvā dhanavastrādilābhakṛt ।
dvitīyadyūnanāthe tu dehavādhā bhaviṣyati ।। 37।।
chāgadānaṁ prakurvīta mṛtyuñjayajapaṁ caret ।
sarvadoṣopaśamanīṁ śāntiṁ kuryādvidhānataḥ ।। 38।।

Erlangung einer Sänfte (komfortables Fahrzeug) und von Elefanten usw., Wohlwollen des Königs, Erfolg der eigenen Bestrebungen, geschäftliche Profite, Zunahme des Viehbestandes, Gewinn von Wohlstand und Gewändern durch einen Yavana-König (ausländischer Machthaber) - dies werden die positiven Effekte sein, falls Ketu sich vom Herrn der Dasha (Jupiter) aus im 5., 9., 4. oder 10. Haus befindet.

Physische Leiden werden erlebt, sollte Ketu Herr des 2. oder 7. Hauses sein (bzw. sich im 2. oder 7. Haus befinden). Das Heilmittel zur Linderung der genannten negativen Effekte ist das auf vorgeschriebene Weise ausgeführte Praktizieren von Mrityunjaya Japa.

jīvasyāntargate śukre bhāgyakendreśasaṁyute ।
lābhe vā sutarāśisthe svakṣetre śubhasaṁyute ।। 39।।
naravāhanayogaśca gajāśvāmbarasaṁyutaḥ ।
mahārajaprasādena lābhādhikyaṁ mahatsukham ।
nīlāmbarāṇāṁ raktānāṁ lābhaścaiva bhaviṣyati ।। 40।।
pūrvasyāṁ diśi viprendra prayāṇaṁ dhanlābhadam ।
kalyāṇaṁ ca mahāprītiḥ pitṛmātṛsukhāvahā ।। 41।।
devatāgurubhaktiśca annadānaṁ mahattathā ।
taḍāgagopurādīni diśet puṇyāni bhūriśaḥ ।। 42।।
ṣaṣṭhāṣṭamavyaye nīce dāyeśādvā tathaiva ca ।
kalho bandhuvaiṣamyaṁ dāraputrādipīḍanam ।। 43।।

### *Die Antardasha von Shukra in der Dasha von Guru*

Auswirkungen wie die Erlangung von Fahrzeugen wie Sänften, Elefanten (bzw. moderne Äquivalente hierzu), Gewinn von Wohlstand durch die Gunst des Königs (Regierung usw.), Sinnesfreuden, Erwerb von blauen und roten Gegenständen, ungewöhnliche Einnahmen durch Reisen Richtung Osten, Wohlergehen in der Familie, Freude durch die Eltern, Hingabe an Gottheiten, Bau von Wasserreservoirs, wohltätiges Spenden usw. sind in der Antardasha von Shukra in der Dasha von Guru zu erwarten, falls Venus sich vom Aszendenten aus in einem Kendra, Trikona oder im 11. Haus oder im eigenen Zeichen befindet und von einem oder mehreren Wohltätern aspektiert wird.

mandārarāhusaṁyukte kalaho rājato bhayam |
strīmūlātkalahaścaiva śvasurātkalahastathā || 44||
sodareṇa vivādaḥ syāddhanadhānyaparicyutiḥ |
dāyeśātkendrarāśisthe dhane vā bhāgyage'pi vā || 45||
dhanadhānyādilābhaśca srīlābho rājadarśanam || 46||
vāhanaṁ putralābhaśca paśuvṛddhirmahatsukham |
gītāvādyaprasaṅgādirvidvajjanasamāgamaḥ || 47||
divyānnabhojanaṁ saukhyaṁ svabandhujanapoṣakam |
dvisaptamādhipe śukre taddaśānāṁ dhanakṣatiḥ || 48||
apamṛtyubhayaṁ tasya strīmūlādauṣadhāditaḥ |
tasya rogasya śāntyarthaṁ śāntikarma samācaret || 49||
śvetāṁ gāṁ mahiṣīṁ dadyādāyurārogyavṛddhaye |
śukragrahaprasādena tataḥ sukhamavāpnuyāt || 50||

Negative Effekte wie Streitigkeiten, Konflikte mit Angehörigen und Kummer mit Frau und Kindern werden erfahren, wenn Venus sich vom Herrn der Dasha (Jupiter) oder vom Aszendenten aus im 6., 8. oder 12. Haus befindet oder im Zeichen des Falls steht.

Streitigkeiten, Gefahr durch den König, Konflikte mit der Ehefrau, Auseinandersetzungen mit dem Schwiegervater und Brüdern, Verlust von Wohlstand usw. wird es geben, falls Venus mit Saturn oder Rahu verbunden ist oder mit beiden.

Gewinn von Wohlstand, Freude mit der Ehefrau, Treffen mit dem König, Zunahme der Zahl der Kinder, der Fahrzeuge und des

Viehbestandes, Freude an Musik, Gemeinschaft mit gebildeten Menschen, Genuss von Süßspeisen, Angehörigen Hilfe und Unterstützung zukommen Lassen usw. wird erlebt, wenn Venus vom Herrn der Dasha (Jupiter) aus in einem Kendra, Trikona oder im 2. Haus steht.

Verlust von Wohlstand, Furcht vor frühzeitigem Tod, Konflikte mit der Ehefrau usw. werden erfahren, sollte Venus Herr des 2. oder 7. Hauses sein. Als Heilmittel zur Linderung der genannten negativen Effekte ist das wohltätige Spenden einer gelbbraunen Kuh oder einer Büffelkuh anzuwenden.

jīvasyāntargate sūrye svocce svakṣetrage'pi vā I
kendre vā'thatrikoṇe ca duścikye lābhage'pi vā II 51II
dhane vā balasaṁyute dāyeśādvā tathaiva ca I
tatkāle dhanalābhaḥ syādrājasammānavaibhavam II 52II
vāhanāmbarapaśvādibhūṣaṇaṁ putrasambhavaḥ I
mitraprabhuvaśādiṣṭaṁ sarvakārye śubhāvaham II 53II

### *Die Antardasha von Surya in der Dasha von Guru*

Erlangung von Wohlstand, Achtung, Freude, Gewinn von Fahrzeugen, Gewändern und Schmuck usw., Geburt von Kindern, herzliche Beziehungen zum König (Regierung usw.), Erfolg in den eigenen Bestrebungen usw. werden die segensreichen Auswirkungen der Antardasha der Sonne in der Dasha von Jupiter sein, falls Surya sich in seinem Zeichen der Erhöhung, in seinem eigenen Zeichen und vom Aszendenten aus stark in einem Kendra, Trikona oder im 3., 11. oder 2. Haus befindet.

lagnādaṣṭamavyaye sūrye dāyeśādvā tathaiva ca I
śirorogādipīḍā ca jvarapīḍā tathaiva ca II 54II
satkarmasu tadā hīnaḥ pāpakarmacayastathā I
sarvatra janavidveṣo hyātmabandhuviyogakṛt II 55II
akasmātkalahaścaiva jīvasyāntargate ravau I
dvitīyadyūnanāthe tu dehapīḍā bhaviṣyati II 56II
taddoṣaparihārārthamādityahṛdayaṁ japet I
sarvapīḍopaśamanaṁ śrīsūryasya prasādataḥ II 57II

Effekte wie Nervenleiden, Fieber, Faulheit oder Zögerlichkeit in Bezug auf die Ausführung guter Handlungen, Verstrickung in

Sünden, eine feindselige Haltung gegenüber allen, Trennung von Angehörigen und grundlose Streitigkeiten werden erfahren, wenn Surya vom Aszendenten oder vom Herrn der Dasha (Jupiter) aus im 6., 8. oder 12. Haus steht.

Physische Leiden wird es geben, sollte Surya Herr des 2. oder 7. Hauses sein. Als Heilmittel zur Linderung der genannten negativen Effekte und zur Sicherung guter Gesundheit ist die Rezitation des Aditya Hridaya Stotrams (Hymne an das Herz der Sonne) anzuwenden.

jīvasyāntargate candre kendre lābhatrikoṇage |
svocce vā svarkṣarāśisthe pūrṇe caiva balairyute || 58||
dāyeśācchubharāśisthe rājasammānavaibhavam |
dāraputrādisaukhyaṁ ca kṣīrāṇaṁ bhojanaṁ tathā || 59||
satkarma ca tathā kīrtiḥ putrapautrādivṛddhidā |
mahārājaprasādena sarvasaukhyaṁ dhanāgamaḥ || 60||
anekajanasaukhyaṁ ca dānadharmādisaṅgrahaḥ |
ṣaṣṭhāṣṭamavyaye candre sthite vā pāpasaṁyute || 61||
dāyeśātṣaṣṭharandhre vā vyaye vā balavarjite |
mānārthabandhuhāniśca videśaparivicyutiḥ || 62||
nṛpacaurādipīḍā ca dāyādajanavigrahaḥ |
mātulādiviyogaśca mātṛpīḍā tathaiva ca || 63||

### *Die Antardasha von Chandra in der Dasha von Guru*

Auswirkungen wie Anerkennung seitens des Königs (Regierung usw.), Reichtum und Ruhm in Fülle, Freude an Frau und Kindern, Verfügbarkeit guter Nahrung, guter Ruf durch gute Taten, Zunahme der Anzahl der Kinder und Enkelkinder, alle Arten von Annehmlichkeiten durch die Gunst des Königs, Tendenz zu Spiritualität, Religion und Wohltätigkeit usw. werden in der Antardasha des Mondes in der Dasha von Jupiter erfahren, falls Chandra vom Aszendenten aus in einem Kendra, Trikona oder dem 11. Haus steht, sich in ihrem Zeichen der Erhöhung oder in ihrem eigenen Zeichen befindet, voll und stark ist und vom Herrn der Dasha (Guru) aus in einem günstigen Haus steht.

Verlust von Wohlstand und von Angehörigen, Herumwandern in fremden Ländern, Gefahr durch den König (Regierung usw.) und durch Diebe, Erbstreitigkeiten, Trennung vom Onkel mütterlicherseits, Kummer mit der Mutter usw. wird es geben, wenn der Mond schwach oder mit Übeltätern verbunden vom Aszendenten oder vom Herrn der Dasha (Jupiter) aus im 6., 8. oder 12. Haus steht.

dvitīyaṣaṣṭhayorīśe dehapīḍā bhaviṣyati |
taddoṣaparihārārthaṁ durgāpāṭhaṁ ca kārayet || 64||

Physische Leiden werden erfahren, sollte der Mond Herr des 2. oder des 7. Hauses sein. Das Heilmittel, um die genannten negativen Effekte zu mildern ist (die Rezitation des) Durga Saptashati Patha (auch Devi Mahatmya genannt).

jīvasyāntargate bhaume lagnātkendratrikoṇage |
svocce vā svarkṣage vāpi tuṅgāṁśe svāṁśage'pi vā || 65||
vidyāvivāhakāryāṇi grāmabhūmyādilābhakṛt |
janasāmarthyamāpnoti sarvakāryārthasiddhidam || 66||

### *Die Antardasha von Mangal in der Dasha von Guru*

Auswirkungen wie erfreuliche Festlichkeiten anlässlich einer Hochzeit usw., Gewinn von Ländereien und Ortschaften, Zunahme von Mut und Stärke und Erfolg in allen Bestrebungen werden in der Antardasha des Mars in der Dasha von Jupiter erfahren, falls Mars in seinem Zeichen der Erhöhung, im eigenen Zeichen oder in der Navamsha erhöht oder im eigenen Zeichen steht.

dāyeśātkendrakoṇasthe lābhe vā dhanage'pi vā |
śubhayukte śubhairdṛṣṭe dhanadhānyādisampadaḥ || 67||
miṣṭhānnadānavibhavaṁ rājaprītikaraṁ śubham |
strīsaukhyaṁ ca sutavāptiḥ puṇyatīrthaphalaṁ tathā || 68||

Erlangung von Wohlstand und Getreide, Genuss köstlicher Süßspeisen, die Gunst des Königs, Freude an Frau und Kindern und andere segensreiche Auswirkungen werden erfahren, wenn Mars in einem Kendra, Trikona, im 11. oder 2. Haus steht und mit Wohltätern verbunden ist oder von ihnen aspektiert wird.

dāyeśādrandhrabhāve vā vyaye vā nīcage'pi vā |
pāpayutekṣite vāpi dhānyārthagṛhanāśanam || 69||

nānarogabhayaṁ duḥkhaṁ netrarogādisambhavaḥ ǀ
pūrvārddhe kaṣṭamadhikamaparārddhe mahatsukham ǀǀ 70ǀǀ
dvitīyadyūnanāthe tu dehajāḍyaṁ manorujaḥ ǀ
vṛṣabhasya pradānaṁ tu sarvasampatpradāyakam ǀǀ 71ǀǀ

Verlust von Wohlstand und Hausbesitz, Augenleiden und andere unerfreuliche Erfahrungen werden das Ergebnis sein, falls Mars vom Herrn der Dasha (Jupiter) aus gerechnet im 8. oder 12. Haus steht oder sich mit Übeltätern verbunden oder von Übeltätern aspektiert im Zeichen seines Falls befindet. Besonders zu Beginn der Antardasha werden die Effekte ausgesprochen negativ sein; später werden die negativen Auswirkungen etwas gemildert sein.

Physische Leiden und Seelenqualen wird es geben, sollte Mars der Herr des 2. oder 7. Hauses sein. Als Heilmittel zur Linderung der genannten negativen Effekte und zur Erlangung von Wohlstand und Besitz ist das wohltätige Spenden eines Stieres anzuwenden.

jīvasyāntargate rāhau svocce vā kendrage'pi vā ǀ
mūlatrikoṇe bhāgye ca kendrādhipasamanvite ǀǀ 72ǀǀ
śubhayutekṣite vāpi yogaprītiṁ samādiśet ǀ
bhuktyādau pañcamāsāṁśca dhanadhānyādikaṁ labhet ǀǀ 73ǀǀ
deśagrāmādhikaṁ ca yavanaprabhudarśanam ǀ
gṛhe kalyāṇasampattirbahusenādhipatyakam ǀǀ 74ǀǀ
dūrayātrādigamanaṁ puṇyadharmādisaṅgrahaḥ ǀ
setusnānaphalāvāptiriṣṭasiddhiḥ sukhāvahā ǀǀ 75ǀǀ

### *Die Antardasha von Rahu in der Dasha von Guru*

Auswirkungen wie Vorliebe für Yoga, Gewinn von Wohlstand und Getreide während der ersten fünf Monate, Herrschaft über eine Ortschaft oder ein Land, Treffen mit einem fremden König (ausländischer Machthaber), Wohlergehen in der Familie, Reisen in ferne Länder und Baden an heiligen Stätten wird es in der Antardasha von Rahu in der Dasha von Jupiter geben, falls Rahu in seinem Zeichen der Erhöhung, in seinem eigenen Zeichen, in seinem Mulatrikona-Zeichen oder vom Aszendenten aus in einem Kendra oder Trikona steht oder vom Herrn eines Kendra aspektiert wird oder mit einem Wohltäter verbunden ist oder von diesem aspektiert wird.

dāyeṣādrandhrabhāve vā vyaye vā pāpasaṁyute I
caurāhivraṇabhītiśca rājavaiṣamyameva ca II 76II
gṛhe karmakalāpena vyākulo bhavati dhruvam I
sodareṇa virodhaḥ syāddāyādajanavigrahaḥ II 77II
gṛhe tvaśubhakāryāṇi duḥsvapnādibhayaṁ dhruvam I
akasmātkalahaścaiva kṣūdraśūnyādirogakṛt II 78II

Gefahr durch Diebe, Schlangen, den König (Regierung usw.), Wunden, häusliche Probleme, Konflikte mit Geschwistern, Erbstreitigkeiten, böse Träume, grundlose Streitereien, Gefahr von Krankheiten usw. werden die Folgen sein, wenn Rahu sich mit einem Übeltäter verbunden vom Herrn der Dasha (Jupiter) aus im 8. oder 12. Haus befindet.

dvisaptamasthite rāhau dehavādhāṁ vinirdiśet I
taddoṣaparihārārthaṁ mṛtyuñjayajapaṁ caret II 79II
chāgadānaṁ prakurvīta sarvasaukhyamavāpnuyāt I
devapūyaprasādena rāhutuṣṭyā dvijottama II 80II

Physische Leiden wird es geben, sollte Rahu sich vom Aszendenten aus im 2. oder 7. Haus befinden. Als Heilmittel zur Linderung der genannten negativen Effekte ist Mrityunjaya Japa und das wohltätige Spenden einer Ziege anzuwenden.

# Kapitel 57: Die Auswirkungen der Antardashas in der Dasha von Shani

**atha śanyantardaśāphalādhyāyaḥ || 57||**
mūlatrikoṇe svarkṣe vā tulāyāmuccage'pi vā |
kendratrikoṇalābhe vā rājayogādisaṁyute || 1||
rājyalābho mahatsaukhyaṁ dāraputrādivardhanam |
vāhanatrayasaṁyuktaṁ gajāśvāmbarasaṅkulam || 2||
mahārājaprasādena senāpatyādilābhakṛt |
catuṣpājjīvalābhaḥ syādgrāmabhūmyādilābhakṛt || 3||

## *Die Antardasha von Shani in der Dasha von Shani*

Auswirkungen wie die Erlangung eines Königreichs (Machtposition), Freude an Frau und Kindern, Gewinn von Reittieren wie Elefanten (große Fahrzeuge), Erwerb von Gewändern, Erreichen der Stellung eines Armeeführers durch das Wohlwollen des Königs (Regierung usw.), Gewinn von Vieh, Ortschaften und Landbesitz usw. werden in der Antardasha des Saturn in der Dasha des Saturn erfahren, falls Saturn in seinem eigenen Zeichen, in seinem Mulatrikona-Zeichen oder sogar im Grad der Erhöhung oder vom Aszendenten aus in einem Kendra oder Trikona steht oder ein Yogakaraka ist.

tathā'ṣṭame vyaye mande nīce vā pāpasaṁyute |
tadbhuktyādau rājabhītirviṣaśastrādipīḍanam || 4||
raktastrāvo gulmarogo hyatimārādipīḍanam |
madhye caurādi bhītiśca deśatyāgo manorujaḥ || 5||
ante śubhakarī caiva śanerantardaśā dvija |
dvitīyadyūnanāthe tu hyapamṛtyurbhaviṣyati || 6||
taddoṣaparihārārthaṁ mṛtyuñjayajapaṁ caret |
tataḥ śāntimavāpnoti śaṅkarasya prasādataḥ || 7||

Furcht vor Bedrohung durch den König (Regierung usw.), Verletzungen durch Waffen, Zahnfleischbluten, Ruhr usw. werden die negativen Effekte zu Beginn der Antardasha sein, wenn Saturn vom Aszendenten aus gerechnet im 8. oder 12. Haus steht oder sich mit Übeltätern verbunden in seinem Zeichen des Falls befindet. Im mittleren Teil der Antardasha drohen Gefahren durch Diebe usw., Verlassen der Heimat und Seelenqualen usw. Der letzte Teil der Antardasha wird positive Effekte zeitigen.

Es besteht die Gefahr vorzeitigen Todes, sollte Saturn der Herr des 2. oder 7. Hauses sein. Shiva wird Schutz und Linderung (der genannten negativen Effekte) bieten, wenn Mrityunjaya Japa auf die vorgeschriebene Weise praktiziert wird.

mandasyāntargate saumye trikoṇe kendrage'pi vā I
sammānaṁ ca yaśaḥ kīrtiṁ vidyālābhaṁ dhanāgamam II 8II
svadeśe sukhamāpnoti vāhanādiphalairyutam I
yajñādikarmasiddhiśca rājayogādisambhavam II 9II
dehasaukhyaṁ hṛdutsāhaṁ gṛhe kalyāṇasambhavam I
setusnānaphalāvāptistīrthayātrādikarmaṇā II 10II
vāṇijyāddhanalābhaśca purāṇaśravaṇādikam I
annadānaphalaṁ caiva nityaṁ miṣṭhānnabhojanam II 11II

### *Die Antardasha von Budha in der Dasha von Shani*

Auswirkungen wie Anerkennung durch andere Menschen, guter Ruf, Erlangung von Wohlstand, bequeme Fahrzeuge usw., Tendenz zur Durchführung vedischer Opfer (Yagyas), Rajayoga (großer Erfolg), körperliches Wohlbefinden, Enthusiasmus, Wohlergehen in der Familie, Pilgerfahrten zu heiligen Stätten, Ausführung religiöser Riten, Hören der Puranas (vedischer Geschichtswerke), Wohltätigkeit, Genuss von Süßspeisen usw. werden in der Antardasha von Merkur in der Dasha des Saturn manifestiert, falls Merkur (vom Aszendenten aus) in einem Kendra oder Trikona steht.

ṣaṣṭhāṣṭamavyaye saumye nīce vāstaṅgate sati I
ravyāraphaṇisaṁyukte dāyeśādvā tathaiva ca II 12II
nṛpābhiṣekamarthāptirdeśagrāmādhipatyatā I
phalamīdṛśamādau tu madhyānte rogapīḍanam II 13II
naṣṭāni sarvakāryāṇi vyākulatvaṁ mahadbhayam I
dvitīyasaptamādhiśe dehabādhā bhaviṣyati II 14II
taddoṣaparihārārthaṁ viṣṇusāhasrakaṁ japet I
annadānaṁ prakurvīta sarvasampatpradāyakam II 15II

Gewinn eines Königreichs (Machtposition) und von Wohlstand, Herrschaft über eine Ortschaft usw. werden zu Beginn der Antardasha erfahren, wenn Merkur vom Aszendenten oder vom Herrn der Dasha (Saturn) aus gerechnet im 6., 8. oder 12. Haus steht oder mit Surya, Mangal und Rahu verbunden ist. Der mittlere und letzte Abschnitt der Antardasha ist von Krankheiten, Fehlschlägen in allen Unternehmungen, Kummer und Sorgen und einem Gefühl von Bedrohtsein geprägt.

*Ein Kommentator des 2. Bandes der BPHS zeigt sich verwundert, dass die ungünstige Platzierung von Merkur im ersten Teil der Antardasha so gute Ergebnisse bringen soll, will Parashara aber nicht in Frage stellen. Meiner Auffassung nach handelt es sich hier um einen dramatisierenden „Titanic-Effekt": Ein stolzes Schiff sticht in See, von jubelnden Menschen gefeiert – aber der Titel des Films ist „Der Untergang der Titanic", d. h. das negative Ende wird durch den positiven Anfang noch unterstrichen.*

Körperliche Leiden wird es geben, sollte Merkur der Herr des 2. oder 7. Hauses sein. Als Heilmittel zur Linderung der genannten negativen Effekte und zur Wiederherstellung der Lebensfreude ist die Rezitation des Vishnu Sahasranama und das wohltätige Spenden von Getreide anzuwenden.

mandasyāntargate ketau śubhadṛṣṭiyutekṣite I
svocce vā śubharāśisthe yogakārakasaṁyute II 16II
kendrakoṇagate vāpi sthānabhraṁśo mahadbhayam I
daridrabandhanaṁ bhītiḥ putradārādināśanam II 17II
svaprabhośca mahākaṣṭaṁ videśagamanaṁ tathā I
lagnādhipena saṁyukte ādau saukhyaṁ dhanāgamaḥ II 18II

### *Die Antardasha von Ketu in der Dasha von Shani*

Negative Effekte wie der Verlust der Stellung, Gefahren, Armut, Leiden, Aufenthalt in fremden Ländern usw. werden in der Antardasha von Ketu in der Dasha von Saturn selbst dann manifestiert, wenn Ketu in seinem Zeichen der Erhöhung, in seinem eigenen Zeichen, im Zeichen eines Wohltäters oder in einem Kendra oder Trikona steht oder von Wohltätern aspektiert wird. Falls Ketu mit dem Herrn des Aszendenten verbunden sein sollte, wird es zu Beginn der Antardasha Gewinn an Wohlstand, Baden in heiligen Stätten und den Besuch eines heiligen Schreines geben.

gaṅgādisarvatīrbheṣu snānaṁ daivatadarśanam I
dāyeśātkendrakoṇe vā tṛtīyabhavarāśige II 19II

samartho dharmabuddhiśca saukhyaṁ nṛpasamāgamaḥ I
tathā'ṣṭame vyaye ketau dāyeśādvā tathaiva ca II 20II
apamṛtyubhayaṁ caiva kutsitānnasya bhojanam I
śītajvarātisāraśca vraṇacaurādipīḍanam II 21II
dāraputraviyogaśca saṁsāre bhavati dhruvam I
dvitiyadyūnarāśisthe deha pīḍā bhaviṣyati II 22II
chāgadānaṁ prakurvīta hyapamṛtyunivāraṇam I
ketugrahaprasādena sukhaśāntimavāpnuyāt II 23II

Zunahme von körperlicher Stärke und Mut, religiöse Gedanken, eine Audienz mit dem König (einflussreichen Personen) und alle Arten von Freuden werden erfahren, sollte Ketu vom Herrn der Dasha (Saturn) aus gerechnet in einem Kendra, Trikona, dem 3. oder 11. Haus stehen.

Angst vor einem vorzeitigen Tod, verdorbene Nahrung, Schüttelfrost, Ruhr, Wunden, Gefahr durch Diebe, Trennung von Frau und Kindern usw. werden die Ergebnisse sein, sollte Ketu vom Aszendenten oder vom Herrn der Dasha aus im 8. oder 12. Haus stehen.

Körperliche Leiden sind angesagt, falls Ketu vom Aszendenten aus im 2. oder im 7. Haus steht. Als Heilmittel zur Linderung der genannten negativen Effekte und zur Wiederherstellung der Lebensfreude durch die Gunst von Ketu ist das wohltätige Spenden einer Ziege anzuwenden.

mandasyāntargate śukre svocce svakṣetrage'pi vā I
kendre vā śubhasaṁyukte triokoṇe lābhage'pi vā II 24II
dāraputradhanaprāptirdehārogyaṁ mahotsavaḥ I
gṛhe kalyāṇsampatti rājyalābhaṁ mahatsukham II 25II
mahārājaprasādena hīṣṭasiddhiḥ sukhāvahā I
ssammānaṁ prabhusammānaṁ priyavastrādilābhakṛt II 26II
dvipāntarādvastralābhaḥ śvetāśvo mahiṣī tathā I
gurucāravaśādbhāgyaṁ saukhyaṁ ca dhanasampadaḥ II 27II
śanicārānmanuṣyo'sau yogamāpnotyasaṁśayam I
śatrunīcāstage śukre ṣaṣṭhāṣṭamavyayarāśige II 28II
dāranāśo manaḥkleśaḥ sthānanāśo manorujaḥ I
dārānāṁ svajanakleśaḥ santāpo janavigrahaḥ II 29II

### *Die Antardasha von Shukra in der Dasha von Shani*

Auswirkungen wie Hochzeit, Geburt eines Sohnes, Erlangung von Wohlstand, gute Gesundheit, Wohlergehen in der Familie, Gewinn eines Königreichs (einflussreiche Position), sich der Gunst des Königs (Regierung, Vorgesetzter usw.) erfreuen, Ehrungen, Erwerb von Gewändern, Schmuck, Fahrzeugen und anderer wünschenswerter Dinge werden in der Antardasha der Venus in der Dasha von Shani manifestiert, falls Venus sich mit Wohltätern verbunden oder von ihnen aspektiert in einem Kendra, Trikona oder im 11. Haus befindet.

Falls Jupiter während des Zeitraumes der Antardasha im Transit günstig steht, wird einem gleichsam ein Glücksstern aufgehen und der Wohlstand wird zunehmen. Wenn Saturn im Transit günstig steht, werden sich Rajayoga-Effekte einstellen und Yoga-Triya-Siddhi wird erlangt (beides weist auf großen Erfolg [siddhi] hin).

Kummer mit der Ehefrau, Verlust der Stellung, Seelenqualen, Streit mit nahen Angehörigen usw. werden die Ergebnisse sein, wenn Shukra im Zeichen des Falls steht, verbrannt ist, oder sich (vom Aszendenten aus) im 6., 8. oder 12. Haus befindet.

dāyeśādbhāgyage caiva kendre vā lābhasaṁyute ।
rājaprītikaraṁ caiva mano'bhīṣṭapradāyakam ।। 30।।
dānadharmadayāyuktaṁ tīrthayātrādikaṁ phalam ।
sāsrtārthakāvyaracanāṁ vedāntaśravaṇādikam ।। 31।।
dāraputrādisaukhyaṁ ca labhate nā'tra saṁśayaḥ ।
dāyeśādvyayage śukre ṣaṣṭhe vā hyaṣṭame'pi vā ।। 32।।
netrapīḍā jvarabhayaṁ svakulācāravarjitaḥ ।
kapole dantaśūlādi hṛdi guhye ca pīḍanam ।। 33।।
jalabhītirmanastāpo vṛkṣātpatanasambhavaḥ ।
rājadvāre janadveṣaḥ sodhareṇa virodhanam ।। 34।।

Erfüllung der eigenen Bestrebungen durch das Wohlwollen des Königs, Wohltätigkeit, Durchführung vedischer Riten, Erwachen des Interesses am Studium der vedischen Schriften (Shastras), Verfassen von Gedichten, Interesse am Vedanta, Hören der Puranas und Freude an Frau und Kindern werden erfahren, falls

Venus sich vom Herrn der Dasha (Saturn) aus gerechnet im 9. oder 11. Haus oder in einem Kendra befindet.

Es wird zu Augenleiden, Fieber, Verlust guten Verhaltens, Herzerkrankung, Schmerz in den Armen, Gefahr des Ertrinkens oder des Herabfallens von einem Baum sowie zu einer feindseligen Haltung gegenüber Angehörigen, Staatsbeamten und Brüdern kommen, sollte Venus vom Herrn der Dasha (Saturn) aus im 6., 8. oder 12. Haus stehen.

dvitīyasaptamādhīśe ātmakleśo bhaviṣyati |
taddoṣaparihārārthaṁ durgādevījapaṁ caret || 35||
śvetāṁ gāṁ mahiṣīṁ dadyādāyurārogyavṛddhidām |
jagadambāprasādena tataḥ sukhamavāpnuyāt || 36||

Körperliche Leiden werden erfahren, wenn Venus vom Aszendenten aus gerechnet Herr des 2. oder 7. Hauses ist. Als Heilmittel zur Linderung der genannten negativen Effekte und zur Wiedererlangung von Lebensfreude und guter Gesundheit durch das Wohlwollen der Göttin Durga ist die Durchführung von Durga Saptashati Patha (Rezitation des Devi Mahatmyam aus dem Markandeya Purana) und das wohltätige Spenden einer Kuh oder einer Büffelkuh anzuwenden.

mandasyāntargate sūrye svocce svakṣetrage'pi vā |
bhāgyādhipena saṁyukte kendralābhatrikoṇage || 37||
śubhadṛṣṭiyute vāpi svaprabhośca mahatsukham |
gṛhe kalyāṇasampattiḥ putrādisukhavarddhanam || 38||
vāhanāmbarapaśvādigokṣīraissaṅkulaṁ gṛham |
lagnāṣṭamavyaye sūrye dāyeśādvā tathaiva ca || 39||
hṛdrogo mānahāniśca sthānabhraṁśo manorujā |
iṣṭbandhuviyogaśca udyogasya vināśanam || 40||
tāpajvarādipīḍā ca vyākulatvaṁ bhayaṁ tathā |
ātmasambandhimaraṇamiṣṭavastuviyogakṛt || 41||

### *Die Antardasha von Surya in der Dasha von Shani*

Auswirkungen wie gute Beziehungen zum Vorgesetzten, Wohlergehen in der Familie, Freude an den Kindern, Erwerb von Fahrzeugen (Reittieren) und Vieh usw. werden sich in der Antardasha der Sonne in der Dasha von Saturn einstellen, falls Surya in seinem Zeichen der Erhöhung oder in seinem eigenen Zeichen steht oder mit dem Herrn des 9. Hauses verbunden ist oder sich vom Aszendenten aus, mit Wohltätern verbunden oder von ihnen aspektiert, in einem Kendra oder Trikona befindet.

Es wird Herzerkrankungen, Diffamierung, Verlust der Stellung, Seelenqualen, Trennung von nahen Angehörigen, Hindernisse in beruflichen Unternehmungen, Fieber, Ängste, Verlust von Verwandten und von Dingen geben, die einem lieb sind, wenn Surya vom Aszendenten oder vom Herrn der Dasha (Saturn) aus gesehen im 8. oder 12. Haus steht.

dvitīyadyūnanāthe tu dehabādhā bhaviṣyati |
taddoṣaparihārārthaṁ sūryapūjāṁ ca kārayet || 42||

Körperliche Leiden sind angesagt, sollte Surya vom Aszendenten aus Herr des 2. oder des 7. Hauses sein. Die Verehrung von Surya ist das Heilmittel, um eine Linderung der genannten negativen Effekte zu bewirken.

mandasyāntargate candre jīvadṛṣṭisamanvite |
svocce svakṣetrakendrasthe trikoṇe lābhage'pi vā || 43||
pūrṇe śubhagrahairyukte rājaprītisamāgamaḥ |
mahārājaprasādena vāhanāmbarabhūṣaṇam || 44||
saubhāgyaṁ sukhavṛddhiṁ ca bhṛtyānāṁ paripālanam |
pitṛmātṛkule saukhyaṁ paśuvṛddhiḥ sukhāvahā || 45||

### *Die Antardasha von Chandra in der Dasha von Shani*

Auswirkungen wie Gewinn von Fahrzeugen, Gewändern, Schmuck, vermehrte Glücksfälle und Sinnesfreuden, Betreuung von Brüdern, Freude im Heim der Verwandten mütterlicher- und väterlicherseits sowie Zunahme an Wohlstand, Viehbesitz usw. werden in der Antardasha des Mondes in der Dasha von Saturn erfahren, falls der Mond voll ist, im Zeichen der Erhöhung, im eigenen Zeichen, vom Herrn der Dasha (Saturn) aus gerechnet in einem Kendra oder Trikona oder im 11. Haus steht oder von Wohltätern aspektiert wird.

kṣīṇe vā pāpasaṁyukte pāpadṛṣṭe vā nīcage |
krūrāṁśakagate vāpi krūrakṣetragate'pi vā || 46||
jātakasya mahatkaṣṭaṁ rājakopo dhanakṣayaḥ |
pitṛmātṛviyogaśca putrīputrādirogakṛt || 47||
vyavasāyātphalaṁ neṣṭaṁ nānāmārge dhanavyayaḥ |
akāle bhojanaṁ caiva mauṣadhasya ca bhakṣaṇam || 48||
phalametadvijānīyādādau saukhyaṁ dhanāgamaḥ |
dāyeśātkendrarāśisthe trikoṇe lābhage'pi vā || 49||
vāhanāmbarapaśvādibhrātṛvṛddhiḥ sukhāvahā |
pitṛmātṛsukhāvāptiḥ strīsaukhyaṁ ca dhanāgamaḥ || 50||
mitraprabhuvaśādiṣṭaṁ sarvasaukhyaṁ śubhāvaham |
dāyeśāddvādaśa bhāve randhre vā balavarjite || 51||
śayanaṁ rogamālasyaṁ sthānabhraṣṭaṁ sukhāpaham |
śatruvṛddhivirodhaṁ ca bandhudveṣamavāpnuyāt || 52||

Großes Leid, Zorn, Trennung von den Eltern, schlechte Gesundheit von Kindern, geschäftliche Verluste, unregelmäßiges Essen, auf Medikamente angewiesen sein usw. sind die Folge, wenn der Mond am Abnehmen ist, mit Übeltätern verbunden ist oder von ihnen aspektiert wird, im Zeichen des Falls, in einem grausamen (widrigen) Zeichen in der Navamsha oder im Zeichen eines grausamen Planeten (Übeltäters) steht. Zu Beginn der Antardasha wird es jedoch positive Effekte und etwas Gewinn von Wohlstand geben (*an Letzterem zweifelt ein Kommentator der BPHS. Etwas Gutes zu erhalten, um es dann wieder zu verlieren, kann man m. E. aber durchaus als etwas besonders Übles ansehen*).

Freude an Fahrzeugen und (guter) Kleidung, Freude mit Angehörigen sowie Freude an den Eltern, der Ehefrau, dem Vorgesetzten usw. wird das Ergebnis sein, wenn der Mond vom Herrn der Dasha (Saturn) aus in einem Kendra, Trikona oder dem 11. Haus steht.

Effekte wie Schläfrigkeit, Lethargie, Verlust der Stellung, Verlust der Lebensfreude, Zunahme der Zahl der Feinde, Konflikte mit Angehörigen werden erfahren, falls der Mond schwach ist und sich vom Herrn der Dasha (Saturn) aus im 6., 8. oder 12. Haus befindet.

dvitīyadyūnanāthe tu dehālasya bhaviṣyati I
taddoṣaśamanārthaṁ ca tilahomādikaṁ caret I I 53 I I
guḍaṁ ghṛtaṁ ca dadhnāktaṁ taṇḍulaṁ ca yathāvidhi I
śvetāṁ gāṁ mahiṣīṁ dadyādāyurārogyavṛddhaye I I 54 I I

Lethargie und körperliche Leiden wird es geben, sollte der Mond vom Aszendenten aus Herr des 2. oder 7. Hauses sein. Als Heilmittel zur Linderung der genannten negativen Effekte und zur Verlängerung der Lebensdauer ist Havana (Darbringung von Opfergaben an die Götter) und das wohltätige Spenden von Palmzucker, Ghee, Reis-Quark-Zubereitungen, einer Kuh oder einer Büffelkuh anzuwenden.

mandasyāntargate bhaume kendralābhatrikoṇage I
tuṅge svakṣetrage vāpi daśādhipasamanvite I I 55 I I
lagnādhipena saṁyukte ādau saukhyaṁ dhanāgamaḥ I
rājaprītikaraṁ saukhyaṁ vāhanāmbarabhūṣaṇam I I 56 I I
senāpatyaṁ nṛpaprītiḥ kṛṣigodhānyasampadaḥ I
nūtanasthānanirmāṇaṁ bhrātṛvargeṣṭasaukhyakṛt I I 57 I I

## *Die Antardasha von Mangal in der Dasha von Shani*

Auswirkungen wie Sinnesfreuden, Erlangung von Wohlstand, Anerkennung seitens des Königs (Regierung, Vorgesetzer usw.), Erwerb von Fahrzeugen, Gewändern und Schmuck, Einnehmen der Stellung eines Armeeführers, Zunahme des Besitzes von landwirtschaftlichen Dingen und Vieh, Bau eines neuen Hauses sowie Freude an Angehörigen werden von Beginn der Antardasha des Mars in der Dasha des Saturn an erfahren, falls Mars in seinem Zeichen der Erhöhung oder in seinem eigenen Zeichen steht oder mit dem Herrn des Aszendenten oder dem Herrn der Dasha (Saturn) verbunden ist.

nīce cāstaṅgate bhaume lagnādaṣṭavyayasthite I
pāpadṛṣṭiyute vāpi dhanahānirbhaviṣyati I I 58 I I
caurāhivraṇaśastrādigranthirogādipīḍanam I
bhrātṛpitrādipīḍā ca dāyādajanavigrahaḥ I I 59 I I
catuṣpājjīvahāniśca kutsitānnasya bhojanam I
videśagamanaṁ caiva nānamārge dhanavyayaḥ I I 60 I I

Es wird Verlust von Wohlstand, Gefahr durch Verletzungen sowie durch Diebe, Schlangen, Waffen, Gicht und ähnliche Krankheiten, Kummer mit dem Vater und mit Brüdern, Streit mit Kollegen, Verlust von Angehörigen, verdorbene Nahrung, Auswanderung in fremde Länder, unnötige Ausgaben usw. geben, wenn Mars sich in seinem Zeichen des Falls befindet, verbrannt ist oder mit Übeltätern verbunden bzw. von diesen aspektiert vom Aszendenten aus im 8. oder 12. Haus steht.

aṣṭamadyūnanāthe tu dvitīyasthe'tha vā yadi |
apamṛtyubhayaṁ caiva nānākaṣṭaṁ parābhavaḥ || 61||
taddoṣaparihārārthaṁ śāntihomaṁ ca kārayet |
vṛṣadānaṁ prakurvīta sarvāriṣṭanivāraṇam || 62||

Großes Leid, Abhängigkeit von anderen und Furcht vor einem vorzeitigen Tod kann erwartet werden, sollte Mars vom Aszendenten aus im 2. Haus stehen oder der Herr des 7. oder 8. Hauses sein. Das Heilmittel zur Linderung der genannten negativen Effekte ist Havana (Darbringung von Opfergaben an die Götter) und das wohltätige Spenden eines Stieres.

mandasyāntargate rāhau kalahaśca manovyathā |
dehapīḍā manastāpaḥ putradveṣo rujobhayam || 63||
arthavyayo rājabhayaṁ svajanādivirodhitā |
videśagamanaṁ caiva gṛhakṣetrādināśanam || 64||

### *Die Antardasha von Rahu in der Dasha von Shani*

Auswirkungen wie Streitigkeiten, Seelenqualen, körperliche Leiden, Todesangst, Konflikte mit den Söhnen, Gefahr durch Krankheiten, unnötige Ausgaben, Zerwürfnis mit nahen Angehörigen, Gefahr durch die Regierung, Reisen in die Fremde sowie Verlust des Hauses und von Ackerland sind in der Antardasha von Rahu in der Dasha von Saturn zu erwarten, falls Rahu nicht in seinem Zeichen der Erhöhung oder anderweitig in einer sehr guten Position (im Horoskop) steht.

lagnādhipena saṁyukte yogakārakasaṁyute |
svocce svakṣetrage kendre dāyeśāllābharāśige || 65||
ādau saukhyaṁ dhanāvāptiṁ gṛhakṣetrādisampadam |

devabrāhmaṇabhaktiṁ ca tīrthayātrādikaṁ labhet || 66||
catuṣpājjīvalābhaḥ syādgṛhe kalyāṇvarddhanam |
madhye tu rājabhītiśca putramitravirodhanam || 67||

Sinnesfreuden, Erlangung von Wohlstand, Steigerung der landwirtschaftlichen Produktion, Hingabe an Gottheiten und Brahmanen, Pilgerfahrten zu heiligen Stätten, Zunahme des Reichtums an Vieh und Wohlergehen in der Familie werden zu Beginn der Antardasha die Ergebnisse sein, wenn Rahu mit dem Herrn des Aszendenten oder einem Yogakaraka verbunden ist, sich in seinem Zeichen der Erhöhung, in seinem eigenen Zeichen, oder vom Aszendenten oder dem Herrn der Dasha (Saturn) aus in einem Kendra oder im 11. Haus befindet. Im mittleren Abschnitt der Antardasha wird es eine herzliche Beziehung zum König und Freude durch Freunde geben.

meṣe kanyāgate vāpi kulīre vṛṣabhe tathā |
mīnakodaṇḍasiṁheṣu gajāntaiśvaryamādiśet || 68||
rājasammanabhūṣāptiṁ mṛdulābharasaukhyakṛt |
dvisaptamādhipairyukte dehabādhā bhaviṣyati || 69||
mṛtyuñjayaṁ prakurvīta chāgadānaṁ ca kārayet |
vṛṣadānaṁ prakurvīta sarvasampatsukhāvaham || 70||

Erwerb von Elefanten, Reichtum und Ruhm in Fülle, eine herzliche Beziehung zum König (Regierung) und Erlangung von wertvollen Gewändern wird es geben, sollte Rahu in Widder, Jungfrau, Krebs, Stier, Fische oder Schütze stehen.

Körperliche Leiden werden erfahren, falls Rahu mit dem Herrn des 2. oder des 7. Hauses verbunden ist. Heilmittel zur Linderung der genannten negativen Effekte sind Mrityunjaya Japa und das wohltätige Spenden einer Ziege.

mandasyāntargate jīve kendre lābhatrikoṇage |
lagnādhipena saṁyukte svocce svakṣetrage'pi vā || 71||
sarvakāryārthasiddhiḥ syācchobhanaṁ bhavati dhruvam |
mahārājaprasādena dhanavāhanabhūṣaṇam || 72||
sanmānaṁ prabhusammānaṁ priyavastrārthalābhakṛt |
devatāgurubhaktiśca vidvajjanasamāgamaḥ || 73||
dāraputrādilābhaśca putrakalyāṇavaibhavam |

ṣaṣṭhāṣṭamavyaye jīve nīce vā pāpasaṁyute || 74||
nijasambandhimaraṇaṁ dhanadhānyavināśanam |
rājasthāne janadveṣaḥ karyahānirbhaviṣyati || 75||
videśagamanaṁ caiva kuṣṭharogādisambhavaḥ |
dāyeśātkendrakoṇe vā dhane vā lābhage'pi vā || 76||
vibhavaṁ dārasaubhāgyaṁ rājaśrīdhanasampadaḥ |
bhojanāmbarasaukhyaṁ ca dānadharmādikaṁ bhavet || 77||
brahmaprtiṣṭhāsiddhiśca kratukarmaphalaṁ tathā |
annadānaṁ mahākīrtirvedāntaśravaṇādikam || 78||

### *Die Antardasha von Guru in der Dasha von Shani*

Auswirkungen wie allesumfassender Erfolg, Wohlergehen in der Familie, Gewinn von Fahrzeugen, Schmuck und Gewändern durch die Gunst des Königs (Regierung usw.), Ehrungen, Hingabe an Gottheiten und den Meister, Gemeinschaft mit gebildeten Menschen, Freude an Frau und Kindern usw. werden in der Antardasha von Jupiter in der Dasha von Saturn manifestiert, falls Jupiter in einem Kendra oder Trikona steht, mit dem Herrn des Aszendenten verbunden ist oder in seinem eigenen Zeichen oder in seinem Zeichen der Erhöhung steht.

Wirkungen wie der Tod naher Angehöriger, Verlust von Wohlstand, Konflikte mit Regierungsbeamten, Fehlschläge von Vorhaben, Reisen in fremde Länder, Krankheiten wie Lepra usw. werden erfahren, wenn Jupiter sich in seinem Zeichen des Falls befindet, mit Übeltätern verbunden ist oder vom Aszendenten aus im 6., 8. oder 12. Haus steht.

Es wird Reichtum und Ruhm in Fülle, Freude am Zusammensein mit der Ehefrau, Gewinne durch den König (Regierung usw.), Annehmlichkeiten wie gute Nahrung und prächtige Gewänder, tugendhafte Gesinnung und Religiosität oder Spiritualität, Ehre und Ruhm im Lande, Interesse an den Veden und am Vedanta, Durchführung von vedischen Opfern (Yagyas), wohltätiges Spenden von Getreide usw. geben, falls Jupiter sich vom Herrn der Dasha (Saturn) aus gerechnet im 5., 9., 11., oder 2. Haus oder in einem Kendra befindet.

dāyeśātṣaṣṭharandhre vā vyaye vā balavarjite |

bandhudveṣo manoduḥkhaṁ kalahaḥ padavicyuti || 79||
kubhojanaṁ karmahānī rājadaṇḍāddhanavyaya |
kārāgṛhapraveśaśca putradārādipīḍanam || 80||

Konflikte mit Angehörigen, Seelenqualen, Streitigkeiten, Verlust der Stellung, Fehlschläge von Unternehmungen, Verlust von Wohlstand durch von der Regierung erhobene Zwangsabgaben oder Bußgelder, Gefangenschaft und Kummer mit Frau und Kindern werden Ergebnisse sein, wenn Jupiter schwach steht und sich vom Herrn der Dasha (Saturn) aus im 6., 8. oder 12. Haus befindet.

dvitīyadyūnanāthe tu dehavādhā manorujaḥ |
ātmasambandhamaraṇaṁ bhaviṣyati na saṁśayaḥ || 81||
taddoṣaparihārārthaṁ śivasāhasrakaṁ japet |
svarṇadānaṁ prkurvīta hyārogyaṁ bhavati dhruvam || 82||

Körperliche Leiden, Todesangst, der Tod des Geborenen oder eines Familienangehörigen werden erfahren, sollte Jupiter Herr des 2. oder 7. Hauses (vom Aszendenten aus gerechnet) sein. Als Heilmittel zur Linderung der genannten negativen Effekte ist die Rezitation des Shiva Sahasranama und das wohltätige Spenden von Gold anzuwenden.

# Kapitel 58: Die Auswirkungen der Antardashas in der Dasha von Budha

**atha budhāntardaśāphalādhyāyaḥ ǀǀ 58ǀǀ**
muktāvidrumalābhaśca jñānakarmasukhādikam ǀ
vidyāmahattvaṁ kīrtiśca nūtanaprabhudarśanam ǀǀ 1ǀǀ
vibhavaṁ dāraputrādi pitṛmātṛsukhāvaham ǀ
svoccādisthe'tha nīce'ste ṣaṣṭhāṣṭamavyayarāśige ǀǀ 2ǀǀ
pāpayukte'thavā dṛṣṭe dhanadhānyapaśukṣayaḥ ǀ
ātmabandhuvirodhaśca śūlaroogādisambhavaḥ ǀǀ 3ǀǀ
rājakāryakalāpena vyākulo bhavti dhruvam ǀ
dvitīyadyūnanāthe tu dārakleśo bhaviṣyati ǀǀ 4ǀǀ
ātmasambandhimaraṇaṁ vātaśūlādisambhavaḥ ǀ
taddoṣaparihārārthaṁ viṣṇusāhasrakaṁ japet ǀǀ 5ǀǀ

## *Die Antardasha von Budha in der Dasha von Budha*

Erwerb von Juwelen wie Perlen usw., von Wissen, Zunahme von Freude und Ausführung tugendhafter Handlungen, Erfolg im Bereich der Erziehung und Bildung, Gewinn von Ruhm und Ehre, Treffen mit neu eingesetzten Königen, Erlangung von Wohlstand und Freude an Frau, Kindern und Eltern werden die Auswirkung der Antardasha des Merkur in seiner eigenen Dasha sein, falls Merkur in seinem Zeichen der Erhöhung oder anderweitig stark steht.

Es wird Verlust von Wohlstand und von Vieh geben, Konflikte mit Verwandten, Krankheiten wie Magenschmerzen sowie Angst davor, die Stellung als Regierungsvertreter zu verlieren, wenn Merkur sich in seinem Zeichen des Falls usw. befindet oder vom Aszendenten aus im 6., 8. oder 12. Haus steht oder mit Übeltätern verbunden ist.

Kummer mit der Ehefrau bzw. diese hat zu leiden, Tod von Familienangehörigen, jeiden an Krankheiten wie Rheumatismus und Magenschmerzen usw. werden erfahren, sollte Merkur Herr des 2. oder 7. Hauses sein. Als Heilmittel zur Linderung der genannten negativen Effekte ist die Rezitation des Vishnu Sahasranama anzuwenden.

budhasyāntargate ketau lagnātkendratrikoṇage ।
śubhayukte śubhairdṛṣṭe lagnādhipasamanvite ।। 6।।
yogakārakasambandhe dāyeśātkendralābhage ।
dehasaukhyaṁ dhanālpatvaṁ bandhusnehamathādiśet ।। 7।।
catuṣpājjīvalābhaḥ syātsañcāreṇa dhanāgamaḥ ।
vidyākīrtirprasaṅgaśca samānaprabhudarśanam ।। 8।।
bhojanāmbarasaukhyaṁ ca hyādau madhye sukhāvaham ।
dāyeśādyadi randhrasthe vyaye vā pāpasaṁyute ।। 9।।
vāhanātpatanaṁ caiva putrakleśādisambhavaḥ ।
caurādirājabhītiśca pāpakarmarataḥ sadā ।। 10।।
vṛścikādiviṣādbhītirnīcaiḥ kalahasambhavaḥ ।
śokarogādiduḥkhaṁ ca nīcasaṅgādikaṁ bhavet ।। 11।।

## *Die Antardasha von Ketu in der Dasha von Budha*

Auswirkungen wie körperliche Fitness, etwas Gewinn an Wohlstand, herzliche Beziehungen zu Angehörigen, Zunahme des Reichtums an Vieh, Einkommen aus beruflichen Projekten, Erfolg im Bereich der Erziehung und Bildung, Erlangung von Ruhm und gutem Ruf, Ehrungen, eine Audienz mit dem König und Teilnahme an einem Bankett mit ihm, Annehmlichkeiten wie gute Kleidung usw. werden erfahren, falls Ketu mit Wohltätern verbunden vom Aszendenten aus in einem Kendra oder Trikona steht oder in Konjunktion mit dem Herrn des Aszendenten oder mit einem Yogakaraka. Dieselben Ergebnisse werden sich einstellen, wenn Ketu sich vom Herrn der Dasha (Merkur) aus in einem Kendra oder im 11. Haus befindet.

Fall von einem Reittier (Autounfall usw.), Kummer mit dem Sohn, Gefahr durch den König, Verstrickung in sündige Handlungen, Gefahr durch Skorpione usw., Streit mit Untergebenen, Sorgen, Krankheiten und Gemeinschaft mit niedrigen Menschen werden die Ergebnisse sein, wenn Ketu mit Übeltätern verbunden vom Herrn der Dasha (Merkur) aus gerechnet im 8. oder im 12. Haus steht.

dvitīyadyūnanāthe tu dehajāḍyaṁ bhaviṣyati ।
taddoṣaparihārāya chāgadānaṁ tu kārayet ।। 12।।

Körperliche Leiden wird es geben, sollte Ketu Herr des 2. oder 7. Hauses vom Aszendenten aus sein (bzw. sich in 2 oder 7 befinden). Als Heilmittel zur Linderung der genannten negativen Effekte ist das wohltätige Spenden einer Ziege anzuwenden.

saumyasyāntargate śukre kendre lābhe trikoṇage ।
satkathāpuṇyadharmādisaṅgrahaḥ puṇyakarmakṛt ।। 13।।
mitraprabhuvaśādiṣṭaṁ kṣetralābhaḥ sukhaṁ bhavet ।
daśādhipātkendragate trikoṇe lābhage'pi vā ।। 14।।
tatkāle śriyamāpnoti rājaśrīdhanasampadaḥ ।
vāpīkūpataḍāgadidānadharmādisaṅgrahaḥ ।। 15।।
vyavasāyātphalādhikyaṁ dhanadhānyasamṛddhikṛt ।
dāyeśātṣaṣṭharandhrasthe vyaye vā balavarjite ।। 16।।
hṛdrogo mānahāniśca jvarātīsārapīḍanam ।
ātmabandhuviyogaśca saṁsāre bhavati dhruvam ।। 17।।
ātmakaṣṭaṁ manastāpadāyakaṁ dvijasattama ।
dvitīyadyūnanāthe tu hyapamṛtyurbhaviṣyati ।। 18।।
taddoṣaparihārārthaṁ durgādevījapaṁ caret ।
jagadambāprasādena tataḥ śāntimavāpnuyāt ।। 19।।

### *Die Antardasha von Shukra in der Dasha von Budha*

Auswirkungen wie die Tendenz religiöse Riten auszuführen, Erfüllung aller Bestrebungen durch die Unterstützung seitens des Königs (Regierung usw.) und von Freunden, Steigerung des Besitzes von Ackerland und der Lebensfreude usw. werden sich in der Antardasha der Venus in der Dasha von Merkur manifestieren, falls Venus vom Aszendenten aus in einem Kendra, dem 11., dem 5. oder dem 9. Haus steht.

Ereignisse wie die Erlangung eines Königreichs (hohe Position), Gewinn von Wohlstand und Besitz, Bau eines Wasserreservoirs, die Bereitschaft zu Wohltätigkeit und zur Durchführung religiöser Riten sowie außergewöhnlicher Gewinn an Wohlstand und große geschäftliche Profite sind zu erwarten, wenn Venus sich vom Herrn der Dasha (Merkur) aus in einem Kendra oder im 11. Haus befindet.

Herzerkrankungen, Verleumdungen erleben, Fieber, Ruhr, Trennung von Angehörigen, physische und seelische Leiden werden das Ergebnis sein, sollte Venus schwach vom Herrn der Dasha (Merkur) aus im 6., 8. oder 12. Haus stehen.

Furcht vor frühzeitigem Tod wird es geben, wenn Venus (vom Aszendenten aus) Herr des 2. oder des 7. Hauses ist. Das Heilmittel zur Linderung der genannten negativen Effekte ist die Rezitation von Mantras der Göttin Durga.

saumyasyāntargate sūrye svocce svakṣetrakendrage |
trikoṇe dhanalābhe tu tuṅgāṁśe svāṁśage'pi vā || 20||
rājaprasādasubhāgyaṁ mitraprabhuvaśātsukham |
bhūmyātmajena sandṛṣṭe ādau bhūlābhamādiśet || 21||
lagnādhipena sandṛṣṭe bahusaukhyaṁ dhanāgamam |
grāmabhūmyādilābhaṁ ca bhojanāmbarasaukhyakṛt || 22||

### *Die Antardasha von Surya in der Dasha von Budha*

Auswirkungen wie Glück und Reichtum durch die Gunst des Königs (Regierung, Vorgesetzter usw.) zu gewinnen, Freude durch Freunde usw. werden in der Antardasha der Sonne in der Dasha von Merkur erfahren, falls Surya in seinem eigenen oder in seinem Zeichen der Erhöhung oder in einem Kendra, Trikona, im 2. oder 11. Haus steht oder in der Navamsha erhöht bzw. im eigenen Zeichen. Erwerb von Landbesitz wird es geben, sollte Surya (in der oben genannten guten Stellung) von Mars aspektiert werden und Annehmlichkeiten in Gestalt von guter Nahrung und Kleidung, wenn solch eine Sonne vom Herrn des Aszendenten aspektiert wird.

lagnāṣṭamavyaye vāpi śanyāraphaṇisaṁyute |
dāyeśādripurandhrasthe vyaye vā balavarjite || 23||
caurādiśastrapīḍā ca pittādhikyaṁ bhaviṣyati |
śiroruṅmanasastāpa iṣṭabandhuviyogakṛt || 24||

Furcht vor Dieben, Feuer und Waffen bzw. Gefahr durch diese, Pitta-Probleme, Kopfschmerzen, Seelenqualen und Trennung von Freunden usw. werden Ergebnisse sein, sollte Surya sich vom Aszendenten oder vom Herrn der Dasha (Merkur) aus im 6., 8. oder 12. Haus befinden, schwach gestellt und mit Saturn, Mars und Rahu verbunden sein.

dvitīyasaptamādhīśe hyapamṛtyurbhaviśyati |
taddoṣaparihārārthaṁ śāntiṁ kuryādyathāvidhi || 25||

Furcht vor frühzeitigem Tod wird erlebt, falls Surya der Herr des 2. oder des 7. Hauses sein sollte. Die Verehrung von Surya ist das Heilmittel, um eine Milderung der genannten negativen Effekte herbeizuführen.

saumyasyāntargate candre lagnātkendratrikoṇage I
svocce vā svarkṣage vāpi gurudṛṣṭisamanvite I I 26I I
yogasthānādhipatyena yogaprābalyamādiśet I
strīlābhaṁ putralābhaṁ ca vastravāhanabhūṣaṇam I I 27I I

### *Die Antardasha von Chandra in der Dasha von Budha*

Diese Konstellation (Yoga, hier das Zusammenwirken von Budha und Chandra) wird sehr stark in Bezug auf segensreiche Effekte, falls in der Antardasha des Mondes in der Dasha von Merkur der Mond vom Aszendenten aus gerechnet in einem Kendra steht oder im Zeichen der Erhöhung oder im eigenen Zeichen und dabei von Jupiter aspektiert wird oder selbst ein Yogakaraka ist; dann sind Hochzeit, Geburt eines Sohnes und Gewinn von Kleidung und Schmuck die Ergebnisse.

nūtanālayalābhaṁ ca nityaṁ miṣṭhānnabhojanam I
gītavādyaprasaṅgaṁ ca śāstravidyāpariśramam I I 28I I
dakṣiṇāṁ diśamāśritya prayāṇaṁ ca bhaviṣyati I
dvīpāntarādivastrāṇāṁ lābhaścaiva bhaviṣyati I I 29I I
muktāvidrumaratnāni dhautavastrādikaṁ labhet I
nīcārikṣetrasaṁyukte dehabādhā bhaviṣyati I I 30I I
dāyeśātkendrakoṇasthe duścikye lābhage'pi vā I
tadbhuktyādau puṇyatīrthasthānadaivatadarśanam I I 31I I
manodhairyaṁ hṛdutsāho videśadhanalābhakṛt I
dāyeśātṣaṣṭharandhre vā vyaye vā pāpasaṁyute I I 32I I
corāgninṛpabhītiśca strīsamāgamato bhavet I
duṣkṛtirdhanahāniśca kṛṣigośvādināśakṛt I I 33I I

Unter den oben beschriebenen Umständen wird es außerdem Ereignisse wie den Bau eines neuen Hauses, den Genuss köstlicher Süßspeisen, Freude an Musik, das Studium der Veden, Reisen Richtung Süden, Erlangung von Kleidung aus Übersee und Gewinn von Juwelen wie Perlen usw. geben.

Körperliche Leiden sind die Folge, sollte Chandra in ihrem Zeichen des Falls oder im Zeichen eines Feindes stehen.

Wenn der Mond vom Herrn der Dasha (Merkur) aus in einem Kendra, Trikona, im 3. oder im 11. Haus steht, wird es zu Beginn der Antardasha Besuche heiliger Schreine, eine geduldige und enthusiastische Mentalität und Gewinn von Wohlstand aus fremden Ländern geben.

Gefahr durch den König (Regierung usw.), Feuer und Diebe, Diffamierung oder Schande sowie Verlust von Wohlstand durch die Ehefrau, Vernichtung von Ackerland und Vieh usw. werden Ergebnisse sein, falls der Mond schwach steht oder sich vom Herrn der Dasha (Merkur) aus im 6., 8. oder 12. Haus befindet.

dvitīyadyūnanāthe tu dehabādhā bhaviṣyati |
taddoṣaparihārārthaṁ durgādevījapaṁ caret || 34||
vastradānaṁ prakurvīta āyurvṛddhisukhāvaham |
jagadambāprasādena tataḥ sukhamavāpnuyāt || 35||

Körperliche Leiden sind angesagt, wenn Chandra (vom Aszendenten aus) Herr des 2. oder des 7. Hauses sein sollte. Eine Linderung der genannten negativen Auswirkungen sowie eine Verlängerung der Lebenserwartung und eine Wiederherstellung von Annehmlichkeiten im Leben durch das Wohlwollen der Göttin Durga können bewirkt werden, wenn die Mantras der Göttin auf die vorgeschriebene Weise rezitiert und Kleidung wohltätig gespendet wird.

saumyasyāntargate bhaume lagnātkendratrikoṇage |
svocce vā svarkṣage vāpi lagnādhipasamanvite || 36||
rājānugrahaśāntiṁ ca gṛhe kalyāṇasambhavam |
lakṣmīkaṭākṣacihnāni naṣṭarājyārthamāpnuyāt || 37||
putrotsavādisantoṣaṁ gṛhe godhanasaṅkulam |
gṛhakṣetrādilābhaṁ ca gajavājisamanvitam || 38||
rājaprītikaraṁ caiva strīsaukhyaṁ cātiśobhanam |
nīcakṣetrasamāyukte hyaṣṭame vā vyaye'pi vā || 39||
pāpadṛṣṭiyute vāpi dehapīḍā manovyathā |
udyogabhaṅgo daśādau svagrāme dhānyanaśanam || 40||
granthiśastravraṇādīnāṁ bhayaṁ tāpajvarādikam |

dāyeśātkendrage bhaume trikoṇe lābhage'pi vā || 41||
śubhadṛṣṭe dhanaprāptirdehasaukhyaṁ bhavenṛṇām |
putralābho yaśovṛddhirbhrātṛvargo mahāpriyaḥ || 42||

### *Die Antardasha von Mangal in der Dasha von Budha*

Auswirkungen wie Wohlergehen und Freude im Kreis der Familie durch die Gunst des Königs (Regierung, Vorgesetzter usw.), Zunahme an Besitz, Wiedererlangung eines verlorenen Königreichs (hohe Position), Geburt eines Sohnes, Zufriedenheit, Gewinn von Vieh, Fahrzeugen und Ackerland, Freude seitens der Ehefrau usw. sind in der Antardasha des Mars in der Dasha von Merkur zu erwarten, falls Merkur sich in seinem Zeichen der Erhöhung, in seinem eigenen Zeichen und vom Aszendenten aus in einem Kendra oder Trikona befindet oder mit dem Herrn des Aszendenten verbunden ist.

Körperliche Leiden, Seelenqualen, Hindernisse in den beruflichen Unternehmungen, Verlust von Wohlstand, Gichtarthritis, Schmerzen durch Wunden sowie Gefahr durch Waffen und Fieber usw. werden Ergebnisse sein, sollte der Mars mit Übeltätern verbunden sein oder von diesen aspektiert werden oder vom Aszendenten aus gesehen im 8. oder im 12. Haus stehen.

Es wird Gewinn von Wohlstand, körperliches Wohlbefinden, die Geburt eines Sohnes, guten Ruf, liebevolle Beziehungen usw. mit Verwandten usw. geben, wenn der Mars von Wohltätern aspektiert vom Herrn der Dasha (Merkur) aus gerechnet in einem Kendra, Trikona oder im 11. Haus steht.

dāyeśādatha randhrasthe vyaye vā pāpasaṁyute |
tadbhuktyādau mahākleśo bhrātṛvarge mahadbhayam || 43||
nṛpāgnicaurabhītiśca putramitravirodhanam |
sthānabhraṁśo bhavedādau madhye saukhyaṁ dhanāgamaḥ || 44||
ante tu rājabhītiḥ syātsthānabhraṁśohyathāpivā |
dvitīyadyūnanāthe tu hyapamṛtyubhayaṁ bhavet || 45||
godānaṁ ca prakurvīta mṛtyuñjayajapaṁ caret |
śaṅkarasya prasādena tataḥ sukahmavāpnuyāt || 46||

Sollte der Mars mit Übeltätern verbunden vom Herrn der Dasha (Merkur) aus im 8. oder im 12. Haus stehen, so ist Folgendes zu erwarten: zu Beginn der Antardasha Leid, Gefahr durch Angehörige, der Zorn des Königs und des Feuergottes, Konflikte mit dem eigenen Sohn und Verlust der Stellung. Im mittleren Zeitabschnitt der Antardasha Sinnesfreuden und Erlangung von Wohlstand und zum Ende der Antardasha hin Gefahr durch den König (Regierung usw.) und Verlust der Stellung.

Furcht vor einem vorzeitigen Tod wird es geben, falls der Mars vom Aszendenten aus Herr des 2. oder des 7. Hauses ist. Das Heilmittel zur Linderung der genannten negativen Effekte besteht in Mrityunjaya Japa und dem wohltätigen Spenden einer Kuh.

budhasyāntargate rāhau kendralābhatrikoṇage ǀ
kulīre kumbhage vāpi kanyāyāṁ vṛṣabhepi vā ǀǀ 47ǀǀ
rājasammānakīrtiṁ ca dhanaṁ ca prabhaviṣyati ǀ
puṇyatīrthasthānalābho devatādarśanaṁ tathā ǀǀ 48ǀǀ

iṣṭāpūrte ca mahato mānaścāmbaralābhakṛt ǀ
bhuktyādau dehapīḍā ca tvante saukhyaṁ vinirdiśet ǀǀ 49ǀǀ

### *Die Antardasha von Rahu in der Dasha von Budha*

Auswirkungen wie Ehrungen seitens des Königs, guter Ruf, Erlangung von Wohlstand, Besuche heiliger Schreine, Durchführung von vedischen Opfern (Yagyas) und Darbringung von Opfergaben, Anerkennung, Zugewinn an Kleidung usw. sind in der Antardasha von Rahu in der Dasha von Merkur zu erwarten, falls Rahu vom Aszendenten aus in einem Kendra oder Trikona oder in den Zeichen Widder, Wassermann, Jungfrau oder Stier steht. Zu Beginn der Antardasha wird es ein paar negative Effekte geben, aber später wird dann alles gut.

lagnāṣṭavyayarāśisthe tadbhuktau dhananāśanam ǀ
bhuktyādau dehanāśaśca vātajvaramajīrṇakṛt ǀǀ 50ǀǀ

Verlust von Wohlstand, rheumatisches Fieber und Verdauungsstörungen werden Ergebnisse sein, sollte Rahu vom Aszendenten aus im 8. oder im 12. Haus stehen.

lagnādupacaye rāhau śubhagrahasamanvite ।
rājasaṁlāpasantoṣo nūtanaprabhudarśanam ।। 51।।

Es ergibt sich die Möglichkeit, ein Gespräch oder ein Treffen mit dem König (einflussreichen Persönlichkeiten) zu haben, wenn Rahu sich vom Aszendenten aus im 3., 8., 10. oder 11. Haus befindet. Falls Rahu in dieser Position mit einem Wohltäter verbunden sein sollte, wird es zum Besuch eines neuen Königs kommen.

dāyeśāddvādaśe vāpi hyaṣṭame pāpasaṁyute ।
niṣṭhuraṁ rājakāryāṇi sthānabhraṁśo mahadbhayam ।। 52।।
bandhanaṁ rogapīḍā ca nijabandhumanovyathā ।
hṛdrogo mānahāniśca dhanahānirbhaviṣyati ।। 53।।

Stressvoll hohe Arbeitslast im Auftrag der Regierung, Verlust der Stellung, Ängste, Gefangenschaft, Krankheiten, großes Leid für einen selbst und für Angehörige, Herzerkrankungen, Verlust des guten Rufs und des Wohlstands werden Ergebnisse sein, falls Rahu mit einem oder mehreren Übeltätern verbunden vom Herrn der Dasha (Merkur) aus im 8. oder im 12. Haus steht.

dvitīyasaptamasthe vā hyapamṛtyurbhaviṣyati ।
taddoṣaparihārārthaṁ durgālakṣmījapaṁ caret ।। 54।।
śvetāṁ gāṁ mahiṣīṁ dadyādāyuārogyadāyinīm ।
jagadambāprasādena tataḥ sukhamavāpnuyāt ।। 55।।

Furcht vor einem vorzeitigen Tod wird es geben, sollte Rahu sich vom Aszendenten aus im 2. oder im 7. Haus befinden. Die Heilmittel, um die genannten negativen Effekte zu mildern, sind die auf vorgeschriebene Weise durchgeführte Rezitation der Mantras der Göttin Durga und der Göttin Lakshmi und das wohltätige Spenden einer gelbbraunen Kuh oder einer Büffelkuh.

budhasyāntargate jīve lagnātkendratrikoṇage ।
svocce vā svarkṣage vāpi lābhe vā dhanarāśige ।। 56।।
dehasaukhyaṁ dhanāvāptī rājaprītistathaiva ca ।
vivāhotsavakāryāṇi nityaṁ miṣṭhānnabhojanam ।। 57।।
gomahiṣyādilābhaśca purāṇasravaṇādikam ।
devatāgurubhaktiśca dānadharmamakhādikam ।। 58।।

yajñakarmapravṛddhiśca śivapūjāphalaṁ tathā I
nīce vāstaṅgate vāpi ṣaṣṭhāṣṭavyayage'pi vā II 59II
śanyāradṛṣṭasaṁyukte kalaho rājavigrahaḥ I
caurādidehapīḍā ca pitṛmātṛvināśnam II 60II
mānahāni rājadaṇḍo dhanahānirbhaviṣyati I
viṣāhijvarapīḍā ca kṛṣibhūmivināśanam II 61II

### *Die Antardasha von Guru in der Dasha von Budha*

Auswirkungen wie physisches Wohlbefinden, Gewinn von Wohlstand, das Wohlwollen des Königs, erfreuliche häusliche Feste wie Hochzeit usw., Genuss von Süßspeisen, Zunahme des Reichtums an Vieh, Teilnahme an Gesprächen über die Puranas usw., Hingabe an Gottheiten und an den Meister, Interesse an Religion, Spiritualität und Wohltätigkeit, Verehrung von Shiva usw. werden in der Antardasha von Jupiter in der Dasha von Merkur erfahren, falls Jupiter vom Aszendenten aus in einem Kendra, Trikona oder dem 11. Haus steht oder sich in seinem Zeichen der Erhöhung oder in seinem eigenen Zeichen befindet.

Konflikte mit dem König und mit Angehörigen, Gefahr durch Diebe usw., Schande, Bestrafung seitens der Regierung, Verlust von Wohlstand, Gefahr durch Schlangen und Gift, Fieber, Verluste in der landwirtschaftlichen Produktion, Verlust von Landbesitz usw. werden die Ergebnisse sein, wenn Jupiter in seinem Zeichen des Falls steht, verbrannt ist oder vom Aszendenten aus im 6., 8. oder 12. Haus steht oder mit Saturn und Mars verbunden ist oder von diesen aspektiert wird.

dayeśātkendrakoṇe vā lābhe vā balasaṁyute I
bandhuputrahṛdutsāho śubhaṁ ca dhanasaṁyutam II 62II
paśuvṛddhiryaśovṛddhirannadānādikaṁ phalam I
dāyeśātṣaṣṭharandhre vā vyaye vā balavarjite II 63II
aṅgatāpaśca vaikalyaṁ dehabādhā bhviṣyati I
kalatrabandhuvaiṣamyaṁ rājakopo dhanakṣayaḥ II 64II
akasmātkalahādbhītiḥ pramādo dvijato bhayam I
dvitīyasaptamasthe vā dehabādhā bhaviṣyati II 65II
taddoṣaparihārārthaṁ śivasāhasrakaṁ japet I
gobhūriraṇyadānena sarvāriṣṭaṁ vyapohati II 66II

Freude mit Verwandten und Söhnen, Enthusiasmus, Zunahme des Wohlstands und von Ruhm und gutem Ruf, freigebiges Spenden von Getreide usw. wird es geben, sollte Jupiter vom Herrn der Dasha (Merkur) aus in einem Kendra, Trikona oder im 11. Haus stehen und Stärke besitzen.

Großes Leid, Angst, Gefahr von Krankheiten, Konflikte mit Ehefrau und Verwandten, den Zorn des Königs (Regierung usw.) auf sich ziehen, Streitigkeiten, Verlust von Wohlstand, Gefahr durch Brahmanen (Verfluchung usw.) werden Ergebnisse sein, falls Jupiter schwach sein und sich vom Herrn der Dasha (Merkur) aus im 6., 8. oder 12. Haus befinden sollte.

Körperliche Leiden sind zu erwarten, wenn Jupiter Herr des 2. oder 7. Hauses ist oder im 2. oder 7. Haus steht. Als Heilmittel zur Linderung der genannten negativen Effekte ist die Rezitation des Shiva Sahasranama und das wohltätige Spenden einer Kuh und von Gold anzuwenden.

saumyasyāntargate mande svocce svakṣetrakendrage I
trikoṇalābhage vāpi gṛhe kalyāṇavarddhanam I I 67I I
rājyalābhaṁ mahotsāhaṁ gṛhaṁ godhanasaṅkulam I I 68I I
śubhasthānaphalavāptiṁ tīrthavāsaṁ tathādiśet I
aṣṭame vā vyaye mande dāyeśādvā tathaiva ca I I 69I I
arātiduḥkhabāhulyaṁ dāraputrādipīḍanam I
buddhibhraṁśo bandhunāśaḥ karmanāśo manorujaḥ I I 70I I
videśagamanaṁ caiva duḥsvapnādipradarśanam I
dvitīyadyūnanāthe tu hyapamṛtyurbhaviṣyati I I 71I I
taddoṣaparihārārthaṁ mṛtyuñjayajapaṁ caret I
kṛṣṇāṁ gāṁ mahiṣīṁ dadyādāyurārogyavṛddhaye I I 72I I

### *Die Antardasha von Shani in der Dasha von Budha*

Auswirkungen wie Wohlergehen in der Familie, Gewinn eines Königreichs (hohe Position), Enthusiasmus, Zunahme des Reichtums an Vieh, Erlangung einer einflussreichen Stellung und Besuch von heiligen Schreinen usw. sind in der Antardasha des Saturn in der Dasha von Merkur zu erwarten, falls Saturn in seinem Zeichen der Erhöhung, in seinem eigenen Zeichen oder vom Aszendenten aus in einem Kendra, Trikona oder dem 11. Haus steht.

Gefahr durch Feinde, Kummer mit Frau und Kindern, Verlust von Geisteskraft und von Verwandten sowie Verluste in beruflichen Unternehmungen, Seelenqualen, Reisen in fremde Länder und schlechte Träume werden Ergebnisse sein, wenn Saturn sich vom Herrn der Dasha (Merkur) aus im 6., 8. oder 12. Haus befindet.

Angst vor einem vorzeitigen Tod wird erfahren, sollte Saturn vom Aszendenten aus gerechnet Herr des 2. oder des 7. Hauses sein. Heilmittel zur Linderung der genannten negativen Effekte und zur Wiederherstellung guter Gesundheit ist die Durchführung von Mrityunjaya Japa und das wohltätige Spenden einer schwarzen Kuh und einer Büffelkuh.

# Kapitel 59: Die Auswirkungen der Antardashas in der Dasha von Ketu

**atha ketvantardaśāphalādhyāyaḥ || 59||**
kendre trikoṇalābhe vā ketau lagneśasaṁyute |
bhāgyakarmasusambandhe vāhaneśasamanvite || 1||
tadbhuktau dhanadhānyādi catuṣpājjīvalābhakṛt |
putradārādisaukhyaṁ ca rājaprītimanorujaḥ || 2||
grāmabhūmyādilābhaśca gṛhaṁ godhanasaṅkulam |
nīcāstakheṭasaṁyukte hyaṣṭame vyayage'pi vā || 3||
hṛdrogo mānahāniśca dhanadhānyapaśukṣayaḥ |
dāraputrādipīḍā ca manaścāñcalyameva ca || 4||

## *Die Antardasha von Ketu in der Dasha von Ketu*

Auswirkungen wie Freude an Frau und Kindern, Anerkennung seitens des Königs (Regierung usw.), aber Seelenqualen, Gewinn von Ländereien, Ortschaften usw. sind in der Antardasha von Ketu in seiner eigenen Dasha zu erwarten, falls Ketu vom Aszendenten aus in einem Kendra oder Trikona steht oder mit dem Herrn des Aszendenten verbunden ist oder in Beziehung zu den Herren des 9., des 10. oder des 4. Hauses steht.

Herzerkrankung, Schande, Zerstörung von Wohlstand und Viehbestand, Kummer mit Frau und Kindern, geistige Instabilität usw. werden die Ergebnisse sein, falls Ketu sich in seinem Zeichen des Falls oder vom Aszendenten aus im 8. oder 12. Haus mit einem verbrannten Planeten zusammen befindet.

dvitīyadyūnanāthena sambandhe tatra saṁsthite |
anārogyaṁ mahatkaṣṭamātmabandhuviygakṛt || 5||
durgādevījapaṁ kuryānmṛtyuñjayajapaṁ caret |
evaṁ svāntargate ketau tataḥ sukhamavāpnuyāt || 6||

Es wird Gefahr durch Krankheiten, großen Kummer und Trennung von Angehörigen geben, wenn Ketu mit den Herren des 2. oder des 7. Hauses in Beziehung steht oder sich vom Aszendenten aus im 2. oder 7. Haus befindet. Heilmittel zur Linderung der genannten negativen Effekte ist die Durchführung von Durga Saptashati Japa (Devi Mahatmya) und Mrityunjaya Japa.

ketorantargate śukre svocce svakṣetrasaṁyute |
kendratrikoṇalābhe vā rājyanāthena saṁyute || 7||
rājaprītiṁ ca saubhāgyaṁ diśātsvāmbarasaṅkulam |
tatkāle śriyamāpnoti bhāgyakarmeśasaṁyute || 8||
naṣṭarājyadhanaprāptiṁ sukhavāhanasuttamam |
setusnānādikaṁ caiva devatādarśanaṁ mahat || 9||
mahārājaprasādena grāmabhūmyādilābhakṛt |
dāyeśātkendrakoṇe vā duścikye lābhage'pi vā || 10||
dehārogyaṁ śubhaṁ caiva gṛhe kalyāṇaśobhanam |
bhojanāmbarabhūṣāptirathadolādilābhakṛt || 11||

### *Die Antardasha von Shukra in der Dasha von Ketu*

Auswirkungen wie Wohlwollen seitens des Königs (Regierung usw.), Glück im Leben, Gewinn von Kleidung usw., Wiedererlangung eines verlorenen Königreichs (einer hohen Position), Annehmlichkeiten in Zusammenhang mit Fahrzeugen usw., Besuch heiliger Schreine sowie Erwerb von Ländereien und Ortschaften durch die Gunst des Königs sind in der Antardasha der Venus in der Dasha von Ketu zu erwarten, falls Shukra im Zeichen der Erhöhung, im eigenen Zeichen oder mit dem Herrn des 10. Hauses verbunden in einem Kendra oder Trikona steht, und es wird (dem Geborenen) gleichsam ein Glücksstern aufgehen, sollte Venus in einer solchen Stellung auch noch mit dem Herrn des 9. Hauses verbunden sein.

Gute Gesundheit, Wohlergehen in der Familie, Erlangung von guter Nahrung und Fahrzeugen usw. werden die Ergebnisse sein, wenn Venus sich vom Herrn der Dasha (Ketu) aus gerechnet in einem Kendra, Trikona, dem 3. oder 11. Haus befindet.

dāyeśādripurandhrasthe vyaye vā pāpasaṁyute |
akasmātkalahaṁ caiva paśudhānyādipīḍanam || 12||
nīcasthe kheṭasaṁyukte lagnātṣaṣṭhāṣṭarāśige |
svabandhujanavaiṣamyaṁ śirokṣivraṇapīḍanam || 13||
hṛdrogaṁ mānahāniṁ ca dhanadhānyapaśukṣayam |
kalatraputrapīḍāyāḥ sañcāraṁ ca samādiśet || 14||

Es wird grundlose Streitereien, Verlust von Wohlstand und Probleme mit dem Vieh geben, sollte Venus vom Herrn der Dasha

(Ketu) aus im 6., 8. oder 12. Haus stehen. Falls Venus sich im Zeichen des Falls befinden oder mit einem Planeten im Fall verbunden sein oder vom Aszendenten aus im 6., 8. oder 12. Haus stehen sollte, wird es Streit mit Angehörigen, Kopfschmerzen, Augenprobleme, Herzerkrankung, Schande, Verlust von Wohlstand und Kummer mit dem Vieh und mit der Ehefrau geben.

dvitīyadyūnanāthe tu dehajāḍyaṁ manorujam I
taddoṣaparihārārthaṁ durgādevījapaṁ caret I
śvetāṁ gāṁ mahiṣīṁ dadyādāyuārogyavṛddhaye I I 15I I

Körperliche Leiden und Seelenqualen werden die Folge sein, wenn Venus Herr des 2. oder des 7. Hauses sein sollte. Als Heilmittel zur Linderung der genannten negativen Effekte ist die Durchführung von Durga Patha (Devi Mahatmya) und das wohltätige Spenden einer gelbbraunen Kuh oder einer Büffelkuh anzuwenden.

ketorantargate sūrye svocce svakṣetrage'pi vā I
kendratrikoṇalābhe vā śubhayuktanirīkṣite I I 16I I
dhanadhānyādilābhaśca rājānugrahavaibhavam I
anekaśubhakāryāṇi ceṣṭasiddhiḥ sukhāvahā I I 17I I

## *Die Antardasha von Surya in der Dasha von Ketu*

Auswirkungen wie Erlangung von Wohlstand, die Gunst des Königs (Regierung, Vorgesetzter usw.), Ausführung verdienstvoller Handlungen und Erfüllung aller Bestrebungen werden in der Antardasha der Sonne in der Dasha von Ketu erfahren, falls Surya in seinem Zeichen der Erhöhung oder in seinem eigenen Zeichen oder mit einem Wohltäter verbunden oder von diesem aspektiert in einem Kendra, Trikona oder dem 11. Haus steht.

aṣṭamavyayarāśisthe pāpagrahasamanvite I
tadbhuktau rājabhītiśca pitṛmātṛviyogakṛt I I 18I I
videśagamanaṁ caiva caurāhiviṣapīḍanam I
rājamitravirodhaśca rājadaṇḍāddhanakṣayaḥ I I 19I I
śokarogabhayaṁ caiva uṣṇādhikyaṁ jvaro bhavet I
dāyeśātlendrakoṇe vā lābhe vā dhanasaṁsthite I I 20I I
dehasaukhyaṁ cārthalābha0 putralābho manodṛḍham I
sarvakāryārthasiddhiḥ syātsvalpagrāmādhipatyayuk I I 21I I

Gefahr durch den König, Trennung von den Eltern, Reisen in fremde Länder, Probleme mit Dieben, Schlangen und Gift, Erleiden von Bestrafungen durch die Regierung, Konflikte mit Freunden, Sorgen, Gefahr durch Fieber usw. werden die Ergebnisse sein, wenn Surya mit einem Übeltäter oder (mehreren) Übeltätern verbunden vom Aszendenten aus im 8. oder im 12. Haus steht.

Es wird körperliche Fitness, Erlangung von Wohlstand, Geburt eines Sohnes, Erfolg in der Ausführung von verdienstvollen Handlungen, Herrschaft über eine kleine Ortschaft usw. geben, falls Surya sich vom Herrn der Dasha (Ketu) aus in einem Kendra, Trikona, dem 2. oder dem 11. Haus befindet.

dāyeśādrandhrariḥphe vā sthite vā pāpasaṁyute |
annavighno manobītirdhanadhānyapaśukṣayaḥ || 22||
ādau madhye mahākleśānante saukhyaṁ vinirdiśet |
dvitīyasaptamādhīśe hyapamṛtyurbhaviṣyati || 23||
tasya śāntiṁ prakurvīta svarṇaṁ dhenuṁ pradāpayet |
bhāskarasya prasādena tataḥ sukhamavāpnuyāt || 24||

Hindernisse in der Beschaffung von Nahrung, Furcht sowie Verluste an Wohlstand und Vieh werden die Ergebnisse sein, sollte Surya mit Übeltäter-Planeten verbunden vom Herrn der Dasha aus gesehen im 8. oder im 12. Haus stehen. Es wird (in diesem Fall) Probleme zu Beginn der Antardasha und gegen Ende etwas Milderung geben.

Furcht vor frühzeitigem Tod ist zu erwarten, falls Surya Herr des 2. oder 7. Hauses ist. Das Heilmittel, um durch das Wohlwollen von Surya eine Linderung der genannten negativen Effekte zu erreichen und das Leben in angenehmere Bahnen zu lenken, ist das wohltätige Spenden einer Kuh und von Gold.

ketorantargate candre svocce svakṣetrage'pi vā |
kendratrikoṇalābhe vā dhane śubhasamanvite || 25||
rājaprītirmahotsāhaḥ kalyāṇaṁ ca mahatsukham |
mahārājaprasādena gṛhabhūmyādilābhakṛt || 26||
bhojanāmbarapaśvādivyavasāye'dhikaṁ phalam |
aśvavāhanalābhaśca vastrabharaṇabhūṣaṇam || 27||
devālayataḍāgādipuṇyadharmādisaṅgraham |
putradārādisaukhyaṁ ca pūrṇacandraḥ prayacchati || 28||

### *Die Antardasha von Chandra in der Dasha von Ketu*

Auswirkungen wie Anerkennung seitens des Königs (Regierung usw.), Enthusiasmus, Wohlergehen, Sinnesfreuden, Gewinn von Haus und Ländereien usw., ungewöhnlich großer Zugewinn an Nahrung, Kleidung, Fahrzeugen, Vieh usw., beruflicher Erfolg, Bau von Wasserreservoirs usw. sowie Freude an Frau und Kindern werden in der Antardasha des Mondes in der Dasha von Ketu erfahren, falls Chandra im Zeichen der Erhöhung oder im eigenen Zeichen vom Aszendenten aus in einem Kendra, Trikona, dem 11. oder dem 2. Haus steht. Die positiven Effekte werden voll verwirklicht, wenn der Mond dabei am Zunehmen ist.

kṣīṇe vā nīcage candre ṣaṣṭhāṣṭamavyayarāśige |
ātmasaukhyaṁ manastāpaṁ kāryavighnaṁ mahadbhayam || 29||
pitṛmātṛviyogaṁ ca dehajāḍyaṁ manovyathām |
vyavasāyātphalaṁ kaṣṭaṁ paśunāśaṁ bhayaṁ vadet || 30||

Kummer und Seelenqualen, Hindernisse in den eigenen Unternehmungen, Trennung von den Eltern, geschäftliche Verluste, Zerstörung des Viehbestandes usw. werden bewirkt, sollte sich Chandra im Zeichen des Falls oder vom Aszendenten aus im 6., 8. oder 12. Haus befinden.

dāyeśātkendrakoṇe vā lābhe vā balasaṁyute |
kṛṣigobhūmilābhaṁ ca iṣṭabandhusamāgamam || 31||
tasmātsvakāryasiddhiṁ ca gṛhe gokṣīrameva ca |
bhuktyādau śubhamārogyaṁ madhye rājapriyaṁ śubham || 32||
ante tu rājabhītiṁ ca videśagamanaṁ tathā |
dūrayātrādisañcāraṁ sambandhijanapūjanam || 33||

Gewinn einer Kuh oder mehrerer Kühe sowie von Landbesitz, Ackerland usw., Treffen mit Verwandten und Erfolg durch sie und Kühe, die mehr Milch und Quark usw. produzieren, wird sich manifestieren, wenn der Mond mit Stärke ausgestattet vom Herrn der Dasha (Ketu) aus in einem Kendra, Trikona oder im 11. Haus steht.

Es wird segensreiche Auswirkungen zu Beginn der Antardasha geben, herzliche Beziehungen zum König (Regierung usw.) im mittleren Abschnitt und Gefahr durch den König sowie Reisen in weit entfernte fremde Länder gegen Ende der Antardasha.

dāyeśātṣaṣṭhariḥphe vā randhre vā balavarjite I
dhanadhānyādihāniśca manovyātkulameva ca II 34II
svabandhujanavairaṁ ca bhrātṛpīḍā tathaiva ca I
nidhanādhipadoṣeṇa dvisaptapatisaṁyute II 35II
apamṛtyubhayaṁ tasya śāntiṁ kuryādyathāvidhi I
candraprītikarīṁ caiva hyāyurārogyasiddhaye II 36II

Verlust von Wohlstand, Furcht, Feindschaft mit Angehörigen und Kummer mit dem Bruder (oder es geht dem Bruder nicht gut) werden die Ergebnisse sein, sollte der Mond vom Herrn der Dasha (Ketu) aus im 8. oder im 12. Haus stehen.

Sollte Chandra Herr des 2., 7. oder 8. Hauses sein, so ist Furcht vor frühzeitigem Tod zu erwarten. Heilmittel, um eine Linderung der genannten negativen Effekte zu bewirken, sind die Rezitation der Mantras von Chandra und das wohltätige Spenden von Dingen, die mit dem Mond verbunden sind.

ketorantargate bhaume lagnātkendratrikoṇage I
svocce svakṣetrage vā'pi śubhagrahayutekṣite II 37II
ādau śubhaphalaṁ caiva grāmabhūmyādilābhakṛt I
dhanadhānyādilābhaśca catuṣpājjīvalābhakṛt II 38II

gṛgārāmakṣetralābho rājānugrahavaibhavam I
bhāgye karmeśasambandhe bhūlābhaḥ saukhyameva ca II 39II

## *Die Antardasha von Mangal in der Dasha von Ketu*

Auswirkungen wie Erwerb von Ländereien, Ortschaften usw., Zunahme an Wohlstand und Vieh, Anlegen eines neuen Gartens und Erlangung von Wohlstand durch die Gunst des Königs (Regierung usw.) werden in der Antardasha des Mars in der Dasha von Ketu erfahren, falls der Mars sich in seinem Zeichen der Erhöhung oder in seinem eigenen Zeichen befindet und mit Wohltätern verbunden ist oder von diesen aspektiert wird. Sollte Mars mit den Herren des 9. oder 10. Hauses verbunden sein, wird es definitiv Gewinn an Landbesitz und Sinnesfreuden geben.

dāyeśātkendrakoṇe vā duścikye lābhage'pi vā |
rājaprītiyaśolābhaḥ putramitrādisaukhyakṛt || 40||

Anerkennung seitens des Königs, große Beliebtheit, guter Ruf und Freude mit Kindern und Freunden sind zu erwarten, wenn der Mars vom Herrn der Dasha (Ketu) aus in einem Kendra, Trikona, im 3. oder im 11. Haus steht.

tathā'ṣṭamavyaye bhaume dāyeśāddhanage'pi vā |
drutaṁ karoti maraṇaṁ videśe cāpadaṁ bhramam || 41||
pramehamūtrakṛcchrādicaurādinṛpapīḍanam |
kalahādi vyathāyuktaṁ kiñcitsukhavivarddhanam || 42||

Es wird Angst vor dem Tod, Katastrophen auf Reisen in fremde Länder, Diabetes, unnötigen Streit sowie Furcht vor Dieben und dem König sowie viel Streit geben, falls Mars vom Herrn der Dasha (Ketu) aus im 8., 12. oder im 2. Haus stehen sollte. Unter den genannten Umständen wird es neben den negativen Effekten aber auch ein paar positive Erfahrungen geben.

dvitīyadyūnanāthe tu tāpajvaraviṣādbhayam |
dārapīḍā manaḥkleśamapamṛtyubhayaṁ bhavet || 43||
aṇḍvāhaṁ pradadyāttu sarvasampatsukhāvaham |
tataḥ śāntimavāpnoti bhaumagrahaprasādataḥ || 44||

Hohes Fieber, Gefahr durch Gift, Kummer mit der Ehefrau (oder ihr geht es nicht gut), Seelenqualen und Furcht vor frühzeitigem Tod werden die Ergebnisse sein, wenn Mangal vom Aszendenten aus Herr des 2. oder des 7. Hauses ist. Durch das Wohlwollen von Mangal kann es aber (dennoch) Sinnesfreuden und Gewinn von Besitz geben, wenn als Heilmittel (gegen die genannten negativen Effekte) ein Stier gespendet wird.

ketorantargate rāhau svocce mitrasvarāśige |
kendratrikoṇe lābhe vā duścikye dhanasañjñake || 45||
tatkāle dhanalābhaḥ syātsañcāro bhavati dhruvam |
mlecchaprabhuvaśātsaukhyaṁ dhandhānyaphalādikam || 46||
catuṣpājjīvalābhaḥ syādgrāmabhūmyādilābhakṛt |
bhuktyādau kleśamāpnoti madhyānte saukhyamāpnuyāt || 47||

### *Die Antardasha von Rahu in der Dasha von Ketu*

Auswirkungen wie Zunahme und Erlangung von Wohlstand, Getreide, Vieh, Landbesitz und einer Ortschaft durch einen Yavana-König (ausländischer Machthaber) werden in der Antardasha von Rahu in der Dasha von Ketu erfahren, falls Rahu in seinem Zeichen der Erhöhung, in seinem eigenen Zeichen oder im Zeichen eines Freundes oder vom Aszendenten aus in einem Kendra, Trikona, im 11., 3. oder 2. Haus steht. Zu Beginn der Dasha wird es ein paar Probleme geben, aber später wird dann alles gut.

randhre vā vyayage rāhau pāpasandṛṣṭasaṁyute ।
bahumūtraṁ kṛśaṁ deehaṁ śītajvaraviṣādbhayam ।। 48।।
cāturthikajvaraṁ caiva kṣudropadravapīḍanam ।
akasmātkalahaṁ caiva prameham̐ śūlamādiśet ।। 49।।
dvitīyasaptamasthe vā tadā kleśaṁ mahadbhayam ।
taddoṣaparihārārthaṁ durgādevījapaṁ caret ।। 50।।

Blasenschwäche und allgemeine körperliche Schwäche, Schüttelfieber, Gefahr durch Diebe, Fieberanfälle, Schande, Streitigkeiten, Diabetes und Magenschmerzen werden Ergebnisse sein, wenn Rahu sich mit einem Übeltäter zusammen vom Aszendenten aus im 8. oder im 12. Haus befindet.

Leiden und Gefahr sind angesagt, sollte Rahu sich vom Aszendenten aus im 2. oder im 7. Haus befinden. Das Heilmittel zur Linderung der genannten negativen Effekte ist Durga Saptashati Patha (Rezitation des Devi Mahatmyam).

ketorantargate jīve kandre lābhe trikoṇage ।
svocce svakṣetrage vāpi lagnādhipasamanvite ।। 51।।
karmabhāgyādhipairyukte dhanadhānyārthasampadam ।
rājaprītiṁ tadotsāhamaśvāndolyādikaṁ diśet ।। 52।।
gṛhe kalyāṇasampattiṁ putralābhaṁ mahotsavaham ।
puṇyatīrthaṁ mahotsāhaṁ satkarma ca sukhāvaham ।। 53।।
iṣṭadevaprasādena vijayaṁ kāryalābhakṛt ।
rājasaṁllāpakāryāṇi nūtanaprabhudarśanam ।। 54।।

### *Die Antardasha von Guru in der Dasha von Ketu*

Auswirkungen wie eine Zunahme von Wohlstand und Getreide, die Gunst des Königs (Regierung usw.), Enthusiasmus, Erwerb von Fahrzeugen usw., häusliche Festlichkeiten wie die anlässlich der Geburt eines Sohnes, Ausführung verdienstvoller Handlungen, Yagyas (vedische Zeremonien), Sieg über Feinde und Freude im Leben werden in der Antardasha des Jupiter in der Dasha von Ketu erfahren, falls Jupiter in seinem Zeichen der Erhöhung oder in seinem eigenen Zeichen steht oder sich mit dem Herrn des Aszendenten verbunden vom Aszendenten aus im 9., 10. oder (generell) in einem Kendra oder Trikona befindet.

ṣaṣṭhāṣṭamavyaye jīve dāyeśānnīcage'pi vā I
caurāhivraṇabhītiṁ ca dhanadhānyādināśanam II 55II
putradārāviyogaṁ ca tvatīvakleśasambhavam I
ādau subhaphalaṁ caiva ante kleśakaraṁ vadet II 56II

Gefahr durch Diebe, Schlangen und Verletzungen, Zerstörung des Wohlstands, Trennung von Frau und Kindern, körperliche Leiden usw. werden die Ergebnisse sein, wenn Jupiter in seinem Zeichen des Falls oder vom Aszendenten aus im 6., 8. oder 12. Haus steht. Wenngleich zu Beginn der Antardasha ein paar gute Effekte spürbar werden, sind in diesem Fall später dann nur noch widrige Auswirkungen zu verzeichnen.

dāyeśātkendrakoṇe vā duścikye lābhage'pi vā I
śubhayukte nṛpaprītirvicitrāmbarabhūṣaṇam II 57II
dūradeśaprayāṇaṁ ca svabandhujanapoṣaṇam I
bhojanāmbarapaśvādi bhuktyādau dehapīḍanam II 58II
ante tu sthānacalanamakasmātkalaho bhavet I
dvitīyadyūnanāthe tu hyapamṛtyurbhaviṣyati II 59II
taddoṣaparihārārthaṁ śivasāhasrakaṁ japet I
mahāmṛtyuñjayaṁ jāpyaṁ sarvopadravanāśanam II 60II

Gewinn einer Vielfalt von Kleidung und Schmuck durch das Wohlwollen des Königs (Regierung, Vorgesetzter usw.), Reisen in fremde Länder, Fürsorge für Angehörige und Verfügbarkeit guter Nahrung wird es geben, falls Jupiter sich mit einem Wohltäter verbunden vom Herrn der Dasha (Ketu) aus in einem Kendra, Trikona, im 3. oder im 11. Haus befindet.

Furcht vor einem frühzeitigen Tod wird die Folge sein, sollte Jupiter vom Aszendenten aus gerechnet der Herr des 2. oder des 7. Hauses sein. Die Heilmittel, um die genannten negativen Effekte zu mildern, sind Mrityunjaya Japa und die Rezitation des Shiva Sahasranama.

ketorantargate mande svadaśāyāṁ tu pīḍanam ।
bandhoḥ kleśo manastāpaścatuṣpājjīvalābhakṛt ।। 61।।
rājakāryakalāpena dhananāśo mahadbhayam ।
sthānāccyutiḥ pravāsaśca mārge caurabhayaṁ bhavet ।। 62।।
ālasyaṁ manaso hāniścāṣṭame vyayarāśige ।
mīnatrikoṇage mande tulāyāṁ svarkṣage'pi vā ।। 63।।
kendratrikoṇalābhe vā duścikye vā śubhāṁśake ।
śubhadṛṣṭayute caiva sarvakāryārthasādhanam ।। 64।।
svaprabhośca mahatsaukhyaṁ bhramaṇaṁ ca sukhāvaham ।
svagrāme sukhasampattiḥ svavarge rājadarśanam ।। 65।।
dāyeśātṣaṣṭhariḥphe vā aṣṭame pāpasaṁyute ।
dehatāpo manastāpaḥ kārye vighno mahadbhayam ।। 66।।

### *Die Antardasha von Shani in der Dasha von Ketu*

Auswirkungen wie Leid von einem selbst und von Angehörigen, Seelenqualen, Verlust von Vieh und von Wohlstand durch die Verhängung von Strafen seitens der Regierung, Rücktritt von der beruflichen Position, Reisen in fremde Länder und Gefahr durch Diebe auf Reisen werden in der Antardasha des Saturn in der Dasha von Ketu erfahren, falls Saturn ohne Stärke und Würde ist. Verlust von Wohlstand sowie Lethargie wird erlebt, sollte Saturn sich vom Aszendenten aus im 8. oder im 12. Haus befinden.

Erfolg in allen Unternehmungen, Freude durch den Vorgesetzten, Annehmlichkeiten während Reisen, Zunahme von Freude und an Besitz im eigenen Heimatort, Audienz mit dem König (einflussreichen Persönlichkeiten) usw. werden die Ergebnisse sein, wenn Saturn in einem Trikona in Fische oder in Waage, in seinem eigenen Zeichen oder einem guten Zeichen in der Navamsha steht oder mit einem Wohltäter verbunden vom Aszendenten aus gesehen in einem Kendra, Trikona oder im 3. Haus.

ālasyaṁ mānahāniśca pitṛmātrorvināśanam |
dvitīyadyūnanāthe tu hyapamṛtyubhayaṁ bhavet || 67||
taddoṣapairhārārthaṁ tilahomaṁ ca kārayet |
kṛṣṇāṁ gāṁ mahiṣīṁ dadyādāyurārogyavṛddhaye || 68||

Körperliche Leiden, Seeelenqualen, Hindernisse in den eigenen Unternehmungen, Schande sowie der Tod der Eltern werden erfahren, sollte Saturn mit einem Übeltäter verbunden vom Herrn der Dasha aus im 6., 8. oder 12. Haus stehen.

Furcht vor einem frühzeitigen Tod kann erwartet werden, falls Saturn vom Aszendenten aus Herr des 2. oder des 7. Hauses ist. Als Heilmittel zur Linderung der genannten negativen Effekte ist die Durchführung von Havana (Darbringung von Opfergaben) mittels Sesamsamen und das wohltätige Spenden einer schwarzen Kuh oder einer Büffelkuh anzuwenden.

ketorantargate saumye kendralābhatrikoṇage |
svocce svakṣetrasaṁyukte rājyalābho mahatsukham || 69||
satkathāśravaṇaṁ dānaṁ dharmasiddhiḥ sukhāvahā |
bhūlābhaḥ putralābhaśca śubhagoṣṭhīdhanāgamaḥ || 70||
ayatnāddharmalabdhiśca vivāhaśca bhaviṣyati |
gṛhe śubhakaraṁ karma vastrābharaṇabhūṣaṇam || 71||

### *Die Antardasha von Budha in der Dasha von Ketu*

Auswirkungen wie die Erlangung eines Königreichs (hohe Position), Sinnesfreuden, Wohltätigkeit, Gewinn von Wohlstand und Landbesitz, Geburt eines Sohnes, Feiern von religiösen Festen und unerwartete Ereignisse wie Hochzeit usw., Wohlergehen in der Familie und Erwerb von Kleidung, Schmuck usw. sind in der Antardasha des Merkur in der Dasha von Ketu zu erwarten, falls Ketu vom Aszendenten aus in einem Kendra oder Trikona, in seinem Zeichen der Erhöhung oder in seinem eigenen Zeichen steht.

bhāgyakarmādhipairyukte bhāgyavṛddhiḥ sukhāvahā |
vidvadgoṣṭhīkathābhiśca kālakṣepo bhaviṣyati || 72||

Gemeinschaft mit gebildeten Menschen, zunehmende Glücksfälle im Leben und das Anhören von spirituellen oder religiösen Gesprächen wird es geben, sollte Merkur mit dem Herrn des 9. oder des 10. Hauses verbunden sein.

ṣaṣṭhāṣṭamavyaye saumye mandārāhiyutekṣite I
virodho rājavargaiśca paragehanivāsanam I I 73 I I
vāhanāmbarapaśvādidhanadhānyādināśakṛt I
bhuktyādau śobhanaṁ proktaṁ madhye saukhyaṁ dhanāgamaḥ I I 74 I I
ante kleśakaraṁ caiva dāraputrādipīḍanam I
dāyeśātkendrage saumye trikoṇe lābhage'pi vā I I 75 I I
dehārogyaṁ mahāṁllābhaḥ putrakalyāṇavaibhavam I
bhojanāmbarapaśvādivyavasāye'dhikaṁ phalam I I 76 I I

Konflikte mit Regierungsvertretern, Wohnen in Häusern anderer, Zerstörung von Wohlstand, Kleidung, Fahrzeugen und Viehbesitz werden Ergebnisse sein, wenn Merkur sich vom Aszendenten aus im 6., 8. oder 12. Haus zusammen mit Saturn, Mars oder Rahu befindet. Zu Beginn der Antardasha wird es ein paar positive Auswirkungen geben, noch bessere im mittleren Abschnitt, aber widrige Ereignisse gegen Ende zu.

Es wird gute Gesundheit, Freude seitens des Sohnes, großen Reichtum und Ruhm, gute Nahrung, Kleidung und ungewöhnlich hohe geschäftliche Gewinne geben, falls Merkur vom Herrn der Dasha (Ketu) aus in einem Eck- oder Trigonalhaus oder im 11. Haus steht.

dāyeśātṣaṣṭharandhre vā vyaye vā balavarjite I
tadbhuktyādau mahākleśo dāraputrādipīḍanam I I 77 I I
rājabhītikaraścaiva madhye tīrthakaro bhavet I
dvitīyadyūnanāthe tu hyapamṛtyurbhaviṣyati I I 78 I I
taddoṣaparihārārthaṁ viṣṇusāhasrakaṁ japet I
tataḥ sukhamavāpnoti śrīhareśca prasādataḥ I I 79 I I

Leid, Kummer und Schwierigkeiten in Zusammenhang mit Frau und Kindern sowie Gefahr durch den König (Regierung usw.) können zu Beginn der Antardasha erwartet werden, sollte Merkur vom Herrn der Dasha (Ketu) aus schwach im 6., 8. oder 12. Haus stehen. Es wird jedoch in der Mitte der Antardasha Besuche von heiligen Stätten geben.

Furcht vor frühzeitigem Tod ist das Ergebnis, falls Merkur vom Aszendenten aus Herr des 2. oder des 7. Hauses sein sollte. Das Heilmittel, um eine Linderung der genannten negativen Effekte zu bewirken, ist die Rezitation des Vishnu Sahasranama.

# Kapitel 60: Die Auswirkungen der Antardashas in der Dasha von Shukra

**atha śukrāntardaśāphalādhyāyaḥ || 60||**
atha svāntargate śukre lagnātkendratrikoṇage |
lābhe vā balasaṁyukte tadbhuktau ca śubhaṁ phalam || 1||
vipramūläddhanaprāptirgomahiṣyādilābhakṛt |
putrotsavādisantoṣo gṛhe kalyāṇasambhavaḥ || 2||
sanmānaṁ rājasammānaṁ rājyalābho mahatsukham |
svocce vā svarkṣage vāpi tuṅgāṁśe vāṁśage'pi vā || 3||
nūtanālayanirmāṇaṁ nityaṁ miṣṭhānnabhojanam |
kalatraputravibhavaṁ mitrasaṁyuktabhojanam || 4||
annadānaṁ priyaṁ nityaṁ danadharmādisaṅgrahaḥ |
mahārājaprasādena vāhanāmbarabhūṣaṇam || 5||
vyavasāyātphalādhikyaṁ catuṣpājjīvalābhakṛt |
prayāṇaṁ paścime bhāge vāhanāmbaralābhakṛt || 6||

## *Die Antardasha von Shukra in der Dasha von Shukra*

Auswirkungen wie Erlangung von Wohlstand, Viehbesitz usw. durch Brahmanen, Feierlichkeiten in Zusammenhang mit der Geburt eines Sohnes usw., Wohlergehen, Anerkennung seitens des Königs (Regierung usw.) und Gewinn eines Königreichs (Machtposition) sind in der Antardasha von Venus in der eigenen Dasha zu erwarten, falls Venus mit Stärke begabt vom Aszendenten aus in einem Kendra, Trikona oder im 11. Haus steht.

Bau eines neuen Hauses, Genuss von Süßspeisen, Freude an Ehefrau und Kindern, Zusammensein mit einem Freund, wohltätiges Spenden von Getreide usw., die Gunst des Königs (Regierung usw.), Erwerb von Kleidung, Fahrzeugen und Schmuck, beruflicher Erfolg, Zunahme an Viehbesitz, Gewinn von Gewändern durch Reisen in westliche Richtung usw. werden Ergebnisse sein, wenn Shukra im Zeichen der Erhöhung steht, im eigenen Zeichen oder in der Navamsha im eigenen Zeichen oder dort erhöht.

lagnādyupacaye śukre śubhagrahayutekṣite |
mitrāṁśe tuṅgalābheśayogalārakasaṁyute || 7||
rājyalābho mahotsāho rājaprītiḥ śubhāvahā |
gṛhe kalyāṇasampattirdāraputrādivarddhanam || 8||

Es wird die Erlangung eines Königreichs (einflussreiche Stellung), Enthusiasmus, die Gunst des Königs, Wohlergehen in der Familie, Zunahme der Anzahl der Ehefrauen, der Kinder und Zunahme des Wohlstands usw. geben, sollte Venus mit einem Wohltäter verbunden sein oder von ihm aspektiert werden und in einem förderlichen Navamsha-Zeichen stehen und sich vom Aszendenten aus gerechnet im 3., 6. oder 11. Haus befinden.

ṣaṣṭhāṣṭamavyaye śukre pāpayukte'tha vīkṣite |
caurādivraṇabhītiśca sarvatra janapīḍanam || 9||
rājadvāre janadveṣa iṣṭabandhuvināśanam |
dāraputrādipīḍā ca sarvatra janapīḍanam || 10||

Gefahr durch Diebe usw., Konflikte mit Regierungsvertretern, Vernichtung von Freunden und Angehörigen, Kummer mit Frau und Kindern kann erwartet werden, falls Venus mit einem Übeltäter verbunden oder von ihm aspektiert vom Aszendenten aus im 6., 8., oder 12. Haus steht.

dvitīyadyūnanāthe tu sthite cenmaraṇaṁ bhavet |
tarta durgājapaṁ kuryāddhanudānaṁ ca kārayet || 11||

Furcht vor dem Tod wird erfahren, wenn Venus vom Aszendenten aus gerechnet Herr des 2. oder 7. Hauses sein sollte. Als Heilmittel zur Linderung der genannten negativen Effekte sind Durga Patha (Rezitation des Devi Mahatmyam) und das wohltätige Spenden einer Kuh anzuwenden.

śukrasyāntargate sūrye santāpo rājavigrahaḥ |
dāyādakalahaścaiva svoccanīcavivarjite || 12||

### *Die Antardasha von Surya in der Dasha von Shukra*

In der Antardasha der Sonne in der Dasha von Venus wird es einen Zeitraum von großem Leid geben, der Zorn des Königs (Regierung usw.) und Erbstreitigkeiten werden erfahren, falls Surya in irgend einem anderen Zeichen als in seinem Zeichen der Erhöhung oder des Falls steht.

*Ein Kommentator zweifelt, ob der Text an dieser Stelle intakt ist.*

svocce svakṣetrage sūrye mitrarkṣe kendrakoṇage |
dāyeśātkendrakoṇe vā lābhe vā dhanage'pi vā || 13||
tadbhuktau dhanalābhaḥ syādrājyastrīdhanasampadaḥ |
svaprabhośca mahatsaukhyamiṣṭabandhoḥ samāgamaḥ || 14||
pitṛmātroḥ sukhaprāptiṁ bhrātṛlābhaṁ sukhāvaham |
satkīrtiṁ sukhasaubhāgyaṁ putralābhaṁ ca vindati || 15||

Auswirkungen wie der Gewinn eines Königreichs (einflussreiche Position) und von Wohlstand, Freude an Frau und Kindern und durch den Vorgesetzten, Treffen mit Freunden, Freude durch die Eltern, Hochzeit, Ruhm und guter Ruf, vermehrt Glücksfälle im Leben, Geburt eines Sohnes usw. werden erfahren, wenn Surya sich in seinem Zeichen der Erhöhung oder in seinem eigenen Zeichen - vom Aszendenten oder dem Herrn der Dasha (Shukra) aus - in einem Kendra, Trikona, dem 2. oder dem 11. Haus befindet.

tathāṣṭame vyaye sūrye ripurāśisthite'pi vā |
nīce vā pāpavargasthe dehatāpo manorujaḥ || 16||
svajanoparisaṅkleśo nityaṁ niṣṭhurabhāṣaṇam |
pitṛpīḍā bandhuhānī rājadvāre virodhakṛt || 17||
vraṇapīḍāhibādhā ca svagṛhe ca bhayaṁ tathā |
nānārogabhayaṁ caiva gṛhakṣetrādināśanam || 18||

Kummer, großes Leid, Probleme mit Familienangehörigen (oder es geht ihnen nicht gut), rüde Sprechweise, Kummer mit dem Vater (oder es geht ihm nicht gut), Verlust von Angehörigen, häusliche Gefahren, viele Krankheiten, Vernichtung der landwirtschaftlichen Produktion usw. werden die Ergebnisse sein, sollte Surya vom Aszendenten aus im 6., 8. oder 12. Haus stehen oder im Zeichen des Falls oder im Zeichen eines Feindes.

saptamādhipatau sūrye grahabādhā bhaviṣyati |
taddoṣaparihārārthaṁ sūryaprītiṁ ca kārayet || 19||
śukrasyāntargate candre kendralābhatrikoṇage |
svocce svakṣetrage caiva bhāgyanāthenasaṁyute || 20||

Schlechte Einflüsse der Planeten werden zu verzeichnen sein, falls Surya vom Aszendenten aus gerechnet Herr des 2. oder des

7. Hauses ist. Die Verehrung von Surya stellt das Heilmittel dar, um die genannten negativen Effekte zu mildern.

śubhayukte pūrṇacandre rājyanāthena saṁyute |
tadbuktau vāhanādīnāṁ lābhaṁ gehe mahatsukham || 21||
mahārājaprasādena gajāntaiśvaryamādiśet |
mahānadīsnānapuṇyaṁ devabrāhmaṇapūjanam || 22||

***Die Antardasha von Chandra in der Dasha von Shukra***

Auswirkungen wie Gewinn von Wohlstand, Fahrzeugen und Gewändern durch die Gunst des Königs (Regierung, Vorgesetzter usw.), Freude im Kreis der Familie, Reichtum und Ruhm in Fülle sowie Hingabe an Gottheiten und Brahmanen sind in der Antardasha des Mondes in der Dasha der Venus zu erwarten, falls Chandra im Zeichen der Erhöhung oder im eigenen Zeichen steht und mit dem Herrn des 9. Hauses, Wohltätern oder dem Herrn des 10. Hauses verbunden ist oder vom Aszendenten oder dem Herrn der Dasha (Venus) aus in einem Kendra, Trikona oder dem 11. Haus steht.

gītavādyaprasaṅgādividvajjanavibhūṣaṇam |
gomahiṣyādivṛddhiśca vyavasāye'dhikaṁ phalam || 23||
bhojanāmbarasaukhyaṁ ca bandhusaṁyuktabhojanam |
nīce vātsaṅgate vāpi ṣaṣṭhāṣṭamavyayarāśige || 24||
dāyeśātṣaṣṭhage vāpi randhre vā vyayarāśige |
tatkāle dhananāśaḥ syātsañcareta mahadbhayam || 25||
dehāyāso manastāpo rājadvāre virodhakṛt |
videśagamanaṁ caiva tīrthayātrādikaṁ phalam || 26||
dāraputrādi pīḍā ca nijabandhuviyogakṛt |
dāyeśātkendralābhasthe trikoṇe sahaje'pi vā || 27||
rājaprītikarī caiva deśagrāmādhipatyatā |
dhairyaṁ yaśaḥ sukhaṁ kīrtirvāhanāmbarabhūṣaṇam || 28||
kūpārāmataḍāgadinirmāṇaṁ dhanasaṅgrahaḥ |
bhuktayādau dehasaukhyaṁ syādante kleśastathā bhavet || 29||

Unter den genannten Umständen wird es auch Gemeinschaft mit Musikern und gebildeten Menschen geben und den Gewinn von Schmuck, Kühen, Büffeln und anderem Vieh sowie außergewöhnliche geschäftliche Profite, gemeinsame Essen mit Brüdern usw. Verlust des Wohlstands, Ängste, körperliche Leiden, Seelenqualen, der Zorn des Königs (Regierung, Vorgesetzte usw.), Reisen in fremde Länder oder Pilgerfahrten, Kummer mit Frau und Kindern (oder es geht ihnen nicht gut) und Trennung von Angehörigen werden die Ergebnisse sein, sollte Chandra im Zeichen des Falls oder vom Aszendenten oder dem Herrn der Dasha (Venus) aus gesehen im 6., 8. oder 12. Haus stehen.

Herrschaft über eine Provinz oder über eine Ortschaft und Gewinn an Kleidung usw. durch die Gunst des Königs, Bau eines Wasserreservoirs, Zunahme von Wohlstand usw. wird es geben, wenn Chandra vom Herrn der Dasha (Shukra) aus in einem Kendra, Trikona, im 3. oder 11. Haus steht. Es werden zu Beginn der Antardasha körperliche Fitness und im letzten Abschnitt dann körperliche Leiden erfahren.

*Ein Kommentator merkt an, dass es, obwohl es an dieser Stelle nicht erwähnt wird, zu den üblichen gefahrbringenden negativen Auswirkungen kommt, sollte Chandra Herr des 2. oder des 7. Hauses sein.*

śukrasyāntargate bhaume lagnātkendratrikoṇage |
svocce vā svarkṣage bhaume lābhe vā balasaṁyute || 30||
lagnādhipena saṁyukte karmabhāgyeśasaṁyute |
tadbhuktau rājayogādisampadaṁ śobhanāṁ vadet || 31||
vastrābharaṇabhūmyāderiṣṭasiddhiḥ sukhāvahā |
tathā'ṣṭame vyaye vā'pi dāyeśādvā tathaiva ca || 32||
śītajvarādipīḍā ca pitṛmātṛbhayāvahā |
jvarādyadhikarogāśca sthānabhraṁśo manorujā || 33||
svabandhujanahāniśca kalaho rājavigrahaḥ |
rājadvārajanadveṣo dhanadhānyavyayo'dhikaḥ || 34||

### *Die Antardasha von Mangal in der Dasha von Shukra*

Auswirkungen wie der Gewinn eines Königreichs (hohe Position) sowie von Besitztümern, Kleidung, Schmuck, Landbesitz und von anderen erstrebenswerten Dingen werden sich in der Antardasha des Mars in der Dasha der Venus manifestieren, falls Mars vom Aszendenten aus in einem Kendra, Trikona oder dem 11. Haus oder in seinem Zeichen der Erhöhung oder in seinem eigenen Zeichen steht oder mit dem Herrn des Aszendenten, des 9. oder des 10. Hauses verbunden ist.

Fieber durch Erkältungen, Krankheiten der Eltern durch Fieber usw., Verlust der Stellung, Streitigkeiten, Konflikt mit dem König (Regierung usw.) sowie ungewöhnlich hohe Ausgaben wird es geben, sollte der Mars vom Aszendenten oder vom Herrn der Dasha (Venus) aus gerechnet im 6., 8. oder 12. Haus stehen.

vyavasāyātphalaṁ neṣṭaṁ grāmabhūmyādihānikṛt |
dvitīyadyūnanāthe tu dehavādhā bhaviṣyati || 35||

Körperliche Leiden, Verluste im Berufsleben, Verlust einer Ortschaft, von Landbesitz usw. werden die Ergebnisse sein, wenn Mars vom Aszendenten aus Herr des 2. oder des 7. Hauses ist.

*Ein Kommentator meint, dass das wohltätige Spenden eines Stieres das angemessene Heilmittel zur Linderung der genannten negativen Effekte sein könnte.*

śukrasyāntargate rāhau kendralābhatrikoṇage |
svocce vā śubhasandṛṣṭe yogakārakasaṁyute || 36||
tadbhuktau bahusaukhyaṁ ca dhanadhānyādilābhakṛt |
iṣṭabandhusamākīrṇaṁ bhavanaṁ ca samādiśet || 37||
yātuḥ kāryārthasiddhiḥ syāt paśukṣetrādisambhavaḥ |
lagnādyupacaye rāhau tadbhuktiḥ sukhadā bhavet || 38||
śatrunāśo mahotsāho rājaprītikarī śubhā |
bhuktyādau śaramāsāṁśca ante jvaramajīrṇakṛt || 39||

### *Die Antardasha von Rahu in der Dasha von Shukra*

Auswirkungen wie große Sinnesfreuden, Gewinn von Getreide, Besuch von Freunden, erfolgreiche Reisen, Erwerb von Vieh und Ländereien usw. sind in der Antardasha von Rahu in der Dasha der Venus zu erwarten, falls Rahu in einem Kendra oder Trikona oder im 11. Haus steht, im Zeichen der Erhöhung oder im eigenen Zeichen oder mit Wohltätern verbunden ist oder von diesen aspektiert wird.

Sinnesfreuden, Vernichtung eines Feindes, Enthusiasmus, das Wohlwollen des Königs (Regierung usw.) werden die Ergebnisse sein, wenn Rahu sich vom Aszendenten aus im 3., 6., 10. oder 11. Haus befindet. Bis zum 5. Monat von Beginn der Antardasha an werden positive Effekte erfahren, aber zum Ende der Antardasha hin wird es Gefahr durch Fieber und Verdauungsprobleme geben.

kāryavighnamavāpnoti sañcare ca manovyathā |
paraṁ sukhaṁ ca saubhāgyaṁ mahārāja ivā'śnute || 40||
nairṭīṁ diśamāśritya prayāṇaṁ prabhudarśanam |
yātuḥ kāryārthasiddhiḥ syātsvadeśe punareṣyati || 41||
upakāro brāhmaṇānāṁ tīrthayātrāphalaṁ bhavet |
dāyeśādrandhrabhāvasthe vyaye vā pāpasaṁyute || 42||
aśubhaṁ labhate karma pitṛmātṛjanāvadhi |
sarvatra janavidveṣaṁ nānārūpaṁ dvijottama || 43||
dvitīye saptame vāpi dehālasya vinirdiśet |
taddoṣaparihārārthaṁ mṛtyuñjayajapaṁ caret || 44||

Unter den genannten Umständen werden – bis auf Hindernisse in Unternehmungen und auf Reisen und einige Sorgen – alle Arten von Freuden wie die eines Königs erfahren. Reisen in fremde Länder bringen Erfolg und der Geborene kehrt wohlbehalten zurück in sein Heimatland. Außerdem gibt es den Segen seitens Brahmanen und segensreiche Auswirkungen durch den Besuch heiliger Stätten.

Negative Effekte für einen selbst und für die Eltern sowie Konflikte mit anderen Menschen sind zu erwarten, sollte Rahu sich mit einem Übeltäter verbunden vom Herrn der Dasha (Shukra) aus im 8. oder im 12. Haus befinden.

Physische Leiden sind die Folge, falls Rahu vom Aszendenten aus der Herr des 2. oder des 7. Hauses sein sollte. Als Heilmittel zur Linderung der genannten negativen Effekte ist Mrityunjaya Japa anzuwenden.

śukrasyāntargate jīve svocce svakṣetrakendrage |
dāyeśācchubharāśisthe bhāgye vā putrarāśige || 45||
naṣṭarājyāddhanaprāptimiṣṭārthāmbarasampadam |
mitraprabhośca sanmānaṁ dhanadhānyaṁ labhennaraḥ || 46||
rājasammānakīrtiṁ ca aśvāndolādilābhakṛt |
vidvatprabhusamākīrṇaṁ śāstrāpariśramam || 47||
putrotsavādisantoṣamiṣṭabandhusamāgamam |
pitṛmātṛsukhaprāptiṁ putrādisaukhyamādiśet || 48||

### *Die Antardasha von Guru in der Dasha von Shukra*

Auswirkungen wie die Wiederlangung eines verlorenen Königreichs (hohe Position), Gewinn von gewünschten Dingen wie Getreide, Kleidung, Besitz usw., Achtung seitens Freunden und dem König und Erwerb von Wohlstand, Anerkennung durch den König, guter Ruf, Erlangung von Fahrzeugen, Zusammensein mit dem Vorgesetzten und mit gebildeten Menschen, fleißiges Studium der vedischen Schriften (Shastras), Geburt eines Sohnes, Zufriedenheit, Besuch enger Freunde, Freude an Eltern und dem Sohn usw. sind in der Antardasha von Jupiter in der Dasha der Venus zu erwarten, falls Jupiter in seinem Zeichen der Erhöhung oder im eigenen Zeichen steht oder vom Aszendenten oder dem Herrn der Dasha (Shukra) aus in einem Kendra oder Trikona.

dāyeśātṣaṣṭharāśisthe vyaye vā pāpasaṁyute ।
rājacaurādipīḍā ca dehapīḍā bhaviṣyati ।। 49।।
ātmarugbandhukaṣṭaṁ syātkalahena manovyathā ।
sthānacyutiṁ pravāsaṁ ca nānārogaṁ samāpnuyāt ।। 50।।

Gefahr durch den König und Diebe, Leid für einen selbst und Angehörige, Streitigkeiten, Seelenqualen, Verlust der Stellung, Auswanderung in fremde Länder sowie Gefahr durch viele Arten von Krankheiten wird es geben, wenn Jupiter sich vom Herrn der Dasha (Venus) aus im 6., 8. oder 12. Haus befindet und mit einem Übeltäter verbunden ist.

dvitīyasaptamādhīśe dehabādhā bhaviṣyati ।
taddoṣaparihārārthaṁ mahāmṛtyuñjayaṁ caret ।। 51।।

Physische Leiden sind zu erwarten, sollte Jupiter der Herr des 2. oder des 7. Hauses sein. Als Heilmittel zur Linderung der genannten negativen Effekte ist Mrityunjaya Japa anzuwenden.

śukrasyāntargate mande svocce tu paramoccage ।
svarkṣakendratrikoṇasthe tuṅgāṁśe svāṁśage'pi vā ।। 52।।
tadbhuktau bahusaukhyaṁ syādiṣṭabandhusamāgamaḥ ।
rājadvāre ca sammānaṁ putrikājanmasambhavaḥ ।। 53।।
puṇyatīrthaphalavāptirdānadharmādipuṇyakṛt ।
svaprabhośca padāvāptiḥ nīcasthe kleśabhāgyabhavet ।। 54।।

### *Die Antardasha von Shani in der Dasha von Shukra*

Auswirkungen wie große Sinnesfreuden, Besuche von Freunden und Verwandten, Anerkennung seitens des Königs (Regierung usw.), Geburt einer Tochter, Besuch von heiligen Stätten und Schreinen und vom König mit Amtsgewalt ausgestattet werden sind in der Antardasha des Saturn in der Dasha von Venus zu erwarten, falls Shani in seinem Zeichen der Erhöhung, in seinem eigenen Zeichen, in einem Kendra oder Trikona oder in seinem eigenen Zeichen in der Navamsha steht.

dehālasyamavāpnoti tathā'yādadhikavyayam ।
tathāṣṭame vyaye mande dāyeśādvā tathaiva ca ।।55।।
bhuktyādau vividhā pīḍā pitṛmātṛjanāvadhi ।
dāraputrādipīḍā ca paradeśādivibhramaḥ ।।56।।
vyavasāyātphalaṁ naṣṭaṁ gomahiṣyādihānikṛt ।
dvitīyasaptamādhīśe dehabādhā bhaviṣyati ।।57।।

Es wird Lethargie und mehr Ausgaben als Einnahmen geben, sollte Saturn sich in seinem Zeichen des Falls befinden. Viele Arten von Leiden und Problemen zu Beginn der Antardasha, Kummer in Zusammenhang mit den Eltern, der Ehefrau und den Kindern (oder es geht diesen schlecht), Auswandern in fremde Länder, berufliche Verluste, Vernichtung von Viehbestand usw. werden die Ergebnisse sein, wenn Saturn sich vom Aszendenten oder vom Herrn der Dasha (Venus) aus im 8., 11. oder 12. Haus befindet.

Körperliche Leiden wird es geben, sollte Saturn der Herr des 2. oder des 7. Hauses sein.

taddoṣaparihārārthaṁ tilahomaṁ ca kārayet ।
mṛtyuñjayajapaṁ kuryāccaṇḍīpāṭhamāthapi vā ।।58।।
svayaṁ vā brāhmaṇadvārā yathāśakti yathāvidhi ।
tataḥ śāntimavāpnoti śivāśambhuprasādataḥ ।।59।।

Die Heilmittel zur Linderung der genannten negativen Effekte sind Havana (Darbringung von Opfergaben an die Devas) unter Verwendung von Sesamkörnern, Mrityunjaya Japa und Durga Saptashati Patha (Rezitation des Devi Mahatmyam).

śukrasyāntargate saumye kendre lābhatrikoṇage ।
svocce vā svarkṣage vāpi rājaprītikaraṁ śubham ।।60।।

saubhāgyaṁ putralābhaśca sanmārgeṇa dhanāgamaḥ |
purāṇadharmaśravaṇaṁ śṛṅgārijanasaṅgamaḥ || 61||
iṣṭabandhujanākīrṇaṁ śobhitaṁ tasya mandiram |
svaprabhośca mahatsaukhyaṁ nityaṁ miṣṭhānnabhojanam || 62||

### *Die Antardasha von Budha in der Dasha von Shukra*

Auswirkungen wie zunehmende Glücksfälle im Leben, Geburt eines Sohnes, Gewinn von Wohlstand durch Gerichtsurteile, Anhören von Geschichten aus den Puranas, Gemeinschaft mit Menschen, die sich mit Dichtkunst usw. auskennen, Besuche bei engen Freunden, Freude durch den Vorgesetzten, Genuss von Süßspeisen usw. werden in der Antardasha von Merkur in der Dasha der Venus manifestiert, falls Merkur vom Aszendenten aus in einem Kendra oder Trikona oder im 11. Haus in seinem Zeichen der Erhöhung oder in seinem eigenen Zeichen steht.

dāyeśātṣaṣṭharandhre vā vyaye vā balavarjite |
pāpadṛṣṭe pāpayukte catuṣpājjīvahānikṛt || 63||
anyālayanivāsaśca manovaikalyasambhavaḥ |
vyāpāreṣu ca sarveṣu hānireva na saṁśayaḥ || 64||
bhuktyādau śobhanaṁ proktaṁ madhye madhyaphalaṁ diśet |
ante kleśakaraṁ caiva śītavātajvarādikam || 65||

Wenn Merkur sich vom Herrn der Dasha (Venus) aus im 6., 8. oder 12. Haus befindet, schwach oder mit einem Übeltäter verbunden ist, wird es zu großem Kummer, Verlusten an Vieh, Wohnen im Haus anderer Menschen und geschäftlichen Verlusten kommen. Zu Beginn der Antardasha treten ein paar gute Effekte in Erscheinung, mittelmäßige Ergebnisse im mittleren Abschnitt und Leid durch Fieber usw. gegen Ende der Antardasha.

saptamādhīśadoṣeṇa dehapīḍā bhaviṣyati |
taddoṣaparihārārthaṁ viṣṇusāhasrakaṁ japet || 66||

Körperliche Leiden sind angesagt, sollte Merkur vom Aszendenten aus gerechnet Herr des 2. oder des 7. Hauses sein. Das Heilmittel zur Linderung der geschilderten negativen Effekte ist die Rezitation des Vishnu Sahasranama.

śukrasyāntargate ketau svocce vā svarkṣage'pi vā |
yogakārakasambandhe sthānavīryasamanvite || 67||

bhuktyādau śubhamādhikyānnityaṁ miṣṭhānnabhojanam ।
vyavasāyātphalādhikyaṁ gomahoṣyādivṛddhikṛt ।। 68।।

## *Die Antardasha von Ketu in der Dasha von Shukra*

Segensreiche Auswirkungen wie der Genuss von Süßspeisen, ungewöhnlich hohe geschäftliche Gewinne und Zunahme des Reichtums an Vieh werden sich schon von Beginn an in der Antardasha des Ketu in der Dasha der Sonne einstellen, falls Ketu in seinem Zeichen der Erhöhung oder in seinem eigenen Zeichen steht, mit einem Yogakaraka-Planeten verbunden ist oder Positionsstärke besitzt.

dhanadhānyasamṛddhiśca saṅgrāme vijayo bhavet ।
bhuktyante hi sukhaṁ caiva bhuktyādau madhyamaṁ phalam ।। 69।।
madhye madhye mahatkaṣṭaṁ paścādārogyamādiśet ।
dāyeśādrandhrabhāvasthe vyaye vā pāpasaṁyute ।। 70।।
caurāhivraṇapīḍā ca buddhināśo mahadbhayam ।
śirorujaṁ manastāpamakarmakalahaṁ vadet ।। 71।।
pramehabhavarogaṁ ca nānāmārge dhanavyayaḥ ।
bhāryāputravirodhaśca gamanaṁ kāryanāśanam ।। 72।।

Unter den genannten Umständen wird es gegen Ende der Antardasha definitiv einen Sieg im Krieg geben. Mittlere Ergebnisse werden im mittleren Zeitabschnitt der Antardasha erfahren und ab und an wird es auch zu einem Gefühl unangenehmer Anspannung kommen.

Gefahr durch Schlangen, Diebe und Verletzungen, Verlust von Geisteskraft, Kopfschmerzen, Seelenqualen, völlig grundlose und sinnlose Streitigkeiten, Diabetes, enorme Ausgaben, Konflikte mit Frau und Kindern, Auswandern in fremde Länder und Verluste in den eigenen Unternehmungen wird es geben, sollte Ketu sich vom Herrn der Dasha (Venus) aus im 8. oder 12. Haus befinden oder mit einem Übeltäter verbunden sein.

dvitīyadyūnanāthe tu dehabādhā bhaviṣyati ।
taddoṣaparihārārthaṁ mṛtyuñjayajapaṁ caret ।। 73।।
chāgadānaṁ prakurvīta sarvasampatpradāyakam ।
śukraprītikarīṁ śāntiṁ tataḥ sukhamavāpnuyāt ।। 74।।

Körperliche Leiden sind angesagt, falls Ketu vom Aszendenten aus Herr des 2. oder des 7. Hauses ist. Als Heilmittel zur Linderung der genannten negativen Effekte sind Mrityunjaya Japa und das wohltätige Spenden einer Ziege anzuwenden. Auch Maßnahmen zur Besänftigung von Shukra werden sich als hilfreich erweisen.

# Kapitel 61: Auswirkungen der Pratyantardashas in den Antardashas der Planeten

**atha pratyantardaśāphalādhyāyaḥ || 61||**
pṛthak svasvadaśāmānairhanyādantardaśāmitim |
bhyetsarvadaśāyogaiḥ phalaṁ pratyantaraṁ kramāt || 1||

Indem man die Jahre usw. der Antardasha der Planeten einzeln mit den Dasha-Jahren jedes Planeten multipliziert und das Ergebnis dann durch die Gesamtdauer der Vimshottari Dasha, nämlich 120 Jahre, teilt, so erlangt man die Pratyantardasha jedes Planeten.

## *Die Auswirkungen der Pratyantardashas in der Antardasha von Surya*

vivādo vittahāniśca dārārtiḥ śirasi vyathā |
ravyantare budhairjñeyaṁ tasya pratyantare phalam || 2||

Surya-Surya: Streit mit anderen Menschen, Verlust von Wohlstand, Kummer mit der Ehefrau (bzw. ihr geht es nicht gut), Kopfschmerzen usw.

*Surya-Surya bedeutet hier Surya-Antardasha und darin die Surya-Pratyantardasha. Wegen der Übersichtlichkeit ersetzt die Kombination des Antardasha- (A) und Pratyantardasha-Herrn (P) in diesem Kapitel Parasharas Standard-Formulierung „Dies sind die Auswirkungen der Pratyantardasha von P in der Antardasha von A".*

Das oben Angeführte sind die allgemeinen Auswirkungen. Derartige negative Effekte werden nicht hervorgerufen, wenn die Sonne in einem Trikona usw. steht, Herr eines segensreichen Hauses ist, sich in einem segensreichen Haus und einem wohltätigen Varga befindet usw.

Alle anderen Pratyantardasha-Auswirkungen sollten auf diese Weise beurteilt werden.

udvegaḥ kalahaścaiva vittahānirmanovyathā |
ravyantare vijānīyāt candrapratyantare phalam || 3||

Surya-Chandra: Aufregungen, Streitigkeiten, Verlust von Wohlstand, Seelenqualen usw.

rājabhītiḥ śastrabhītirbandhanaṁ bahusaṅkaṭam ।
satruvahnikṛtā pīḍā kujapratyantare phalam ।। 4।।

Surya-Mangal: Gefahr durch den König und Waffen, Gefangenschaft, Probleme mit Feinden und Feuer.

śleṣmavyādhiḥ śastrabhītiedhanahānirmahadbhayam ।
rājabhaṅgastathā trāso rāhupratyantare phalam ।। 5।।

Surya-Rahu: Kapha-Störungen, Gefahr durch Waffen, Verlust von Wohlstand, Zerstörung des Königreichs (des eigenen Einflussbereichs) und Seelenqualen.

śatrunāśo jayo vṛddhirvastrahemādibhūṣaṇam ।
aśvayānādilābhaśca gurupratyantare phalam ।। 6।।

Surya-Guru: Sieg, Zunahme des Wohlstands, Gewinn von Gold, Kleidung, Fahrzeugen usw.

dhanahāniḥ paśoḥ pīḍā mahodvego mahārujaḥ ।
aśubhaṁ sarvamāpnoti śanipratyantare janaḥ ।। 7।।

Surya-Shani: Verlust von Wohlstand, Probleme mit dem Vieh, Aufregungen, Krankheiten usw.

vidyālābho bandhusaṅga bhojyaprāptirdhanāgamaḥ ।
dharmalābho nṛpātpūjā bidhapratyantare bhavet ।। 8।।

Surya-Budha: Liebevolle Beziehungen zu Angehörigen, Genuss guter Nahrung, Gewinn von Wohlstand, tugendhafte Gesinnung, Anerkennung seitens des Königs (Regierung usw.).

prāṇabhītirmahāhānī rājabhītiśca vigrahaḥ ।
śatruṇāñca mahāvādo ketoḥ pratyantare bhavet ।। 9।।

Surya-Ketu: Lebensgefahr, Verlust von Wohlstand, Gefahr durch den König (Regierung usw.), Probleme mit Feinden.

dināni samarūpāṇi lābho'pyalpo bhavediha |
svalpā ca sukhasampattiḥ śukrapratyantare bhavet || 10||

Surya-Shukra: Mittelmäßige Auswirkungen oder etwas Gewinn von Wohlstand kann man erwarten.

## Die Auswirkungen der Pratyantardashas in der Antardasha von Chandra

bhūmojyadhanasamprāptī rājapūjāmahatsukham |
lābhaścandrāntare jñeyaṁ candrapratyantare phalam || 11||

Chandra-Chandra: Erwerb von Ländereien, Wohlstand und Besitztümern, Anerkennung seitens des Königs (Regierung) und Genuss von Süßspeisen.

mativṛddhirmahāpūjyaḥ sukhaṁ bandhujanaiḥ saha |
dhanāgamaḥ śatrubhayaṁ kujapratyantare bhavet || 12||

Chandra-Mangal: Weisheit und Besonnenheit, Anerkennung seitens anderer Menschen, Zunahme von Wohlstand, Freude mit Angehörigen (denen es gut geht), aber Gefahr durch Feinde.

bhavetkalyāṇasampattī rājavittasamāgamaḥ |
aśubhairalpamṛtyuaśca rāhupratyantare dvija || 13||

Chandra-Rahu: Wohlergehen und Gewinn von Wohlstand durch den König (Regierung usw.); Gefahr des Todes, falls Rahu mit einem Übeltäter verbunden ist.

vastralābho mahātejo brahmajñānaṁ ca sadguroḥ |
rājyālaṅkaraṇāvāptirgurupratyantare phalam || 14||

Chandra-Guru: Lebensfreude, Zunahme an Würde und Ruhm, Erlangung von Wissen durch den Meister, Gewinn eines Königreichs (hohe Position) und von Edelsteinen usw.

durdine labhate pīḍāṁ vātapittādviśeṣataḥ |
dhanadhānyayaśohāniḥ śanipratyantare bhavet || 15||

Chandra-Shani: Pitta-Probleme, Verlust von Wohlstand, gutem Ruf und Ruhm.

putrajanmahayaprāptirvidyālābho mahonnatiḥ I
śuklavastrānnalābhaśca budhapratyantare bhavet II 16II

Chandra-Budha: Geburt eines Sohnes, Gewinn eines Pferdes und anderer Fahrzeuge, Erfolg im Bereich von Erziehung und Bildung, Fortschritt, Erwerb von weißen Gewändern und Getreide.

brāhmaṇena samaṁ yuddhamapamṛtyuḥ sukhakṣayaḥ I
sarvatra jāyate kleśaḥ ketoḥ pratyantare bhavet II 17II

Chandra-Ketu: Konflikte mit Brahmanen, Furcht vor frühzeitigem Tod, Verlust von Lebensfreude und rundum Schwierigkeiten.

dhanalābho mahatsaukhyaṁ kanyājanma subhojanam I
prītiśca sarvalokebhyo bhṛgupratyantare vidhoḥ II 18II

Chandra-Shukra: Gewinn von Wohlstand, Sinnesfreuden, Geburt einer Tochter, Genuss von Süßigkeiten und herzliche Beziehungen zu allen.

annāgamo vastralābhaḥ śatruhāniḥ sukhāgamaḥ I
sarvatra vijayaprāptiḥ sūryapratyantare vidhoḥ II 19II

Chandra-Surya: Gewinn an Lebensfreude, Getreide und Gewändern, rundum Siege.

### Die Auswirkungen der Pratyantardashas in der Antardasha von Mangal

śatrubhītiṁ kaliṁ ghoraṁ raktasrāvaṁ mṛterbhayam I
kujasyāntardaśāyāṁ ca kujapratyantare vadet II 20II

Mangal-Mangal: Gefahr durch Feinde, Streitigkeiten und Furcht vor frühzeitigem Tod durch Krankheiten des Blutes.

bandhanaṁ rājabhaṅgaśca dhanahāniḥ kubhojanam I
kalahaḥ śatrubhirnityaṁ rāhupratyantare bhavet II 21II

Mangal-Rahu: Vernichtung des Wohlstands und des Königreichs (einflussreiche Position), schlechte Nahrung und Auseinandersetzungen mit dem Feind.

matināśastathā duḥkhaṁ santāpaḥ kalaho bhavet ।
viphalaṁ cintitaṁ sarvaṁ guroḥ pratyantare bhavet ।। 22।।

Mangal-Guru: Verlust der Intelligenz, Widrigkeiten, Sorgen, Streitigkeiten und keine Bestrebungen gehen in Erfüllung.

svāmināśastathā pīḍā dhanahānirnmahābhayam ।
vaikalyaṁ kalahastrāso śaneḥ pratyantare bhavet ।। 23।।

Mangal-Shani: Vernichtung des Vorgesetzten, Schwierigkeiten, Verlust des Wohlstands, Gefahr durch Feinde, Furcht, Streit und Sorgen.

sarvathā buddhināśaśca dhanahānirjvarastanau ।
vastrānnasuhṛdāṁ nāśo budhapratyantare bhavet ।। 24।।

Mangal-Budha: Verlust der Intelligenz, Verlust des Wohlstands, Fiebererkrankungen und Verlust von Getreide, Gewändern und Freunden.

ālasya ca śiraḥpīḍā pāparogo'pamṛtyukṛt ।
rājabhītiḥ śastraghāto ketoḥ pratyantare bhavet ।। 25।।

Mangal-Ketu: Leid durch Krankheiten, Lethargie, vorzeitiger Tod, Gefahr durch den König und durch Waffen.

cāṇḍālātsaṅkaṭastrāso rājaśāstrabhayaṁ bhavet ।
atisārā'tha vamanaṁ bhṛgoḥ pratyantare bhavet ।। 26।।

Mangal-Shukra: Durch Chandalas (Ausgestoßene aus der Gesellschaft) verursachte Leiden, Sorgen, Gefahr durch den König und durch Waffen und Brechdurchfall.

bhūmilābho'rthasampattiḥ santoṣo mitrasaṅgatiḥ ।
sarvatra sukhamāpnoti raveḥ pratyantare janaḥ ।। 27।।

Mangal-Surya: Zugewinn an Landbesitz und Wohlstand, Zufriedenheit, Besuch von Freunden und rundum Freude.

yāmyāṁ diśi bhavellābhaḥ sitavastravibhūṣaṇam ǀ
saṁsiddhiḥ sarvakāryāṇāṁ vidhoḥ pratyantare bhavet ǀǀ 28ǀǀ

Mangal-Chandra: Erlangung von weißen Gewändern usw. aus südöstlicher Richtung, Erfolg in allen Unternehmungen.

## Die Auswirkungen der Pratyantardashas in der Antardasha von Rahu

bandhanaṁ bahudhā rogo bahughātaḥ suhṛdbhayam ǀ
rāhvantardaśāyāṁ ca jñeyaṁ rāhvantare phalam ǀǀ 29ǀǀ

Rahu-Rahu: Gefangenschaft, Krankheit, Gefahr von Verletzungen durch Waffen.

sarvatra labhate mānaṁ gajāśvaṁ ca dhanāgamam ǀ
rāhorantardaśāyāṁ ca guroḥ pratyantare janaḥ ǀǀ 30ǀǀ

Rahu-Guru: Rundum Anerkennung, Gewinn von Reittieren (Fahrzeugen usw.) wie Elefanten usw., Erlangung von Wohlstand.

bandhanaṁ jāyate ghoraṁ sukhahānirmahadbhayam ǀ
pratyahaṁ vātapīḍā ca śaneḥ pratyantare bhavet ǀǀ 31ǀǀ

Rahu-Shani: Gefangenschaft unter härtesten Bedingungen, Verlust sämtlicher Sinnesfreuden, Gefahr durch Feinde, rheumatische Erkrankung.

sarvatra bahudhā lābhaḥ strīsaṅgācca viśeṣataḥ ǀ
paradeśabhavā siddhirbudhapratyantare bhavet ǀǀ 32ǀǀ

Rahu-Budha: Gewinn in allen Unternehmungen, ungewöhnlich hohe Gewinne durch die Ehefrau.

buddhināśo bhayaṁ vighno dhanahānirmahadbhayam ǀ
sarvatra kalahodvegau ketoḥ pratyantare phalam ǀǀ 33ǀǀ

Rahu-Ketu: Verlust der Intelligenz, Gefahr durch Feinde, Hindernisse, Verlust von Wohlstand, Streitigkeiten, Aufregungen.

yoginībhyo bhayaṁ bhūyādaśvahāniḥ kubhojanam ǀ
strīnāśaḥ kulajaṁ śokaṁ śukrapratyantare bhavet ǀǀ 34ǀǀ

Rahu-Shukra: Gefahr durch eine Yogini (weiblicher Yogi) und Gefahr durch den König, Verlust von Fahrzeugen, Genuss schlechter Nahrung, Verlust der Ehefrau, Sorgen in der Familie.

jvararogo mahābhītiḥ putrapautrādipīḍanam ǀ
alpamṛtyuḥ pramādaśca raveḥ pratyantare bhavet ǀǀ 35ǀǀ

Rahu-Surya: Gefahr durch Feinde, Fieber, Kindern geht es nicht gut, Furcht vor frühzeitigem Tod, Vernachlässigung.

udvegakalaho cintā mānahānirmahadbhayam ǀ
piturvikalatā dehe vidyoḥ raveḥ pratyantare bhavet ǀǀ 36ǀǀ

Rahu-Chandra: Aufregungen, Streitigkeiten, Sorgen, Verlust des guten Rufes, Furcht, dem Vater geht es nicht gut.

bhagandarakṛtā pīḍā raktapittaprapīḍanam ǀ
arthahānirmahodvegaḥ kujapratyantare phalam ǀǀ 37ǀǀ

Rahu-Mangal: Eiterbeulen im Analbereich, Leiden durch Bisswunden und Blutvergiftung, Verlust des Wohlstands, Aufregungen.

## Die Auswirkungen der Pratyantardashas in der Antardasha von Guru

hemalābho dhānyavṛddhi kalyāṇaṁ suphalodayaḥ ǀ
gurorantardaśāyāṁ ca bhaved gurvantare phalam ǀǀ 38ǀǀ

Guru-Guru: Gewinn von Gold, Zunahme des Wohlstands usw.

gobhūmihayalābhaḥ syātsarvatra sukhasādhanam ǀ
saṅgraho hyannapānādeḥ śaneḥ pratyantare bhavet ǀǀ 39ǀǀ

Guru-Shani: Zugewinn an Ländereien, Fahrzeugen, Getreide usw.

vidyālābho vastralābho jñānalābhaḥ samauktikaḥ ।
suhṛdāṁ saṅgamaḥ sneho budhapratyantare bhavet ।।40।।

Guru-Budha: Erfolg im Bereich Bildung und Erziehung, Erwerb von Kleidung und Edelsteinen wie Perlen usw., Besuch von Freunden.

jalabhītistathā cauryaṁ bandhanaṁ kalaho bhavet ।
apamṛtyurbhayaṁ ghoraṁ ketoḥ pratyantare dvija ।।41।।

Guru-Ketu: Gefahr durch Wasser und Diebe.

nānāvidyārthasamprāptirhemavastravibhūṣaṇam ।
labhate kṣemasantoṣaṁ bhṛgoḥ pratyantare janaḥ ।।42।।

Guru-Shukra: Verschiedene Arten des Zugewinns an Wissen, Erwerb von Gold, Kleidung, Schmuck, Wohlbefinden und Zufriedenheit.

nṛpāllābhastathā mitrātpitṛto mātṛto'pi vā ।
sarvatra labhate pūjāṁ raveḥ pratyantare janaḥ ।।43।।

Guru-Surya: Gewinne durch den König (Regierung usw.), Freunde und Eltern, rundum Anerkennung.

sarvaduḥkhavimokṣaśca muktalābho hayasya ca ।
siddhyanti sarvakāryāṇi vidho pratyantare dvija ।।44।।

Guru-Chandra: Keine Probleme, Erwerb von Wohlstand und Fahrzeugen, Erfolg in Unternehmungen.

śastrabhītirgade pīḍā vahnimāddyamajīrṇatā ।
pīḍā śatrukṛtā bhūrirbhaumapratyantare bhavet ।।45।।

Guru-Mangal: Gefahr durch Waffen, Schmerzen im Analbereich, Magenbrennen, Verdauungsstörungen, Probleme durch Feinde.

cāṇḍālena viradhaḥ syādbhayaṁ tebhyo dhanakṣatiḥ ।
kaṣṭaṁ jīvāntare jñeyaṁ rāhoḥ pratyantare dhruvam ।।46।।

Guru-Rahu: Konflikte mit niedrigen Menschen sowie Verlust von Wohlstand und damit verbundener Kummer.

## Die Auswirkungen der Pratyantardashas in der Antardasha von Shani

dehapīḍā kalerbhītirbhayamantyajalokataḥ |
duḥkhaṁ śanyantare nānā śaneḥ prtyantare bhavet || 47||

Shani-Shani: Körperliche Leiden, Streitigkeiten, Gefahr durch niedere Menschen.

buddhināśaḥ kalerbhītirannapānādihānikṛt |
dhanhānirbhayaṁ śatroḥ saneḥ pratyantare budhe || 48||

Shani-Budha: Verlust der Intelligenz, Streitigkeiten, Gefahren, Angst um ausreichend Nahrung, Verlust von Wohlstand, Gefahr durch Feinde.

bandhaḥ śatrorgṛhe jāto varṇahānirbahukṣudhā |
citte cintā bhayaṁ trāsaḥ keto pratyantare bhavet || 49||

Shani-Ketu: Gefangenschaft im Lager des Feindes, Verlust von Ruhm; Hunger, Angst und Seelenqualen.

cintitaṁ phalitaṁ vastu kalyāṇaṁ svajane sadā |
manuṣyakṛtito lābhaḥ bhṛgiḥ pratyantare dvija || 50||

Shani-Shukra: Erfüllung von Bestrebungen, Wohlergehen in der Familie, Erfolg in Unternehmungen und Gewinne durch sie.

rājatejo'dhikāritvaṁ svagṛhe jāyate kaliḥ |
jvarādivyādhipīḍā ca raveḥ pratyantare bhavet || 51||

Shani-Surya: Übertragung von Autorität durch den König, Streit innerhalb der Familie, Fieber.

sphītabuddhirmahārambho mandatejā bahuvyayaḥ |
bahustrībhiḥ samaṁ bhogo vidhoḥ pratyantare śanau || 52||

Shani-Chandra: Entwicklung der Intelligenz, Beginn einer großen Unternehmung, Verlust von Ruhm, außergewöhnlich hohe Ausgaben, Beziehungen zu vielen Frauen.

tejohāni putraghāto vahnibhītī riporbhayam |
vātapittakṛtā pīḍā kujapratyantare bhavet || 53||

Shani-Mangal: Verlust von Mut und Tapferkeit, Probleme mit dem Sohn (oder es geht ihm nicht gut), Gefahr durch Feuer und den Feind, Pitta- und Kapha-Leiden.

dhananāśo vastrahānirbhūmināśo bhayaṁ bhavet |
videśagamanaṁ mṛtyuḥ rāho pratyantare śanau || 54||

Shani-Rahu: Verlust von Wohlstand, Kleidung, Landbesitz; Auswanderung in fremde Länder, Angst vor dem Tod.

gṛheṣu svīkṛtaṁ chidraṁ hyasamartho nirīkṣaṇe |
atha vā kalimudvegaṁ guroḥ pratyantare vadet || 55||

Shani-Guru: Unfähigkeit, Verluste durch Frauen zu verhindern, Streitigkeiten, Aufregungen.

### Die Auswirkungen der Pratyantardashas in der Antardasha von Budha

buddhirvidyārthalābho vā vastralābho mahatsukham |
budhāsyāntardaśāyāñca budhapratyantare bhavet || 56||

Budha-Budha: Zunahme der Intelligenz und Bildung sowie Gewinn von Wohlstand, Kleidung usw.

kaṭhinānnasya samprāptirudare rogasambhavaḥ |
kāmalaṁ raktapittaṁ ca ketoḥ pratyantare bhavet || 57||

Budha-Ketu: Rohe und grobe Nahrung, Magenprobleme, Augenleiden und Leiden unter Pitta-Störungen und Bluterkrankungen.

uttarasyāṁ bhavellābho hāniḥ syāttu catuṣpadāt |
adhikāro nṛpāgāre bhṛgoḥ prtyanatare bhavet || 58||

Budha-Shukra: Gewinne aus nördlicher Richtung, Verlust von Vieh, Erlangung von Autorität durch die Regierung.

tejohānirbhavedrogastanupīḍā yadā kadā ǀ
jāyate cittavaikalyaṁ raveḥ pratyantare budhe ǀǀ 59ǀǀ

Budha-Surya: Verlust von Glanz (Ruhm), Leiden unter Krankheiten, Herzleiden.

strīlābhaścārthasampattiḥ kanyālābho mahaddhanam ǀ
labhate sarvataḥ saukhyaṁ vidhoḥ prtyantare janaḥ ǀǀ 60ǀǀ

Budha-Chandra: Heirat, Gewinn von Wohlstand und Besitz, Geburt einer Tochter, rundum Erfreuliches.

dharmadhīdhanasamprāptiścaurāgnyādiprapīḍanam ǀ
raktavastraṁ śastraghātaṁ bhaumapratyantare bhavet ǀǀ 61ǀǀ

Budha-Mangal: Tugendhafte Gesinnung, Zunahme des Wohlstands, Gefahr durch Feuer und Feinde, Erlangung von roten Gewändern, Verletzung durch eine Waffe.

kalaho jāyate strībhirakasmādbhayasambhavaḥ ǀ
rājaśastrākṛtā bhītiḥ rāhiḥ prtyantare dvija ǀǀ 62ǀǀ

Budha-Rahu: Streitigkeiten, Gefahr durch die Ehefrau oder eine andere Frau, Gefahr durch den König (Regierung usw.).

rājyaṁ rājyādhikāro vā pūjā rājasamudbhavā ǀ
vidyābuddhisamṛddhiśca guroḥ pratyantare bhavet ǀǀ 63ǀǀ

Budha-Guru: Erlangung eines Königreichs, vom König (Regierung usw.) mit Autorität ausgestattet werden, Ehrung durch den König, Zunahme der Intelligenz und Bildung.

vātapittamahāpīḍā dehaghātasamudbhavā ǀ
dhananāśamavāpnoti śaneḥ pratyantare janaḥ ǀǀ 64ǀǀ

Budha-Shani: Pitta- und Vata-Probleme, Verletzungen des Körpers, Verlust von Wohlstand.

## Die Auswirkungen der Pratyantardashas in der Antardasha von Ketu

āpatsamudbhavo'kasmāddeśantarasamāgamaḥ I
ketvantare'rthahāniśca ketoḥ pratyantare bhavet I I 65I I

Ketu-Ketu: Plötzliche Katastrophe, Auswanderung in fremde Länder, Verlust von Wohlstand.

mlecchabhīrarthanāśo vā netrarogaḥ śirovyathā I
hāniścatuṣpadānāṁ ca bhṛgoḥ pratyantare bhavet I I 66I I

Ketu-Shukra: Verlust von Wohlstand durch einen auswärtigen Herrscher, Augenleiden, Verlust von Vieh.

mitraiḥ saha virodhaśca svalpamṛtyuḥ parājayaḥ I
matibhraṁśo vivādaśca raveḥ prtyantare bhavet I I 67I I

Ketu-Surya: Konflikte mit Freunden, vorzeitiger Tod, Niederlage, kontroverse Diskussionen.

annanāśo yaśohānirdehapīḍā matibhramaḥ I
āmavātādivṛddhiścavidhoḥ prtyantare bhavet I I 68I I

Ketu-Chandra: Verlust von Getreide, körperliche Leiden, Missverständnisse, Ruhr.

śastraghātena pātena pīḍito vahnipīḍayā I
nīcādbhītī ripoḥ śaṅkā kujapratyantare bhavet I I 69I I

Ketu-Mangal: Verletzung durch Waffen, Leiden durch Feuer, Gefahr durch niedrige Menschen und Feinde.

kāminībhyo bhayaṁ bhūyāttathā vairisamudbhavaḥ I
kṣudrādapi bhavedbhītī rāhoḥ pratyantare bhavet I I 70I I

Ketu-Rahu: Gefahr durch Frauen und Feinde, von niederen Menschen verursachte Leiden.

dhanahānirmahotpāto sastramitravināśanam I
sarvatra labhate kleśaṁ guroḥ pratyantare phalam I I 71I I

Ketu-Guru: Verlust von Freunden, Wohlstand und Gewändern, harte Vorwürfe im eigenen Heim, von allen Seiten Schwierigkeiten.

gomahiṣyādimaraṇaṁ dehapīḍā suhṛdvadhaḥ ।
svalpālpalābhakaraṇaṁ śaneḥ pratyantare phalam ।। 72।।

Ketu-Shani: Tod von Vieh und von Freunden, körperliche Leiden, äußerst dürftiger Zugewinn an Wohlstand.

buddhināśo mahodvego vidyāhānirmahābhayam ।
kāryasiddhirna jāyate jñasya pratyantare phalam ।। 73।।

Ketu-Budha: Verlust der Urteilsfähigkeit, Aufregungen, Fehlschläge im Bereich der Erziehung und Bildung, Gefahren, Fehlschläge in allen Unternehmungen.

## Die Auswirkungen der Pratyantardashas in der Antardasha von Shukra

śvetāśvavastramuktādyaṁ divyastrījaṅgajaṁ sukham ।
labhate śukrantare prāpte śukrapratyantare janaḥ ।। 74।।

Shukra-Shukra: Erwerb weißer Gewänder sowie von Fahrzeugen, Edelsteinen wie Perlen usw., Gemeinschaft mit schönen jungen Frauen.

vātajvaraḥ śiraḥpīḍā rājñaḥ pīḍā riporapi ।
jāyate svalpalābho'pi raveḥ pratyantare phalam ।। 75।।

Shukra-Surya: Rheumatisches Fieber, Kopfschmerzen, Gefahr durch den König und Feinde und dürftiger Zugewinn an Wohlstand.

kanyājanma nṛpāllābho vastrābharaṇasaṁyutaḥ ।
rājyādhikārasamprāptiḥ candrapratyantare bhavet ।। 76।।

Shukra-Chandra: Geburt einer Tochter, Gewinn von Gewändern usw. durch den König, Erlangung von Autorität.

raktapittādirogaśca kalahastāḍanaṁ bhavet |
mahānkleśo bhavedata kujapratyantare dvija || 77||

Shukra-Mangal: Probleme mit dem Blut und Pitta-Störungen, Streitigkeiten, viele Arten von Leiden.

kalaho jāyate strībhirakasmādbhayasambhavaḥ |
rājataḥ śatrutaḥ pīḍā rāhoḥ pratyantare bhavet || 78||

Shukra-Rahu: Streit mit der Ehefrau, Gefahr, Schwierigkeiten mit dem König und Feinden.

mahaddravyaṁ mahadrājyaṁ vastrmuktādibhūṣaṇam |
gajāśvādipadaprāptiḥ guroḥ pratyantare bhavet || 79||

Shukra-Guru: Erlangung eines Königreichs sowie von Wohlstand, Gewändern, Schmuck und Reittieren (Fahrzeugen) wie Elefanten usw.

kharoṣṭrachāgasamprāptirlohamāṣatilādikam |
labhate svalpapīḍādi śaneḥ pratyantare janaḥ || 80||

Shukra-Shani: Erwerb eines Esels, eines Kamels, einer Ziege sowie von Eisen, Getreide und Sesamsamen; körperliche Schmerzen.

dhanajñānamahallābho rājarājyādikāritā |
nikṣepāddhanalābho'pi jñasya pratyantare bhavet || 81||

Shukra-Budha: Gewinn von Wohlstand, Wissen, von Autorität durch den König sowie von Geld, das von anderen verteilt wurde.

apamṛtyubhayaṁ jñeyaṁ deśāddeśāntarāgamaḥ |
lābho'pi jāyate madhye ketoḥ pratyantare dvija || 82||

Shukra-Ketu: Vorzeitiger Tod, Verlassen des Heimatlands, zuweilen Zugewinne an Wohlstand.

| Antar Dasha | Pratyantar Dasha | | | | | | | | |
|---|---|---|---|---|---|---|---|---|---|
| | Sy | Ch | Ma | Ra | Gu | Sa | Bu | Ke | Sk |
| SY | Negativ | Negativ | Negativ | Negativ | Positiv | Positiv | Positiv | Negativ | Gemischt |
| CH | Positiv | Positiv | Gemischt | Gemischt | Positiv | Negativ | Positiv | Negativ | Positiv |
| MA | Positiv | Positiv | Negativ | Negativ | Negativ | Negativ | Negativ | Negativ | Negativ |
| RA | Negativ | Negativ | Negativ | Negativ | Positiv | Negativ | Positiv | Negativ | Negativ |
| GU | Positiv | Positiv | Negativ | Negativ | Positiv | Positiv | Positiv | Negativ | Positiv |
| SA | Gemischt | Gemischt | Negativ | Negativ | Negativ | Negativ | Negativ | Negativ | Positiv |
| BU | Negativ | Positiv | Gemischt | Negativ | Positiv | Negativ | Positiv | Negativ | Gemischt |
| KE | Negativ | Negativ | Negativ | Negativ | Negativ | Negativ | Negativ | Negativ | Negativ |
| SK | Negativ | Positiv | Negativ | Negativ | Positiv | Gemischt | Positiv | Negativ | Positiv |

Positiv Negativ Gemischt

# Kapitel 62: Auswirkungen der Sukshmadashas in den Pratyantardashas der Planeten

**atha sūkṣmāntardaśādhyāyaḥ ǀǀ 62ǀǀ**
guṇyā svasvadaśāvarṣaiḥ pratyantaradaśāmitiḥ ǀ
khārkraibhaktā pṛthaglabdhiḥ sūkṣmāntaradaśā bhavet ǀǀ 1ǀǀ

Indem man die Jahre usw. der Pratyantardasha der Planeten einzeln mit den Dasha-Jahren jedes Planeten multipliziert und das Ergebnis dann durch 120 teilt, erlangt man die Sukshmadasha jedes Planeten.

## *Die Auswirkungen der Sukshmadashas in der Pratyantardasha von Surya*

nijabhūmiparityāgo prāṇanāśabhayaṁ bhavet ǀ
sthānanāśo mahāhāniḥ nijasūkṣmagate ravau ǀǀ 2ǀǀ

Surya-Surya: Verlassen des Heimatlandes, Gefahr des Todes, Verlust der Stellung, rundum Verluste.

*Surya-Surya bedeutet Surya-Pratyantardasha und darin Surya-Sukshmadasha. Wegen der Übersichtlichkeit ersetzt die Kombination des Pratyantardasha- (P) und Sukshmadasha-Herrn (S) in diesem Kapitel Parasharas Standard-Formulierung „Dies sind die Auswirkungen der Sukshmadasha von S in der Pratyantardasha von P".*

devabrāhmaṇbhaktiśca nityakarmaratastathā ǀ
suprītiḥ sarvamitraścaiva raveḥ sūkṣmagate vidhau ǀǀ 3ǀǀ

Surya-Chandra: Hinabe an Gottheiten und Brahmanen, Interesse an frommen Taten, herzliche Beziehungen mit Freunden

krūrakarmaratistigmaśatrubhiḥ paripīḍanam ǀ
raktasrāvādirogaśca raveḥ sūkṣmagate kuje ǀǀ 4ǀǀ

Surya-Mangal: Verstrickung in sündhafte Taten, Kummer durch grausame Feinde, Blutungen.

caurāgniviṣabhītiśca raṇe bhaṅgaḥ parājayaḥ I
dānadharmādihīnaśca raveḥ sūkṣmagate hyagau II 5II

Surya-Rahu: Gefahr durch Diebe, Feuer und Gift, Niederlage im Krieg, Neigung zur Religion.

nṛpasatkārarājārhaḥ sevakaiḥ paripūjitaḥ I
rājacakṣurgataḥ śāntaḥ sūryasūkṣmagate gurau II 6II

Surya-Guru: Anerkennung seitens der Regierung, Achtung seitens Regierungsangestellten. Zum Günstling des Königs werden.

cauryasāhasakarmārthaṁ devabrāhmaṇapīḍanam I
sthānacyutiṁ manodukhaṁ raveḥ sūkṣmagate śanau II 7II

Surya-Shani: Respektpersonen und Brahmanen durch Diebstahl und andere dreiste Handlungen Kummer bereiten, Verlassen des eigenen Heimatortes, Seelenqualen.

divyāmbarādilabdhiśca divyastrīparibhogitā I
acintitārthasiddhiśca raveḥ sūkṣmagate budhe II 8II

Surya-Budha: Erwerb von Gewändern, Verbindung mit einer schönen jungen Frau, plötzlicher Erfolg in Unternehmungen.

gurutārthavināśaśca bhṛtyadārabhavastathā I
kvacitsevakasambandho raveḥ sūkṣmagate dhvaje II 9II

Surya-Ketu: Erlangung von Ruhm durch Ehefrau und Angestellte, Verlust von Wohlstand, Annehmlichkeiten durch Bedienstete.

putramitrakalatrādisākhyasampanna eva ca I
nānāvidhā ca sampattī raveḥ sūkṣmagate bhṛgau II 10II

Surya-Shukra: Freude durch den eigenen Sohn, durch Freunde und Ehefrau. Erwerb vieler Arten von Besitztümern.

## *Die Auswirkungen der Sukshmadashas in der Pratyantardasha von Chandra*

bhūṣaṇaṁ bhūmilābhaśca sammānaṁ nṛpapūjanam I
tāmasattvaṁ gurutvaṁ ca nijasūkṣmagate vidhau I I 11 I I

Chandra-Chandra: Gewinn von Schmuckstücken und Land, Ehrungen, Anerkennung seitens des Königs, Zorn, Ruhm.

duḥkhaṁ śatruvirodhaśca kukṣirogaḥ piturmṛtiḥ I
vātapittakaphodrekaḥ vidhoḥ sūkṣmagate kuje I I 12 I I

Chandra-Mangal: Kummer, Streit mit dem Feind, Magenprobleme, Tod des Vaters, Probleme durch ein Ungleichgewicht von Vata, Pitta und Kapha.

krodhanaṁ mitrabandhūnāṁ deśatyāgo dhanakṣayaḥ I
videśānnigaḍaprāptirvidhoḥ sūkṣmagatepyagau I I 13 I I

Chandra-Rahu: Disharmonie mit Freunden und Verwandten, Verlassen des Heimatlandes, Verlust von Wohlstand, Gefängnisaufenthalt.

chatracāmarasaṁyuktaṁ vaibhavaṁ putrasampadaḥ I
sarvatra sukhamāpnoti vidhoḥ sūkṣmagate gurau I I 14 I I

Chandra-Guru: Wohlstand und Ruhm von gleichsam königlicher Pracht, Geburt eines Sohnes, Erwerb von Besitztümern, rundum Erfreuliches.

rājopadravabhītiḥ syādvyavahāre dhanakṣayaḥ I
caurarvaṁ viprabhītiśca vidhoḥ sūkṣmagate śanau I I 15 I I

Chandra-Shani: Den Zorn des Königs auf sich ziehen, Verlust von Wohlstand durch geschäftliche Aktivitäten, Gefahr durch Diebe und Brahmanen.

rājamānaṁ vastulābho videśādvāhanādikam I
putrapautrsamṛddhiśca vidhoḥ sūkṣmagate budhe I I 16 I I

Chandra-Budha: Anerkennung seitens des Königs, Gewinn von Wohlstand, Erwerb eines Fahrzeuges aus einem fremden Land, Zunahme der Zahl der Kinder,

ātmano vṛttihananaṁ sasyaśṛṅgavṛṣādibhiḥ ।
agnisūryādibhītiḥ syādvidhoḥ sūkṣmagate dhvaje ।। 17।।

Chandra-Ketu: Verlust des Lebensunterhaltes, der durch Verkäufe usw. von Getreide, Medikamenten, Vieh usw. erworben wird, Gefahr durch Feuer und Sonnenstrahlen.

vivāho bhūmilābhaśca vastrābharaṇavaibhavam ।
rājyalābhaśca kīrtiśca vidhoḥ sūkṣmagate bhṛgau ।। 18।।

Chandra-Shukra: Hochzeit, Erlangung eines Königreichs sowie von Landbesitz, Gewändern, Schmuckstücken, gutem Ruf usw.

kleśātkleśaḥ kāryanāśaḥ paśudhānyadhanakṣayaḥ ।
gātravaiṣamyabhūmiśca vidhoḥ sūkṣmagate ravau ।। 19।।

Chandra-Surya: Schwierigkeiten, Verlust in Unternehmungen, Vernichtung von Getreide und Vieh, körperliche Leiden.

### *Die Auswirkungen der Sukshmadashas in der Pratyantardasha von Mangal*

bhūmihānirmanaḥkhedo hyapasmārī ca bandhuyuk ।
purokṣobhamanastāpo nijasūkṣmagate kuje ।। 20।।

Mangal-Mangal: Kummer in Zusammenhang mit Verlust von Landbesitz. Epilepsie, Inhaftierung, Unglücklichsein.

aṅgadoṣo janādbhītiḥ pramadāvaṁśanāśanam ।
vahnisarpabhayaṁ ghoraṁ bhaume sūkṣmagate'pyahau ।। 21।।

Mangal-Rahu: Körperliche Leiden, Gefahr durch das Volk (durch Unpopularität), Verlust von Ehefrau und Kindern, Gefahr durch Feuer.

devapūjāratiścātra mantrābhyutthānatatparaḥ I
loke pūjā pramodaśca bhaume sūkṣmagate gurau II 22II

Mangal-Guru: Hingabe an Gottheiten, großer spiritueller Erfolg (mantra siddhi), Popularität, Freuden.

bandhanānmucyate baddho dhanadhānyaparicchadaḥ I
bhṛtyārthabahulaḥ śrīmān bhaume sūkṣmagate śanau II 23II

Mangal-Shani: Haftentlassung, Freude in Bezug auf Wohlstand, Getreide, Kleidung und Bedienstete.

vāhanaṁ chātrasaṁyuktaṁ rājyabhogaparaṁ sukham I
kāmaśvāsādikā pīḍā bhaume sūkṣmagate budhe II 24II

Mangal-Budha: gleichsam königliche Ehrungen, Atemprobleme.

parapretitabuddhiśca sarvatrā'pi ca garhitā I
aśuciḥ sarvakāleṣu bhaume sūkṣmagate dhvaje II 25II

Mangal-Ketu: Verstrickung in nicht wünschenswerte Handlungen durch das schlechte Vorbild anderer; bleibt stets schmutzig.

iṣṭastrībhogasampattiriṣṭabhojanasaṅgrahaḥ I
iṣṭārthasyāpi lābhaśca bhaume sūkṣmagate bhṛgau II 26II

Mangal-Shukra: Freuden an erlesenen Frauen, Erwerb von Wohlstand, Nahrung usw.

rājadveṣo dvijātkleśaḥ kāryābhiprayavañcakaḥ I
loke'pi nindyatāmeti bhaume sūkṣmagate ravau II 27II

Mangal-Surya: Zorn des Königs, Kummer durch Brahmanen, Fehlschlag in Unternehmungen, öffentliche Schande.

śuddhatvaṁ dhanasamprāptirdevabhāhmaṇvatsalaḥ I
vyādhinā paribhūyet bhaume sūkṣmagate vidhau II 28II

Mangal-Chandra: Frömmigkeit, Erlangung von Wohlstand, Hingabe an Gottheiten und Brahmanen, Gefahr von Krankheiten.

### *Die Auswirkungen der Sukshmadashas in der Pratyantardasha von Rahu*

lokopadravabuddhiśca sarvakārye mativibhramaḥ |
śūnyatā cittadoṣaḥ syāt svīye sūkṣmagate'pyagau || 29||

Rahu-Rahu: Tendenz, Aufruhr bei anderen Menschen zu verursachen; Mangel an Weisheit, was das Ausführen von Pflichten anbetrifft; geistig-seelische Störungen.

dīrgharogī daridraśca sarveṣāṁ priyadarśanaḥ |
dānadharmarataḥ śasto rāhoḥ sūkṣmagate gurau || 30||

Rahu-Guru: An einer chronischen Krankheit leiden; Armut, aber von Menschen und frommen Personen geachtet werden.

kumārgātkutsitorthaśca duṣṭaśca parasevakaḥ |
asatsaṅgamatirmūḍho rāhoḥ sūkṣmagate śanau || 31||

Rahu-Shani: Gewinn von Wohlstand durch unrechtmäßige Mittel; boshafte oder niedrige Tendenzen. Ausführen der Pflichten anderer (adharma); nicht wünschenswerte Gemeinschaft mit Menschen (in schlechte Gesellschaft geraten).

strīsambhogamatirvāgmī lokasambhāvanāvṛtaḥ |
annamicchaṁstanuglānī rāhoḥ sūkṣmagate budhe || 32||

Rahu-Budha: Zunahme von Begierden nach Geschlechtsverkehr mit Frauen, Redegewandheit, Hunger, körperliche Leiden.

mādhuryaṁ mānahāniśca bandhanaṁ cāpramākaram |
pāruṣyaṁ jīvahāniśca rāhoḥ sūkṣmagate dhvaje || 33||

Rahu-Ketu: Höflichkeit, Verlust des guten Rufes, Inhaftierung, Kaltherzigkeit, Verlust von öffentlichen Geldern.

bandhanānmucyate baddhaḥ sthānamānārthasañcayaḥ |
kāraṇād dravyalābhaśca rāhau sūkṣmagate bhṛgau || 34||

Rahu-Shukra: Befreiung aus Gefangenschaft, Erlangung einer Stellung und von Wohlstand.

vyaktārśo gulmarogaśca krodhahānistathaiva ca |
vāhanādisukhaṁ sarvaṁ rāhoḥ sūkṣmagate ravau || 35||

Rahu-Surya: Sich in fremden Ländern niederlassen, Gulma-Krankheit (Geschwulst), ausgeglichenes Temperament, Annehmlichkeiten in Bezug auf Fahrzeuge.

maṇiratnadhanavāptirvidyopāsanaśīlavān |
devārcanaparo bhaktyā rāhoḥ sūkṣmagate vidhau || 36||

Rahu-Chandra: Zugewinn an Edelsteinen (mani), Wohlstand und Bildung; gerne beten, gutes Verhalten und Hingabe an Gottheiten.

nirjite janavidrāvo jane krodhaśca bandhanam |
cauryaśīlaratirnityaṁ rāhoḥ sūkṣmagate kuje || 37||

Rahu-Mangal: Flucht nach einer Niederlage, Zorn, Inhaftierung, Verstrickung in Diebstähle.

### Die Auswirkungen der Sukshmadashas in der Pratyantardasha von Guru

śokanāśo dhanādhikyamagnihotraṁ śivārcanam |
vāhanaṁ chatrasaṁyuktaṁ svīye sūkṣmagate gurau || 38||

Guru-Guru: Verbannung aller Sorgen, Zunahme von Wohlstand, Durchführung von Opferhandlungen (havana), Hingabe an Shiva; Erlangung von Fahrzeugen, die mit königlichen Symbolen versehen sind.

vratabhaṅgo manastāpo videśe vasunāśanam |
virodho bandhuvairgaśca guroḥ sūkṣmagate śanau || 39||

Guru-Shani: Hindernisse in Bezug auf Fasten, Seelenqualen, Reisen in die Fremde, Verlust von Wohlstand, Konflikte mit Angehörigen.

vidyābuddhivivṛddhiśca sasammānaṁ dhanāgamaḥ |
gṛhe sarvavidhaṁ saukhyaṁ guroḥ sūkṣmagate budhe || 40||

Guru-Budha: Erfolg in der Erziehung und Bildung, Zunahme der Intelligenz; von den Menschen geachtet werden (Popularität); Erlangung von Wohlstand; alle Arten von häuslichen Genüssen und Annehmlichkeiten.

jñānaṁ vibhavapāṇḍitye śāstraśrotā śivārcanam |
agnihotraṁ gurorbhaktirguroḥ sūkṣmagate dhvaje || 41||

Guru-Ketu: Wissen, Ruhm, Bildung, Studium der vedischen Schriften (shastra), Verehrung von Shiva, Opferhandlungen (havana), Hingabe an den Meister.

rogānmuktiḥ sukhaṁ bhogo dhanadhānyasamāgamaḥ |
putradārādisaukhyaṁ ca guroḥ sūkṣmagate bhṛgau || 42||

Guru-Shukra: Erholung von Krankheiten, Sinnesfreuden, Gewinn von Reichtum, Freude an Ehefrau und Kindern.

vātapittaprakopaśca śleṣmodrekastu dāruṇaḥ |
rasavyādikṛtaṁ śūlaṁ guroḥ sūkṣmagate ravau || 43||

Guru-Surya: Vata- und Pitta-Probleme; Magenschmerzen durch ein Ungleichgewicht von Kapha und in den Geschmacksrichtungen der Nahrung.

chatracāmarasaṁyuktaṁ vaibhavaṁ putrasampadaḥ |
netrakukṣigatā pīḍā guroḥ sūkṣmagate vidhau || 44||

Guru-Chandra: Ruhm in Zusammenhang mit einem Schirm voller königlicher Symbole (der Schirm steht für Königsherrschaft), Feierlichkeiten anlässlich der Geburt eines Sohns; Augen- und Magenschmerzen.

srtījanācca viṣotpattirbandhanaṁ ca rujobhayam |
deśāntaragamo bhrāntirguroḥ sūkṣmagate kuje || 45||

Guru-Mangal: Beschäftigung mit von einer Frau verabreichtem Gift, Inhaftierung, Gefahr von Krankheiten, Fortgehen in fremde Länder, Verwirrung und Missverständnisse.

vyādhibhiḥ paribhūtaḥsyāccaurairapahṛtaṁ dhanam |
sarpavṛścikabhītiśca guroḥ sūkṣmagate'pyagau || 46||

Guru-Rahu: Gefahr durch Diebe, Schlangen und Skorpione; Krankheiten und Leiden.

### *Die Auswirkungen der Sukshmadashas in der Pratyantardasha von Shani*

dhanahānirmahāvyādhiḥ vātapīḍā kulakṣayaḥ |
bhinnāhārī mahāduḥkhī nijasūkṣmagate śanau || 47||

Shani-Shani: Verlust von Wohlstand, rheumatische Erkrankungen, Zerstörung der Familie; Mahlzeiten von der Famile getrennt Einnehmen; jede Menge Kummer.

vāṇijyavṛtterlābhaśca vidyāvibhavameva ca |
strīlābhaśca mahīprāptiḥ śaneḥ sūkṣmagate budhe || 48||

Shani-Budha: Geschäftliche Gewinne, Fortschritt im Bereich Erziehung und Bildung, Zunahme von Wohlstand und Landbesitz.

cauropadravakuṣṭhādivṛttikṣayavigumphanam |
sarvāṅgapīḍanaṁ vyādhiḥ śaneḥ sūkṣmagate dhvaje || 49||

Shani-Ketu: Große Unruhe durch Diebe; Lepra; Verlust des Lebensunterhaltes; körperliche Schmerzen.

aiśvaryamāyudhābhyāsaḥ putralābho'bhiṣecanam |
ārogyaṁ dhanakāmau ca śaneḥ sūkṣmagate bhṛgau || 50||

Shani-Shukra: Fülle an Wohlstand und Ruhm, Fortschritte im Erlernen des Gebrauchs von Waffen, Geburt eines Sohnes, Krönung, gute Gesundheit und Erfüllung aller Bestrebungen.

rājatejovikāratvaṁ svagṛhe jāyate kaliḥ ।
kiñcitpīḍā svadehotthā śaneḥ sūkṣmagate ravau ।।51।।

Shani-Surya: sich den Zorn des Königs Zuziehen, Familienstreitigkeiten, körperliche Leiden.

sphītabuddhirmahārambho mandatejā bahuvyayaḥ ।
strīputraiśca samaṁ saukhyaṁ śaneḥ sūkṣmagate vidhau ।।52।।

Shani-Chandra: Entwicklung der Intelligenz, Einweihung eines großen Projektes, Verlust von Ausstrahlung, Luxus und Freude an Frau und Kindern.

tejohānirmahodvego vahnimāndyaṁ bhramaḥ kaliḥ ।
vātapittakṛtā pīḍā śaneḥ sūkṣmagate kuje ।।53।।

Shani-Mangal: Verlust von Ausstrahlung; Aufregungen, Magenbrennen, Streitigkeiten und Missverständnisse, Vata- und Pitta-Störungen.

pitṛmātṛvināśaśca manoduḥkhaṁ guruvyayam ।
sarvatra viphalatvaṁ ca śaneḥ sūkṣmagate'pyahau ।।54।।

Shani-Rahu: Tod der Eltern, Seelenqualen, Überspanntheit, Fehlschläge in Unternehmungen.

sanmudrābhogasammānaṁ dhanadhānyavivarddhanam ।
chatracāmarasamprāptiḥ śaneḥ sūkṣmagate gurau ।।55।।

Shani-Guru: Erwerb von Goldmünzen, öffentliche Achtung (Popularität), Zunahme von Wohlstand und Getreide; Erlangung eines Schirmes mit königlichen Symbolen (Zunahme von Macht und Einfluss).

### *Die Auswirkungen der Sukshmadashas in der Pratyantardasha von Budha*

saubhāgyaṁ rājasammānaṁ dhanadhānyādisampadaḥ ।
sarveṣāṁ priyadarśī ca nijasūkṣmagate budhe ।।56।।

Budha-Budha: Entstehung von Glück und Reichtum, Ehrung durch den König, Zunahme an Wohlstand und Besitz sowie herzliche Beziehungen zu allen.

bālagrahognibhīstāpaḥ strīgadodbhavadoṣabhāk I
kumārgī kutsitāśī ca baudhe sūkṣmagate dhvaje I I 57I I

Budha-Ketu: Gefahr durch Feuer, Seelenqualen, Leiden der Ehefrau, grobe Nahrung und unmoralische Tendenzen.

vāhanaṁ dhanasampattirjalajānnārthasambhavaḥ I
śubhakīrtirmahābhogo baudhe sūkṣmagate bhṛgau I I 58I I

Budha-Shukra: Erlangung von Fahrzeugen, Wohlstand und in Wasser angebauter Nahrung; guter Ruf und Freuden.

tāḍanaṁ nṛpavaiṣamyaṁ buddhiskhalanarogabhāk I
hānirjanāpavādaṁ ca baudhe sūkṣmagate ravau I I 59I I

Budha-Surya: Verletzungen, Zorn des Königs, Verwirrung des Geistes, Krankheiten, Verlust von Wohlstand; sich öffentlich zum Gespött machen.

subhagaḥ sthirabuddhiśca rājasanmānasampadaḥ I
suhṛdāṁ gurusañcāro baudhe sūkṣmagate vidhau I I 60I I

Budha-Chandra: Glück und gute Gewinne, geistige Stabilität, Ehrungen seitens des Königs, Erlangung von Besitztümern. Besuch von Freunden und vom Meister.

agnidāho viṣotpattirjaḍatvaṁ ca daridratā I
vibhramaśca mahodvego baudhe sūkṣmagate kuje I I 61I I

Budha-Mangal: Gefahr durch Feuer und Gift; Schwachsinn, Armut, geistige Verwirrung, Aufgewühltsein.

agnisarpanṛpādbhītiḥ kucchrādiriparābhavaḥ I
bhūtāveśabhramādbhrāntirbaudhe sūkṣmagatepyahau I I 62I I

Budha-Rahu: Gefahr durch Feuer und Schlangen; Sieg über den Feind unter Schwierigkeiten, Ärger mit Goblins.

gṛhopakaraṇaṁ bhavyaṁ dānaṁ bhogādivaibhavam I
rājaprasādasampattirbaudhe sūkṣmagate gurau II 63II

Budha-Guru: Bau eines Hauses, Interesse an Wohltätigkeit, Annehmlichkeiten und Freuden, Zunahme der Fülle an Reichtum, Erlangung von Wohlstand durch den König.

vāṇijyavṛttilābhaśca vidyāvibhavameva ca I
strīlābhaśca mahāvyāptirbaudhe sūkṣmagate śanau II 64II

Budha-Shani: Geschäftliche Profite, Fortschritte in Bildung und Erziehung und Zunahme des Wohlstands; Hochzeit, Gewichtszunahme.

## *Die Auswirkungen der Sukshmadashas in der Pratyantardasha von Ketu*

putradārādijaṁ duḥkhaṁ gātravaiṣamyameva ca I
dāridryād bhikṣuvṛttiśca naije sūkṣmagate dhvaje II 65II

Ketu-Ketu: Freude durch Frau und Kinder; körperliche Leiden, Armut, Bettelei.

roganāśa'rthalābhaśca guruviprānuvatsalaḥ I
saṅgamaḥ svajanaiḥ sārddhaketoḥ sūkṣmagate bhṛgau II 66II

Ketu-Shukra: Freiheit von Krankheiten, Erlangung von Wohlstand, Hingabe an Brahmanen und den Meister, Zusammensein mit Familienangehörigen.

yuddhaṁ bhūmivināśaśca vipravāsaḥ svadeśataḥ I
suhṛdvipātirārtiśca ketoḥ sūkṣmagate ravau II 67II

Ketu-Surya: Streitigkeiten, Verlust von Landbesitz, Wohnsitz in fremden Ländern; Freunde erleben Katastrophen.

dāsīdāsasamṛddhiśca yuddhe labdhirjayastathā |
lalitā kīrtirutpannā ketoḥ sūkṣmagate vidhau || 68||

Ketu-Chandra: Beförderung im Dienst, Sieg im Krieg, guter Ruf in der Öffentlichkeit (Popularität).

āsane bhayamaśvādeścauraduṣṭādipīḍanam |
gulmapīḍā śirorogaḥ ketoḥ sūkṣmagate kuje || 69||

Ketu-Mangal: Gefahr vom Pferd usw. zu fallen, Kummer durch Diebe und Böswillige, Leiden unter Gulma (Geschwüre) und Kopfschmerzen.

vināśaḥ strīgurūṇāṁ ca duṣṭastrīsaṅgamāllaghuḥ |
vamanaṁ rudhiraṁ pittaṁ ketoḥ sūkṣmagate'pyagau || 70||

Ketu-Rahu: Vernichtung der Ehefrau, des Vaters usw., Entehrung durch die Gemeinschaft mit einer boshaften Frau; Erbrechen, Verunreinigung des Blutes, Pitta-Krankheiten.

riporvirodhaḥ sampattiḥ sahasā rājavaibhavam |
paśukṣetravināśārtiḥ ketoḥ sūkṣmagate gurau || 71||

Ketu-Guru: Auseinandersetzungen mit dem Feind, Zunahme von Besitz, Reichtum in Fülle, Kummer in Zusammenhang mit Verlusten an Viehbesitz und Agrarprodukten.

mṛṣā pīḍā bhavetkṣudramukhotpattiśca laṅghanam |
strīvirodhaḥ satyahāniḥ ketoḥ sūkṣmagate śanau || 72||

Ketu-Shani: Eingebildeter Kummer, wenig Annehmlichkeiten; Fasten, Konflikt mit der Ehefrau, Verstrickung in Lügen.

nānāvidhajanāptiśca viprayogo'ripīḍanam |
arthasampatsamṛddhiśca ketoḥ sūkṣmagate budhe || 73||

Ketu-Budha: Zusammenkommen mit sowie Trennung von vielen Arten von Menschen; Feinde haben zu leiden, Zunahme von Wohlstand und Besitz.

### *Die Auswirkungen der Sukshmadashas in der Pratyantardasha von Shukra*

śatruhānirmahatsaukhyaṁ śaṅkarālayanirmitiḥ I
taḍāgakūpanirmāṇaṁ nijasūkṣmagate bhṛgau I I 74I I

Shukra-Shukra: Vernichtung der Feinde, Sinnesfreuden, Bau von Tempeln für Shiva usw. und von Wasserreservoirs.

urastāpo bhramaścaiva gatāgataviceṣṭitam I
kvacillābhaḥ kvaciddhānirbhṛgoḥ sūkṣmagate ravau I I 75I I

Shukra-Surya: Großer Schmerz in Geist und Herz, Verwirrung des Geistes, Umherirren, zu verschiedenen Zeiten Verluste und Gewinne.

ārogyaṁ dhanasampāttiḥ kāryalābho gatāgataiḥ I
buddhividyāvivṛddhiḥ syād bhṛgoḥ sūkṣmagate vidhau I I 76I I

Shukra-Chandra: Gute Gesundheit, Zunahme von Wohlstand, Erfolg in geschäftlichen Unternehmungen, Fortschritte in Bildung und Erziehung, Zunahme der Intelligenz.

jaḍatvaṁ ripuvaiṣamyaṁ deśabhraṁśo mahadbhayam I
vyādhiduḥkhasamṛtpattirbhṛgoḥ sūkṣmagate kuje I I 77I I

Shukra-Mangal: Schwachsinniges Verhalten, Gefahr durch Feinde, Verlassen des Heimatlands, Gefahr von Krankheiten.

rājyāgnisarpajā bhītirbandhunāśo guruvyathā I
sthānacyutirmahābhītirbhṛgoḥ sūkṣmagate'pyahau I I 78I I

Shukra-Rahu: Gefahr durch Feuer und Schlangen, Vernichtung von Angehörigen, Rücktritt in Bezug auf die öffentliche Stellung.

sarvatra kāryalābhaśca kṣetrārthavibhavonnatiḥ I
vaṇigvṛttermahālabdhirbhṛgoḥ sūkṣmagate gurau I I 79I I

Shukra-Guru: Erfolg in Unternehmungen, Zunahme des Wohlstands und der landwirtschaftlichen Produktion, außerordentlich hohe Gewinne durch Kauf und Verkauf.

śatrupīḍā mahadduḥkhaṁ catuṣpādavināśanam ।
svagotraguruhāniḥ syād bhṛgoḥ sūkṣmagate śanau ।। 80।।

Shukra-Shani: Probleme mit Feinden; Sorgen, Vernichtung des Viehbestandes, Verlust von Angehörigen und Älteren (oder Lehrern).

bāṇdhavādiṣu sampattirvyavahāro dhanonnatiḥ ।
putradārāditaḥ saukhyaṁ bhṛgoḥ sūkṣmagate budhe ।। 81।।

Shukra-Budha: Zunahme des Wohlstands durch die Unterstützung von Angehörigen und durch gute Geschäfte, Freude an Frau und Kindern.

agnirogo mahāpīḍā mukhanetraśirovyathā ।
sañcitārthātmanaḥ pīḍā bhṛgoḥ sūkṣmagate dhvaje ।। 82।।

Shukra-Ketu: Gefahr durch Feuer, Leiden durch Krankheiten, Probleme mit dem Mund, den Augen und der Stirn, Verlust von Besitztümern, Seelenqualen.

*Kapoor merkt zu den Aussagen über die Auswirkungen der Sukshmadashas in den Pratyantardashas an, dass offenbar im Allgemeinen die Auswirkungen der Sukshmadasha von Übeltätern in der Pratyantardasha von Wohltätern nicht förderlich sind, im umgekehrten Fall aber förderlich. Wohltäter in beiden Phasen erweisen sich als besonders förderlich, Übeltäter in beiden Phasen als besonders problematisch.*

*Die Betrachtung der folgenden Tabelle legt die Schlussfolgerung nahe, dass tendenziell die Unterphasen von Wohltätern positive und die von Übeltätern negative Auswirkungen mit sich bringen.*

| Pratyantar Dasha | Sukshma Dasha | | | | | | | | |
|---|---|---|---|---|---|---|---|---|---|
| | Sy | Ch | Ma | Ra | Gu | Sa | Bu | Ke | Sk |
| SY | Negativ | Positiv | Negativ | Negativ | Positiv | Positiv | Positiv | Gemischt | Positiv |
| CH | Negativ | Positiv | Negativ | Negativ | Positiv | Negativ | Positiv | Negativ | Positiv |
| MA | Negativ | Gemischt | Negativ | Negativ | Positiv | Positiv | Gemischt | Negativ | Positiv |
| RA | Gemischt | Positiv | Negativ | Negativ | Gemischt | Negativ | Gemischt | Negativ | Positiv |
| GU | Negativ | Positiv | Negativ | Negativ | Positiv | Negativ | Positiv | Positiv | Positiv |
| SA | Negativ | Gemischt | Negativ | Negativ | Positiv | Negativ | Positiv | Negativ | Positiv |
| BU | Negativ | Positiv | Negativ | Negativ | Positiv | Positiv | Positiv | Negativ | Positiv |
| KE | Negativ | Positiv | Negativ | Negativ | Gemischt | Negativ | Positiv | Gemischt | Positiv |
| SK | Negativ | Positiv | Negativ | Negativ | Positiv | Negativ | Positiv | Negativ | Positiv |

Positiv Negativ Gemischt

# Kapitel 63: Die Auswirkungen der Pranadashas in den Sukshmadashas der Planeten

**atha prāṇadaśāphalādhyāyaḥ || 63||**
pṛthak khagadaśāvarṣairhanyāt sūkṣmadaśāmitim |
khasūryairvibhajellibdharjñeya prāṇadaśāmitiḥ || 1||

Indem man die Jahre usw. der Sukshmadasha der Planeten einzeln mit den Dasha-Jahren jedes Planeten multipliziert und das Ergebnis dann durch 120 teilt, erlangt man die Pranadasha jedes Planeten.

## *Die Auswirkungen der Pranadashas in der Sukshmadasha von Surya*

poṁścalyaṁ viṣajā bādhā caurāgninṛpajaṁ bhayam |
kaṣṭaṁ sūkṣmadaśākāle ravau prāṇadaśāṁ gate || 2||

Surya-Surya: Interesse an unnatürlichem Geschlechtsverkehr, Gefahr durch Diebe, Feuer und den König, körperliches Leiden.

sukhaṁ bhojanasampattiḥ saṁskāro nṛpavaibhavam |
udārādikṛpābhiśca raveḥ prāṇagate vidhau || 3||

Surya-Chandra: Freuden; gute Nahrung verfügbar; Entwicklung der Intelligenz, Fülle an Reichtum sowie Herrlichkeit wie die eines Königs durch das Wohlwollen von großzügigen Menschen.

bhūpopadravamanyārthe dravyanāśo mahadbhayam |
mahatyapacayaprāptī raveḥ prāṇagate kuje || 4||

Surya-Mangal: Konflikte mit dem König, gegen die andere nichts unternehmen; Gefahren und große Verluste.

annodbhavā mahāpīḍā viṣotpattirviśeṣataḥ |
arthāgnirājabhiḥ kleśo raveḥ prāṇagate'pyahau || 5||

Surya-Rahu: Hunger, Gefahr durch Gift, Verlust von Wohlstand als Folge der Bestrafung durch den König.

nānāvidyārthasampattiḥ kāryalābho gatāgataiḥ |
nṛpaviprāśrame sūkṣme raveḥ prāṇagate gurau || 6||

Surya-Guru: Erfolg in vielen Bereichen der Erziehung und Bildung, Erlangung von Wohlstand, Erfolg in Unternehmungen als Folge von wechselseitigen Besuchen mit dem König und Brahmanen.

bandhanaṁ prāṇanāśaśca cittodvegastathaiva ca |
bahubādhā mahāhānī raveḥ prāṇagate śanau || 7||

Surya-Shani: Inhaftierung, Tod, Aufregungen; Hindernisse und Verluste in Unternehmungen.

rājānnabhogaḥ satataṁ rājalāñchānatatpadam |
ātmā santarpayedeevaṁ raveḥ prāṇagate budhe || 8||

Surya-Budha: Von der Küche des Königs mit Nahrung versorgt werden; Gewinn eines Fächers und eines Schirmes, die mit königlichen Symbolen geziert sind (Zunahme von Macht und Einfluss); Erlangung der Stellung eines hohen Würdenträgers der Regierung.

anyo'nyaṁ kalahaścaiva vasuhāniḥ parājayaḥ |
gurustrībandhuvirgaiśca sūryaprāṇagate dhvaje || 9||

Surya-Ketu: Verlust von Wohlstand durch Streitigkeiten mit dem Meister (oder Älteren) sowie mit der Ehefrau und Verwandten.

rājapūjā dhanādhikyaṁ strīputrādibhavaṁ sukham |
annapānādibhogādi sūryaprāṇagate bhṛgau || 10||

Surya-Shukra: Anerkennung oder Ehrungen seitens des Königs, Zunahme von Wohlstand, Freude an Frau und Kindern, freudevolles Essen und Trinken.

### *Die Auswirkungen der Pranadashas in der Sukshmadasha von Chandra*

strīputrādisukhaṁ dravyaṁ labhate nūtanāmbaram |
yogasiddhiṁ samādhiñca nijaprāṇagate vidhau || 11||

Chandra-Chandra: Frau und Kinder machen Freude; Erlangung von Wohlstand und Kleidung, Yoga Siddhi (großer spiritueller Erfolg).

kṣayaṁ kuṣṭhaṁ bandhunāśaṁ raktasrāvānmahadbhayam |
bhūtāveśādi jāyate vidhoḥ prāṇagate kuje || 12||

Chandra-Mangal: Schwindsucht, Lepra, Vernichtung von Angehörigen; Blutungen, Entstehung von Turbulenzen durch Freunde und durch Goblins (üble Geister).

sarpabhītiviśeṣāṇa bhūtopadravān sadā |
dṛṣṭikṣobho matibhraṁśo vidhoḥ prāṇagate'pyahau || 13||

Chandra-Rahu: Gefahr durch Schlangen, Entstehung von Turbulenzen durch üble Geister, Schwäche der Sehkraft, Verwirrung des Geistes.

dharmavṛddhiḥ kṣamāprāptirdevabrāhmaṇapūjanam |
saubhāgyaṁ priyadṛṣṭiśca candraprāṇagate gurau || 14||

Chandra-Guru: Wachstum spiritueller Tendenzen im Bewusstsein, Vergebung, Hingabe an Gottheiten und Brahmanen, gute Gelegenheiten für Wohlstand und Glück, Treffen mit Menschen, die einem nahe stehen und lieb sind.

sahasā dehapatanaṁ śatrūpadravavedanā |
andhatvaṁ ca dhanaprāptiścandraprāṇagate śanau || 15||

Chandra-Shani: Plötzliche und unerwartete körperliche Leiden, Entstehung von Kummer durch Feinde, Schwäche der Sehkraft, Gewinn von Wohlstand.

cāmaracchatrasamprāptī rājyalābho nṛpāttataḥ |
samatvaṁ sarvabhūteṣu candraprāṇagate budhe || 16||

Chandra-Budha: Vom König mit Schirm und Fächer beschenkt werden (königliche Insignien), Erlangung eines Königreichs; stabiler, ausgewogener Geisteszustand des Volkes.

śastrāgniripujā pīḍā viṣāgniḥ kukṣirogatā |
putradāraviyogaśca candraprāṇagate dhvaje || 17||

Chandra-Ketu: Gefahr durch Waffen, Feuer, den Feind und Gift; Magenprobleme, Trennung von Frau und Kindern.

putramitrakalatrāptivideśācca dhanāgamaḥ |
sukhasampattirarthaśca candraprāṇagate bhṛgau || 18||

Chandra-Shukra: Erlangung von Freunden und einer Ehefrau, Gewinn von Wohlstand aus fremden Ländern, alle Arten von Freuden.

krūratā kopavṛddhiśca prāṇahānirmanovyathā |
deśatyāgo mahābhītiścandraprāṇagate ravau || 19||

Chandra-Surya: Brutalität, Zunahme von Zorn; Angst vor dem Tod, Seelenqualen, Verlassen des Heimatlandes, Gefahren.

### *Die Auswirkungen der Pranadashas in der Sukshmadasha von Mangal*

kalaho ripubhirbandhaḥ raktapittādirogabhīḥ |
nijasūkṣmadaśāmadhye kuja prāṇagate phalam || 20||

Mangal-Mangal: Streitigkeiten mit dem Feind, Inhaftierung, Probleme mit Pitta und Verunreinigung.

vicyutaḥ sutadāraiśca bandhūpadravapīḍitaḥ |
prāṇatyāgo viṣeṇaiva bhaumaprāṇagate'pyahau || 21||

Mangal-Rahu: Trennung von Frau und Kindern, Leiden als Folge von Unterdrückung durch Angehörige, Angst vor dem Tod, Gift.

devārcanaparaḥ srīmānmantānuṣṭhānatatparaḥ |
putrapautrasukhāvāptirbhaumaprāṇagate gurau || 22||

Mangal-Guru: Hingabe an Gottheiten, Erlangung von Wohlstand, Tüchtigkeit in Mantra-Zeremonien.

agnibādhā bhavenmṛtyurarthanāśaḥ padacyutiḥ I
bandhubhibandhutāvāptirbhaumaprāṇagate śanau II 23II

Mangal-Shani: Gefahr durch Feuer; Tod, Verlust von Wohlstand, Verlust der Stellung, aber gute Beziehungen zu Angehörigen.

divyāmbarasamutpattirdivyābharaṇabhūṣitaḥ I
divyāṅganāyāḥ samprāptirbhaumaprāṇagate budhe II 24II

Mangal-Budha: Erlangung prächtiger Gewänder und Schmuckstücke; Hochzeit.

patanotpātipīḍā ca netrakṣobho mahadbhayam I
bhujaṅgād dravyahāniśca bhaumaprāṇagate dhvaje II 25II

Mangal-Ketu: Angst von großer Höhe herabzufallen, Augenprobleme, Gefahr durch Schlangen, Verlust des guten Rufs.

dhanadhānyādisampattirlokapūjā sukhāgamā I
nānābhogairbhavedbhogī bhaumaprāṇagate bhṛgau II 26II

Mangal-Shukra: Gewinn von Wohlstand, Achtung unter den Menschen genießen (Popularität), viele Arten von Freuden und Luxus.

jvaronmādaḥ kṣayo'rthasya rājavisnehasambhavaḥ I
dīrgharogī daridraḥ syādbhaumaprāṇagate ravau II 27II

Mangal-Surya: Fieber, Wahnsinn, Verlust von Wohlstand, Zorn des Königs, Armut.

bhojanādisukhaprāptirvastrābharaṇajaṁ sukham I
śītoṣṇavyādhipīḍā ca bhaumaprāṇagate vidhau II 28II

Mangal-Chandra: Annehmlichkeiten in Gestalt von guter Nahrung und Kleidung; Leiden unter Hitze und Kälte.

### *Die Auswirkungen der Pranadashas in der Sukshmadasha von Rahu*

annāśane viraktaśca viṣabhītistathaiva ca |
sāhasāddhananāśaśca rāhau prāṇagate bhavet || 29 ||

Rahu-Rahu: Verlust des Geschmackssinns beim Essen, Gefahr durch Gift, Verlust des Wohlstands durch Unbesonnenheit.

aṅgasaukhyaṁ vinirbhītirvāhanādeśca saṅgatā |
nīciḥ kalahasamprāptī rāhoḥ prāṇagate gurau || 30 ||

Rahu-Guru: Körperliches Wohlbefinden, Furchtlosigkeit, Erwerb eines Fahrzeuges und Streitigkeiten mit Untergebenen.

gṛhadāhaḥ śarīre ruṅ nīcairapahṛta dhanam |
tathā bandhanasamprāptī rāhoḥ prāṇagate śanau || 31 ||

Rahu-Shani: Gefahr durch Feuer; Krankheiten, Verlust von Wohlstand durch Untergebene, Inhaftierung.

gurūpadeśavibhavo gurusatkāravarddhanam |
guṇavāñchīlavāṁścāpi rāhoḥ prāṇagate budhe || 32 ||

Rahu-Budha: Hingabe an den Meister und Gewinn von Wohlstand durch dessen Wohlwollen; gute Eigenschaften und Kultiviertheit.

strīputrādivirodhaśca gṛhānniṣkramaṇādapi |
sāhasātkāyahāniśca rāhoḥ prāṇagate dhvaje || 33 ||

Rahu-Ketu: Konflikte mit Frau und Kindern, Verlassen des Heims, Verlust von Wohlstand durch Unbesonnenheit.

chatravāhanasampattiḥ sarvārthaphalasañcayaḥ |
śivārcanagṛhārambho rāhoḥ prāṇagate bhṛgau || 34 ||

Rahu-Shukra: Erlangung von Schirm und Fächer, Fahrzeugen usw. (Symbole der Zunahme von Macht und Einfluss), Erfolg in allen Unternehmungen, Verehrung von Shiva, Bau eines Hauses.

arśādirogabhītiśca rājyopadravasambhavaḥ |
catuṣpādādihāniśca rāhoḥ prāṇagate ravau || 35||

Rahu-Surya: Leiden an Hämorrhoiden; Zorn des Königs, Verlust von Vieh.

saumanasyaṁ ca sadbuddhiḥ satkāro gurudarśanam |
pāpādbhītirmanaḥsaukhyaṁ rāhoḥ prāṇagate vidhau || 36||

Rahu-Chandra: Entwicklung von Geisteskraft und Intelligenz; Popularität, Besuche von Lehrern (oder Älteren), Gefahr, Sünden zu begehen.

cāṇḍālāgnivaśādbhītiḥ svapadacyutirāpadaḥ |
malinaḥ śvādivṛttiśca rāhoḥ prāṇagate kuje || 37||

Rahu-Mangal: Gefahr durch Untergebene und Feuer; Verlust der Stellung, Katastrophen, Tendenz zu Unreinheit und Gemeinheit.

### *Die Auswirkungen der Pranadashas in der Sukshmadasha von Guru*

harṣāgamo dhanādhikyamagnihotraṁ śivārcanam |
vāhanaṁ chatrasaṁyuktaṁ nija prāṇagate gurau || 38||

Guru-Guru: Glücklichsein, Zunahme des Wohlstands, Durchführung von Opferhandlungen (havana), Verehrung von Shiva, Erlangung eines Schirmes (Zugewinn an Einfluss) und von Fahrzeugen.

vratahānirviṣādaśca videśe dhananāśanam |
virodho bandhuvargaiśca guroḥ prāṇagate śanau || 39||

Guru-Shani: Fasten misslingt; Unglücklichsein, Fortgehen in fremde Länder, Verlust von Wohlstand, Konflikte mit Angehörigen.

vidyābuddhivivṛddhiśca loke pūjā dhanāgamaḥ |
strīputrādisukhaprāptirguroḥ prāṇagate budhe || 40||

Guru-Budha: Fortschritte im Bereich der Erziehung und Bildung, Zunahme der Intelligenz, Frau und Kinder erfahren Freude; Popularität, Gewinn von Wohlstand.

jñānaṁ vibhavapāṇḍityaṁ śāstrajñānaṁ śivārcanam |
agnihotraṁ gurorbhaktirguroḥ prāṇagate dhvaje || 41||

Guru-Ketu: Fülle an Reichtum und Ruhm, Gelehrtheit, Erlangung von Wissen der vedischen Schriften (shastra), Verehrung von Shiva, Durchführung von Opferhandlungen (havana), Hingabe an den Meister.

rogānmuktiḥ sukhaṁ bhogo dhanadhānyasamāgamaḥ |
putradārādijaṁ saukhyaṁ guroḥ prāṇagate bhṛgau || 42||

Guru-Shukra: Freiheit von Krankheiten; Freuden, Zunahme des Wohlstands, Freude durch Frau und Kinder.

vātapittaprakopaṁ ca śleṣmodrekaṁ tu dāruṇam |
rasavyādhikṛtaṁ śūlaṁ guroḥ prāṇagate ravau || 43||

Guru-Surya: Störungen des Gleichgewichtes von Vata, Pitta und Kapha, Schmerzen infolge von Störungen der Flüssigkeiten im Körper.

chatracāmarasaṁyuktaṁ vaibhavaṁ putrasampadaḥ |
netrakukṣigatā pīḍā guroḥ prāṇagate vidhau || 44||

Guru-Chandra: Erlangung eines Schirmes mit königlichen Symbolen (Zunahme von Macht und Einfluss), Fülle an Reichtum und Ruhm, Zunahme der Anzahl der Kinder; Augen- und Magenprobleme.

strījanācca viṣotpattirbandhanaṁ cātinigrahaḥ |
deśāntaragamo bhrāntirguroḥ prāṇagate kuje || 45||

Guru-Mangal: Gefahr durch den Umgang der Ehefrau mit Gift; Inhaftierung; Reisen in die Fremde; Verwirrung des Geistes.

vyādhibhiḥ paribhūtaḥ syāccaurairapahṛtaṁ dhanam ।
sarpavṛścikabhītiśca guroḥ prāṇagate'pyahau ।। 46।।

Guru-Rahu: Leiden unter Krankheiten, Ärger mit Dieben, Gefahr durch Schlangen, Skorpione usw.

### *Die Auswirkungen der Pranadashas in der Sukshmadasha von Shani*

jvareṇa jvalitā kāntiḥ kuṣṭharogodarādiruk ।
jalāgnikṛtamṛtyuḥ syānnijaprāṇagate śanau ।। 47।।

Shani-Shani: Verlust des Glanzes (Ausstrahlung) infolge von Fieber, Lepra, Magenproblemen; Gefahr des Todes durch Feuer.

dhanaṁ dhānyaṁ ca māṅgalyaṁ vyavahārābhipūjanam ।
devabrāhmaṇabhaktiśca śaneḥ prāṇagate budhe ।। 48।।

Shani-Budha: Gewinn von Wohlstand und Getreide, geschäftliche Profite, Respekt, Hingabe an Gottheiten und Brahmanen.

mṛtyuvedanaduḥkhaṁ ca bhūtopadravasambhavaḥ ।
paradārābhibhūtatvaṁ śaneḥ prāṇagate dhvaje ।। 49।।

Shani-Ketu: Leiden, das dem Tod gleicht; Entstehung von Unruhe durch üble Geister, Kränkung durch eine Frau, die nicht die eigene Ehefrau ist.

putrārthavibhavaiḥ saukhyaṁ kṣitipālāditaḥ sukham ।
agnihotraṁ vivāhaśca śaneḥ prāṇagate bhṛgau ।। 50।।

Shani-Shukra: Freuden durch Wohlstand, den Sohn und das Wohlwollen des Königs, Ausführung von Opferhandlungen (havana), Hochzeit usw.

akṣipīḍā śirovyādhiḥ sarpaśatrubhayaṁ bhavet ।
arthahānirmahākleśaḥ śaneḥ prāṇagate ravau ।। 51।।

Shani-Surya: Probleme im Augen- und Stirnbereich, Gefahr durch Schlangen und Feinde, Verlust von Wohlstand, Kummer.

ārogyaṁ putralābhaśca śāntipauṣṭikavardhanam ।
devabrāhmaṇabhaktiśca śaneḥ prāṇagate vidhau ।। 52।।

Shani-Chandra: Solide Gesundheit, Geburt eines Sohnes, Erholung, zunehmende Stärke, Hingabe an Gottheiten und Brahmanen.

gulmarogaḥ śatrubhītirmṛgayā prānanāśanam ।
sarpāgniviṣato bhītiḥ śaneḥ prāṇagate kuje ।। 53।।

Shani-Mangal: unter Geschwüren (gulma) leiden, Gefahr durch den Feind, Todesgefahr während der Jagd, Gefahr durch Schlangen, Feuer und Gift

deśatyāgo nṛpādbhītirmohanaṁ viṣabhakṣaṇam ।
vātapittakṛtā pīḍā śaneḥ prāṇagate'pyahau ।। 54।।

Shani-Rahu: Verlassen des Heimatlandes, Gefahr durch den König; Verhexung, Einnahme von Gift, Vata- und Pitta-Probleme.

senāpatyaṁ bhūmilābhaḥ saṅgamaḥ svajanaiḥ saha ।
gauravaṁ nṛpasammānaṁ śaneḥ prāṇagate gurau ।। 55।।

Shani-Guru: Erlangung der Stellung eines Armeeführers, Gewinn von Ländereien, Zusammensein mit Asketen, Ehrungen durch den König.

### *Die Auswirkungen der Pranadashas in der Sukshmadasha von Budha*

ārogyaṁ sukhasampattirdharmakarmādisādhanam ।
samatvaṁ sarvabhuteṣu nijaprāṇagate budhe ।। 56।।

Budha-Budha: Zunahme an Freuden, Wohlstand und spirituellen Bestrebungen; ausgewogene Geisteshaltung gegenüber allen Lebewesen.

vahnitaskarato bhītiḥ paramādhirviṣodbhavaḥ ।
dehāntakaraṇaṁ duḥkhaṁ budhaprāṇagate dhvaje ।। 57।।

Budha-Ketu: Gefahr durch Diebe, Feuer und Gift; todesgleiches Leiden.

prabhutvaṁ dhanasampattiḥ kīrtirdharmaḥ śivārcanam I
putradārādikaṁ saukhyaṁ budhaprāṇagate bhṛgau I I 58I I

Budha-Shukra: anderen überlegen sein; Zunahme von Wohlstand, gutem Ruf und spirituellen Bestrebungen; Hingabe an Shiva, Freude durch den Sohn.

antardāho jvaronmādau bāndhavānāṁ rati striyāḥ I
prāpyate steeyasampattirbudhaprāṇagate ravau I I 59I I

Budha-Surya: Seelenqualen, Fieber, Wahnzustände; liebevolle Beziehungen zu Ehefrau und Verwandten, Wiedererlangung gestohlenen Eigentums.

strīlābhaścārthasampattiḥ kanyālābho dhanāgamaḥ I
labhate sarvataḥ saukhyaṁ budhaprāṇagate vidhau I I 60I I

Budha-Chandra: Freude durch die Ehefrau, Geburt einer Tochter, Gewinn von Wohlstand und rundum Freuden.

patitaḥ kukṣirogī ca dantanetrādijā vyathā I
arśāṁsi prāṇasandeho budhaprāṇagate kuje I I 61I I

Budha-Mangal: Tendenz, schändliche Taten zu begehen; Schmerzen in Augen, Zähnen und Magen; Hämorrhoiden, Gefahr des Todes.

vastrābharaṇasampattirviyogo vipravairitā I
sannipātodbhavaṁ dukhaṁ budhaprāṇagate'pyahau I I 62I I

Budha-Rahu: Erlangung von Kleidung, Schmuck und Wohlstand, Trennung von den eigenen Leuten, Konflikte mit Brahmanen, Delirium.

gurutvaṁ dhanasampattirvidyā sadguṇasaṅgrahaḥ I
vyavasāyena sallābho budhaprāṇagate gurau I I 63I I

Budha-Guru: Erhabenheit, Fortschritte in Erziehung und Bildung, Zunahme von Wohlstand und guten Eigenschaften, geschäftliche Profite.

cauryeṇa nidhanaprāptirvidhanatvaṁ daridratā |
yācakatvaṁ viśeṣeṇa budhaprāṇagate śanau || 64||

Budha-Shani: Gefahr des Todes durch Diebe; Armut, Bettlerei.

***Die Auswirkungen der Pranadashas in der Sukshmadasha von Ketu***

aśvapātena ghātaśca śatrutaḥ kalahāgamaḥ |
nirvicāravadhotpattirnijaprāṇagate dhvaje || 65||

Ketu-Ketu: Gefahr durch Fallen von einem Reittier oder Fahrzeug, Streitigkeiten mit dem Feind; unbeabsichtigt einen Mord begehen.

kṣetralābho vairināśo hayalābho manaḥsukham |
paśukṣetradhanāptiśca ketoḥ prāṇagate bhṛgau || 66||

Ketu-Shukra: Gewinn von Landbesitz und Fahrzeugen, Glücklichsein, Vernichtung des Feindes, Zunahme des Viehbestandes.

steyāgniripubhītiśca dhanahānirmanovyathā |
prāṇāntakaraṇaṁ kaṣṭaṁ ketoḥ prāṇagate ravau || 67||

Ketu-Surya: Gefahr durch Feuer und Feinde, Verlust von Wohlstand, Seelenqualen, todesgleiches Leiden.

devadvijaguroḥ pūjā dīrghayātrā dhanaṁ sukham |
karṇe vā locane rogaḥ ketoḥ prāṇagate vidhau || 68||

Ketu-Chandra: Hingabe an Gottheiten und Brahmanen, Reisen zu weit entfernten Orten, Gewinn von Wohlstand und Freude; Augen- und Ohrenprobleme.

pittarogo nasāvṛddhirvibhramaḥ sannipātajaḥ |
svabandhujanavidveṣaḥ ketoḥ prāṇagate kuje || 69||

Ketu-Mangal: Pitta-Probleme, Schwellungen der Venen, Delirium, Konflikte mit Angehörigen.

virodhaḥ strīsutādyaiśca gṛhānniṣkramaṇaṁ bhavet |
svasāhasātkāryahāniḥ ketoḥ prāṇagate'pyahau || 70||

Ketu-Rahu: Konflikte mit Sohn und Ehefrau, Verlassen des Heims, Verlust in Unternehmungen infolge von Unbesonnenheit.

sastravraṇairmahārogo hṛtpīḍādisamudbhavaḥ |
sutadāraviyogaśca ketoḥ prāṇagate gurau || 71||

Ketu-Guru: Verletzung durch Waffen; Wunden, Herzerkrankung, Trennung von Frau und Kindern.

mativibhramatīkṣṇatvaṁ krūrakarmaratiḥ sadā |
vyavasanādbandhanaṁ duḥkhaṁ ketoḥ prāṇagate śanau || 72||

Ketu-Shani: Verwirrung des Geistes, Tendenz zu schändlichen Taten, Inhaftierung infolge von Sucht (Drogen usw.); Kummer.

kusumaṁ śayanaṁ bhūṣā lepanaṁ bhojanādikam |
saukhyaṁ sarvāṅgabhogyaṁ ca ketoḥ prāṇagate budhe || 73||

Ketu-Budha: Bettfreuden sowie Freuden an Parfüm, Schmuck und Sandelholz; gute Nahrung und alle Arten von Annehmlichkeiten verfügbar.

### *Die Auswirkungen der Pranadashas in der Sukshmadasha von Shukra*

jñānamīśvarabhaktiśca santoṣaśca dhanāgamaḥ |
putrapautrasamṛddhiśca nijaprāṇagate bhṛgau || 74||

Shukra-Shukra: Gelehrtheit, Hingabe an Gottheiten, Zufriedenheit, Gewinn von Wohlstand, Zunahme der Anzahl an Kindern.

lokaprakāśakīrtiśca sutasaukhyavivarjitaḥ |
uṣṇādirogajaṁ dukhaṁ śukraprāṇagate ravau || 75||

Shukra-Surya: Guter Ruf in der Öffentlichkeit, Verlust von Freude in Bezug auf Kinder, Hitze-Probleme.

devārcane karmaratirmantratoṣaṇatatparaḥ |
dhanasaubhāgyasampattiḥ śukraprāṇagate vidhau || 76||

Shukra-Chandra: Hingabe an Gottheiten, Kompetenz, Hilfe durch Mantras, Zunahme von Vermögen und Wohlstand.

jvaro masūrikāsphoṭakaṇḍūcipiṭakādikāḥ |
devabrāhmaṇapūjā ca śukraprāṇagate kuje || 77||

Shukra-Mangal: Fieber, Wunden, Ringelflechte, Juckreiz; Hingabe an Gottheiten und Brahmanen.

nityaṁ śatrukṛtā pīḍā netrakukṣirujādayaḥ |
virodhaḥ suhṛdāṁ pīḍā śukraprāṇagate'pyahau || 78||

Shukra-Rahu: Kummer durch den Feind; Augen- und Magenprobleme, Konflikte mit Freunden.

āyurārogyamaiśvaryaṁ putrastrīdhanavaibhavam |
chatravāhanasamprāptiḥ śukraprāṇagate gurau || 79||

Shukra-Guru: gute Langlebigkeit, solide Gesundheit, Freude durch Wohlstand sowie durch Frau und Kinder, Erlangung eines Schirms mit königlichen Symbolen (Zugewinn an Einfluss) und von Fahrzeugen.

rājopadravajā bhītiḥ sukhahānirmahārujaḥ |
nīcaiḥ saha vivādaśca bhṛgoḥ prāṇagate śanau || 80||

Shukra-Shani: Gefahr durch den König, Verlust von Freude, kritische Krankheit, Auseinandersetzungen mit Untergebenen.

santoṣo rājasammānaṁ nānādigbhūmisampadaḥ |
nityamutsāhavrddhiḥ syācchukraprāṇagate budhe || 81||

Shukra-Budha: Zufriedenheit, Ehrungen durch den König, Gewinne von Landbesitz und Wohlstand aus vielen Richtungen, Zunahme von Enthusiasmus.

jīvitātmayaśohānirdhanadhānyaparikṣayaḥ |
tyāgabhogadhanāni syuḥ śukraprāṇagate dhvaje || 82||

Shukra-Ketu: Verlust des Lebens, des Wohlstands und des guten Rufs; nur ein wenig Geld bleibt übrig für Wohltätigkeit und Lebensunterhalt.

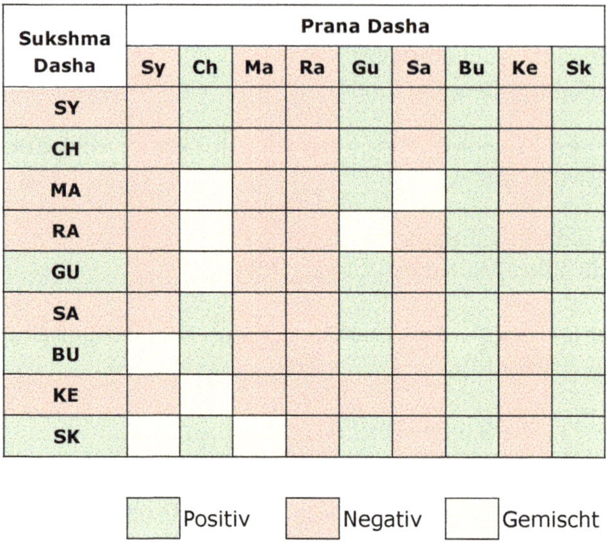
Sukshma Dasha
Prana Dasha
Sy
Ch
Ma
Ra
Gu
Sa
Bu
Ke
Sk
SY
CH
MA
RA
GU
SA
BU
KE
SK
Positiv
Negativ
Gemischt

evamṛkṣadaśānāṁ hi sāntarāgāṁ mayā dvija |
phalāni kathitānyatra saṅkṣepādeva te'grataḥ || 83||

Der ehrwürdige Weise Parashara sagte:

O Brahmane, hiermit habe ich dir die Auswirkungen der Nakshatra-Dashas (Vimshottari-Dashas) beschrieben. Die günstigen und ungünstigen Vorhersagen sollte man treffen, nachdem man auf vernünftige Weise die segensreichen und schädlichen Auswirkungen aller fünf in Betracht gezogen hat, als da sind: Mahadasha, Antardasha, Pratyantardasha, Sukshmadasha und Pranadasha.

## Kapitel 64: Auswirkungen der Antardashas in der Kalachakra Dasha

**atha kālacakrāntardaśāphalādhyāyaḥ || 64||**
jagaddhitāya proktāni purā yāni purāriṇā |
tāni cakrāntardaśāphalāni kathayāmyaham || 1||

Maharishi Parashara sprach:

Nun werde ich dir die Auswirkungen der Antardashas in der Kalachakra Dasha beschreiben, wie sie von Shiva der Göttin Parvati mitgeteilt wurden.

meṣāṁśe svāntare bhaume jvaraśca vraṇasambhavaḥ |
budhaśukrendujīveṣu sukhaṁ śatrubhayaṁ ravau || 2||

Dasha des Widder-Abschnitts: Es wird Wunden und Fieber geben in der Antardasha des Mars (d. h. Widder und Skorpion) in der Dasha von Widder. In den Antardashas der Zeichen, von denen Merkur, Venus, Mond oder Jupiter der Herr ist, wird es alle Arten von Glück geben. Gefahr durch einen Feind wird in der Antardasha der Sonne erfahren.

*Obwohl im Folgenden oft von den Antardashas von Planeten die Rede ist, sind damit aber immer die Antardashas der Tierkreiszeichen gemeint, die von den entsprechenden Planeten beherrscht werden.*

vṛṣāṁśe svāntare saure kalaho rogasambhavaḥ |
vidyālābhastanau saukhyaṁ gurau tatra gate phalam || 3||
deśatyāgo mṛtirvāpi śastraghāto jvaro'thavā |
vṛṣabhasvāṁśake vipra kuje tatra gate phalam || 4||
vastrābharaṇalābhaśca strīsuyogo mahat sukham |
śukrendusutacandreṣu vṛṣabhasvāṁśake phalam || 5||

Dasha des Stier-Abschnitts: Auswirkungen wie Streitigkeiten und Krankheiten werden in dewr Antardasha von Saturn (d. h. Steinbock und Wassermann) erlebt. In der Antardasha von Jupiter (d. h. Schütze und Fische) wird es eine Zunahme an Bildung und körperlichem Wohlbefinden geben, in der Antardasha von

Mars (d. h. Widder und Skorpion) Verlassen der Heimat, Tod oder Fieberleiden, in der Antardasha der Zeichen, die von Venus und Merkur beherrscht werden, Erwerb von Kleidung und erfreuliches Zusammensein mit Frauen, und in der Antardasha des von der Sonne beherrschten Zeichens (Löwe) Gefahr durch den König und gefährliche Tiere.

nṛpād bhayaṁ pitṛmṛtiḥ svavadādyairbhayaṁ ravau |
mithune svāṁśake śukre dhanavastrasamāgamaḥ || 6||
pitṛmātṛmṛterbhītirjvaraśca vraṇasambhavaḥ |
dūradeśaprayāṇaṁ ca mithune svāṁśake kuje || 7||
buddhividyāvivṛddhiśca mahāvibhavasambhavaḥ |
loke mānaśca prītiśca mithene svāṁśake gurau || 8||
videśagamanaṁ vyādhirmaraṇaṁ dhananāśanam |
bandhunāśo'thavā vipra mithune svāṁśake śanau || 9||
vidyāvastrādilābhaśca dāraputrādijaṁ sukham |
sarvatra mānamāpnoti mithune svāṁśake budhe || 10||

Dasha des Zwillinge-Abschnitts: Die Auswirkungen in den Antardashas der jeweiligen Zeichen werden wie folgt sein: Venus - Gewinn von Reichtum und Kleidung. Mars - Tod der Eltern, Gefahr, Fieber, Wunden und Reisen an entfernte Orte. Jupiter - Zunahme der Intelligenz, Erfolg in Erziehung und Bildung, Fülle an Reichtum und Ruhm, Popularität und herzliche Beziehungen zu anderen. Saturn - Auslandsreisen, Krankheiten, Angst vor dem Tod, Verlust von Wohlstand und Verwandten. Merkur - Erfolg in der Erziehung, Zugewinn an Kleidung usw., Freude an Frau und Kindern und Respekt aus allen Richtungen.

karka svāṁśagate candre putradārasukhaṁ mahat |
aiśvaryaṁ labhate loke mānaṁ prītiṁ tathaiva ca || 11||
śatrubhyaśca paśubhyaśca bhayaṁ rājakulāt tathā |
ādhivyādhibhayaṁ caiva karke svāṁśagate ravau || 12||
putradārasuhṛtsaukhyaṁ dhanavṛddhistathaiva ca |
loke mānaṁ yaśaścaiva karkāṁśe budhaśukrayoḥ || 13||
viṣaśastramṛterbhītiṁ jvararogādisambhavām |
pīḍāṁ caiva samāpnoti karke svāṁśagate kuje || 14||
vibhavasyātilābhaśca śarīre'pi sukhaṁ tathā |
nṛpāt sammānalābhaśca karke svāṁśagate gurau || 15||

vādavyādhibhayaṁ ghoraṁ sarpavṛścikato bhayam |
nānākaṣṭamavāpnoti karke svāṁśagate śanau || 16||

Dasha des Krebs-Abschnitts: Die Auswirkungen in den verschiedenen Antardashas der betreffenden Zeichen werden wie folgt sein: Mond – Freude seitens Frau und Kindern, Gewinn von Wohlstand und Respekt in der Öffentlichkeit. Sonne – Gefahr durch Feinde, Tiere und die königliche Familie, Seelenqualen und Angst vor Krankheiten. Merkur und Venus – Freude durch Beziehungen mit Frau, Kindern und Freunden, Zugewinn an Reichtum, Popularität, Ruhm und Ehre. Mars – Gefahr durch Gift, Waffen und Krankheiten wie Fiebererleiden. Jupiter – Zunahme an Wohlstand und körperlichem Wohlbefinden sowie Ehrungen durch den König. Saturn – Rheumatismus, Gefahr durch Schlangen und Skorpione und Probleme aller Art.

siṁhāṁśe svāṁśage bhaume mukharogabhayaṁ diśet |
pittajvarakṛtāṁ vādhāṁ śastrakṣatamathāpi vā || 17||
dhanavastrādilābhaśca strīputrādisukhaṁ tathā |
budhabhārgavayorvipra siṁhāṁśe svāntarasthayoḥ || 18||
uccāt patanabhītiśca svalpadravyasamāgamaḥ |
videśagamanaṁ caiva siṁhe svāntargate vidhau || 19||
bhayaṁ śatrujanebhyaśca jvarādivyāddhisambhavaḥ |
jñānahānirmṛterbhītiḥ siṁhe svāntargate ravau || 20||
dhanadhānyādilābhaṁ ca prasādaṁ dvijabhūpayoḥ |
vidyāvṛddhimavāpnoti siṁhe svāntargate gurau || 21||

Dasha des Löwe-Abschnitts: Die Auswirkungen in den verschiedenen Antardashas der betreffenden Zeichen werden wie folgt sein: Mars – Erkrankungen des Mundes, Pitta-Fieber und Gefahr durch Waffen. Merkur und Venus – Gewinn von Kleidung, Freude mit Ehefrau und Kindern. Mond – Gefahr von Absturz aus einer gewissen Höhe, nur magerer Zugewinn an Wohlstand, Auslandsreisen. Sonne – Gefahr durch Feinde, Fieber, Verlust der Weisheit, Furcht vor dem Tod. Jupiter – Zunahme von Wohlstand und Getreide, Gunst seitens des Königs und der Brahmanen, Fortschritte in der Erziehun

kanyāyāṁ svāṁśage saure kaṣṭaṁ prāpnoti mānavaḥ |
drayāṇaṁ ca jvaraṁ caiva kṣudbhavaṁ vaiklavaṁ tathā || 22||

nṛpaprasādamaiśvaryaṁ suhṛdbandhusamāgamam |
vidyāvṛddhimavāpnoti kanyāyāṁ svāṁśake gurau || 23||
pittajvarabhavā pīḍā videśe gamanaṁ tathā |
śastraghāto'gnibhītiśca kanyāyāṁ svāntare kuje || 24||
bhṛtyaputrārthalābhaśca nānāsukhasamāgamaḥ |
bandhubhārgavacandreṣu kanyāsvāṁśagateṣu ca || 25||
prayāṇaṁ rogabhītiśca kalaho bandhubhiḥ saha |
śastraghātabhayaṁ caiva kanyāṁśe svāṁśage ravau || 26||

Dasha des Jungfrau-Abschnitts: Die Auswirkungen in den verschiedenen Antardashas der betreffenden Zeichen werden wie folgt sein: Saturn – vielerlei Ärger, Reisen zu fernen Orten, Fieber, Leiden unter Hunger. Jupiter – Gewinn von Wohlstand durch die Gunst des Königs, Besuch von Freunden und Verwandten sowie Erfolge in Erziehung und Bildung. Mars – Pitta-Fieber, Reisen in ferne Länder, Gefahr durch Feuer und Waffen. Merkur, Venus und Mond – Zunahme des Wohlstands durch Söhne und Angestellte, vielerlei Sinnesfreuden. Sonne – Reisen in ferne Länder, Gefahr durch Krankheiten, Streitigkeiten mit Angehörigen, Gefahr von Angriffen mit Waffen.

tule svāntargate śukre sadbuddhiśca sukhodayaḥ |
strīputradhananavastrādilābho bhavati niścitaḥ || 27||
pitṛkaṣṭaṁ suhṛdvairaṁ śirorogo jvarodayaḥ |
viṣaśastrāgnibhītiśca tule svāntargate kuje || 28||
dravyaratnādilābhaśca dharmakāryaṁ nṛpādayaḥ |
sarvatra sukhasamprāptistule svāṁśagate gurau || 29||
prayāṇaṁ ca mahāvyādhiḥ kṣetradeḥ kṣatireva ca |
śatruvādhā ca kāryeṣu tule svāṁśagate śanau || 30||
putrajanma dhanaprāptiḥ strīsukhaṁ ca manaḥpriyam |
bhāgyodayaśca vijneyastule svāntargate budhe || 31||

Dasha des Waage-Abschnitts: Die Auswirkungen in den verschiedenen Antardashas der betreffenden Zeichen werden wie folgt sein: Venus – Weisheit, Annehmlichkeiten, Freude durch Frau und Kinder, Wohlstand, Kleidung usw. Mars – Probleme für den Vater, Konflikte mit Freunden, Gefahr von Erkrankung im Stirnbereich und durch Fieber, Gift, Waffen usw. Jupiter – Gewinn von Reichtum, Erwerb eines Königreichs, Durchführung religiöser Riten, Ehrungen seitens des Königs und rundum Freude. Saturn

– Reisen zu fernen Orten, sehr gefährliche Krankheiten, Verlust im landwirtschaftlichen Bereich, Gefahr durch Feinde. Merkur – Geburt eines Sohnes, Zugewinn an Reichtum, Glück seitens der Ehefrau, Freude, Glücksfälle (Gewinn an Vermögen).

śaśāṅkabudhaśukreṣu vṛścike svāṁśageṣu ca ।
nānādhānyadhanaprāptirvyādhivināśo mahat sukham ।। 32।।
śatrukṣobhabhayaṁ vyādhimarthanāśaṁ piturbhayam ।
śvāpadād bhayamāpnoti vṛścike svāṁśage ravau ।। 33।।

Dasha des Skorpion-Abschnitts: Die folgenden Auswirkungen werden in den Antardashas der betreffenden Rashis auftreten: Mond, Merkur und Venus – auf vielerlei Weise Zugewinn an Reichtum und Getreide, Freiheit von Krankheiten, Sinnesfreuden verschiedenster Art. Sonne – Gefahr durch Feinde, Verlust von Wohlstand, Probleme für den Vater, Gefahr durch wilde und gefährliche Tiere. Mars – Vata- und Pitta-Störungen, Wunden, Gefahr durch Feuer und Waffen. Jupiter – Zunahme von Reichtum, Getreide und Edelsteinen, Hingabe an Gottheiten und Brahmanen, Wohlwollen seitens des Königs. Saturn – Verlust von Wohlstand, Trennung von Angehörigen, Angstzustände, Gefahr durch Feinde, Krankheiten.

vātapittabhayaṁ caiva masūrīvraṇamādiśet ।
agniśastrādibhītiśca vṛścike svāṁśage kuje ।। 34।।
dhanaṁ dhānyañca ratnaṁ ca devabrāhmaṇapūjanam ।
rājaprasādamāpnoti vṛścike svāṁśage gurau ।। 35।।
dhanabandhuvināśaśca jāyate mānasī vyathā ।
śatruvādhā mahāvyādhirvṛścike svāṁśage śanau ।। 36।।
atidāhaṁ jvaraṁ chardi mukharogaṁ viśeṣataḥ ।
nānākleśamavāpnoti cāpāṁśe svāṁśage kuje ।। 37।।
śriyaṁ vidyāṁ ca saubhāgyaṁ śatrunāśaṁ nṛpāt sukham ।
bhārgavenducandrāṇāṁ cāpe svasvāṁśake diśet ।। 38।।
bhāryāvittavināśaṁ ca kalahaṁ ca nṛpād bhayam ।
dūrayātrāmavāpnoti cāpāṁśe svāṁśage ravau ।। 39।।
dānadharmatapolābhaṁ rājapūjanamāpnuyāt ।
bhāryāvibhavalābhaṁ ca cāpe svāṁśagate gurau ।। 40।।

Dasha des Schütze-Abschnitts: Die folgenden Auswirkungen werden in den Antardashas der betreffenden Rashis auftreten: Mars – brennender Schmerz in der Herzgegend, Fieber, Erkältungen,

Erkrankungen des Mundes, viele Arten von Problemen. Venus, Merkur und Mond – Zunahme von Wohlstand, Besitz und Vermögen, Fortschritte in Erziehung und Bildung, Vernichtung von Feinden, Freude durch die Gunst des Königs. Sonne – Verlust der Ehefrau und von Wohlstand, Streitigkeiten, Gefahr durch den König, Reisen in ferne Länder. Jupiter – Wohltätigkeit, Selbstkasteiung, Ehrungen durch den König, Zunahme der Religiosität, Freude durch die Ehefrau, Gewinn von Wohlstand.

dvijadevanṛpodbhūtaṁ kopaṁ bandhuvināśanam |
deśatyāgamavāpnoti makarasvāṁśage śanau || 41 ||
devārcanaṁ tapodhyānaṁ sammānaṁ bhūpateḥ kule |
bhārgavajñendujīvānāṁ mṛgāṁśe'ntardaśāphalam || 42 ||
śirorogaṁ jvaraṁ caiva karapādakṣataṁ diśet |
raktapittātisārāṁśca mṛgasvāṁśagate kuje || 43 ||
vināśaṁ pitṛbandhūnāṁ jvararogādikaṁ diśet |
nṛpaśatrubhayaṁ caiva mṛgāṁśasvāṁśage śanau || 44 ||

Dasha des Steinbock-Abschnitts: Die folgenden Auswirkungen werden in den Antardashas der betreffenden Rashis auftreten: Saturn – sich den Zorn von Brahmanen, Gottheiten und des Königs Zuziehen, Verlust von Angehörigen, Verlassen der Heimat. Venus, Merkur, Mond und Jupiter – Hingabe an die Gottheiten, Selbstkasteiung, Ehrungen seitens der Regierung. Mars – Krankheit im Bereich der Stirn, Verletzungen an Händen und Füßen, Gefahr durch Ruhr, Blutvergiftung und Pitta-Störungen. Saturn – Verlust des Vaters und von Verwandten, Fieber, Gefahr durch den König und durch Feinde.

nānāvidyārthalābhaśca putrastrīmitrajaṁ sukham |
śarīrārogyamaiśvaryaṁ kumbhe svāṁśagate bhṛgau || 45 ||
jvarāgnicorajā pīḍā śatruṇāṁ ca mahad bhayam |
manovyathāmavāpnoti ghaṭāṁśasvāntare kuje || 46 ||
nairujyaṁ ca sukhaṁ caiva sammānaṁ bhūpateḥ dvijāt |
manaḥprasādamāpnoti kumbhāṁśasvāṁśage gurau || 47 ||
dhātutrayaprakopaṁ ca kalahaṁ deśavibhramam |
kṣayavyādhimavāpnoti kumbhāṁśasvāṁśage śanau || 48 ||
putramitradhanastrīṇāṁ lābhaṁ caiva manaḥpriyam |
saubhāgyavṛddhimāpnoti kumbhāṁśasvāṁśage budhe || 49 ||

Dasha des Wassermann-Abschnitts: Die folgenden Auswirkungen werden in den Antardashas der betreffenden Rashis auftreten: Venus - viele Arten von Errungenschaften im Bereich der Erziehung und Bildung, Zugewinn an Besitz, Freude an Frau und Kindern, gute Gesundheit und Zunahme des Wohlstands. Mars - Fieber, Gefahr durch Feuer und Feinde, Probleme mit Feinden und Seelenqualen. Saturn - Gefahr von Vata-, Pitta- und Kapha-Störungen, Streitigkeiten, Reisen in die Fremde und Gefahr, an Tuberkulose zu erkranken. Jupiter - Freiheit von Krankheit, Glück, Ehrungen seitens des Königs und Freude. Merkur - Freude an Frau, Kindern und Wohlstand, generell Freude und Zunahme des Lebensglücks.

vidyāvṛddhimavāpnoti strīsukhaṁ vyādhināśanam ।
suhṛtsaṅgaṁ manaḥprītiṁ mīnāṁśasvāṁśage vidhau ।। 50।।
bandhubhiḥ kalahaṁ caiva caurabhītiṁ manovyathām ।
sthānabhraṁśamavāpnoti mīnāṁśasvāṁśage ravau ।। 51।।
raṇe vijayamāpnoti paśubhūmisutāgamam ।
dhanavṛddhiśca mīnāṁśe svāṁśayorbudhaśukrayoḥ ।। 52।।
pittarogaṁ vivādañca svajanairapi mānavaḥ ।
śatruṇāṁ bhayamāpnoti mīnāṁśasvāṁśage kuje ।। 53।।
dhanavastrakalatrāṇāṁ lābho bhūpasamādaraḥ ।
pratiṣṭhā bahudhā loke mīnāṁśasvāṁśage gurau ।। 54।।
dhananāśo manastāpo veśyādīnāṁ ca saṅgamāt ।
deśatyāgo bhavedvāpi mīnāṁśasvāṁśage śanau ।। 55।।

Dasha des Fische-Abschnitts: Die folgenden Auswirkungen werden in den Antardashas der betreffenden Rashis auftreten: Mond - Zunahme an Weisheit und Bildung, Freude am Zusammensein mit der Ehefrau, Freiheit von Krankheit, reger Umgang mit Freunden, Freude und Glück. Sonne - Streit mit Verwandten, Gefahr durch Diebe, Seelenqualen, Verlust der Stellung in der Gesellschaft. Merkur und Venus - Sieg im Krieg, Geburt eines Sohnes, Zugewinn an Land und Vieh, Vermehrung des Wohlstands. Mars - Pitta-Probleme, Zwistigkeiten mit Familienangehörigen, Gefahr durch Feinde. Jupiter - Gewinn von Reichtum und Getreide, Freude an der Ehefrau, Ehrungen seitens des Königs, Ruhm und Ehre. Saturn - Verlust von Wohlstand, Seelenqualen, Verlassen der Heimat aufgrund des Zusammenseins mit Prostituierten.

evaṁ prājñaiśca vijñeyaṁ kālacakradaśāphalam |
antardaśāphalaṁ caiva vāmarkṣe'pyevameva ca || 56||
idaṁ phalaṁ mayā proktaṁ dharmā'dharmakṛtaṁ purā |
tatsarvaṁ pāṇibhirnityaṁ prāpyate nā'tra saṁśayaḥ || 57||
suhṛdo'ntardaśā bhavyā pāpasyāpi dvijottama |
śubhasyāpi ripoścaivamaśubhā ca prakīrtitā || 58||
Maharishi Parashara sprach zu Maitreya:

O Brahmane, die Auswirkungen der Antardashas in der Kalachakra Dasha, die eben beschrieben wurden, beruhen auf dem Savya-Chakra. Die Auswirkungen der Antardashas in den Dashas der Rashis im Apsavya-Chakra müssen genauso – unter Berücksichtigung der Wohltäter- oder Übeltäter-Natur der Herren des Rashis – geschlussfolgert werden.

Die Menschen müssen sich an den guten Auswirkungen erfreuen oder unter den schlechten Auswirkungen leiden, wie es ihren eigenen guten oder schlechten Handlungen in ihren vorherigen Leben entspricht; jeder leidet oder erfreut sich dementsprechend.

Die Besonderheit in dieser Hinsicht besteht darin, dass generell ungünstige Ergebnisse den Übeltäter-Planeten zugeschrieben werden. Aber wenn während der Antardasha der betreffende Planet ein Freund des Herrn des Dasha ist, werden die Ergebnisse der Antardasha günstig sein.

Falls der betreffende Planet ein Wohltäter, aber ein Feind des Herrn des Dasha ist, werden sich seine Antardasha-Wirkungen nicht als förderlich erweisen.

Auf diese Weise müssen die Auswirkungen der Antardashas analysiert und entsprechende Schlussfolgerungen daraus gezogen werden.

## Kapitel 65: Auswirkungen der Dashas der Navamsha-Zeichen in der Kalachakra Dasha

**atha kālacakranavāṁśadaśāphalādhyāyaḥ** || **65**||
meṣe tu raktajā pīḍā vṛṣabhe dhānyavarddhanam |
mithune jñānavṛddhiśca karke dhanapatirbhavet || 1||
siṁhabhe śatrubādhā syāt kanyāyāṁ strījanāt sukham |
tulabhe rājamantritvaṁ vṛścike mṛtyuto bhayam || 2||
arthalābho bhaveccāpe meṣasya navabhāgake |
phalamevaṁ vijānīyaṁ daśākāle dvijottama || 3||

Folgendes sind die Auswirkungen der Dashas der Rashis im Widder-Abschnitt: Widder - Leiden unter Krankheiten, verursacht durch Blutverunreinigung. Stier - Zunahme der Getreideproduktion. Zwillinge - Erwachen des Wissens (gyanodaya). Krebs - Zunahme an Wohlstand. Löwe - Gefahr durch Feinde. Jungfrau - Freude an der Ehefrau. Waage - Status eines Ministers. Skorpion - Todesgefahr. Schütze - Erlangung von Wohlstand.

makare pāpakarmāṇi kumbhe vāṇijyato dhanam |
mīne sarvārthasiddhiśca vṛścike vahnito bhayam || 4||
tulabhe rājapūjā ca kanyāyāṁ śatruto bhayam |
karke patnījane kaṣṭaṁ siṁhabhe netrapīḍanam || 5|

Folgendes sind die Auswirkungen der Dashas der Rashis im Stier-Abschnitt: Steinbock - Neigung, sündige Handlungen zu begehen. Wassermann - geschäftliche Profite. Fische - Erfolg in allen Unternehmungen. Skorpion - Gefahr durch Feuer. Waage - Ehrungen seitens des Königs. Jungfrau - Gefahr durch Feinde. Krebs - Probleme der Ehefrau. Löwe - Augenleiden. Zwillinge - Gefahr durch Gift.

mithune viṣato bhītirvṛṣasya navamāṁśake |
vṛṣabhe dhanalābhaḥ sthānmeṣe tu jvarasambhavaḥ || 6||
mīne ca mātulaprītiḥ kumbhe śatrupravardhanam |
makare corato bhītiścāpe vidyāvivardhanam || 7||
meṣe tu śastrasaṅghāto vṛṣe tu kalaho bhavet |
mithune sukhamāpnoti mithunāṁśe phalaṁ tvidam || 8||

Folgendes sind die Auswirkungen der Dashas der Rashis im Zwillinge-Abschnitt: Stier – Zunahme von Wohlstand. Widder – Fieber. Fische – herzliche Beziehungen zum Onkel mütterlicherseits. Wassermann – vermehrt Feinde. Steinbock – Gefahr durch Diebe. Schütze – Fortschritte in Erziehung und Bildung. Widder – Überfälle von Feinden. Stier – Streitigkeiten. Zwillinge – Freude.

karkaṭe sukhamāpnoti siṁhe bhūpālato bhayam |
kanyāyāṁ bandhutaḥ saukhyaṁ tulabhe kīrtimāpnuyāt || 9||
vṛścike ca pituḥ kaṣṭaṁ cāpe jñānadhanāgamaḥ |
makare tvayaśo loke kumbhe vāṇijyataḥ kṣatiḥ || 10||

Folgendes sind die Auswirkungen der Dashas der Rashis im Krebs-Abschnitt: Krebs – Zunahme von Sinnesfreuden. Löwe – Gefahr durch den König. Jungfrau – Glück durch Verwandte. Waage – guter Ruf. Skorpion – Probleme des Vaters. Schütze – Zunahme von Wissen und Reichtum. Steinbock – öffentliche Schande. Wassermann – geschäftliche Verluste. Fische – Reisen in ferne Länder.

mīne sukhamāpnoti karkāṁśe phalamīdṛśam |
vṛścike kalahaḥ pīḍā tulabhe sukhasampadaḥ || 11||
kanyāyāṁ dhanadhānyāni karke paśugaṇād bhayam |
siṁhe sukhaṁ ca duḥkhaṁ ca mithune śatruvardhanam || 12||
vṛṣe ca sukhasampattiḥ meṣe kaṣṭamavāpnuyāt |
mīne tu dīrghayātrā syāt siṁhāṁśe phalamīdṛśam || 13||

Folgendes sind die Auswirkungen der Dashas der Rashis im Löwe-Abschnitt: Skorpion – Streitigkeiten, Probleme. Waage – Gewinn von Reichtum, Freude. Jungfrau – Gewinn von Reichtum und Getreide. Krebs – Gefahr durch Tiere. Löwe – sowohl Freude als auch Kummer. Zwillinge – vermehrt Feinde. Stier – Erlangung von Besitztum, Freude. Widder – Probleme. Fische – lange Reise.

kumbhabhe dhanalābhaḥ syānmakare'pi dhanāgamaḥ |
cāpe bhrātṛjanāt saukhyaṁ meṣe mātṛsukhaṁ vadet || 14||
vṛṣabhe putrasaukhyaṁ ca mithune śatruto bhayam |
karke dārajanaiḥ prītiḥ siṁhe vyādhivivardhanam || 15||

Folgendes sind die Auswirkungen der Dashas der Rashis im Jungfrau-Abschnitt: Wassermann - Erlangung von Wohlstand. Steinbock - Reichtumszuwachs. Schütze - Freude durch Geschwister. Widder - Freude durch die Mutter. Stier - Freude durch die Söhne (Kinder). Zwillinge - Gefahr durch Feinde. Krebs - liebevolle Beziehung zur Ehefrau. Löwe - vermehrt Krankheiten. Jungfrau - Geburt eines Sohnes.

kanyāyāṁ ca sutotpattiḥ kanyāṁśe phalamīdṛśam |
tulabhe dhanasampattirvṛścike bhrātṛtaḥ sukham || 16||
pitṛvargasukhaṁ cāpe mātṛkaṣṭaṁ mṛge vadet |
kumbhe vāṇijyato lābhaṁ mīne ca sukhasampadam || 17||
vṛścike ca strīyāḥ pīḍā tule ca jalato bhayam |
kanyāyāṁ sukhasampattistulāṁśe phalamīdṛśam || 18||

Folgendes sind die Auswirkungen der Dashas der Rashis im Waage-Abschnitt: Waage - Erlangung von Wohlstand. Skorpion - Freude durch die Brüder. Schütze - Freude durch Brüder und Onkel. Steinbock - Probleme der Mutter. Wassermann - geschäftliche Gewinne. Fische - Erlangung von Besitztümern, Freude. Skorpion - Probleme der Ehefrau. Waage - Gefahr durch Wasser. Jungfrau - Zunahme von Besitz und Freude.

karkabhe dhanahāniḥ syāt siṁhe bhūpālato bhayam |
mithune bhūmilābhaśca vṛśabhe dhanasampadaḥ || 19||
meṣe tu raktajā pīḍā mīne ca sukhamādiśet |
kumbhe vāṇijyato lābho makare ca dhanakṣitaḥ || 20||

Folgendes sind die Auswirkungen der Dashas der Rashis im Skorpion-Abschnitt: Krebs - Verlust von Wohlstand. Löwe - Gefahr durch die Regierung. Zwillinge - Gewinn von Ländereien. Stier - Zunahme des Wohlstands. Widder - Probleme in Zusammenhang mit einer Verunreinigung des Blutes. Fische - Freude. Wassermann - geschäftliche Gewinne. Steinbock - Verlust von Wohlstand. Schütze - Vermögenszuwachs, Freude.

cāpe ca sukhasampattirvṛścikāṁśe phalaṁ tvidam |
meṣe ca dhanalābhaḥ syāt vṛṣe bhūmivivarddhanam || 21||
mithune sarvasiddhiḥ syāt karkabhe sukhasampadaḥ |
siṁhe sarvasukhotpattiḥ kanyāyāṁ kalahāgamaḥ || 22||

tule vāṇjyato lābho vṛścike rogajaṁ bhayam |
cāpe putrasukhaṁ vācyaṁ dhanuraṁśe phalaṁ tvidam || 23||

Folgendes sind die Auswirkungen der Dashas der Rashis im Schütze-Abschnitt: Widder - Erlangung von Wohlstand. Stier - Gewinn von Ländereien. Zwillinge - Erfolg in allen Unternehmungen. Krebs - Gewinn von Besitztümern, Freude. Löwe - alle Arten von Annehmlichkeiten. Jungfrau - Streitigkeiten. Waage - Geschäftliche Profite. Skorpion - Gefahr durch Krankheiten. Schütze - glückliche Söhne.

makare putralābhaḥ syāt kumbhe dhanavivardhanam |
mīne kalyāṇamāpnoti vṛścike paśuto bhayam || 24||
tulabhe tvarthalābhaḥ syāt kanyāyāṁ śatruto bhayam |
karkaṭe śriyamāpnoti siṁhe śatru janād bhayam || 25||

Folgendes sind die Auswirkungen der Dashas der Rashis im Steinbock-Abschnitt: Steinbock - Geburt eines Sohnes. Wassermann - Reichtumszuwachs. Fische - Wohlergehen. Skorpion - Gefahr durch Tiere. Waage - Erlangung von Wohlstand. Jungfrau - Gefahr durch Feinde. Krebs - Gewinn von Wohlstand. Löwe - Gefahr durch Feinde. Zwillinge - Gefahr durch Gift.

mithune viṣato bhītirmṛgāṁśe phalamīdṛśam |
vṛśabhe dhanasampattirmeṣe netrarujo bhayam || 26||
mīnabhe dīrghayātrā syāt kumbhe dhanavivardhanam |
makare sarvasiddhiḥ syāccāpe jñānavivardhanam || 27||
meṣe saukhyavināśaḥ syāt vṛṣabhe maraṇaṁ bhavet |
mithune sukhasampattiḥ kumbhāṁśe phalamīdṛśam || 28||

Folgendes sind die Auswirkungen der Dashas der Rashis im Wassermann-Abschnitt: Stier - Vermehrung des Wohlstands. Widder - Augenleiden. Fische - Reisen in ferne Länder. Wassermann - Vermehrung des Wohlstands. Steinbock - Erfolg in allen Unternehmungen. Schütze - Zunahme von Wissen und Bildung. Widder - Verlust von Freude. Stier - Todesgefahr. Zwillinge - Gewinn von Besitz, Freude.

karkaṭe dhanavṛddhiḥ syāt siṁhe rājāśrayaṁ vadet |
kanyāyāṁ dhanadhānyāni tule vāṇijyato dhanam || 29||

vṛścike jvarajā pīḍā cāpe jñānasukhodayaḥ |
makare strīvirodhaḥ syāt kumbhe ca jalato bhayam || 30||
mīne tu sarvasaubhāgyaṁ mīnāṁśe phalamīdṛśam |
daśādyaṁśakrameṇaiva jñātvā sarvaphalaṁ vadet || 31||

Folgendes sind die Auswirkungen der Dashas der Rashis im Fische-Abschnitt: Krebs – Vermehrung des Wohlstands. Löwe – Beistand des Königs. Jungfrau – Vermehrung von Wohlstand und Getreide. Waage – geschäftliche Profite. Skorpion – Fieberleiden. Schütze – Zunahme von Wissen und Reichtum. Steinbock – Konflikte mit der Ehefrau. Wassermann – Gefahr durch Wasser. Fische – alle Arten von Sinnesfreuden.

krūragrahadaśākāle śāntiṁ kuryād vidhānataḥ |
tataḥ śubhamavāpnoti taddaśāyāṁ na saṁśayaḥ || 32||

Es besteht kein Zweifel daran, dass die Durchführung von Abhilfemaßnahmen in Gestalt von Yagyas, die auf rechte Weise ausgeführt werden, die negativen Auswirkungen der ungünstigen Dashas zerstört und Freude zur Folge hat.

# Kapitel 66: Ashtakavarga

**athāṣṭakavargādhyāyaḥ || 66||**
bhagavan bhavatā'khyātaṁ grahabhāvādijaṁ phalam |
bahunāmṛṣivaryāṇāmācāryāṇāṁ ca sammatam || 1||
saṅkarāt tatphalānāṁ ca grahāṇāṁ gatisaṅkarāt |
itthameveti no sarve jñātvā vaktumalaṁ narāḥ || 2||
kalau pāparatānāṁ ca mandā buddhiryuto nṛṇām |
ato'lpabuddhigamyaṁ yat śāstrametad vadasya me || 3||
tattatkālagrahasthityā mānavānāṁ parisphuṭam |
sukhaduḥkhaparijñānamāyuṣo nirṇayaṁ tathā || 4||

Maitreya sagte:

O ehrwürdiger Weiser, du hast bislang viele Arten von Auswirkungen beschrieben, die sich auf die Planeten und Häuser beziehen und dabei die Ansichten vieler Weiser und Acharyas (Lehrer) mit einbezogen, aber es ist nicht möglich, mit Sicherheit zu sagen, ob eine bestimmte Auswirkung gewiss eintritt, nachdem man die oftmals einander widersprechenden Einflüsse der Bewegungen der verschiedenen Planeten abgewogen hat.

Da der Intellekt der Menschen im Kaliyuga aufgrund der sündigen Taten, die sie begangen haben, stumpf geworden ist, sei bitte so freundlich und beschreibe eine Methode, die es auch den oberflächlich denkenden Menschen ermöglicht, ihre Freuden und Leiden zu erkennen und ihre Langlebigkeit auf der Grundlage der Positionen der Planeten im Transit zu bestimmen.

sādhu pṛṣṭaṁ tvayā brahman kathayāmi tavāgrataḥ |
lokeyātrāparijñānamāyuṣo nirṇayaṁ tathā || 5||
saṅkarasyāvirodhañca śāstrasyāpi prayojanam |
janānāmupakārārthaṁ sāvadhānamanāḥ śṛṇu || 6||

Maharishi Parashara antwortete:

O Brahmane, du hast eine sehr intelligente Frage gestellt. Ich werde nun zum Wohle aller eine systematische Methode beschreiben, in der es keine Widersprüche bei der Beurteilung der Auswirkungen von Freude und Leid und bei der Bestimmung der Langlebigkeit gibt. Höre mir nun aufmerksam zu.

lagnādivyayaparyantaṁ bhāvā sañjñānurūpataḥ |
phaladāḥ śubhasandṛṣṭā yuktā vā śobhanā matāḥ || 7||
te tūccādibhagaiḥ kheṭairna cāstāribhanīcagaiḥ |
pāpairdṛṣṭayutā bhāvāḥ kalyāṇetaradāyakāḥ || 8||
tairaḥtāribhanīcasthairna ca mitrasvabhoccagaiḥ |
evaṁ samānyataḥ proktaṁ horāśāstrajñasūribhiḥ || 9||
mayaiyat sakalaṁ proktaṁ pūrvācāryānuvartinā |
āyuśca lokayātrāṁ ca śāstrasyāsyate prayojanam || 10||
niścetuṁ tanna saknoti vasiṣtho vā bṛhaspatiḥ |
kiṁ punarmanujāstatra viśeṣāttu kalau yuge || 11||

Wenn die 12 Häuser, einschließlich des Aszendenten, von Wohltäter-Planeten besetzt sind oder von ihnen aspektiert werden, bringen sie ihren Angelegenheiten entsprechend segensreiche Auswirkungen hervor, aber dies geschieht nur, wenn die betreffenden Planeten in ihren Zeichen der Erhöhung, in ihren eigenen Zeichen oder in Zeichen eines Freundes stehen. Es werden keine guten Auswirkungen auftreten, wenn diese Planeten im Fall oder im Zeichen eines Feindes stehen oder von einem Übeltäter aspektiert werden.

Ebenso bringen Häuser, die mit Planeten im Fall usw. oder Planeten in ungünstigen Häusern verbunden sind oder von diesen aspektiert werden, ihren Angelegenheiten entsprechend negative Ergebnisse hervor. Die Verbindung eines Hauses mit Planeten, die erhöht usw. sind, bringt hingegen keine negativen Auswirkungen hervor. So wurden die allgemeinen Auswirkungen von den Gelehrten beschrieben; ich habe diese Auswirkungen hier nur wiederholt.

Der Hauptzweck der Wissenschaft der Astrologie (jyotish shastra) besteht darin, die Langlebigkeit und die Freuden und Leiden der Menschen (im Voraus) zu bestimmen, aber weil die Bewegungen der Planeten so subtil sind, waren selbst Weise wie Vasishtha und Brihaspati nicht in der Lage, dies mit vollkommener Gewissheit herauszufinden. Wie soll dann ein gewöhnlicher Mensch, insbesondere im Kaliyuga, dies vermögen?

sāmānyāṁśo viśeṣāṁśo jyotiḥśāstraṁ dvidhoditam |
proktaḥ sāmānyabhāgastu niścayāṁśastu kathyate || 12||

Es gibt zwei Abteilungen oder Teile der Jyotish-Shastra, nämlich einen allgemeinen und einen speziellen Teil. Auf den allgemeinen Teil bin ich bereits eingegangen. Nun komme ich zu dem anderen Teil, der sich speziell mit diesem Thema befasst.

yathā lagnācca candrācca grahāṇāṁ bhāvajaṁ phalam ।
tathā'nyebhyo'pi kheṭebhyo vicintyaṁ daivavidvaraiḥ ।। 13।।
ato ravyādikheṭānāṁ salagnānāṁ pṛthak pṛthak ।
aṣṭānāṁ sarvabhāvotthaṁ yathoktamaśubhaṁ śubham ।। 14।।
jñātvā'dau karaṇaṁ sthānaṁ bindurekhopalakṣitam ।
kramādaṣṭakavargasya vācyaṁ spaṣṭaphalaṁ yathā ।। 15।।

Ebenso wie die positiven und negativen Auswirkungen der zwölf Häuser jeweils vom Aszendenten und vom Mond aus beurteilt werden, werden die positiven und negativen Auswirkungen der zwölf Häuser auch aufgrund der Stellung der verschiedenen Planeten zueinander beurteilt.

Daher sollen die ungünstigen Orte von den sieben Planeten aus, ab der Sonne und mit dem Aszendenten (Lagna) als achtem, als Karana bezeichnet und durch Punkte (Bindus) markiert werden, und die günstigen Orte, die als Sthana bezeichnet werden, durch kleine senkrechte Linien (Rekhas) markiert werden. Auf der Grundlage dieser Bewertung sollen dann die Beurteilung des Horoskops und die Vorhersagen erfolgen.

*Diese Vorgehensweise ist als Ashtakavarga-System bekannt. Ashtakavarga bedeutet wörtlich „Gruppe der acht Dinge". Die Ashtakavarga-Methode beruht also auf der Stellung der Planeten zueinander, wobei der Aszendent (Lagna) hier als Planet (graha) behandelt wird. Die Position der Planeten in den Häusern wird hierbei nicht in Betracht gezogen. Punkte (Bindus) zeigen ungünstige Positionen (Karanas) von einem Planeten aus an, Linien (Rekhas) die günstigen Positionen (Sthanas).*

tatusvāyustririṣpheṣu pañca kāme sukhe'rṇavāḥ ।
arau bhāgye trayaḥ putre ṣaṭ karau khe bhave ca bhūḥ ।। 16।।

## Bindus in der Ashtakavarga der Sonne

Fünf Planeten im 1., 2., 8., 3. und 12. Haus der Sonne tragen Bindus (Punkte) bei, ebenso vier Planeten im 7. und 4. Haus, drei

Planeten im 6. und 9. Haus, sechs Planeten im 5. Haus, zwei Planeten im 10. und ein Planet im 11.

*Welche Planeten dies jeweils im Fall der Sonne sind, beschreibt der folgende Vers. Unterschiedliche Planeten tragen also in unterschiedlichen Positionen Bindus bei. Die übrigen Positionen sind dann Rekhas.*

lagnendujīvaśukrajñāstanau sve maraṇe'pi ca ।
ravibhaumārki candrāryā vyaye jñendusitāyakāḥ ।। 17।।
sukhe horenduśukrāśca dharme'rkārkikujā arau ।
horājñāryendavaḥ kāme bhave daityendrapūjitaḥ ।। 18।।
sahaje'rkārkiśukrāryabhaumāḥ khe gurubhārgavau ।
sute'rkārkīndulagnāraśukrāḥ syuḥ karaṇaṁ raveḥ ।। 19।।

Bindu-Positionen von der Sonne aus: Lagna, Mond, Jupiter, Venus und Merkur im 1., 2. und 8.; Sonne, Mars, Saturn, Mond und Jupiter im 12.; Merkur, Mond, Venus, Jupiter im 4.; Lagna, Mond, Venus im 9.; Sonne, Saturn und Mars im 6; Lagna, Merkur, Jupiter und Mond im 7.; Venus im 11.; Sonne, Saturn, Venus, Jupiter und Mars im 3.; Jupiter und Venus im 10.; Sonne, Saturn, Mond, Lagna, Mars und Venus im 5.

*In einer Tabelle zusammengefasst sieht das für Surya dann so aus (Bindu 0, Rekha 1):*

| Von Haus | Sy | Ch | Ma | Bu | Gu | Sk | Sa | Lg |
|---|---|---|---|---|---|---|---|---|
| 1 | 1 | 0 | 1 | 0 | 0 | 0 | 1 | 0 |
| 2 | 1 | 0 | 1 | 0 | 0 | 0 | 1 | 0 |
| 3 | 0 | 1 | 0 | 1 | 0 | 0 | 0 | 1 |
| 4 | 1 | 0 | 1 | 0 | 0 | 0 | 1 | 1 |
| 5 | 0 | 0 | 0 | 1 | 1 | 0 | 0 | 0 |
| 6 | 0 | 1 | 0 | 1 | 1 | 1 | 0 | 1 |
| 7 | 1 | 0 | 1 | 0 | 0 | 1 | 1 | 0 |
| 8 | 1 | 0 | 1 | 0 | 0 | 0 | 1 | 0 |
| 9 | 1 | 0 | 1 | 1 | 1 | 0 | 1 | 0 |
| 10 | 1 | 1 | 1 | 1 | 0 | 0 | 1 | 1 |
| 11 | 1 | 1 | 1 | 1 | 1 | 0 | 1 | 1 |
| 12 | 0 | 0 | 0 | 1 | 0 | 1 | 0 | 1 |

*Diese Tabelle soll hier nur als Anschauungsbeispiel dienen. In der Praxis wird sie so nicht verwendet, da sie nur das Rohmaterial für die Ashtakavarga-Analyse darstellt. Die Ashtakavarga-Werte werden dann erst noch bereinigt, zusammengefasst usw. - siehe folgende Kapitel.*

bhāgyasvayośca ṣaḍ veśmamṛtihorāsu pañca ca |
mānaduścikyayorekaḥ sute vedā aristriyoḥ || 20 ||
trayo vyayeṣṭāvāye ca śūnyaṁ śītakarasya tu |
horārkārārkibhṛgavoṅgajñārkendvārkabhārgavāḥ || 21 ||
jīvorkārkīndulagnārā horendugurubhāskarāḥ |
sitajñāryāḥ kujatanumandāste sitaśītagū || 22 ||

### Bindus in der Ashtakavarga des Mondes

In der Ashtakavarga des Mondes tragen 6 Planeten im 9. und 2., 5 Planeten im 4., 8. und 1., ein Planet im 10. und 3., 4 Planeten im 5., 3 Planeten im 6. und 7. und 1., acht im 12. Bindus bei.

Bindu-Positionen vom Mond aus: Lagna, Sonne, Mars, Saturn und Venus, diese fünf im ersten; Lagna, Merkur, Sonne, Mond, Saturn und Venus, diese sechs im zweiten; Jupiter im dritten; Sonne, Saturn, Mond, Lagna und Mars, diese fünf im vierten; Venus, Merkur, Jupiter, diese drei im sechsten; Mars, Lagna und Saturn, diese drei im siebten; Mars, Lagna, Saturn, Venus und Mond, diese fünf im achten; Lagna, Sonne, Mars, Saturn, Merkur und Jupiter, diese sechs im neunten; Saturn im zehnten; keiner im elften; alle acht im zwölften. Die Planeten in den übrigen Häusern tragen Rekhas bei.

horārkārārkivijjīvāḥ śaniḥ khaṁ sakalāḥ kramāt |
vyayaveśmasutastrīṣu ṣaḍ sapta dhanadharmayoḥ || 23 ||
horāmṛtyuvoḥ śarā vedā vikrame khe trayaḥ kṣate |
dvau bhave śūnyamevaṁ syāt karaṇaṁ bhūmijasya tu || 24 ||
kujasyārkenduvijjīvasita lagnaśanī ca tu |
sitāragurumandāḥ syurdharmokteṣu kujaṁ vinā || 25 ||
candrāraguruśukrārkilagnāni kujabhāskarī |
jñendvarkasitalagnāryā eṣu śukraṁ vinā tataḥ || 26 ||
vinā śaniṁ sapta dharme sitendujñā viyattataḥ |
arkārkijñendulagnārāḥ karaṇaṁ procyate kramāt || 27 ||

### *Bindus in der Ashtakavarga von Mars*

In der Ashtakavarga von Mars tragen 6 Planeten im 12., 4. und 7., 5 Planeten im 5., 6 Planeten im 2., 7 Planeten im 9., 5 Planeten im 1. und 8., 4 Planeten im 3., 3 Planeten im 10. und 2 Planeten im 6. Bindus bei, im 11. keiner. Alle Planeten im 11. von ihren eigenen Plätzen aus tragen Rekhas bei.

Bindu-Plätze vom Mars aus sind: Sonne, Mond, Merkur, Jupiter und Venus, diese fünf im ersten; Lagna, Sonne, Mond, Merkur, Jupiter und Saturn, diese 6 im zweiten; Venus, Mars, Jupiter und Saturn, diese 4 im dritten; Sonne, Mond, Merkur, Jupiter, Venus und Lagna, diese 6 im vierten; Mond, Mars, Jupiter, Venus und Lagna, diese 5 im fünften; Mars und Saturn, diese 2 im sechsten; Merkur, Mond, Sonne, Venus, Jupiter und Lagna, diese 6 im 7.; Merkur, Mond, Sonne, Lagna und Jupiter, diese 5 im 8.; Sonne, Mond, Mars, Merkur, Jupiter, Venus und Lagna, diese 7 im 9.; Venus, Mond und Merkur, diese 3 im 10.; keine im 11.; Sonne, Saturn, Merkur, Mond, Lagna und Mars, diese 6 im 12.

tanusvagṛhakarmāridharmeṣvagnirmṛgau karau ।
bhrātṛstriyo rasā lābhe śūnyaṁ putre vyaye śarāḥ ।। 28।।
budhāsyarkenduguravo gurusūryabudhāḥ kramāt ।
lagnārkārārkicandrāryā jñārkāryā hi budhasya tu ।। 29।।
jīvārendvārkilagnāni śukramannadharāsutāḥ ।
jñendulagnārkaśukrāryā jñārkau jīvendulagnakāḥ ।। 30।।

### *Bindus in der Ashtakavarga von Merkur*

In der Ashtakavarga von Merkur tragen 3 Planeten im 1., 2., 4., 10., 6. und 9., 2 Planeten im 8., 6 Planeten im 3. und 7., keiner im 11., 5 Planeten im 5. und 12. Bindus bei.

Bindu-Plätze vom Merkur aus sind: Sonne, Mond und Jupiter, diese 3 im ersten; Jupiter, Sonne und Merkur, diese 3 im zweiten; Lagna, Sonne, Mars, Saturn, Mond und Jupiter, diese 6 im dritten; Merkur, Sonne und Jupiter, diese 3 im vierten; Jupiter, Mars, Mond, Saturn und Lagna, diese 5 im fünften; Venus, Saturn und Mars, diese 3 im sechsten; Merkur, Mond, Lagna, Sonne, Venus und Jupiter, diese 6 im 7.; Merkur und Sonne, diese 2 im 8.; Jupiter, Mond und Lagna, diese 3 im 9.; Sonne, Jupiter und Venus, diese 3 im 10.; keine im 11.; Lagna, Mond, Mars, Saturn und Venus, diese 5 im 12.

arkāryaśukraḥ śūnyaṁ ca horendvārārkibhārgavāḥ I
rūpaṁ dhanāyayoḥ khe dvau vyaye sapta kṣate'rṇavāḥ II 31II
mṛtivikramayo pañca guroḥ śeṣeṣu vanhiyaḥ I
lagne śukrendumandāḥ sve āye mandaśca vikrame II 32II
lagnārendujñabhṛgavaḥ suterkāryakujā gṛhe I
śukramandendavo dyūne budhaśukraśanaiścarāḥ II 33II
jīvārārkendavaḥ śatrau sarve mandaṁ vinā vyaye I
karmaṇīnduśanī dharme mandāraguravo mṛgau II 34II

### *Bindus in der Ashtakavarga von Jupiter*

In der Ashtakavarga von Jupiter sind die Bindu-Beiträge: ein Planet im 2. und 11., 2 Planeten im 10., 7 Planeten im 12., 4 Planeten im 6., 5 Planeten im 8. und 3.

Bindu-Plätze vom Jupiter aus sind: Venus, Mond und Saturn, diese 3 im ersten; Saturn im zweiten und 11.; Lagna, Mars, Mond, Merkur und Venus, diese 5 im dritten; Sonne, Jupiter und Mars, diese 3 im fünften; Venus, Saturn und Mond, diese 3 im vierten; Merkur, Venus und Saturn, diese 3 im siebten; Jupiter, Mars, Sonne und Mond, diese 4 im 6.; alle außer Saturn, diese 7 im 12.; Mond und Saturn, diese 2 im 10.; Saturn, Mars und Jupiter, diese 3 im 9.; Lagna, Saturn, Venus, Mond und Merkur, diese 5 im 8.

lagnārkisitacandrajñāḥ karaṇaṁ ca guroridam I
sutāyurvikrameṣvakṣi tanusvavyayakheṣviṣuḥ II 35II
aṣṭau striyāmarau ṣaḍ bhūrdharme mitre'kṣi khaṁ bhave I
lagne sve'rkāravijjīvamandāḥ sarve ca kāmabhe II 36II
arkāryau vikramasthāne sute'rkārau śubhe raviḥ I
sukhe'kabudhajīvāḥ syurbhaumajñau mṛtibhe dvaja II 37II
śukrārkendvārkilagnāryāḥ śatrau śūnyaṁ bhave vyaye I
horārkibudhaśukrāryāstanvārajñendvināśca khe II 38II

### *Bindus in der Ashtakavarga von Venus*

In der Ashtakavarga der Venus sind die Bindu-Beiträge: 2 Planeten im 5., 8. und 3., 5 Planeten im 1., 2., 12., 10., 8 Planeten im 7., 6 Planeten im 6., einer im 9., 3 im 4. und keiner im 11.

Bindu-Plätze von Venus aus sind: Sonne, Mars, Merkur, Jupiter und Saturn, diese 5 im 1. und 2.; alle 8 Planeten im 7.; Jupiter und Sonne, diese 2 im 3.; Sonne und Mars, diese 2 im 5.; Venus, Sonne, Mond, Saturn, Lagna und Jupiter, diese 6 im 6.; keine im 11.; Lagna, Saturn, Merkur, Venus und Jupiter, diese 5 im 12.; Lagna, Mars, Merkur, Mond, Sonne, diese 5 im 10.

svastrīdharmeṣu saptāṅgaṁ mṛtihorāgṛheṣu ca |
ājñābhrātṛvyaye vedā rūpaṁ śatrau sute śarāḥ || 39||
āye śūnyaṁ śanerevaṁ karaṇaṁ procyate budhaiḥ |
gṛhe tanau ca lagnārkau svastriyośca raviṁ vinā || 40||
hitvā dharme budhaṁ māne lagnāraravicandrajān |
tato bhrātari jīvārkabudhaśukrāḥ kṣate raviḥ || 41||
vyaye lagnendumandārkāḥ sitārkandujñalagnakāḥ |
sute mṛtau budhārkau ca hitvā'ye khaṁ śanervidaḥ || 42||

### *Bindus in der Ashtakavarga von Saturn*

In der Ashtakavarga des Saturn sind die Bindu-Beiträge: 7 Planeten im 2., 7., 9., 6 Planeten im 8., im Lagna und im 4., 4 Planeten im 10., 3. und 12., ein Planet im 6., 5 Planeten im 5., keiner im 11. sind Karanapradas (d. h. tragen Bindus, Punkte bei).

Bindu-Plätze von Venus aus sind: Mond, Mars, Merkur, Jupiter, Venus und Saturn, diese 6 im 4. und 1.; Mond, Mars, Merkur, Jupiter, Venus, Saturn und Lagna, diese 7 im 2. und 7.; Sonne, Mond, Mars, Jupiter, Venus, Saturn und Lagna, diese 7 im 9.; Jupiter, Sonne, Merkur und Venus, diese 4 im 3.; Sonne im 6.; Lagna, Mond, Saturn, Sonne, diese 4 im 12.; Venus, Sonne, Mond, Merkur und Lagna, diese 5 im 5.; Mond, Mars, Jupiter, Venus, Saturn und Lagna, diese 6 im 8.; keiner im 11. Die übrigen Plätze sind Rekhapradas und förderlich.

*Die Bindu-Plätze vom Aszendenten (Lagna) aus werden ab Vers 61 nachgetragen.*

uktā'nye sthānadātāra iti sthānaṁ vidurbudhāḥ I
atha sthānagrahān vakṣye sukhabodhāya suriṇām I I 43I I
svāyastanuṣu mandārasūryā jīvabudhau sute I
vikrame jñendulagnāni lagnārkārkikujā gṛhe I I 44I I
te ca jñendū khabhe cā'ye sarve śukraṁ vinā vyaye I
lagnaśukrabudhāḥ śatrau te ca jīvasudhākarau I I 45I I

Maharishi Parashara sprach:

Nun werde ich die glückverheißenden Plätze zum Wohle der Gelehrten beschreiben.

***Rekhas in der Ashtakavarga der Sonne***

In der Ashtakavarga der Sonne sind die Rekha-Beiträge: Saturn, Mars und Sonne im 2., 8. und 1.; Jupiter und Merkur im 5.; Merkur, Mond und Lagna im 3.; Lagna, Sonne, Saturn und Mars im 4.; Lagna, Sonne, Saturn, Mars, Merkur und Mond im 10.; Sonne, Mond, Mars, Merkur, Jupiter, Saturn und Lagna im 11; Lagna, Venus und Merkur im 12.; Lagna, Venus, Merkur, Jupiter und Mond im 6.; Sonne, Mars, Saturn und Venus im 7.; Sonne, Mars, Saturn, Merkur und Jupiter im 9.

dyūne'rkārārkiśukrāśca dharmerkārārkividguruḥ I
jñendujīvāḥ kujāryau jñārkendvārārkitanūśanāḥ I I 46I I
jīvaśukrabudhā bhaumabudhaśukraśanaiścarāḥ I
ravīndvārārkilagnāni ravīndvāryajñabhārgavāḥ I I 47I I
arkajñajīvāḥ śukrendū te ca tau lagnabhūsutau I
sarve śūnyaṁ kramātproktaṁ sthānaṁ śītakarasya ca I I 48I I

***Rekhas in der Ashtakavarga des Mondes***

In der Ashtakavarga des Mondes sind die Rekha-Beiträge: Merkur, Mond und Jupiter im ersten; Jupiter und Mars im zweiten; Merkur, Sonne, Mond, Mars, Saturn, Venus und Lagna im dritten; Jupiter, Venus und Merkur im vierten; Mars, Merkur, Venus und Saturn im fünften; Sonne, Mond, Mars, Saturn und Lagna im sechsten; Sonne, Mond, Jupiter, Merkur und Venus im 7.; Sonne, Merkur und Jupiter im 8.; Venus und Mond im 9.; Sonne, Merkur, Jupiter, Venus, Mond, Lagna und Mars im 10. und alle 8 Planeten im 11. Kein Planet trägt Rekhas im 12. bei.

lagnamandakujā bhaumo horājñendudinādhipāḥ I
mandārau jñaravī jñendujīvārkatanubhārgavāḥ II 49II
mandārau tau sita ścārkiḥ kujārkāryārkilagnakāḥ I
sarve gurusitau sthānaṁ bhaumastaivaṁ vidurbudhāḥ II 50II
lagnamandāraśukrajñā lagnārendusitārkajāḥ I
śukrajñau lagnacandrārkisitārā jñārkabhārgavāḥ II 51II

### *Rekhas in der Ashtakavarga von Mars*

In der Ashtakavarga von Mars sind die Rekha-Beiträge: Lagna, Saturn und Mars im ersten; Mars im zweiten; Lagna, Merkur, Mond und Sonne im dritten; Saturn und Mars im vierten; Merkur und Sonne im fünften; Merkur, Mond, Jupiter, Sonne, Lagna und Venus im sechsten; Saturn und Mars im 7.; Saturn, Mars und Venus im 8.; Saturn im 9.; Mars, Sonne, Jupiter, Saturn und Lagna im 10.; alle im 11. und Jupiter und Venus im 12.

jīvajñārkendulagnāni bhūmiputraśanaiścarau I
tau ca lagnendu śakrāryā mandārārkajñabhārgavāḥ II 52II
lagnamandāraviccandrāḥ sarve jīvajñabhāskarāḥ I
gurorlagne sukhe jīva lagnārākrabudhā dhane II 53II

### *Rekhas in der Ashtakavarga von Merkur*

In der Ashtakavarga von Merkur sind die Rekha-Beiträge: Lagna, Saturn, Mars, Venus und Merkur im ersten; Lagna, Mars, Mond, Venus und Saturn im zweiten; Venus und Merkur im dritten; Lagna, Mond, Saturn, Venus und Mars im vierten; Merkur, Saturn und Venus im fünften; Jupiter, Merkur, Sonne, Mond und Lagna im sechsten; Mars und Saturn im 7.; Mars, Saturn, Lagna, Mond, Venus und Jupiter im 8.; Saturn, Mars, Sonne, Merkur und Venus im 9.; Lagna, Saturn, Mars, Merkur und Mond im 10.; alle im 11. und Jupiter, Merkur und Sonne im 12.

candraśukrau ca duścikye mandāryārkāḥ śanirvyaye I
sute śukrendulagnajñamandāścandraṁ vinā tvarau II 54II
lagnārāryā'rkendavo'ste mṛgau jīvārkabhūsutāḥ I
dharme śukrārkalagnendubudhā mandaṁ vinā'yabhe II 55II

### *Rekhas in der Ashtakavarga von Jupiter*

In der Ashtakavarga von Jupiter sind die Rekha-Beiträge: Lagna, Mars, Sonne und Merkur im ersten und vierten; Jupiter, Lagna, Mars, Sonne, Merkur, Mond und Venus im zweiten; Saturn, Jupiter und Sonne im dritten; Venus, Mond, Lagna, Merkur und Saturn im fünften; Venus, Lagna, Merkur und Saturn im sechsten; Lagna, Mars, Jupiter, Sonne und Mond im 7.; Jupiter, Sonne und Mars im 8.; Venus, Sonne, Lagna, Mond und Merkur im 9.; Jupiter, Merkur, Mars, Sonne, Venus und Lagna im 10.; alle außer Saturn im 11. und Saturn im 12.

māne gurubudhārārkaśukrahorāstathā viduḥ I
lagnaśukrendava ste te jñārkyā rāste jñavarjitāḥ II 56II
sutabhe laghnaśaśijaśaśāṅkāryārkibhārgavāḥ I
jñārau śūnyaṁ sitā'rkendugurulagnaśanaiścarāḥ II 57II
sarve raviṁ vinā śukragurumandāśca mānabhe I
sarve kujenduravayaḥ kramāt bhṛgusutasya ca II 58II

### *Rekhas in der Ashtakavarga von Venus*

In der Ashtakavarga von Venus sind die Rekha-Beiträge: Lagna, Venus und Mond im ersten; Lagna, Venus und Mond im zweiten; Lagna, Venus, Mond, Merkur, Saturn und Mars im dritten; Lagna, Venus, Mond, Saturn und Mars im vierten; Lagna, Merkur, Mond, Jupiter, Saturn und Venus im fünften; Merkur und Mars im sechsten; keiner im siebten; Venus, Sonne, Mond, Jupiter, Lagna und Saturn im achten; alle außer Sonne im neunten; Venus, Jupiter und Saturn im zehnten; alle im elften; Mars, Mond und Sonne im zwölften von ihren eigenen Plätzen aus sind Rekhapradas.

śane ravitanū sūryo lagnendukujasūryajāḥ I
lagnārkau jīvamandārāḥ sarve sūryaṁ vinā kṣate II 59II
arko'rkajñau budho'rkāratanujñāḥ sakalāstataḥ I
kujajñaguruśukrāśca kramāt sthānamidaṁ viduḥ II 60II

### *Rekhas in der Ashtakavarga von Saturn*

In der Ashtakavarga von Saturn sind die Rekha-Beiträge: Sonne und Lagna im 1.; Sonne im 2.; Lagna, Mond, Mars und Saturn im 3.; Lagna und Sonne im 4.; Jupiter, Saturn und Mars im 5.;

alle außer Sonne im 6.; Sonne im 7.; Sonne und Merkur im 8.; Merkur im 9.; Sonne, Mars, Lagna und Merkur im 10.; alle im 11.; Mars, Merkur, Jupiter und Venus im 12.

tanau turye ca vahniḥ syād duścikye dvau dhane śarāḥ |
buddhimṛtyaṅkariḥpheṣu ṣaṭ kheśakṣatarāśiṣu || 61 ||
rūpaṁstriyāṁ guruṁ tyaktvā lagnasya karaṇaṁ tvidam |
horāsūryendavo lagne lagnārendvinasūryajāḥ || 62 ||
gurujñau lagnacandrārā lasūcammambusaurayaḥ |
kṣate śukrastathā caikaḥ kāme sarve guruṁ vinā || 63 ||
mṛgau bhṛgubudhau tyaktvā dharme gurusitau vinā |
karmaṇyāye tathā śukrovyaye sūryenduvarjitāḥ || 64 ||

### *Bindus in der Ashtakavarga des Lagna*

Im Ashtakavarga des Lagna tragen 3 Planeten im 1. und 4., 2 Planeten im 3., 5 Planeten im 2., 6 Planeten im 5., 8., 9. und 12., ein Planet im 10., 11. und 6. und alle außer Jupiter im 7. Bindus bei.

In der Ashtakavarga des Lagna sind die Bindu-Beiträge: Lagna, Sonne und Mond im ersten; Lagna, Mars, Mond, Sonne und Saturn im zweiten; Jupiter und Merkur im dritten; Lagna, Mond, Mars, Merkur, Saturn und Sonne im fünften; Lagna, Mond und Mars im vierten; Venus im sechsten; alle außer Jupiter im siebten; Lagna, Sonne, Mond, Mars, Jupiter und Saturn im achten; Lagna, Sonne, Mond, Mars, Merkur und Saturn im neunten; Venus im zehnten und elften; Lagna, Mars, Merkur, Jupiter, Venus und Saturn im zwölften; Lagna, Mars, Merkur, Jupiter, Venus und Saturn im zwölften.

lagnasyedaṁ tu samproktaṁ karaṇaṁ dvijapuṅgava |
atha sthānaṁ pravakṣyāmi lagnasya dvijapuṅgava || 65 ||
ārkijñaśukragurvārāḥ saumyadevejyabhārgavāḥ |
hitvā saumyagurū śeṣāḥ sūjñejyabhṛgusūryajāḥ || 66 ||
tathā jīvabhṛgū Budhau sarve śukraṁ vinā kṣate |
jīva ekastathā dyūne mṛgau saumyabhṛgū tathā || 67 ||
dharme gurusitāveva khe bhave śukramantarā |
sūryacandrau tathā riṣphe sthānaṁ lagnasya kīrtitam || 68 ||

### *Rekhas in der Ashtakavarga des Lagna*

In der Ashtakavarga des Lagna sind die Rekha-Beiträge: Saturn, Merkur, Venus, Jupiter und Mars im ersten; Merkur, Jupiter und Venus im zweiten; Lagna, Sonne, Mond, Mars, Venus und Saturn im dritten; Sonne, Merkur, Jupiter, Venus und Saturn im vierten; Jupiter und Venus im fünften; alle außer Venus im sechsten; Jupiter im siebten; Merkur und Venus im achten; Jupiter und Venus im neunten; alle außer Venus im sechsten; Jupiter im siebten; Merkur und Venus im achten; Jupiter und Venus im neunten; alle außer Venus im 10.; alle außer Venus im 11. und Sonne und Mond im 12.

karaṇaṁ binduvat lekhyaṁ sthānaṁ rekhāsvarūpakam ।
karaṇaṁ tvaśubhadaṁ proktaṁ sthānaṁ śubhaphalapradam ।। 69।।

In den Ashtakavarga-Charts wird Karana mit einem Bindu oder Punkt (0) und Sthana mit einem Rekha oder einer Linie (1) bezeichnet. Karana ist widrig, während Sthana segensreich ist.

daśārekhā likhedūrdhvāstiryag rekhāścaturdaśa ।
nageśakoṣṭhasaṁyuktaṁ cakramevaṁ prajāyate ।। 70।।
tiryagaṣṭasu koṣṭheṣu vilagnasahitān khagān ।
ādyeṣūrdhvādhareṣvevaṁ bhāvasaṅkhyā likhed budhaḥ ।। 71।।
yathoktaṁ vinyaset tatra karaṇaṁ sthānameva vā ।
tataḥ śubhā'śubhaṁ jñātvā jātakasya phalaṁ vadet ।। 72।।

Um die segensreichen und widrigen Häuser in der Ashtakavarga zu identifizieren, sollte ein Diagramm mit 14 horizontalen und zehn vertikalen Linien erstellt werden. Die Form des so vorbereiteten Diagramms wird aus 117 Abteilungen bestehen. In diesem Diagramm sind in der ersten Zeile die Namen der sieben Planeten und des Lagna eingezeichnet. In die erste Spalte schreibe die Nummern aller 12 Häuser. Danach markiere Punkte (0) unter dem Planeten in den Karana-Häusern. Auf diese Weise werden die Karana-Häuser aller 8 Planeten, einschließlich des Lagna, deutlich sichtbar, und wann immer der Ashtakavarga-Planet im Transit die mit Punkten markierten Häuser durchläuft, wird er ungünstige Auswirkungen zeitigen; bei seinem Transit durch die anderen Häuser (1) wird er günstige Auswirkungen haben.

*In jeder anspruchsvollen Jyotish-Software findet man die Berechnung von Ashtakavarga. Die folgenden Abbildungen zeigen dies am Beispiel des Charts von Hermann Hesse in der Jagannatha Hora Software auf.*

*Hermann Hesse, geboren am 2. Juli 1877 um 18:30 LMT in Calw (8 O 44, 48 N 43).*

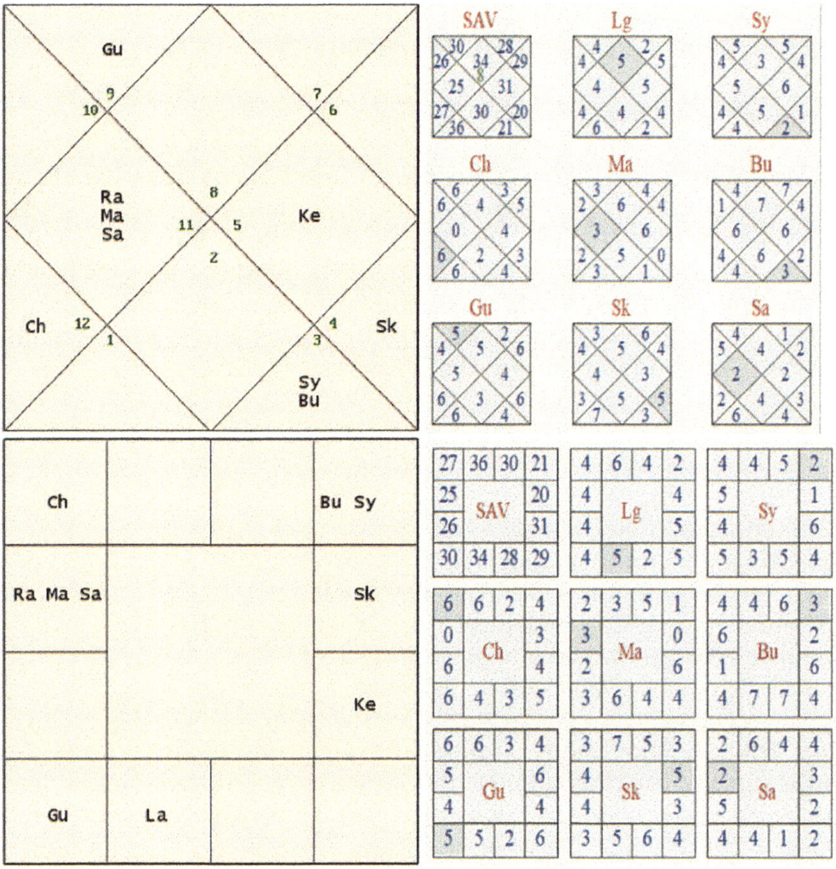


*Oben die Darstellung des nordindischen Charts, unten die des südindischen Charts. Die dunkelgrauen Felder in den Ashtakavarga-Charts rechts kennzeichnen die Position des Planeten selbst (einschließlich Lagna) in seinem Ashtakavarga-Chart. Das mit SAV gekennzeichnete Chart zeigt den Samudaya Ashtakavarga (summierter Ashtakavarga, siehe Kapitel 72).*

# Kapitel 67: Trikona-Shodhana (Trigonal-Bereinigung) im Ashtakavarga-System

**atha trikoṇaśodhanādhyāyaḥ ।। 67।।**
evaṁ salagnakheṭānāṁ vidhāyāṣṭakavargakam ।
trikoṇaśodhanaṁ kuryādādau sarvaṁṣu rāśiṣu ।। 1।।
trikoṇaṁ kathyate vipra meṣasiṁhadhanūṁṣyatha ।
vṛṣakanyāmṛgasyāśca yugmataulighaṭāstathā ।। 2।।

Maharishi Parashara sprach:

O Brahmane, nach der Erstellung der Ashtakavargas aller Planeten, einschließlich des Lagna, muss Trikona-Shodhana für jedes Tierkreiszeichen (Rashi) durchgeführt werden. Ein Trikona (Trigonal, Dreieck) besteht jeweils aus drei Rashis, die gleich weit voneinander entfernt sind. So bilden Widder, Löwe und Schütze, Stier, Jungfrau und Steinbock, Zwillinge, Waage und Wassermann, Krebs, Skorpion und Fische die Trikonas der Rashis.

*Die Trikona-Rashis haben immer das gleiche Element (Feuer, Erde, Luft und Wasser).*

karkavṛścikamīnāśca trikoṇāḥ syuḥ parasparam ।
adho'dhaḥ sarvarāśīnāmaṣṭavargaphalaṁ nyaset ।। 3।।
trikoṇeṣu ca yannyūnaṁ tattulyaṁ triṣu śodhayet ।
ekasmin bhavane śūnyaṁ tat trikoṇaṁ na śodhayet ।। 4।।
samatve sarvageheṣu sarvaṁ saṁśodhayed budhaḥ ।
paścāt vipaścitā kāryamekādhipatiśodhanam ।। 5।।

Die Trikona-Shodhana (Trigonal-Bereinigung) sollte durch das Notieren der Rekhas (1) in den Ashtakavargas der Sonne usw. unter den Rashis Widder usw. erfolgen. Unter den Trikona-Rashis sollten den Rashis, die eine geringere Anzahl von Rekhas haben, Rekhas hinzugefügt werden, die man durch Abzug ihrer Anzahl von Rekhas von der Gesamtzahl von Rekhas aller drei Trikona-Rashis erhält.

Keine Trikona-Shodhana ist notwendig, wenn eines der Trikona-Rashis keinen Rekha hat. Wenn alle drei Trikona-Rashis die gleiche Anzahl von Rekhas haben, wird Trikona-Shodhana für alle drei Rashis durchgeführt. Danach sollte Ekadhipatya-Shodhana auf die Art und Weise durchgeführt werden, die später beschrieben wird (siehe nächstes Kapitel).

# Kapitel 68: Ekadhipatya-Shodana im Ashtakavarga-System

**athaikādhipatyaśodhanādhyāyaḥ || 68||**
pūrvaṁ trikoṇaṁ saṁśodhya rāśīnāṁ sthāpayet phalam |
pṛthak pṛthak tataḥ kuryādekādhipatiśodhanam || 1||
kṣetradvaye phalani syustadā saṁśodhayed yathā |
kṣīṇena saha cānyasmin śudhayed grahavarjite || 2||
ubhayorgrahasaṁyoge na saṁśodhyaḥ kadācan |
grahayukte phalairhīne grahābhāve phalādhike || 3||
ūnena samamanyasmin śodhayed grahavarjite |
phalādhike grahairyukte cānyasmin sarvamutsṛjet || 4||
ubhayatra grahabhāve samatve sakalaṁ tyajet |
sagrahāgrahayostulye sarvaṁ saṁśodhyamagrahe || 5||

Die Ekadhipatya-Bereinigung erfolgt, nachdem man die Anzahl der Rekhas der Rashis mittels der Trikona-Shodhana korrigiert hat.

Die Ekadhipatya-Shodhana wird durchgeführt, wenn die beiden Rashis, von denen ein Planet der Herr ist, nach der Trikona-Shodhana einen Rekha (1) haben. Die Ekadhipatya-Shodhana wird nicht durchgeführt, wenn das eine Rashi einen Rekha besitzt und das andere keinen.

Im Folgenden nun die Regeln für die Durchführung von Ekadhipatya-Shodhana: Wenn beide Rashis von keinem Planeten bewohnt sind und sie unterschiedlich viele Trikona-Shodana-Rekhas haben, dann sollten beide die kleinere Anzahl der Rekhas erhalten.

Wenn beide Rashis von Planeten bewohnt sind, sollte kein Ekadhipatya-Shodhana durchgeführt werden.

Wenn von den beiden Rashis einer von einem Planeten bewohnt ist und die kleinere Anzahl von Rekhas hat und das andere keinen Bewohner hat und die größere Anzahl von Rekhas hat, dann erhält das Rashi mit Planet die (größere) Anzahl der Rekhas des Rashis ohne Planet.

Wenn das Rashi mit Planet eine größere oder gleiche Anzahl von Rekhas hat wie das Rashi ohne Planet, dann werden die Rekhas des Rashis ohne Planet auf Null gesetzt und die Zahl der Rekhas des Rashis mit Planet wird unverändert beibehalten.

Wenn beide Rashis ohne Planeten sind und die gleiche Zahl an Rekhas haben, sollte die Zahl der Rekhas von beiden Rashis durch das Shodhana auf Null reduziert werden.

Sonne und Mond sind nur Herr eines Rashis, daher sollten ihre Rekhas unverändert bleiben.

*Bei dieser Bereinigung wird der Tatsache Rechnung getragen, dass Rashis mit Bewohner stärker sind als Rashis ohne Bewohner. Rahu und Ketu zählen hierbei nicht als Bewohner. Die deutsche Übersetzung hat hier mehrere englische Ausgaben der BPHS berücksichtigt, um das Prinzip von Ekadhipatya-Shodana zu verdeutlichen.*

kulīrasiṁhayo rāśyoḥ pṛthak kṣetraṁ pṛthak phalam |
saṁśodhyaikādhipatyaṁ hi tataḥ piṇḍaṁ prasādhayet || 6||

Nach der Durchführung von Ekadhipatya-Shodana sollte Pinda-Sadhana vorgenommen werden (siehe nächstes Kapitel).

## Kapitel 69: Pinda-Sadhana im Ashtakavarga-System

**atha piṇḍasādhanādhyāyaḥ ǀǀ 69ǀǀ**
evaṁ śodhyāvaśeṣāṅkaṁ rāśimānena varddhayet ǀ
grahayukte ca tadrāśau grahamānena varddhayet ǀǀ 1ǀǀ
sarveṣāṁ ca punaryogaḥ piṇḍākhyaḥ kathyate dvija ǀ
gosiṁhau daśabhirguṇyau vasubhiryugmavṛścikau ǀǀ 2ǀǀ
saptabhistulameṣau ca mṛgakanye ca pañcabhiḥ ǀ
śeṣāḥ svasaṅkhyayā guṇyā grahamānamathocyate ǀǀ 3ǀǀ
jīvāraśukrasaumyānāṁ daśāṣṭanagasāyakāḥ ǀ
pañca śeṣagrahāṇāṁ ca mānaṁ proktamidaṁ kramāt ǀǀ 4ǀǀ

Maharishi Parashara sagte:

Nach Abschluss der Trikona- und Ekadhipatya-Shodana für die Ashtakavargas aller Planeten sollte die bereinigte Zahl der Rekhas mit dem Koeffzienten jedes Rashis multipliziert werden. Falls das Rashi von einem Planeten bewohnt ist, sollte die bereinigte Zahl auch noch mit dem Koeffizienten des Planeten multipliziert werden.

Nach der Multiplikation der bereinigten Zahl der Rekhas jedes Rashis, sollten die Produkte addiert werden. Die so erhaltene Gesamtsumme ergibt den Pinda (Yoga Pinda) dieses Planeten.

Die Multiplikatoren der Rashis sind: 10 für Stier und Löwe, 8 für Zwillinge und Skorpion, 7 für Widder und Waage, 6 für Steinbock und Jungfrau. Die Multiplikatoren der übrigen Rashis entsprechen ihren Zahlen, das heißt Krebs 4. Schütze 9, Wassermann 11 und Fische 12.

Die Multiplikatoren der Planeten sind 10 für Jupiter, 3 für Mars, 7 für Venus und 6 für Merkur, Sonne, Mond und Saturn.

*Die unbereinigten und auch die bereinigten Ashtakavarga-Werte der 7 Planeten einschließlich des Lagna kann man sich in jeder anspruchsvollen Jyotish-Software anzeigen lassen, ebenso die Yoga-Pinda-Berechnung. In Jagannatha Hora sieht das für die bereinigten Werte anhand des Beispiels des Charts von Hermann Hesse, dessen Lagna Skorpion (8) ist, dann so aus:*

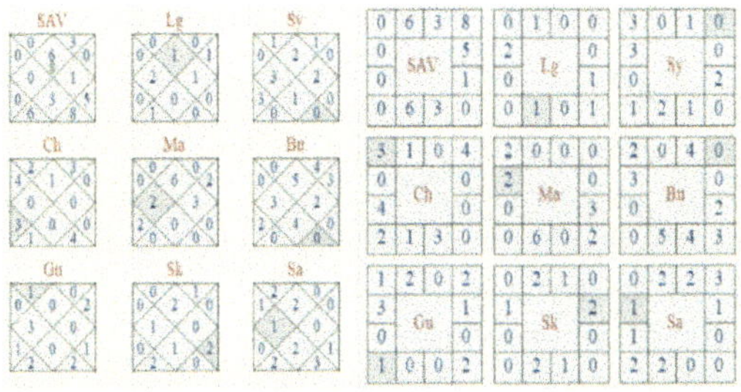

Based on D-1 of the Natal Chart:

| Planet | Sodhya Pinda | Rasi Pinda | Graha Pinda |
|---|---|---|---|
| Lagna | 78 | 52 | 26 |
| Surya | 195 | 131 | 64 |
| Chandra | 217 | 142 | 75 |
| Mangala | 170 | 134 | 36 |
| Budha | 249 | 200 | 49 |
| Guru | 179 | 98 | 81 |
| Sukra | 93 | 66 | 27 |
| Sani | 182 | 112 | 70 |

*SAV bedeutet Samudaya-Ashtakavarga (summierter Ashtakavarga, siehe Kapitel 72). Die dunkelgrauen Flächen heben die Stellung des jeweiligen Planeten in seinem eigenen Ashtakavarga-Schema hervor. Das Geburtschart von Hermann Hesse mit dem unbereinigten Astakavarga-Chart und den Geburtsdaten ist am Ende von Kapitel 66 zu finden.*

*Im folgenden Kapitel beschreibt Parashara die Auswirkungen von Ashtakavarga.*

## Kapitel 70: Auswirkungen von Ashtakavarga

**athā'ṣṭakavargaphalādhyāyaḥ || 70||**
ātmasvabhāvaśaktiśca pitṛcintā raveḥ phalam |
manobuddhiprasādaśca mātṛcintā mṛgāṅkataḥ || 1||
bhrātṛsattvaṁ guṇaṁ bhūmiṁ bhaumenaiva vicintayet |
vāṇijyakarma vṛttiśca suhṛdaṁ ca budhena tu || 2||
guruṇā dehapuṣṭiñca vidyā putrārthasampadaḥ |
bhṛgorvivāhakarmāṇi bhogasthāna ca vāhanam || 3||
veśyāstrījanasaṁyogaṁ śukreṇa ca nirīkṣayet |
āyuśca jīvanopāyaṁ duḥkhaśoka bhayāni ca || 4||
sarvakṣayaṁ ca maraṇaṁ mandenaiva nirīkṣayet |
tattadbhāvaphalāṅkena guṇayed yogapiṇḍakam || 5||
saptaviṁśaodhṛtaṁ śeṣatulyarkṣe yāti bhānujaḥ |
yadā tadā tasya tasya bhāvasyārti vinirdiśet || 6||

Folgendes sind die Angelegenheiten, die in Bezug auf die Sonne und die anderen Planeten in Betracht zu ziehen sind:

Sonne – Selbst (Atma), eigene Natur, körperliche Stärke, Freude, Leid und Vater.
Mond – Geist (Manas), Weisheit, Freude und Mutter.
Mars – Mitgeborene (Geschwister), Kraft, Charaktereigenschaften und Landbesitz.
Merkur – Geschäftsbeziehungen, Beruf und Freunde.
Jupiter – Ernährung des Körpers, Bildung, Sohn (Kinder), Wohlstand und Besitz.
Venus – Ehe, Sinnesfreuden, Fahrzeuge, Prostitution und sexuelle Vereinigung mit Frauen.
Saturn – Langlebigkeit, Quelle des Lebenserhalts, Kummer, Gefahr, Verluste aller Art und Tod.

Um die Auswirkungen eines Hauses zu ermitteln, sollte das folgende Verfahren angewandt werden: Multipliziere die Anzahl der Rekhas (des Rashis, das mit dem Haus verbunden ist) mit dem Yoga-Pinda (Rashi Pinda plus Graha Pinda) und teile das Produkt durch 27. Der Rest ergibt die Zahl eines Nakshatras. Während des Saturn-Transits in diesem Nakshatra wird dem betreffenden Haus Schaden zugefügt.

*Wenn man das 1. Haus von Hermann Hesses Chart (siehe Ende von Kapitel 69) nimmt, so sind im Zeichen Skorpion am Aszendenten insgesamt 6 Rekhas zu finden (SAV-Chart oben links). Skorpion hat den Koeffizienten 8. Ein Planet befindet sich hier nicht. Also ist die Multiplikation 6 x 8 = 48. Wenn man das durch 27 teilt, bleibt ein Rest von 48; 48 - 27 = 21. Wenn Saturn sich durch das 21. Nakshatra bewegt, das ist von Ashvini ab gerechnet Uttara Ashadha, wird das 1. Haus geschädigt. Das Geburtschart von Hermann Hesse mit den Geburtsdaten und dem unbereinigten Ashtakavarga-Chart ist am Ende von Kapitel 66 zu finden.*

arkāśritarkṣānnavamo rāśiḥ pitṛ gṛhaṁ smṛtam I
tadrāśiphalasaṅkhyābhirvardhayed yogapiṇḍakam II 7II
vibhajet saptaviṁśatyā śeṣarkṣe yāti bhānujaḥ I
yadā tadā pitṛkleśo bhavatīti na saṁśayaḥ II 8II
tattrikoṇagate vāpi pitā pitṛsamo'pi vā I
maraṇaṁ tasya jānīyāt pīḍāṁ vā mahatīṁ vadet II 9II

### Asthakavarga der Sonne

Das 9. Haus von der Geburts-Sonne aus gerechnet befasst sich mit dem Vater. Die Rekhas dieses Rashis, die im Ashtakavarga der Sonne markiert sind, sollten mit der Yoga Pinda multipliziert und das Produkt durch 27 geteilt werden. Der Rest ergibt die Zahl eines Nakshatras. Der Vater wird Probleme haben, wenn Saturn sich im Transit durch dieses Nakshatra bewegt. Auch wenn Saturn sich im Transit durch die Trikona-Nakshatras von hier aus bewegt, zeigt dies Leiden für den Vater oder für Verwandte an, die dem Vater ähneln (Onkel usw.).

*Das 10. und 19. Nakshatra von einem Nakshatra aus gerechnet sind seine Trikona-Nakshatras. Die Sonne ist Signifikator für den Vater, daher wird hier der Ashtakavarga der Sonne in Betracht gezogen.*

guṇayed yogapiṇḍaṁ vā tadrāśiphalasaṅkhyayā I
arkoddhṛtāvaśeṣarkṣe yadā gacchati bhānujaḥ II 10II
tattrikoṇarkṣakaṁ vāpi pitṛkaṣṭaṁ tadā vadet I
riṣṭapradadaśāyāṁ tu maraṇaṁ kaṣṭamanyadā II 11II

Wenn in diesem Beispiel (des 9. von der Sonne aus) die Anzahl der Rekhas mit der Yoga-Pinda multipliziert und das Produkt durch 12 geteilt wird, bezeichnet der Rest das Rashi, das geschädigt wird, wenn Saturn sich im Transit durch dieses Zeichen oder durch eines seiner beiden Trigonal-Zeichen bewegt. Der Tod des Vaters kann eintreten, wenn außerdem noch die zu diesem Zeitpunkt vorherrschende Dasha ungünstig ist. Wenn die Dasha günstig ist, wird der Vater nur negative Auswirkungen erfahren (und nicht den Tod).

arkāttu turyage rāhau mande vā bhūminandane |
guruśukrekṣaṇamṛte pitṛhā jāyate naraḥ || 12||
lagnāt candrād gurusthāne yāte sūyrasute'thavā |
pāpairdṛṣṭe yute vāpi pitṛnāśaṁ vaded budhaḥ || 13||
lagnāt sukheśvarāriṣṭadaśākāle pitṛkṣayaḥ |
anukūladaśākāle neti cintyaṁ vicakṣaṇaiḥ || 14||

Der Tod des Vaters ist zu erwarten, wenn Rahu, Saturn oder Mars sich zum Zeitpunkt des Saturn-Transits durch eines der drei oben genannten Rashis (Trikona Rashis) im 4. von der Sonne aus befinden, ohne dass sie den Aspekt eines Wohltäters erhalten und Saturn sich (im Transit) im 9. von Jupiter, vom Aszendenten oder vom Mond aus befindet und dabei mit Übeltäter-Planeten in Konjunktion steht oder von ihnen aspektiert wird; dann sollten die Gelehrten den Tod des Vaters vorhersagen, vor allem wenn die Dasha des Herrn des 4. Hauses vom Aszendenten aus zu dieser Zeit aktiv ist. Der Tod wird jedoch nicht eintreten, wenn zum Zeitpunkt des Saturn-Transits eine günstige Dasha in Kraft ist. Dies sollten die Jyotishis bei ihren Vorhersagen im Auge behalten.

pitṛjanmāṣṭame jātastadīśe lagnage'pi vā |
karoti pitṛkāryāṇi sa evātra na saṁśayaḥ || 15||

Wenn das Zeichen des Aszendenten des Geborenen das 8. Zeichen vom Aszendenten des Vaters aus ist oder wenn der Herr des 8. vom Aszendenten des Vaters aus sich im Aszendenten des Geborenen befindet, dann übernimmt der Geborene nach dem Tod seines Vaters dessen sämtliche Pflichten.

*Dieser und die folgenden Verse geben einen Hinweis darauf, dass es sinnvoll ist, die Horoskope von nahen Angehörigen eines Menschen bei der Analyse seines Geburtshoroskops mit einzubeziehen.*

sukhanāthadaśāyāntu sukhaprāpteśca sambhavaḥ ।
sukheśe lagnalābhasthe candrasthānād viśeṣataḥ ।
pitṛgehasamāyukte jātaḥ pitṛvaśānugaḥ ।। 16।।
pitṛjanmatṛtīyarkṣe jātaḥ pitṛdhanāśritaḥ ।
pitṛkarmagṛhe jātaḥ pitṛtulyaguṇānvitaḥ ।। 17।।
tadīśe lagnasaṁsthe'pi pitṛśreṣṭho bhavennaraḥ ।
evaṁ pūrvaktasāmānyaphalaṁ cātrāpi cintayet ।। 18।।

Der Vater erfährt Freude in der Dasha des Herrn des 4. vom Aszendenten aus. Der Geborene ist seinem Vater gehorsam, wenn der Herr des 4. im Aszendenten oder im 11. steht oder wenn der Herr des 4. vom Mond aus das 11. oder 10. vom Mond aus einnimmt.

Wenn das Aszendenten-Zeichen oder das Zeichen des Mondes des Geborenen das 3. Zeichen vom Aszendenten oder dem Mond des Vaters aus ist, wird der Geborene den Besitz seines Vaters erben. Falls das Aszendenten-Zeichen des Geborenen mit dem 10. Zeichen vom Aszendenten oder vom Mond des Vaters aus übereinstimmt, wird der Geborene die guten Eigenschaften seines Vaters erben. Wenn der Herr des 10. Hauses (des Geborenen) sich im Aszendenten (des Vaters) befindet, wird der Geborene eine höhere Stellung einnehmen als sein Vater.

sūryāṣṭavarge yanchūnyaṁ tanmāse vastare'pi ca ।
vivāhavratacūḍādi śubhakarma parityajet ।। 19।।
yatra rekhādhikā tatra māse saṁvacare'pi ca ।
aniṣṭe'pi ravau jīve śubhakarma samācaret ।। 20।।

Im Monat desjenigen Rashis (d. h. wenn die Sonne das Rashi durchläuft), das im Ashtakavarga der Sonne wenige Rekhas hat, sollten keine glückverheißenden Unternehmungen wie Heirat usw. durchgeführt werden. Dasselbe gilt für den Samvatsar dieses Zeichens (d. h. für die Zeit, in der Jupiter ein solches Rashi durchläuft). Glückverheißende Unternehmungen sollten begonnen werden, wenn Sonne oder Jupiter ein Rashi durchlaufen, das im Ashtakavarga der Sonne viele Rekhas hat.

evaṁ candrāṣṭavarge ca yatra śūnyaṁ bhaved bahu ।
tatra tatra gate candre śubhaṁ karmaṁ parityajet ॥ 21॥
candrāccaturtho mātṛprasādagrāmacintanam ।
candrāt sukhaphalaṁ piṇḍaṁ varddhayed bhaiśca sambhajet ॥ 22॥
śeṣamṛkṣaṁ śanau yāte mātṛhāniṁ vinirdiśet ।
tattrikoṇagate cāpi śanau mātṛrujaṁ vadet ॥ 23॥

### *Ashtakavarga des Mondes*

Ebenso sollten während des Transits des Mondes durch ein Rashi, das im Ashtakavarga des Mondes wenige Rekhas aufweist, keine glückverheißenden Unternehmungen begonnen werden.

Überlegungen in Bezug auf Mutter, Haus und Dorf sollten vom 4. Haus vom Mond aus angestellt werden. Multipliziere daher die Anzahl der Rekhas des entsprechenden Zeichens im Ashtakavarga des Mondes mit der Yoga-Pinda und teile das Produkt durch 27. Der Tod oder eine schwierige Zeit der Mutter kann erwartet werden, wenn Saturn im Transit durch das Nakshatra läuft, das durch den Rest dieser Division angezeigt wird. Dann dividiere das Produkt durch 12. Der Tod der Mutter kann eintreten, wenn Saturn das Rashi durchquert, das durch den Rest angezeigt wird. Probleme der Mutter können ebenfalls vorhergesagt werden, wenn Saturn die Trikona-Nakshatras oder Trikona-Rashis davon durchläuft.

bhaumāṣṭavarge sañcintyaṁ bhrātṛvikramadhairyakam ।
kujāśritāt tṛtīyarkṣaṁ budhairbhrātṛgṛhaṁ smṛtam ॥ 24॥
trikoṇaśodhanaṁ kṛtvā yatra syādadhikaṁ phalam ।
bhūmerlābho'tra bhāryāyā bhrātṛṇāṁ sukhamuttamam ॥ 25॥
bhaumo balavihīnaścad dīrghāyurbhātṛko bhavet ।
phalāni yatra kṣīyante tatra bhaume gate kṣatih ॥ 26॥
tṛtīyarkṣaphalenātha piṇḍaṁ sambardhya pūrvavat ।
śeṣamṛkṣaṁ śanau yāte bhrātṛkaṣṭaṁ vinirdiśet ॥ 27॥

## *Ashtakavarga des Mars*

Die Untersuchung in Bezug auf Brüder (Mitgeborene), Tapferkeit und Geduld erfolgt vom Ashtakavarga des Mars aus. Wenn die Zahl der Rekhas in einem Rashi nach der Trikona- Shodhana größer ist, wird es Gewinne von Ländereien, Freude im Zusammensein mit der Ehefrau und große Freude für den Bruder geben, wenn Mars sich im Transit durch dieses Rashi befindet. Wenn Mars schwach steht, werden die Brüder nicht lange leben. Es wird Probleme für die Brüder geben, wenn Mars sich im Transit durch ein Rashi ohne Rekhas bewegt.

Auch hier sollte die Yoga-Pinda des Mars mit der Anzahl der Rekhas in der Ashtaka Varga (des Mars) multipliziert und das Produkt durch 27 und durch 12 geteilt werden. Die verbleibenden Reste werden ein Nakshatra und ein Rashi anzeigen. Dem Bruder wird es schlecht gehen, wann immer Saturn dieses Nakshatra oder Rashi (oder die Trikona-Nakshatras oder -Rashis) durchquert.

budhātturye kuṭumbaṁ ca mātulaṁ mitrameva ca |
budhe phalādhike rāśau gate teeṣāṁ sukhaṁ diśet || 28||
budhāṣṭavargaṁ saṁśodhya śeṣamṛkṣaṁ gate śanau |
kaṣṭaṁ kuṭumbamitrāṇāṁ mātulānāṁ ca nirdiśet || 29||

## *Ashtakavarga des Merkur*

Überlegungen in Bezug auf Familie, Onkel mütterlicherseits und Freunde sollten vom 4. Haus von Merkur aus angestellt werden. Die Familie usw. wird während des Transits von Merkur durch dieses Haus glücklich sein, wenn das zugehörige Rashi des Hauses eine größere Anzahl von Rekhas aufweist. Nach der Durchführung von Trikona- und Ekadhipatya-Shodana in Merkurs Ashtakavarga können Freude oder Leid der Familie entsprechend dem Transit von Saturn durch das resultierende Nakshatra und Rashi (und deren Trikonas) vorhergesagt werden.

*Gemeint ist auch hier das Nakshatra oder Rashi, das durch die zuvor beschriebene Multiplikation usw. errechnet wird.*

jīvāt pañcamato jñānaṁ dharmaṁ putraṁ ca cintayet |
tasmin phalādhike rāśau santānasya sukhaṁ diśet || 30||

bṛhaspateḥ sutasthāne phalaṁ yatsaṅkhyakaṁ bhavet I
śatrunīcagrahaṁ tyaktvā tāvatī santatirdhruvā I I 31 I I
sutabheśanavāṁśaiśca tulyā vā santatirbhavet I
sutabhāvaphalenaivaṁ piṇḍaṁ saṅguṇya pūrvavat I I 32 I I
putrakaṣṭaṁ vijānīyāt śeṣamṛkṣaṁ gate śanau I
evaṁ dharmaṁ ca vidyāṁ ca kalpayet kālacittamaḥ I I 33 I I

### Ashtakavarga des Jupiter

Alles über Wissen, religiöse und spirituelle Tendenzen des Geborenen und über Söhne (Kinder) wird über das 5. von Jupiter aus erkannt. Wenn das 5. (Haus und Zeichen) von Jupiter aus im Ashtakavarga von Jupiter viele Rekhas aufweist, wird es große Freude über die Nachkommenschaft geben. Wenn die Anzahl der Bindus größer (bzw. die Zahl der Rekhas geringer) ist, wird die Freude in Bezug auf die Nachkommenschaft gering sein. Die Anzahl der Kinder entspricht der Anzahl der Rekhas im 5. Haus (von Jupiter aus), vorausgesetzt, es ist nicht das Rashi des Falls oder das Zeichen eines Feindes von Jupiter; in letzterem Fall wäre die Zahl der Kinder sehr begrenzt. Die Anzahl der Kinder entspricht auch der Zahl des Navamsha, in der sich der Herr des 5. von Jupiter aus befindet.

Multipliziere den Yoga-Pinda (des 5. von Jupiter aus) mit der Anzahl der Rekhas im Ashtakavarga von Jupiter und teile das Produkt einmal durch 27 und einmal durch 12. Die Reste werden ein Nakshatra und ein Rashi anzeigen. Der Transit von Saturn durch dieses Nakshatra und seine Trikona-Nakshatras und durch das Rashi und dessen Trikona-Rashis wird problematisch für die Nachkommenschaft usw. sein. Während dieser Zeit werden auch Wissen, Bildung und religiöse Aktivitäten des Geborenen beeinträchtigt sein.

śatrusyākaṣṭavargaṁ ca nikṣipyākāśacāriṣu I
yatra yatra phalāni syurbhūyāṁsi kali tatra tu I I 34 I I
vittaṁ kalatraṁ bhūmiṁ ca tattaddeśād vinirdiśet I
śukrājjāmitrato dāralabdhiścintyā vicakṣaṇaiḥ I I 35 I I
jāmitratattrikoṇastharāśidigdeśasambhavā I
sukheduḥkhe striyāścintye piṇḍaṁ saṁvardhya pūrvavat I I 36 I I

## *Ashtakavarga der Venus*

Es wird eine Zunahme von Wohlstand, Landbesitz und Freude und eine Hochzeit geben, wenn sich Venus im Transit durch Rashis bewegt, die eine größere Anzahl von Rekhas in der Ashtakavarga der Venus haben. Diese erfreulichen Entwicklungen werden aus der Richtung des 7. Rashis von der Venus aus und dessen Trikona-Rashis kommen. Die Auswirkungen sollten in der bereits früher erläuterten Weise beurteilt werden, nachdem die Rekhas im 7. Haus von der Venus aus mit der Yoga-Pinda multipliziert wurden usw.

sanaiścarāśritasthānādaṣṭamaṁ mṛtyubhaṁ smṛtam |
tadeva cāyuṣaḥ sthānaṁ tasmādāyurvicintayet || 37||
lagnātprabhṛti mandāntaṁ phalānyekatra kārayet |
tadyogaphalatulyābde vyādhiṁ vairaṁ samādiśet || 38||
evaṁ mandādilagnāntaṁ phalānyekatra yojayet |
tattulyavarṣe jātasya tasya vyādhibhayaṁ vadet || 39||
dvayoryogasame varṣe kaṣṭaṁ mṛtyusamaṁ diśet |
daśāriṣṭasamāyogo mṛtyureva na saṁśayaḥ || 40||

## *Ashtakavarga des Saturn*

Das 8. Haus von Saturn aus steht sowohl für Tod als auch für Langlebigkeit. Die Beurteilung der Langlebigkeit sollte von diesem Haus aus vermittels der Ashtakavarga vorgenommen werden. Sage daher Probleme des Geborenen für das Lebensjahr voraus, das der Anzahl der (nicht-bereinigten) Rekhas im Ashtakavarga von Saturn von Lagna bis Saturn entspricht. Das Jahr, das der Anzahl der Rekhas vom Saturn bis zum Lagna entspricht, wird ebenfalls von Problemen geprägt sein und ebenso das Jahr, das sich aus der Summe der beiden Zahlen ergibt. Wenn in dem Jahr, das der Summe der oben genannten Rekhas entspricht, auch die Arishta Dasha aktiv ist, besteht die Möglichkeit des Todes des Geborenen.

*Bei der Zählung von Lagna bis Saturn und umgekehrt werden die Rekhas des Ursprungs- und des End-Zeichens jeweils mitgezählt.*

piṇḍaṁ saṁsthāpya guṇayet śaneraṣṭamagaiḥ phalaiḥ I
saptaviṁśatihṛccheṣatulyamṛkṣaṁ gate śanau I I 41 I I
tattrikoṇarkṣage vāpi jātakasya mṛtiṁ vadet I
arkahṛccheṣarāśau vā tattrikoṇe'pi tad vadet I I 42 I I

Multipliziere die Yoga-Pinda mit der Anzahl der Rekhas im Ashtakavarga und teile das Produkt durch 27. Der Tod des Geborenen kann eintreten, wenn Saturn im Transit durch das Nakshatra läuft, das durch den Rest angezeigt wird oder durch dessen Trikona-Nakshatras. Bei der Teilung des Produkts durch 12 drohen dem Geborenen Todesgefahr oder todesähnliche Leiden, wenn Saturn sich im Transit durch das durch den Rest angezeigte Rashi bewegt oder durch dessen Trikona-Rashis.

śanaiścarāṣṭavargeṣu yatra nāsti phalaṁ gṛhe I
tatra naiva śubhaṁ tasya yadā yāti śanaiścaraḥ I I 43 I I
yatra rāśau śubhādhikyaṁ tatra yāte śanaiścare I
jātakasya dhruvaṁ jñeyaṁ tasmin kāle śubhaṁ phalam I I 44 I I

Positive Auswirkungen treten auf, wenn Saturn im Transit Rashis durchläuft, die eine größere Anzahl von Rekhas im Ashtakavarga des Saturn haben. Der Transit des Saturn durch Rashis, die eine geringe Anzahl von Rekhas aufweisen, wird negative Auswirkungen haben.

# Kapitel 71: Die Bestimmung der Langlebigkeit mittels Ashtakavarga

**athā'ṣṭavargāyurdāyādhyāyaḥ ॥ 71॥**
athātrāyuḥ pravakṣye'hamaṣṭavargasamudbhavam ।
dinadvayaṁ virekhāyāṁ rekhāyāṁ sārdhavāsaram ॥ 1॥
dinamekaṁ dvirekhāyāṁ trirakhāyāṁ dinārdhakam ।
vedatulyāsu rekhāsu sārdhasaptadinaṁ smṛtam ॥ 2॥
dvivarṣaṁ pañcarekhāsu ṣaḍrekhāsu catuḥsamā ।
ṣaḍvarṣaṁ saptarekhāsu vasavo'ṣṭāsu vatsarāḥ ॥ 3॥
evaṁ yadāgatāyuḥ syāt sarvakheṭasamudbhavam ।
tadardhaṁ sphuṭamāyuḥ syādaṣṭavargabhavaṁ nṛṇām ॥ 4॥

Maharishi Parashara sagte:

Ich werde nun die Methode beschreiben, die Langlebigkeit mittels Ashtakavarga zu bestimmen.

Zu diesem Zweck müssen die Ashtakavargas des Lagna und sämtlicher Planeten untersucht werden. Den Rekhas in allen Rashis sind bestimmte Lebensspannen zugewiesen. Dem Rashi, das keine Rekhas hat, sind 2 Tage zugewiesen, dem mit einem Rekha 1,5 Tage, dem Rashi mit 2 Rekhas 1 Tag, dem Rashi mit 3 Rekhas ein halber Tag, dem Rashi mit 4 Rekhas 7,5 Tage, dem Rashi mit 5 Rekhas 2 Jahre, dem Rashi mit 6 Rekhas 4 Jahre, dem Rashi mit 7 Rekhas 6 Jahre und dem Rashi mit 8 Rekhas 8 Jahre. Untersuche auf diese Weise die Rekhas von allen Planeten in allen Zeichen und zähle sie zusammen. Die Hälfte der Gesamtsumme aller wird die Langlebigkeit auf der Grundlage von Ashtakavarga sein.

# Kapitel 72: Samudaya (summierter) Ashtakavarga

**atha samudāyāṣṭakavargādhyāyaḥ || 72||**
dvādaśāraṁ likheccakaṁ janmalagnādibhairyutam |
sarvāṣṭakaphalānyatra saṁyojya pratibhaṁ nyaset || 1||
samudāyābhidhāno'yamaṣṭavargaḥ prakathyate |
ataḥ phalāni jātānāṁ vijñeyāni dvijottama || 2||

Maharishi Parashara sagte:

O Brahmane, zeichne ein Rashi Kundali (Geburts-Chart) mit 12 Häusern, einschließlich Lagna (Aszendent), auf. Trage dann die Gesamtzahl der Rekhas in allen Ashtakavargas der Planeten in das Rashi ein. Die Ashtakavarga mit diesen Rekhas wird Samudaya-Ashtakavarga oder summierter Ashtakavarga genannt. Daraus sollten die positiven und negativen Auswirkungen des Rashi-Kundali beurteilt werden.

triṁśādhikaphalā ye syū rāśayaste śubhapradāḥ |
pañcaviṁśāditriṁśāntaphalā madhyaphalā smṛtāḥ || 3||
ataḥ kṣīṇaphalā ye te rāśayaḥ kaṣṭaduḥkhadā |
śubhe śreṣṭhaphalān rāśīn yojayenmatimānnaraḥ || 4||
kaṣṭarāśīn sukāryeṣu varjayed dvijasattama |
śreṣṭharāśigataḥ kheṭaḥ śubho'nyatrā'śubhapradaḥ || 5||

In der summierten Ashtakavarga zeitigt ein Rashi, das mehr als 30 Rekhas hat, positive Auswirkungen, eines mit 25 bis 30 Rekhas mittelmäßige Auswirkungen und ein Rashi mit weniger als 25 Rekhas negative Auswirkungen.

Glückverheißende Unternehmungen, wie Heirat usw., sollten durchgeführt werden, wenn der Planet, auf dessen Grundlage Zeit und Datum der Unternehmung festgelegt werden, sich in einem Rashi mit positiven Wirkungen befindet. Ein Rashi, das diesbezüglich nachteilige Wirkungen hervorruft (weniger als 25 Rekhas), sollte für diese Zwecke vermieden werden.

*Anmerkung von G. S. Kapoor: Zum Beispiel ist die Stärke des Mondes (Chandrabala) im Allgemeinen für alle glückverheißenden Unternehmungen maßgeblich. Deshalb sollten günstige*

*Unternehmungen durchgeführt oder begonnen werden, wenn der Mond ein Rashi mit einer maximalen Anzahl von Rekhas durchläuft. Ein Planet in einem Rashi mit einer hohen Anzahl von Rekhas ruft positive Wirkungen hervor und der Planet in einem Rashi mit einer niedrigen Anzahl von Rekhas führt zu schlechten Ergebnissen.*

tanvādivyayaparyantaṁ dṛṣṭvā bhāvphalāni vai |
adhike śobhanaṁ jñeyaṁ hīne hāniṁ vinirdiśet || 6||

Was die 12 Häuser anbetrifft, so fördern mehr als 30 Rekhas das Gedeihen der Angelegenheiten eines Hauses, zwischen 25 und 30 Rekhas erzeugen mittelmäßige Auswirkungen und die Angelegenheiten eines Hauses, das weniger als 25 Rekhas enthält, werden geschädigt.

madhye madhyaphalaṁ brūyād tattadbhāvasamudbhavam |
madhyāt phalādhike lābho lābhāt kṣīṇagatovyayaḥ || 7||
lagnaṁ phalādhikaṁ yasya bhogavānarthavān hi saḥ |
viparītena dāridryaṁ bhavatyeva na saṁśayaḥ || 8||

Wenn in einem Rashi Kundali (Geburts-Chart) im 11. Haus eine größere Anzahl von Rekhas sind als im 10. Haus und im 12. Haus eine geringere Anzahl von Rekhas als im 11. Haus und der Lagna die größte Anzahl von Rekhas enthält, wird der Geborene wohlhabend sein und sich an allen Arten von Annehmlichkeiten und Luxus erfreuen.

daśāvadiha bhāvānāṁ kṛtvā khaṇḍatrayaṁ budhaḥ |
paśyet pāpasamārūḍhaṁ khaṇḍe kaṣṭakaraṁ vadet || 9||
saumyairyuktaṁ śubhaṁ brūyānmiśrairmiśraphalaṁ yathā |
kramād bālyādyavasthāsu khaṇḍatrayaphalaṁ vadet || 10||

Teile die 12 Häuser in 3 Abschnitte auf. Es wird Probleme und Leiden in demjenigen Lebensabschnitt geben, dessen Abschnitt überwiegend von Übeltäter-Planeten besetzt ist. Es wird Freude usw. in demjenigen Lebensabschnitt geben, in dessen Abschnitt im Rashi Kundali sich überwiegend Wohltäter-Planeten aufhalten. Es wird gemischte Ergebnisse in demjenigen Lebensabschnitt geben, wenn der entsprechende Abschnitt der Rashi Kundali die gleiche Anzahl von Wohltätern und Übeltätern enthält. Die Häuser vom Lagna bis zum 4. Haus stehen dabei für die Kindheit, die vom 5. bis zum 8. für das Erwachsenenalter und die vom 9. bis zum 12 für das Alter.

### *Beurteilung der Anzahl von Rekhas in einem Rashi*

rekhābhiḥ saptabhiryukte māsemṛtyubhayaṁ nṛṇām I
suvarṇaṁ viṁśatipalaṁ dadyāt dvau tilaparvatau II 11II
rekhābhiraṣṭabhiryukte māse mṛtyubaśo naraḥ I
asatphalavināśāya dadyāt karpūrajāṁ tulām II 12II
rekhābhirmavabhiyukte māse sarpabhayaṁ vadet I
aśvaiścaturbhiḥ saṁyuktaṁ rathaṁ dadyācchubhāptaye II 13II
rekhābhirdaśabhiryukte māse śastrabhayaṁ tathā I
dadyācchubhaphalāvāptyai kavacaṁ vajrasaṁyutam II 14II
abhiśāpabhayaṁ yatra rekhā rudrasamā dvija I
dikpalasvarṇaghaṭitāṁ pradadyāt pratimāṁ vidhoḥ II 15II
yukte dvādaśarekhābhirjale mṛtyubhayaṁ vadet I
saśasyabhūmiḥ viprāya datvā śubhaphalaṁ bhavet II 16II
viśvapramitarekhābhirvyāghrānmṛtyubhayaṁ tathā I
viṣṇorhiraṇyagarbhasya dānaṁ kuryāccubhāptaye II 17II
śatrapramitarekhābhiryukte māse mṛterbhayam I
varāhapratimāṁ dadyāt kanakena vinirmitām II 18II
tithitiśca nṛpād bhītirdadyāt tatra gajaṁ dvija I
riṣṭaṁ ṣoḍaśabhirdadyāt mūrtiṁ kalpatarostathā II 19II
saptendubhirvyādhibhayaṁ dadyāt dhenuṁ guḍaṁ tathā I
kalaho'ṣṭendubhirdadyād ratnagobhūriraṇyakam II 20II
aṅkendubhiḥ pravāsaḥ syācchāntiṁ kuryād vidhānataḥ I
viṁśatyā buddhināśaḥ syād gaṇeśaṁ tatra pūjayet II 21II
rogapīḍaikaviṁśatyā dadyād dhānyasya parvatam I
yamāśvibhirbandhupīḍā dadyādādarśakaṁ dvija II 22II
trayoviṁśatrisaṁyukte māse kleśamavāpnuyāt I
sauvarṇīṁ pratimāṁ dadyādraveḥ saptapalairbudhaḥ II 23II
vedāśvibhirbandhuhīno dadyād gidaśakaṁ nṛpaḥ I
sarvarogavināśārthaṁ japahomādikaṁ caret II 24II
dhīhāniḥ pañcaviṁśatyā pūjyā vāgīśvarī tadā I
ṣaḍviṁśatyā'rthahāniḥ syāt svarṇaṁ dadyādvicakṣaṇaḥ II 25II
tathā ca saptaviṁśatyā śrīsuktaṁ tatra sañjapet I
aṣṭaviṁśatisaṁyukte māse māse hāniśca sarvathā II 26II
sūryahomaśca vidhinā karttavyaḥ śubhakāṅkṣibhiḥ I

ekonatriṁśatā cāpi cintavyākulito bhavet ॥ 27॥
ghṛtavastrasuvarṇāni tatra dadyāt vicakṣaṇaḥ ।
triṁśatā pūrṇadhānyāptiriti jātakanirṇayaḥ ॥ 28॥

Es besteht Todesgefahr im Monat eines Rashis (Zeitraum des Transits der Sonne in diesem Rashi), das 7 oder weniger Rekhas in der Samudaya Ashtakavarga hat. Um diesen negativen Einfluss abzuwehren, sollten 20 Tolas Gold (1 Tola entspricht derzeit ca. 10 g) und 2 Haufen Sesamsamen, die der Form eines Berges ähneln, als wohltätige Spende gegeben werden.

Es besteht die Möglichkeit des Todes im Monat eines Rashis, das 8 Rekhas hat. Die Spende eines Tuladan (entspricht dem Eigengewicht des Geborenen) von Kampfer wird empfohlen, um diesen negativen Effekt abzumildern.

Gefahr durch Schlangen wird im Monat eines Rashis angezeigt, das 9 Rekhas hat. Ein Wagen mit 7 Pferden sollte gespendet werden, um diese Gefahr abzuwenden.

Gefahr durch Waffen besteht im Monat eines Rashis, das 10 Rekhas hat. Eine Rüstung und ein Vajra (Donnerkeil, wie ihn der Gott Indra verwendet) als wohltätige Spende können diese Gefahr abwenden.

Grundlose Erniedrigungen wird es im Monat eines Rashis geben, das 11 Rekhas hat. Eine mit 10 Tolas Gold gefertigte Statue des Mondes sollte gespendet werden, um diese negative Wirkung zu neutralisieren.

Die Gefahr des Todes durch Ertrinken besteht im Monat eines Rashis, das 12 Rekhas hat. Das Spenden von Ackerland kann diese Gewahr abwenden.

Gefahr durch gefährliche wilde Tiere ist im Monat eines Rashis angezeigt, das 13 Rekhas aufweist. Eine Statue von Vishnu (Shaligram Shila) zu spenden mildert die negativen Auswirkungen.

Todesgefahr besteht im Monat eines Rashis, das 14 Rekhas hat. Eine aus Gold gefertigte Statue von Vishnu in seiner Eber-Inkarnation (Varaha Murti) sollte gespendet werden, um die Gefahr abzuwenden.

Die Gefahr, den Zorn des Königs (Regierung usw.) auf sich zu ziehen, ist im Monat eines Rashis gegeben, das 15 Rekhas aufweist. Die Spende eines Elefanten (oder Lastwagens, Traktors usw. in der modernen Welt) verschafft eine Abmilderung dieses Problems.

Die Gefahr von Arishta (Katastrophe, Unglück) besteht im Monat eines Rashis, das 16 Rekhas hat. Die Statue eines Kalpa Vriksha (ein legendärer, alle Wünsche erfüllender Baum) aus Gold sollte als wohltätige Spende gegeben werden, um diese Gefahr abzuwenden.

Die Gefahr von Krankheiten tritt in dem Monat eines Rashis auf, das 17 Rekhas besitzt. Eine Kuh sowie Süßspeisen zu spenden mindert diese Gefahr.

Die Gefahr von Konflikten ist im Monat eines Rashis angezeigt, das 18 Rekhas aufweist. Das Spenden einer Kuh, von Juwelen, Ländereien und Gold hilft die Gefahr abzuwenden.

Die Möglichkeit der Verbannung aus dem eigenen Heimatland besteht im Monat eines Rashis, das 19 Rekhas hat. Die Familiengottheit sollte verehrt werden, um die negativen Auswirkungen zu mildern.

Der Verlust der Intelligenz droht im Monat eines Rashis mit 20 Rekhas. Die Göttin Sarasvati sollte verehrt werden, um dieses Unheil abzuwehren.

Leiden unter Krankheiten treten im Monat eines Rashis auf, das 21 Rekhas besitzt. Ein Haufen Getreide in Gestalt eines Berges sollte als wohltätige Spende verteilt werden, um die negativen Auswirkungen abzumildern.

Probleme von Angehörigen wird es im Monat eines Rashis geben, das 22 Rekhas aufweist. Es sollte Gold gespendet werden, um diese zu mildern.

Der Geborene wird zu leiden haben in demjenigen Monat, dessen Rashi 23 Rekhas hat. Eine aus 7 Tolas Gold gefertigte Statue des Sonnengottes Surya sollte gespendet werden, um die negativen Effekte zu mildern.

Der Tod von Angehörigen ist im Monat eines Rashis zu befürchten, das 24 Rekhas besitzt. Das Spenden von 10 Kühen kann hier Abhilfe schaffen.

Der Verlust von Weisheit droht im Monat eines Rashis mit 25 Rekhas. Die Göttin Sarasvati sollte verehrt werden, um die negativen Auswirkungen zu neutralisieren.

Verlust von Wohlstand wird es im Monat eines Rashis geben, das 26 Rekhas aufweist. Gold zu spenden mildert die negativen Auswirkungen.

Der Verlust des Wohlstands ist im Monat eines Rashis zu befürchten, das 27 Rekhas hat. Die Rezitation des Shri Sukta (eine vedische Hymne an Lakshmi Devi) sollte durchgeführt werden, um die negativen Auswirkungen auszugleichen.

Verluste unterschiedlicher Art wird es im Monat eines Rashis geben, das 28 Rekhas aufweist. Eine Zeremonie (Havana) für den Sonnengott sollte ordnungsgemäß durchgeführt werden, um die negativen Auswirkungen abzumildern.

Rundum Furcht wird im Monat eines Rashis auftreten, das 29 Rekhas hat. Das wohltätige Spenden von Ghee (geläuterte Butter), Kleidung und Gold mildert die negativen Auswirkungen hiervon.

triṁśādhikāmī rekhābhirdhanaputrasukhāptayaḥ |
catvāriṁśādhikābhiśca puṇyaśrīrupacīyate || 29||

Gewinne an Wohlstand, Getreide usw. wird es im Monat eines Rashis geben, das 30 Rekhas aufweist.

Rundum Zunahme von Wohlstand, Freude an den Kindern und Sinnesfreuden wird es im Samvatsar (Jahr), Monat und Nakshatra (Tag) eines Rashis geben, das mehr als 30 Rekhas besitzt.

Eine große Zunahme von Wohlstand, Besitz, Kindern, guten Handlungen und guten Rufes ist zu erwarten, falls ein Rashi mehr als 40 Rekhas hat.

aṣṭavargeṇa ye śuddhāste śuddhāḥ sarvakarmasu |
ato'ṣṭavargasaṁśuddhiraneṣyā sarvakarmasu || 30||
tāvadgocaramanveṣyaṁ yāvanna prāpyate'ṣṭakam |
aṣṭavarge tu samprāpte gocaraṁ viphalaṁ bhavet || 31||

Ein Rashi, das unter dem Gesichtspunkt von Samudaya Ashtakavarga segensreich ist, wird förderlich für alle glückverheißenden Unternehmungen sein. Demzufolge sollte vor dem Beginn einer glückverheißenden Unternehmung wie Heirat usw. stets überprüft werden, ob Ashtakavarga diesbezüglich förderlich ist.

Wenn ein aktives Rashi im Ashtakavarga nicht förderlich ist, dann sollte die Förderlichkeit des Zeitpunkts anhand der Auswirkungen der Transite der Planeten überprüft werden. Es ist nicht notwendig, die Auswirkungen der Transite zu überprüfen, wenn das Rashi im Ashtakavarga förderlich ist. Daher sollte die Förderlichkeit des Rashis in der Ashtakavarga als vorrangig angesehen werden.

## Kapitel 73: Auswirkungen der Strahlen der Planeten

**atha raśmiphalādhyāyaḥ** || 73||
atha raśmīn pravakṣyāmi grahāṇāṁ dvijasattama |
din naveṣviṣusaptāṣṭaśarāḥ svocce karo raveḥ || 1||
nīca khaṁ cāntare proktā raśmayaścānupāttaḥ |
nīconaṁ tu grahaṁ bhārdhādhikaṁ cakrādviśodhayet || 2||

Maharishi Parashara sagte:

O Brahmane, jetzt werde ich dir etwas über die Anzahl der Strahlen der Planeten erzählen. Wenn die Sonne usw. in ihrem tiefsten Grad der Erhöhung stehen, haben sie die folgende Anzahl von Strahlen: Sonne 10, Mond 9, Mars 5, Merkur 5, Jupiter 7, Venus 8 und Saturn 5. Die Strahlen sind null, wenn sich diese Planeten in tiefstem Fall befinden. Zwischen diesen beiden Positionen wird die Anzahl der Strahlen proportional bestimmt.

Die folgende Methode sollte zur Bestimmung der entsprechenden Anzahl der Strahlen angewandt werden. Ziehe die Länge des tiefsten Falls des Planeten, dessen Strahlen ermittelt werden sollen, von seinem Längengrad ab. Ist die Differenz geringer als 6 Rashis, so ist sie mit der oben genannten Strahlenzahl dieses Planeten zu multiplizieren und das Produkt durch 6 zu teilen; das Ergebnis ergibt die Strahlenzahl dieses Planeten. Wenn die Differenz mehr als 6 Rashis beträgt, dann sollte sie von 12 abgezogen werden; das übrige Verfahren ist dasselbe wie zuvor.

aparairatra saṁskāraviśeṣaḥ kathito yathā || 3||
svoccabhe te triguṇitāḥ svatrikoṇe dvisaṅguṇāḥ |
svame trighnā dvisambhaktā adhimitragṛhe tathā || 4||
vedaghnā rāmasambhaktā mitrame ṣaḍguṇāstataḥ |
pañcabhaktāstathā śatrugṛhe ced dalitāḥ karāḥ || 5||
adhiśatrugṛhe dvighnāḥ pañcabhaktāḥ same samāḥ |
śaniśukrau vinā tārāgrahā aste gatā yadi || 6||
viraśmayo bhavantyevaṁ jñeyāḥ spaṣṭakarā dvija |
raśmiyogavaśādevaṁ phalaṁ vācyaṁ vicakṣaṇaiḥ || 7||

O Brahmane, andere Acharyas plädieren für eine weitere Korrektur der Strahlenzahl, die auf die eben beschriebene Weise ermittelt wird. Diese Korrekturen sollen wie folgt vorgenommen werden: Wenn der Planet im Rashi seiner Erhöhung steht, sollte die ermittelte Strahlenzahl verdreifacht werden, im Mulatrikona-Zeichen verdoppelt, im eigenen Zeichen sollten die Strahlen mit 3 multipliziert und das Produkt dann durch 2 geteilt werden (also x 1,5). Im Zeichen des Adhimitra (besten Freundes) multipliziere die Strahlen mit 4 und teile das Produkt durch 3. Im Zeichen des Freundes multipliziere mit 6 und teile dann durch 5. Befindet sich der Planet im Zeichen des Feindes, wird das Ergebnis halbiert. Bei einem Planeten im Zeichen des Adhishatru (Todfeindes) multipliziere die Zahl der Strahlen mit 2 und teile dann durch 5. Im Fall eines Planeten im Zeichen des Neutralen wird keine Korrektur vorgenommen.

Die Auswirkungen sind entsprechend der so berechneten endgültigen Zahl der Strahlen jedes Planeten zu verkünden.

ekādi pañcaparyantaṁ raśmisaṅkhyā bhavedyadi |
daridrā duḥkhasantaptā api jātāḥ kulottame || 8||
parato daśakaṁ yāvat nirdhanā bhāravāsakāḥ |
strīputragṛhahīnāśca jāyante manujā bhuvi || 9||
akādaśasvalpaputrāḥ svalpavittāśca mānavāḥ |
dvādaśasvalpavittāśca dhūrtā mūrkhāśca nirbalāḥ || 10||
cauryakarmaratā nityaṁ cet trayodaśa raśmayaḥ |
caturdaśasu dharmātmā kuṭumbānāṁ ca poṣakāḥ || 11||
kulocitakriyāsakto dhanavidyāsamanvitaḥ |
raśmibhiḥ pañcadaśabhiḥ sarvavidyāguṇānvitaḥ || 12||
svavaṁśamukhyo dhanavānityāha bhagavān vidhiḥ |
paratаśca kuleśānā bahubhṛtyā kuṭumbinaḥ || 13||
kīrtimanto janaiḥ pūrṇāḥ sarve ca sukhinaḥ kramāt |
pañcāśajjanapālaścedekaviṁśatiraśmayaḥ || 14||
dānaśīlaḥ kṛpāyukto dvāviṁśatisuraśmiṣu |
sukhayuk saumyaśīlaścet trayoviṁśatiraśmayaḥ || 15||
ātriṁśat parataḥ śrīmān sarvasattvasamanvitaḥ |
rājapriyaśca tejasvī janaiśca bahubhirvṛtaḥ || 16||
ata ūrdhvaṁ tu sāmantaścatvāriṁśat karāvadhi |
janānāṁ śatamārabya sahasrāvadhipoṣakaḥ || 17||
ata ūrdhvantu bhūpālaḥ pañcāśat kariṇāvadhi |
tata ūrdhvakarairvipra cakravartī nṛpo bhavet || 18||

Die Auswirkungen der Gesamtzahl der Strahlen aller Planeten sind wie folgt:

| Strahlen | Auswirkung: Der Geborene ist ... |
|---|---|
| 1 - 5 | arm und unglücklich, selbst wenn er in eine ausgezeichnete Familie hineingegeboren wurde. |
| 6-10 | arm, Träger schwerer Lasten und ohne Partner oder Kinder. |
| 11 | nur mit mäßigem Wohlstand ausgestattet und hat wenig Kinder. |
| 12 | nur mit mäßigem Wohlstand ausgestattet, dumm und boshaft. |
| 13 | ein Dieb. |
| 14 | reich, beschützt und versorgt mehrere Familien, ist gelehrt und bewahrt die Familientraditionen. |
| 15 | Oberhaupt einer Familie, in vielen Wissensgebieten bewandert, und hat gute Eigenschaften. |
| 16 | das hervorragendste Mitglied seiner Familie. |
| 17 | Arbeitgeber von vielen Untergebenen (Dienern). |
| 18 | Oberhaupt und Ernährer einer großen Familie. |
| 19 | weit und breit berühmt für seinen Reichtum. |
| 20 | mit einer großen Familie und vielen Gefolgsleuten gesegnet. |
| 21 | Erhalter und Beschützer für fünfzig Menschen. |
| 22 | großzügig und freundlich. |
| 23 | sehr gebildet und glücklich. |
| 24 - 30 | gesund, mächtig, beim König sehr beliebt, glanzvoll und besitzt eine große Familie. |
| 31 - 40 | ein Minister oder hoher Würdenträger sowie Erhalter und Beschützer von hundert bis tausend Menschen. |
| 40 - 50 | ein König oder nimmt eine ähnlich hohe Position im Leben oder in seinem Wirkungsbereich ein. |
| 51 und mehr | ein mächtiger Herrscher! |

evaṁ prasūtikālotthanabhogakarasambhavam ।
kulakramanusāreṇa jātakasya phalaṁ vadet ।। 19।।

Die Auswirkungen sollten entsprechend der Anzahl der Strahlen der Planeten zum Zeitpunkt der Geburt vorhergesagt werden, wobei der gesellschaftliche Status des Geborenen zu berücksichtigen ist.

kṣatriyaścakravartī vaiśyo rājā prajāyate ।
śūdraśca sadhano vipro yajñakarmakriyārataḥ ।। 20।।

Wenn z. B. die Anzahl der Strahlen mehr als 50 beträgt, wird derjenige, der in der Familie eines Kshatriya-Königs (Kshatriya bedeutet Kriegerstand) geboren wurde, zu einem mächtigen Herrscher, der in einer Vaishya-Familie Geborene (Kaufmannsstand) zu einem König (oder hohen Würdenträger), der in einer Shudra-Familie Geborene (Arbeiterstand) zu einem wohlhabenden Menschen und der in einer Brahmanen-Familie Geborene wird zu einem großartigen Gelehrten und zu einer spirituellen oder religiösen Autorität.

uccābhimukhakheṭasya karāḥ puṣṭaphalapradāḥ ।
nīcābhimukhakheṭasya tato nyūnaphalaprdāḥ ।। 21।।

Die genannten Auswirkungen werden vollständig eintreten bei Planeten, die sich von ihrer Stellung des Falls zu ihrer Position der Erhöhung hin bewegen. Bei Planeten, die sich von ihrer Position der Erhöhung zu ihrer Stellung des Falls hin bewegen, werden die Auswirkungen geringer (d. h. weniger positiv) sein als zuvor beschrieben.

sarveṣāmeva kheṭānāmevaṁ raśmivaśāddvija ।
śubhaṁ vā'pyaśubhaṁ cāpi phalaṁ bhavati dehinām ।। 22।।
raśmijñānaṁ vinā samyak na phalaṁ jñātumarhati ।
tasmādraśmīn prasādhyaiva phalaṁ vācyaṁ vicakṣaṇaiḥ ।। 23।।

Die günstigen und ungünstigen Auswirkungen aller Planeten hängen von der Anzahl der Strahlen ab, die sie besitzen. Eine astrologische Vorhersage wird ohne das Wissen um die Auswirkungen der Strahlen nicht korrekt sein. Daher ist es unbedingt erforderlich, dass bei der Beurteilung eines Geburtshoroskops und der entsprechenden Verkündigung der Ergebnisse die Auswirkungen der Anzahl der Strahlen der Planeten mit berücksichtigt werden.

## Kapitel 74: Auswirkungen des Sudarshana Chakras

**atha sudarśanacakraphalādhyāyaḥ || 74||**
athocyate mayā vipra rahasyaṁ jñānamuttamam |
jagatāmupakārāya yat proktaṁ brahmaṇa svayam || 1||
cakraṁ sudarśanaṁ nāma yadvaśāt prasphuṭaṁ phalam |
nṛṇāṁ tanvādibhāvānāṁ jñātuṁ śaknoti daivavit || 2||
janmato mṛtyuparyantaṁ varṣamāsadinodbhavam |
śubhaṁ vā'pyaśubhaṁ sarvaṁ tacchṛṇuṣvaikamānasaḥ || 3||

Maharishi Parashara sprach zu Maitreya:

O Brahmane, ich werde dir nun ein Wissen vermitteln, das ein großes Geheimnis und von allergrößter Wichtigkeit ist und das mir von Brahma selbst um des Wohlergehens der Welt willen mitgeteilt wurde.

Es handelt von einem Chakra namens Sudarshana, durch welches die Astrologen in die Lage versetzt werden, die förderlichen und widrigen Ergebnisse für jedes Jahr, jeden Monat und jeden Tag - von der Zeit der Geburt bis zum Zeitpunkt des Todes einer Person - vorherzusagen. Höre sehr aufmerksam zu.

ekakendrodbhavaṁ ramyaṁ likhed vṛttatrayaṁ dvija |
dvādaśāraṁ ca tat kuryād bhavedevaṁ sudarśanam || 4||

O Brahmane, nimm einen Punkt und zeichne drei Kreise um ihn herum. Innerhalb dieser Kreise ziehe 12 Linien, um die 12 Häuser in jedem Kreis darzustellen. Auf diese Weise wird das Sudarshana Chakra gezeichnet.

tatrādyavṛtte lagnādyā bhāvā lekhyāḥ sakhecarāḥ |
tadūrdhvavṛtte candrācca bhavāḥ kheṭasamanvitāḥ || 5||
tadūrdhvavṛtte sūryācca kramāt bhavā grahānvitāḥ |
evamekaikabhāve'tra bhavedbhānāṁ trayaṁ trayam || 6||

In den ersten (den innersten) Kreis trage nun mit dem Aszendenten (lagna) beginnend die 12 Häuser mitsamt den in ihnen befindlichen Planeten ein. In den nächsten nach dem innersten Kreis trage die 12 Häuser mit dem Tierkreiszeichen (rashi) des

Mondes (Chandra) beginnend mitsamt den darin befindlichen Planeten ein. In den dritten Kreis trage dann die 12 Häuser mitsamt den Planeten vom Rashi der Sonne (Surya) aus ein. Somit gibt es dann 3 Rashis in jedem Haus (bhava) des Chakras.

atra tu prathamo bhāvo lagnenduravibhiryutaḥ |
taṁ prakalpya tanuṁ tvagre jñeyā bhāvā dhanādayaḥ || 7||
tatra tatra grahasthityā jñeyaṁ tattatphalaṁ budhaiḥ |
tanubhāve śubhaḥ sūryo jñeyo'nyatrāśubhapradaḥ || 8||
pāpo'pi svoccarāśistho na bhavatyaśubhapradaḥ |
evaṁ śubhā'śubhaṁ dṛṣṭvā tattadbhāvaphalaṁ vadet || 9||

Der entscheidende Aspekt dieses Chakras ist, dass hier der Aszendent, der Mond und die Sonne für das erste Haus stehen. Das 2., 3. usw. bis hin zum 12. Haus vom Mond und von der Sonne aus behandeln dieselben Themen, wie sie es vom Aszendenten aus gezählt tun. Dann sollte man entsprechend den Planeten in jedem Haus die Ergebnisse schlussfolgern.

*Zur Verdeutlichung links das Rashi-Chart von Hermann Hesse in nord- und in südindischer Darstellung und rechts das zugehörige Sudarshana Chakra:*

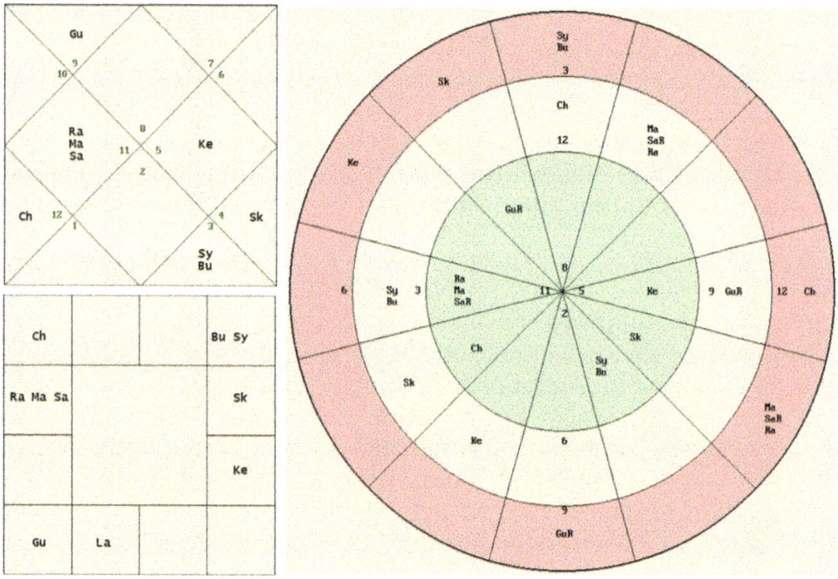

*Die Geburtsdaten von Hermann Hesse sind am Ende von Kapitel 66 zu finden.*

In dieser Form des Geburts-Charts wird die Sonne im ersten Haus als segensreich betrachtet und in den anderen Häusern als ungünstig oder als Übeltäter.

Die Übeltäter-Planeten bringen keine ungünstigen Wirkungen hervor, wenn sie in ihrem Zeichen der Erhöhung stehen.

Auf diese Weise sollte man Vorhersagen machen, nachdem man die Wohltäter- und Übeltäter-Natur der Planeten in Betracht gezogen hat sowie ihren Charakter und die Aspekte (drishti) von ihnen und auf sie.

yo bhāvaḥ svāmisaumyābhyāṁ yukto dṛṣṭo'yamedhate |
pāpairdṛṣṭo yuto yo vā tasya hāniḥ prajāyate || 10||

Ein Haus wird förderlich, wenn es von seinem Herrn oder von einem Wohltäter-Planeten besetzt ist oder aspektiert wird. Ein von einem Übeltäter-Planeten besetztes oder aspektiertes Haus ist verletzt.

jñeyaṁ sagrahabhāvasya grahayogasamaṁ phalam |
agrahasya tu bhāvasya grahadṛṣṭisamaṁ phalam || 11||
śubhaireva śubhaṁ pāpairśubhaṁ miśrakhecaraiḥ |
śubhādhike śubhaṁ jñeyamaśubhaṁ tvaśubhādhike || 12||
evaṁ bhāveṣu kheṭānāṁ yogaṁ dṛṣṭiṁ vilokya ca |
tāratamyena vācyāni phalāni dvijasattama || 13||

Die Ergebnisse eines Hauses werden in Einklang mit dem Planeten stehen, der es besetzt, oder in Einklang mit einem aspektierenden Planeten, wenn kein Planet das Haus besetzt.

Die Auswirkungen eines Hauses, das von einem Wohltäter-Planeten besetzt ist, werden förderlich sein und die eines Hauses, das von einem Übeltäter-Planeten besetzt ist, werden ungünstig sein. Gleiches gilt für die Auswirkungen der Aspekte.

Falls ein Haus sowohl von Wohltätern als auch von Übeltätern beeinflusst wird, werden die Auswirkungen von der Mehrzahl an Wohltätern oder Übeltätern abhängen. Wenn die Anzahl der Wohltäter größer ist als die Anzahl der Übeltäter, werden die

Auswirkungen günstig sein. Im umgekehrten Fall sind ungünstige Auswirkungen zu erwarten. Falls es eine gleiche Anzahl von Wohltätern und von Übeltätern geben sollte, werden diejenigen von ihnen, die stärker sind, die Auswirkungen für das Haus bestimmen. Gemischte Auswirkungen sollte man verkünden, wenn in diesem Fall kein Unterschied in der Stärke der Wohltäter und der Übeltäter besteht. Dasselbe findet für die Aspekte Anwendung.

yatra naiva grahaḥ kaścinna dṛṣṭi kasyacid bhavet ।
tadā tadbhāvajaṁ jñeyaṁ tatsvāmivaśataḥ phalam ।। 14।।

Falls ein Haus weder von einem Planeten besetzt ist noch von einem Planeten aspektiert wird, sollten die Auswirkungen seinem Herrn entsprechend festgelegt werden.

śubho'pi śubhavargeṣu hyadhikeṣvaśubhapradaḥ ।
pāpo'pi śubhavargeṣu hyadhikeṣu śubhapradaḥ ।। 15।।
svabhoccasya śubhasyātra vargā jñeyāḥ śubhavāhāḥ ।
śatroḥ krūrasya nīcasya ṣaḍvargā aśubhapradāḥ ।। 16।।

Ein natürlicher Wohltäter verliert seine Eigenschaft als Wohltäter, wenn er überwiegend in Übeltäter-Vargas (Neuntel, Zwölftel usw. eines Zeichens) steht. Ein natürlicher Übeltäter verliert entsprechend seine Eigenschaft als Übeltäter, wenn er überwiegend in Wohltäter-Vargas steht. Das eigene Zeichen eines Planeten, sein Zeichen der Erhöhung und Wohltäter-Vargas werden (diesbezüglich) als segensreich angesehen und Übeltäter-Vargas sowie die Vargas (Stellung im Zeichen) eines Feindes und die Varga-Stellung im Zeichen des Falls werden als ungünstig angesehen.

evaṁ sarveṣu kheṭeṣu bhaveṣvapi dvijottama ।
śubhāśubhatvaṁ sañcinyta tatastatphalamādiśet ।। 17।।

Parashara sagte:

Die Ergebnisse sollten erst verkündet werden, nachdem die segensreiche oder ungünstige Natur sämtlicher Häuser festgestellt wurde.

yadā sudarśanādeva phalaṁ siddhyati dehanām ।
tadā kiṁ munibhiḥ sarvairlagnādeva phalaṁ smṛtam ।। 18।।

Maitreya fragte:

O verehrungswürdiger Weiser, bitte sei so freundlich und erleuchte mich, was einen Punkt anbetrifft: Wenn sämtliche Häuser in Einklang mit dem Sudarshana Chakra bewertet werden sollen, warum haben dann viele gelehrte Weise empfohlen, die Auswirkungen der Häuser im Geburtshoroskop (nur) vom Aszendenten aus zu betrachten?

iti ma saṁśayo jātastaṁ chettumarhati |
pṛthagbhagau yadā'rkendū lagnādanyatra saṁsthitau || 19||
tadā sudarśanāccakrāt phalaṁ vācyaṁ vicakṣaṇaiḥ |
ekabhe dvau trayo vā cet tadā lagnāt phalaṁ vadet || 20||

Der Weise antwortete:

Die Ergebnisse sollten nur dann in Einklang mit dem Sudarshana Chakra verkündet werden, wenn die Sonne und der Mond in unterschiedlichen Tierkreiszeichen voneinander und vom Tierkreiszeichen des Aszendenten stehen. Wenn unter den dreien - Aszendent, Sonne und Mond - alle drei oder zwei von ihnen sich im selben Rashi befinden, dann sollten die Auswirkungen nur vom Geburtschart (d. h. vom Aszendenten) aus beurteilt werden.

atha vipra pravakṣye'haṁ prativarṣādijaṁ phalam |
asmāt sudarśanādeva daśāntaradaśāvaśāt || 21||
tanvādyairvarṣamāssārdhadvikadhasrān pravartayet |
bhaveśādidvādaśānāṁ daśā varṣeṣu kalpayet || 22||
tadādyantardaśāstadvanmāsādau tadbalaiḥ phalam |
taṁ taṁ bhāvaṁ prakalpyāṅkaṁ tattattanvādijaṁ dvija || 23||

Der Weise fuhr fort:

O Brahmane, nun werde ich dir die Auswirkungen schildern, die dem Sudarshana Chakra entsprechend jedes Jahr und jeden Monat durch die zwölf Häuser in ihren Dashas und Antardashas hervorgebracht werden.

In diesem System ist jedem der zwölf Häuser, mit dem 1. Haus beginnend, eine Dasha-Periode von einem Jahr zugeordnet. So wird in einem Zeitraum von 12 Jahren ein Haus zum Aszendenten des Jahres und unter den übrigen Häusern wird das 2. zum Haus des Wohlstands, das 3. das Haus des (jüngeren) Bruders usw.

Innerhalb jeden Jahres ist jedem Haus eine Antardasha-Phase von einem Monat zugeordnet. Der Methode des Aszendenten eines Jahres folgend wird es hier dann auch einen Aszendenten des Monats geben. Die erste Antardasha wird die des (aktuellen) ersten Hauses sein und dann folgen im Zeitraum von 12 Monaten die Antardashas der anderen Häuser, wobei jedes Haus, eines nach dem anderen, die Rolle des Aszendenten übernimmt.

Jedes Haus erhält eine Pratyantardasha von 2 1/2 Tagen und eine Vidasha von 12 1/2 Ghatikas (1 Ghatika entspricht 24 Minuten). Dieselbe (zuvor beschriebene) Methode sollte in Bezug auf die Beurteilung der Auswirkungen der Häuser in den Pratyantardashas und Vidashas angewendetet werden.

tat tallagnāt kendrakoṇāṣṭame saumyāḥ śubhapradāḥ |
yatra bhāve saiṁhikeyo bhavet tadbhāvahānikṛt || 24||

pāpā vā yatra bahavastattadbhāvavināśanam |
viriṣphāriśubhaiḥ pāpaistriṣaḍāyasthitaiḥ śubham || 25||
evaṁ pratyabdamāsādau bhāvānāṁ phalacintanam |
dvādaśānāṁ daśā'vṛttyā daśāścāyuṣi cintayet || 26||

Parashara sprach:

Wenn zur Zeit des Beginns einer Dasha Wohltäter im 1., 4., 7., 10., 5., 9. und 8. Haus stehen, werden günstige Auswirkungen in dem betreffenden Jahr, Monat usw. erfahren.

Das Haus, welches nur von Rahu oder Ketu besetzt ist, wird abträglich sein. Das Gleiche wird das Schicksal eines Hauses sein, das von einer überwiegenden Zahl von Übeltätern besetzt ist.

Wenn sich Wohltäter in anderen als dem 12. oder 6. Haus befinden, wird das entsprechende Haus segensreiche Wirkungen hervorbringen. Mit anderen Worten: Wenn sich im 12. oder 6. Haus (vom aktuellen Aszendenten aus) Wohltäter befinden, ist auf ungünstige Auswirkungen in dem betreffenden Jahr, Monat usw. zu schließen.

Wenn sich Übeltäter im 3., 6. und 11. Haus von dem Haus befinden, das (aktuell) die Rolle des Aszendenten übernommen hat, dann werden diese drei Häuser positive Wirkungen hervorbringen.

Auf diese Weise können die Auswirkungen für jedes Jahr, jeden Monat usw. festgestellt werden.

Die Gesamtzahl der Jahre in der Vimshottari Dasha beträgt 120 Jahre. Alle 12 Jahre wird (in den Sudarshana Chakra Dashas) dieselbe Methode der Festlegung der Dashas, Antardashas usw. für den Aszendenten und die anderen Häuser wiederholt.

evaṁ sudarśanāccakrād varṣamāsādijaṁ phalam |
jñātvā tathāṣṭavargotthamubhābhyāṁ phalanirṇayaḥ || 27 ||
ubhayatra samatve hi sampūrṇaṁ tat phalaṁ vadet |
viṣamatve yadādhikyaṁ tatphalaṁ ca balakramāt || 28 ||

Nachdem man im Einklang mit dem Sudarshana Chakra die Auswirkungen für die Jahre, Monate usw. festgestellt hat, sollten die Auswirkungen für die Jahre, Monate usw. durch das Einbeziehen von Ashtakavarga ergänzt werden. Die positiven oder negativen Auswirkungen werden voll eintreten, wenn in beiden Systemen (Sudarshana Chakra und Ashtakavarga) die Resultate übereinstimmen. Wenn sie unterschiedlich ausfallen, sollte man die Stärke (der festgestellten Auswirkungen) von beiden vergleichen, um das endgültige Ergebnis festzustellen.

## Kapitel 75: Charakteristische Merkmale der Panchamahapurushas

**atha pañcamahāpuruṣalakṣaṇādhyāyaḥ ।। 75।।**
atha vakṣyāmyahaṁ pañcamahāpuruṣalakṣaṇam ।
svabhoccagatakendrasthairbalibhiśca kujādibhiḥ ।। 1।।
kramaśo rucako bhadro haṁso mālavya eva ca ।
śaśaścaite budhaiḥ sarvairmahāntaḥ puruṣāḥ smṛtāḥ ।। 2।।

Maharishi Parashara sagte:

O Maitreya, nun werde ich dir die charakteristischen Merkmale der Panchamahapurushas (fünf Arten von großen Persönlichkeiten) erläutern.

Wenn Mars, Merkur, Jupiter, Venus und Saturn, die sich in ihren eigenen Zeichen oder in ihren Zeichen der Erhöhung befinden, vom Aszendenten aus in Kendras (Eckhäusern) stehen, so entstehen jeweils die Yogas namens Ruchaka, Bhadra, Hamsa, Malavya und Shasha. Diese Yogas werden Panchmahapurusha Yogas genannt, und die Personen, die mit diesen Yogas geboren wurden, sind als Panchamahapurushas bekannt.

dīrghānano mahotsāho svacchakāntirmahābalaḥ ।
cārubhrūrnīlakeśaśca suruciśca raṇapriyaḥ ।। 3।।
raktaśyāmo'rihantā ca mantraviccoranāyakaḥ ।
krūrobhartā manuṣyāṇāṁ kṣāmā'ṅghrirdvijapūjakaḥ ।। 4।।
vīṇāvajradhanuḥpāśavṛṣacakrāṅkitaḥ kare ।
mantrābhicārakuśalī dairdhye caiva śatāṅgulaḥ ।। 5।।
mukhadairghyasamaṁ madhyaṁ tasya vijñaiḥ prakīrtitam ।
tulyastulāsahasreṇa rucako dvijapuṅgava ।। 6।।
bhunakti vindhyasahyādripradeśaṁ saptatiṁ samāḥ ।
śatreṇa vahninā vāpi sa prayāti surālayam ।। 7।।

Der Ruchaka-Geborene (Mars) besitzt ein langes Gesicht, er ist sehr enthusiastisch, hat einen makellosen Glanz, ist kraftvoll, hat attraktive Augenbrauen, schwarzes Haar und liebt alle Dinge. Er liebt es, Kriege zu führen, hat eine dunkelrote Hautfarbe, siegt über Feinde, ist unterscheidungsfähig, ist ein Beschützer von Dieben, hat einen grausamen Charakter und schlanke Oberschenkel. Er besitzt Hingabe an die Brahmanen, hat in seinen

Handflächen Male von Vina, Varga, Dhanus, Pasha, Vrasha und auch ein Chakra Rekha. Er beschäftigt sich erfolgreich mit höheren Geisteskräften. Er ist 100 Anguls (Daumenlängen) groß, seine Taille hat einen Umfang, welcher zur Länge seines Gesichts proportional ist, was 1000 Tulas entspricht. Als Herrscher von Sahyachala und Vindhya Pradesh stirbt er im Alter von 70 Jahren durch Feuer oder Waffen und geht in die Himmelswelt ein..

śārdūlapratibhah pīnavakṣā gajagatiḥ pumān |
pīnājānubhujaḥ prājñaścaturasraśca yogavit || 8||
sāttvikaḥ śobhanāṅghraśca śobhanaśmaśrusaṁyutaḥ |
kāmī śaṅkhagadācakraśarakuñjaracihnakaiḥ || 9||
dhvajalāṅgalacihnaiśca cihnitāṅghrikarāmbujaḥ |
sunāsaśśāstravid dhīraḥ kṛṣṇākuñcitakeśabhṛt || 10||

svatantraḥ sarvakāryeṣu svajanaprīṇanakṣamaḥ |
aiśvaryaṁ bhujyate cāsya nityaṁ mitrajanaiḥ paraiḥ || 11||
tulayā tulito bhārapramitaḥ strīsutānvitaḥ |
sakṣemo bhūpatiḥ pāti madhyadeśaṁ śataṁ samāḥ || 12||

Der Bhadra-Geborene (Merkur) hat eine prächtige Ausstrahlung wie ein Löwe, hat eine gut entwickelte Brust, hat den Gang eines Elefanten, lange und kräftige Arme und hat in jeder Hinsicht eine gute Bildung. Er ist tüchtig in der Ausführung von Yoga, ist Sattva-Guni (seine Persönlichkeit ist von Sattva geprägt) und hat schöne Füße sowie einen prächtigen Schnurrbart und Kopf. Er liebt Annehmlichkeiten und Luxus, hat Zeichen von Shankha (Muschel), Chakra, Gada, Pfeil, Elefant, Dhwaja (Fahne) und Hala (Pflug) an seinen Händen und Füßen. Er kennt sich gut mit den vedischen Schriften (Shastras) aus, hat schwarzes und lockiges Haar, besitzt einen unabhängigen Charakter und ist der Beschützer seiner Familie. Seine Freunde haben Anteil an seiner Freude und an seinem Reichtum. Er hat ein Gewicht von 20 Libras. Er lebt glücklich mit seiner Frau und seinen Kindern und lebt als Herrscher von Madhya Desha bis zum Alter von hundert Jahren.

haṁso haṁsasvaro gauraḥ sumukhonnatanāsikaḥ |
śleṣmalo madhupiṅgākṣo raktavarṇanakhaḥ sudhīḥ || 13||
pīnagaṇḍasthalo vṛttaśirāḥ sucaraṇo nṛpaḥ |
matsyā'ṅkuśadhanuḥśaṅkhakañjakhaṭvāṅgacihnakaiḥ || 14||

cihnatāṅghrikaraḥ strīṣu kāmārto naiti tuṣṭatām ।
ṣaṇṇvatyaṅgulo dairghye jalakrīḍārataḥ sukhī ।। 15।।
gaṅgāyamunayormadhyadeśaṁ pāti śataṁ samāḥ ।
vanānte nidhanaṁ yāti bhuktvā sarvasukhaṁ bhuvi ।। 16।।

Der Hamsa-Geborene (Jupiter) hat eine Stimme wie ein Hamsa (Schwan), eine stattliche Erscheinung und eine gut entwickelte Nase. Er ist ein König mit Kapha-Temperament, honigfarbenen, gelbbraunen Augen, rotfarbenen Nägeln, besitzt eine scharfe Intelligenz, hat kräftige Wangen, eine runde Stirn und schöne Füße. Er hat Male von Matsya (Fisch), Ankush (der eiserne Haken, mit dem Elefanten angetrieben werden), Dhanus (Bogen), Shankha (Muschel) und Kamal (Lotus) an seinen Händen und Füßen. Er ist sehr leidenschaftlich und unersättlich in seiner Lust. Er ist 96 Anguls groß. Er liebt das Schwimmen und das Spielen im Wasser. Er genießt das Leben in vollen Zügen und stirbt als Herrscher eines Landes, das zwischen der Ganga und Yamuna liegt, nachdem er das Alter von 100 Jahren erreicht hat.

samauṣṭhaḥ kṛśamadhyaśca candrakāntiruciḥ pumān ।
sugandho nātiraktāṅgo na hrasvo nātidīrghakaḥ ।। 17।।
samasvaccharado hastināda ājānubāhudhṛk ।
mukhaṁ viśvāṅgulaṁ dairghye vistāre ca daśāṅgulam ।। 18।।
mālavyo mālavākhyaṁ ca deśaṁ pāti sasindhukam ।
sukhaṁ saptativarṣāntaṁ bhuktvā yāti sulālayam ।। 19।।

Der Malavya-Geborene (Venus) hat schöne Lippen und eine schlanke Taille. Er erstrahlt wie der Mond und sein Körper verströmt einen angenehmen Duft. Er hat eine rötliche Hautfarbe, eine mittelgroße Statur sowie saubere und schöne Zähne. Seine Stimme gleicht der eines Elefanten und seine Arme sind so lang, dass sie bis zu den Knien reichen. Sein Gesicht misst dreizehn Angul in der Länge und zehn Angul in der Breite. Er lebt siebzig Jahre lang glücklich als Herrscher von Sindhu und Malwa und geht dann in seine himmlische Heimat ein.

tanudvijamukhaḥ śūro nātihrasvaḥ kṛśodaraḥ ।
madhye kṣāmaḥ sujaṅghaśca matimān pararandhravit ।। 20।।
śakto vanādridurgeṣu senānīrdanturaḥ śaśaḥ ।
cañcalo dhātuvādī ca strīśakto'nyadhānānvitaḥ ।। 21।।

mālāvīṇāmṛdaṅgā'strarekhāṅkitakarāṅghrikaḥ |
bhūpo'yaṁ vasudhā pāti jīvan khādrisamāḥ sukhī || 22||

Der Shasha-Geborene (Saturn) hat kleine Zähne und ein kleines Gesicht, aber sein Körper ist nicht klein. Er ist tapfer. Er hat eine schlanke Taille und schöne Oberschenkel. Er ist weise und wandert gerne in Wäldern und Bergen umher. Er kennt sich gut mit den Schlupflöchern des Feindes aus. Er ist lebhaft, männlich und liebt die Frauen. Er reißt den Reichtum anderer Menschen an sich. Er hat Male in Form von Mala (Girlande), Vina, Mridanga (beides sind Musikinstrumente) und Waffen an seinen Händen und Füßen. Er herrscht voller Freude über mehrere Teile der Erde und bricht dann im Alter von 70 Jahren zu seinem himmlischen Wohnsitz auf.

*G. S. Kapoor merkt an, dass die hier erwähnten Länder heutzutage nicht mehr zu identifizieren sind.*

# Kapitel 76: Auswirkungen der fünf Elemente (Panchabhuta)

**atha pañcamahābhūtaphalādhyāyaḥ || 76||**
atha pañcamahābhūtacchāyājñānaṁ vadāmi te |
jñāyate yena kheṭānāṁ vartamānadaśā budhaiḥ || 1||

Maharishi Parashara sagte:

O Brahmane, nun berichte ich dir von den Auswirkungen der fünf Elemente, als da sind Erde, Luft, Wasser, Feuer und Raum (Akasha, Äther).

śikhibhūkhāmbuvātānāmadhipā maṅgalādayaḥ |
tattadbalāvaśājjñeyaṁ tattadbhūtabhavaṁ phalam || 2||

Raum, Luft, Feuer, Wasser und Erde werden jeweils von Jupiter, Saturn, Mars, Venus und Merkur beherrscht. Die Auswirkungen werden im Verhältnis zur Intensität der verschiedenen Elemente erlebt.

sabale maṅgale vahnisvabhāvo jāyate naraḥ |
budhe mahīsvabhāvaḥ syādākāśaprakṛtirgurau || 3||
śukre jalasvabhāvaśca mārutaprakṛtiḥ śanau |
miśrairmiśrasvabhāvaśca vijñeyo dvijasattama || 4||

Der Geborene wird ein Temperament haben, das dem Planeten mit der größeren Stärke zum Zeitpunkt der Geburt entspricht. Jupiter, Saturn, Mars, Venus und Merkur werden jeweils ein räumliches (ätherisches), luftiges, feuriges, wässriges und erdiges Temperament verleihen. Wenn alle oder viele dieser Planeten gleich stark sind, wird das Temperament entsprechend gemischt sein.

sūrye vahnisvabhāvaśca jalaprakṛtiko vidhau |
svadaśāyāṁ grahāśchāyāṁ vyañjayanti svabhūtajām || 5||

Wenn die Sonne mit Stärke versehen ist, wird der Geborene ein feuriges Temperament haben. Wenn der Mond stark ist, wird der Geborene ein wässriges Temperament haben. Alle Planeten verleihen im Verlauf ihrer Dasha dem Geborenen eine körperliche Ausstrahlung, die ihrem Element entspricht.

kṣudhārtaścapalaḥ śūraḥ kṛśaḥ prājño'tibhakṣaṇaḥ |
tīkṣno gauratanurmānī vahniprakṛtiko naraḥ || 6||

Die charakteristischen Züge des Menschen mit feurigem Temperament sind: Leidet unter Hunger, ist unruhig, hat einen schlanken, dünnen Körper, ist gelehrt, nimmt eine große Menge an Nahrung zu sich, ist scharf in seiner Art, hellhäutig und stolz.

karpūrotpalafandhāḍhyo bhogī sthirasukhī balī |
kṣamāvān siṁhanādaśca mahīprakṛtiko naraḥ || 7||

Die charakteristischen Züge des Menschen mit erdigem Temperament sind: Verströmt einen Kampfer- und Lotusduft, liebt Luxus, Annehmlichkeiten und Vergnügen, ist stets glücklich und vergebend und hat eine tiefe Stimme wie ein Löwe.

śabdārthavit sunītijño pragalbho jñānasaṁyutaḥ |
vivṛtāsyo'tidīrghaśca vyomaprakṛtisambhavaḥ || 8||

Die charakteristischen Züge des Menschen mit ätherischem Temperament sind: Ist ein Experte im Umgang mit Worten und in der Diplomatie, brillant, gelehrt, hat einen unverstellten Gesichtsausdruck und einen langen Körper.

kāntimān bhāravāhī ca priyavāk pṛthivīpatiḥ |
bahumitrā mṛdurvidvān jalaprakṛtisambhavaḥ || 9||

Die charakteristischen Züge des Menschen mit wässrigem Temperament sind: Ist glanzvoll, belastbar, hat eine sanfte Sprechweise, gleicht einem König, hat viele Freunde und ist gelehrt.

vāyutattvādhiko dātā krodhī gauro'ṭanapriyaḥ |
bhūpatiśca durādharṣaḥ kṛśāṅgo jāyate janaḥ || 10||

Die charakteristischen Züge des Menschen mit luftigem Temperament sind: Ist wohltätig, voller Zorn, hat eine helle Hautfarbe, wandert gerne umher, ist siegreich über Feinde, gleicht einem König und hat einen schlanken Körperbau.

svarṇadīptiḥ śubhā dṛṣṭiḥ sarvakāryārthasiddhitā |
vijayo dhanalābhaśca vahnibhāyāṁ prajāyate || 11||

Wenn das Feuerelement in einem Menschen vorherrscht, d. h. wenn Sonne oder Mars am stärksten ist, haben sein Gesicht und sein Körper eine goldene Ausstrahlung. Er hat fröhlich blickende Augen, Erfolg in all seinen Unternehmungen, siegt über seine Feinde und erlangt Reichtum.

iṣṭagandhaḥ śarīre syāt susnigdhanakhadantatā |
dharmārthasukhalābhaśca bhūmicchāyā yadā bhavet || 12||

Wenn das Erdelement in einem Menschen vorherrscht, d. h. wenn Merkur am stärksten ist, dann verströmt der Körper verschiedene Arten von Düften. Seine Nägel, Haare und Zähne sind sauber. Er erlangt Freude und Reichtum und ist tugendhaft gesinnt.

svaccā gaganajā chāyā vākpaṭutvapradā bhavet |
suśabdaśravaṇodbhūtaṁ sukhaṁ tatra prajāyate || 13||

Wenn das Ätherelement in einem Menschen vorherrscht, d. h. wenn Jupiter am stärksten ist, dann ist er ein geschickter Redner und erfreut sich daran, Lieder und vedische Hymnen usw. zu lernen.

mṛdutā svasthatā dehe jalacchāyā yadā bhavet |
tadā'bhiṣṭarasasvādasukhaṁ bhavati dehinaḥ || 14||

Wenn das Wasserelement in einem Menschen vorherrscht, d. h. wenn Mond oder Venus am stärksten ist, dann ist der Körper des Menschen schlank, er erfreut sich guter Gesundheit und schmackhaften Essens und ist aus diesem Grund glücklich.

mālinyaṁ mūḍhatā daityaṁ rogaśca pavanodbhavāḥ |
tadā ca śokasantāpau vāyucchāyā yadā bhavet || 15||

Wenn das Luftelement in einem Menschen vorherrscht, d. h. wenn Saturn am stärksten ist, dann ist sein Körper schmutzig. Er ist dumm und erleidet Rheuma, Kummer und Seelenqualen.

evaṁ phalaṁ budhairjñeyaṁ sabaleṣu kujādiṣu |
nirbaleṣu tathā teṣu vaktavyaṁ vyatyayād dvija || 16||

Maharishi Parashara sagte:

O Brahmane, die Auswirkungen der Elemente, wie ich sie eben beschrieben habe, werden sich in vollem Umfang verwirklichen, wenn die betreffenden Planeten mit genügend Stärke versehen sind. Wenn sie schwach sind, werden die Auswirkungen sich im Verhältnis zu ihrer Schwäche verringern.

*Ab hier ist nicht mehr vom stärksten Planeten im Horoskop die Rede, sondern allgemein von den Planeten als Vertretern der ihnen zugeordneten Elemente.*

nīcaśatrubhagaiścāpi viparītaṁ phalaṁ vadet |
phalāptirabalaiḥ kheṭaiḥ svapnacintāsu jāyate || 17||

Wenn der entsprechende Planet sich in seinem Zeichen des Falls oder in einem ungünstigen Haus befindet, werden die Auswirkungen der Elemente ungünstig sein, d. h. im Gegensatz zu den zuvor beschriebenen Wirkungen stehen. Wenn ein Planet ohne Stärke ist, werden seine elementaren Wirkungen nur in der Einbildung erlebt.

tadduṣṭaphalaśāntyarthamapi cājñātajanmanām |
phalapaktyā daśā jñeyā vartamānā nabhaḥsadām || 18||

Falls Zeit, Datum und Geburtsort einer Person nicht bekannt sind, sollte man die Dasha eines Planeten anhand der zuvor beschriebenen Auswirkungen bestimmen, und wenn der Geborene mit negativen Wirkungen konfrontiert wird, sollte man geeignete Abhilfemaßnahmen ergreifen, um den betreffenden Planeten zu besänftigen (d. h. Yagyas und insbesondere Grahashanti durchführen).

# Kapitel 77: Auswirkungen von Sattva Guna usw.

**atha sattvādiguṇaphalādhyāyaḥ** || 77||
atho guṇavaśenāhaṁ kathayāmi phalaṁ dvija |
sattvagrahodaye jāto bhavetsattvādhikaḥ sudhīḥ || 1||
rajaḥkheṭodaye vijño rajoguṇasamanvitaḥ |
tamaḥkheṭodaye mūrkho bhavejjātastamo'dhikaḥ || 2||
guṇasāmyayuto jāto guṇasāmyakhagodaye |
evaṁ caturvidhā vipra jāyanto jantavo bhuvi || 3||
uttamo madhyamo nīca udāsīna iti kramāt |
teṣāṁ guṇānahaṁ vakṣye nāradāriprabhāṣitān || 4||

Maharishi Parashara sagte:

O Brahmane, wenn die Sattva-Guni-Planeten (Sonne, Mond und Jupiter) im Horoskop dominieren, dann ist der Geborene ein Sattva-Guni und von gutem Charakter. (Sattva steht für Reinheit, Klarheit, Stille, Sanftheit usw.). Wenn Rajo-Guni-Planeten (Merkur und Venus) dominieren, dann ist der Geborene ein Rajo-Guni (von Leidenschaft, Unruhe, Begierde und Abneigung beherrscht) und intelligent. Wenn die Tamo-Guni-Planeten (Mars und Saturn) dominieren, ist der Geborene ein Tamo-Guni (von Dumpfheit, Trägheit, Unbewusstheit beherrscht) und dumm. Wenn zum Zeitpunkt der Geburt alle Planeten gleich dominant sind, hat die Person eine Mischung aus allen Attributen (Gunas).

Die so geborenen Personen (Geschöpfe) werden der Reihenfolge nach als Uttama (ausgezeichnet), Madhyama (von mittelmäßiger Art), Adhama (verachtenswert) und Udasena (neutral) klassifiziert. Es gibt also vier Arten von belebten Wesen (Prani). Ich werde ihre Eigenschaften aufzählen, wie sie von Narada und anderen Weisen beschrieben wurden.

śamo damastapaḥ śaucaṁ kṣāntirārjavameva ca |
alobhaḥ satyavāditvaṁ jane sattvādhike guṇāḥ || 5||

Die natürlichen Eigenschaften von Personen, die zur (von Sattva-Guna bestimmten) Uttama-Kategorie gehören, sind: Vergebung, Herrschaft über die Sinne der Wahrnehmung und des Handelns, Durchführung von Askese, Reinheit, Wahrhaftigkeit, Geduld und stille Zufriedenheit.

śauryaṁ tejo dhṛtirdākṣyaṁ yuddhe cā'pyapalāyanam |
sādhūnāṁ rakṣaṇaṁ ceti guṇā jñeyā rajo'dhike || 6||

Die natürlichen Eigenschaften von Personen, die zur (von Rajo-Guna bestimmten) Madhyama-Kategorie gehören, sind: Tapferkeit, Pracht, Schlauheit, Nicht-Zurückweichen im Krieg und der Schutz der Heiligen.

lobhaścāsatyavāditvaṁ jāḍyamālasyameva ca |
sevākarmapaṭutvañca guṇā ete tamo'dhike || 7||

Die natürlichen Eigenschaften von Personen, die zur (von Tamo-Guna bestimmten) Adhama-Kategorie gehören, sind: Gier, Falschheit, Dummheit, Faulheit und Dienstbarkeit.

kṛṣikarmaṇi vāṇijye paṭutvaṁ paśupālane |
satyāsatyaprabhāṣitvaṁ guṇasāmye guṇā ime || 8||

Die natürlichen Eigenschaften von Personen, die zur (von einer Mischung der Gunas bestimmten) Udasena-Kategorie gehören, sind: Tätigkeit in Landwirtschaft und Handel, Beschützen des Viehbestandes und Aussprechen von Wahrheit und von Lüge.

gataiśca lakṣaṇairlakṣya uttamo madhyamo'dhamaḥ |
udāsīnaśca viprenda taṁ tatkarmaṇi yojayet || 9||

O Maitreya, klassifiziere die Menschen der Beobachtung der beschriebenen Attribute entsprechend als Uttama, Madhyama, Adhama und Udasena. Eine Person sollte entsprechend ihren Eigenschaften als für eine bestimmte Berufstätigkeit geeignet angesehen werden.

dvābhyāmeko'dhiko yaśca tasyādhikyaṁ nigadyate |
anyathā guṇasāmyaṁ ca vijñeyaṁ dvijasattama || 10||

Wenn unter Sattva, Rajas und Tamas ein Guna deutlich dominiert, wird es als das bestimmende Guna angesehen. Ansonsten haben alle gleichen Einfluss.

sevyasevakayorevaṁ kanyakāvarayorapi |
guṇaiḥ sadṛśayoreva prītirbhavati niścalā || 11||

Die liebevolle Beziehung zwischen Herr und Diener (Arbeitgeber und Arbeitnehmer) sowie zwischen Mann und Frau ist verlässlich und stabil, wenn sie die gleichen Eigenschaften besitzen.

udāsīno'dhamasyaivamudāsīnasya madhyamaḥ |
madhyamasyottamo vipra prabhavatyāśrayo mude || 12||

O Maitreya, wenn es unter den oben genannten vier Personengruppen auch nur die geringste Übereinstimmung zwischen Adhama und Udasena, zwischen Udasena und Madhyama und zwischen Madhyama und Uttama gibt, so sind wechselseitige Zuneigung und Freude die Folge.

ato'varā varāt kanya sevyataḥ sevako'varaḥ |
guṇaistataḥ sukhotpattiranyathā hānireva hi || 13||

Wenn der Bräutigam bessere Eigenschaften als die Braut und der Herr bessere Eigenschaften als der Diener hat, dann besteht gegenseitige Zuneigung (Achtung) und Glück. Wenn jedoch die Braut oder der Diener über bessere Eigenschaften verfügt, werden die Beziehungen voller Bitterkeit sein.

vīryaṁ kṣetraṁ prasūteśca samayaḥ saṅgatistathā |
uttamādiguṇe heturbalavānuttarottaram || 14||

Die Eigenschaften des Geborenen sind abhängig von seinem Vater und seiner Mutter, seinem Zeitpunkt der Geburt und von den Personen, mit denen er in Verbindung steht. Dies sind die Hauptursachen für seine Eigenschaften wie Uttama usw. Die Eigenschaften, die durch den Zeitpunkt der Geburt und die Verbindungen bewirkt werden, sind einflussreicher als die, die er von den Eltern erhält.

ataḥ prasūtikālasya sadṛśo jātake guṇaḥ |
jāyate taṁ parīkṣyaiva phalaṁ vācyaṁ vicakṣaṇaiḥ || 15||

Infolgedessen wird eine Person mit dem Attribut Sattva, Rajas oder Tamas versehen sein, je nachdem, welches der Gunas zum Zeitpunkt der Geburt vorherrschend ist. Die Voraussagen sollten daher unter Berücksichtigung der Gunas gemacht werden.

kālaḥ sṛjati bhūtani pātyatho saṁharatyapi |
iśvaraḥ sarvalokānāmavyayo bhagavān vibhu || 16||

Der oberste Herr des Universums, der unzerstörbar und allmächtig ist, ist der Kala Purusha (die kosmische Zeit-Person). Er ist der Schöpfer, Erhalter und Zerstörer alles Beweglichen und Unbeweglichen.

tacchaktiḥ prakṛtiḥ proktā munibhistriguṇātmikā |
tathā vibhakto'vyakto'pi vyakto bhavati dehinām || 17||

Die drei Gunas von Kala werden Natur genannt. Durch sie manifestiert sich der unmanifestierte, nicht-wahrnehmbare Kala in wahrnehmbarer Gestalt.

caturdhā'vayavāstasya svaguṇaiśca caturvidhaḥ |
jāyante hyuttamo madhye udāsīno'dhamaḥ kramāt || 18||

Der Körper des manifestierten Kala Purusha ist seiner eigenen Natur entsprechend vierfach unterteilt in Uttama, Madhyama, Udasena und Adhama.

uttame tūttamo janturmadhye'ṅge ca madhyamaḥ |
udāsīne hyadāsīno jāyate cā'dhame'dhamaḥ || 19||

Aus seinen Unterteilungen Uttama, Madhyama, Udasena und Adhama gehen die vier Arten von Geschöpfen – Uttama, Madhyama, Udasena und Adhama - hervor.

uttamāṅgaṁ śaristasya madhyamāṅgamuraḥsthalam |
jaṅghādvayaudāsīnamadhamaṁ padamucyate || 20||

Der Uttama-Teil des Kala Purusha ist der Kopf, der Madhyama-Teil seine beiden Arme und die Brust, die Oberschenkel bilden den Udasena-Teil und die Füße entsprechen dem Adhama-Teil.

evaṁ guṇavaśādeva kālabhedaḥ prajāyate |
jātibhedastu tadbhedājjāyate'tra carācare || 21||

Auf diese Weise regieren die Gunas entsprechend den Unterteilungen des Kala Purusha über alles, was sich in den verschiedenen Kategorien im Bereich der Schöpung bewegt und nicht bewegt.

evaṁ bhagavatā sṛṣṭaṁ vibhunā svaguṇaiḥ samam |
caturvidhena kālena jagadetaccaturvidham || 22||

Auf diese Weise hat der Kala Purusha, entsprechend seiner eigenen Natur als Chaturvida (Vierfacher), die vierfache Ordnung des Universums hervorgebracht.

# Kapitel 78: Verlorene Horoskope

**atha naṣṭajātakādhyāyaḥ** || 78||
janmakālavaśādevaṁ phalaṁ proktaṁ tvayā mune |
yajjanmasamayo'jñāto jñeyaṁ tasya phalaṁ katham || 1||
śubhaṁ vā'pyaśubhaṁ vāpi manujasya purākṛtam |
asti kaścidupāyaścet taṁ bhavān vaktumarhati || 2||

Maitreya sagte:

O Weiser, du hast bisher die positiven und negativen Auswirkungen beschrieben, die eine Person aufgrund des Geburtszeitpunkts genießt oder erleidet, aber wie kann man die positiven und negativen Auswirkungen feststellen, wenn der Zeitpunkt der Geburt nicht bekannt ist? Sage mir bitte, ob es eine Möglichkeit gibt, dieses Problem zu lösen.

sādhu pṛṣṭaṁ tvayā vipra lokānugrahamānasā |
kathayāmi tava snehāt phalamajñātajanmanām || 3||
varṣāyanartumāsārdhatithinakṣatrabhādiṣu |
yadajñātaṁ ca tanmānaṁ jñāyate praśnalagnataḥ || 4||

Maharishi Parashara antwortete:

Du hast da zum Wohle der ganzen Welt eine gute Frage gestellt. In Anbetracht deines Engagements werde ich nun etwas zu diesem Problem sagen. Wenn einer oder alle unter den Faktoren Samvatsara (Jahr), Ayana (Halbjahr), Ritu (Jahreszeit, umfasst 2 Monate), Monat, Paksha (Halbmonat), Tithi (Tag), Nakshatra, Lagna, Rashi oder Amshas usw. der Geburt nicht bekannt sind, dann können diese vermittels des Prashna Lagna (Fragehoroskop) ermittelt werden.

praśnāṅgadvādaśāṁśarkṣasthite janma vadet gurau |
ayanaṁ lagnapūrvārdhe saumyaṁ yāmyaṁ parārdhake || 5||
ṛturlagnadṛkāṇarkṣasvāmibhiḥ śaśirādayaḥ |
śaniśukrakujendujñajīvairgrīṣmastu bhānunā || 6||

Das Samvatsara (Jahr) der Geburt des Fragestellers wird dem Rashi in der Dwadashamsha (12tel-Chart) entsprechen, in das der Prashna Lagna fällt (das bedeutet, dass Jupiter, der sich 1

Jahr lang in jedem Zeichen aufhält, sich bei Geburt in diesem Zeichen befunden hat).

Saumyayan (Uttarayan - der nördliche Lauf der Sonne) wird sich in der ersten Hora der Lagna befinden und Yamyayan (Dakshinayan - der südliche Lauf der Sonne) in der zweiten Hora (dies legt das Ayana, das Halbjahr fest).

Die Ritu (Jahreszeit) kann durch den Herrn des Drekkana, in das der Lagna fällt, bestimmt werden. Shishira wird durch das Drekkana von Saturn angezeigt, Grishma durch Sonne und Mars, Vasanta durch Venus, Varsha durch den Mond, Sharad durch Merkur und Hemanta durch Jupiter.

ayanartuvirodhe tu parivartyāḥ parasparam |
budhacandra surācāryāḥ kujaśukraśanaiścaraiḥ || 7||

Wenn es einen Widerspruch zwischen Ayana und Ritu gibt, kann die Ritu des Merkur anstelle der von Mars, die der Venus anstelle der des Mondes und die des Saturn anstelle der von Jupiter verwendet werden.

māso dṛkāṇapūrvārdherpūrvo'nyastu parārdhake |
anupātāt tithirjñeyā bhāskarāṁśasamā dvija || 8||
tadvaśādiṣṭakālo yo janmakālasamo hi saḥ |
tatra grahāṁśca bhāvāṁśca jñātvā tasya phalaṁ vadet || 9||

Nachdem so die Ritu in Erfahrung gebracht wurde, nimm den ersten Teil des Drekkana als den ersten Monat und den zweiten Teil des Drekkana als den nächsten Monat der Ritu. Lege dann durch die abgelaufenen Amshas des Drekkanas anteilsmäßigig den Tithi oder die Amshas der Sonne fest. Die Ishtakala, die durch die Amshas (Grade) der Sonne angezeigt wird, zeigt den Zeitpunkt der Geburt des Fragestellers an. Aus der so berechneten Ishtakala sollten die Grade der Planeten und Häuser (Planet-Spashta und Haus-Spashta) berechnet werden. Vorhersagen sollten dann in Übereinstimmung mit der Stellung der Häuser und Planeten gemacht werden.

gururdvādaśabhrvarṣaiḥ punastadrāśigo bhavet |
tat kasmin paryayo tasya jñeyaḥ saṁvatsaro mune || 10||

Maitreya fragte:

O Maharishi, Jupiter kehrt nach jeweils 12 Jahren in das gleiche Rashi zurück. Aus welchem Jupiter-Zyklus sollte dann das Samvatsara (Jahr) bestimmt werden?

saṁvastarasya sandehe praśnakarturdvijottama |
vayo'numānatastatra dvādaśa dvādaśa kṣipet || 11||
tatrāpi saṁśaye jāte gururlagnatrikoṇagaḥ |
kalpyo vayo'numānena vatsaraḥ pūrvavat tataḥ || 12||

Maharishi Parashara antwortete:

O Maitreya, wenn es irgendeinen Zweifel in Bezug auf das Samvatsara gibt, dann nimm das ungefähre Alter des Fragestellers und addiere ein Vielfaches von 12 zu der Differenz zwischen der Rashi von Jupiter zum Zeitpunkt der Anfrage und seiner Rashi zum Zeitpunkt der Geburt. Die so ermittelte Zahl sollte als die mögliche Anzahl der Jahre genommen und das Samvatsara entsprechend bestimmt werden. Wenn durch das Addieren von 12 Jahren ein Altersunterschied zu bestehen scheint, sollte die Position des Jupiter, je nach vermutetem ungefähren Alter, in eine Trikona Rashi, d. h. in das 5. oder 9. vom Prashna Lagna aus, verlegt werden, je nachdem, was man für angemessen hält. Nachdem man so das Samvatsara bestimmt hat, sollten Ayana, Ritu usw. auf die zuvor beschriebene Art und Weise ausgearbeitet werden.

jñātvā māsaṁ sasūryāṁśaṁ kālajñānaṁ kathaṁ bhavet |
bhagavanniti me brūhi lokānugrahacetasā || 13||

Maitreya fragte erneut:

O Weiser, wie wird der Zeitpunkt der Geburt festgestellt, nachdem der Monat und die Amshas usw. der Sonne ermittelt worden sind? Bitte erkläre dies zum Wohle der Menschen.

sakrānteriṣṭasūryāṁśatulye'hni dvijasattama |
raviraudayikaḥ sādhyastasyeṣṭārkasya cāntaram || 14||
kalīkṛtya svaṣaṇnighnaṁ sphuṭārkagatibhājitam |
labdhaṅghaṭyādimānaṁ yat tāvān sūryodayāt param || 15||
pūrvaṁ janmeṣṭakālo hi kramāj jñeyo vipaścitā |
sādhitaudayikādarkādiṣṭe'rke'nikahīnake || 16||

Parashara sprach:

Nach der Ermittlung des Rashi, der Amshas usw. der Sonne zum Zeitpunkt der Geburt sollte der exakte Längengrad der Sonne (Surya Spashta) für den nächsten Tag nach der Anzahl der Tage berechnet werden, die vergangen sind, seit die Sonne in das Rashi eingetreten ist und die den zurückgelegten Amshas der Sonne entsprechen wird. Dann sollte die Differenz zwischen den Amshas des Sonnenaufgangs und den Amshas der Sonne zum Zeitpunkt der Geburt in Kalas umgerechnet und mit 60 multipliziert werden. Das Produkt sollte durch die Surya Spashta geteilt und in Kalas umgerechnet werden. Die so verfügbar werdenden Ghatikas usw. werden die Ishtakala der Geburt vor und nach Sonnenaufgang darstellen. Wenn der Längengrad der Ishta-Sonne größer ist als der der aufgehenden Sonne, wird die Ishtakala der Geburt um so viel nach dem Sonnenaufgang liegen. Ist der Längengrad der Ishta-Sonne kleiner als der der aufgehenden Sonne, so liegt die Ishtakala der Geburt (die Geburtszeit) um so weit vor dem Sonnenaufgang.

*Zweifellos muss der Jyotishi (Astrologe), um erfolgreich mit Hilfe von Prashna Lagna unbekannte Geburtsdaten zu rekonstruieren, nicht nur ein hervorragender Astrologe sein, sondern auch einen sehr hohen Bewusstseinszustand haben.*

## Kapitel 79: Yogas, die zu Asketentum führen

**atha pravrajyāyogādhyāyaḥ || 79||**
atha vipra pravakṣyāmi yogaṁ pravrajyakābhidham |
pravrajanti janā yena sampradāyāntaraṁ gṛhāt || 1||

Maharishi Parashara sagte:

O Brahmane, nun werde ich dir die Yogas beschreiben, die zum Asketentum führen, unter deren Einfluss die Personen ihr Zuhause aufgeben und die Initiation in einen heiligen Orden erhalten.

caturādibhirekasthaiḥ pravrajyā balibhiḥ samāḥ |
ravyādibhistapasvī ca kapālī raktavastrabhṛt || 2||
ekadaṇḍī yatiścakradharo nirgranthikaḥ kramāt |
jñeyā vīryādhikasyaiva sabaleṣu bahuṣvapi || 3||

Ein Yoga für Asketentum entsteht, wenn vier oder mehr Planeten, die mit Stärke versehen sind, ein einziges Haus besetzen. Je nach dem Planeten, der in der folgenden Gruppe der Stärkste ist – Sonne, Mond, Mars, Merkur, Jupiter, Venus oder Saturn – wird der Geborene ein Tapasvi, ein Kapali, der Träger eines roten Gewandes, der Träger eines Danda (Stab), ein Yati, der Hüter eines Chakras oder ein nackter Sannyasin sein. Wenn mehrere Planeten mit Stärke ausgestattet sind, wird der heilige Orden desjenigen, der unter ihnen am stärksten ist, den Geborenen aufnehmen.

sūryeṇā'staṁ gatāste cedapi vīryasamanvitāḥ |
adīkṣitāstadā jñeyā janāstadgatabhaktayaḥ || 4||

Wenn starke Planeten, die zum Asketentun führen können, verbrannt sind, wird der Geborene trotz seiner Vorliebe für einen heiligen Orden nicht in diesen heiligen Orden initiiert werden.

astaṅgatā nirbalāścet sabalaśca raviryadā |
tadā ravibhavā jñeyā pravrajyā dvijasattama || 5||

Wenn der (eigentlich stärkste) Planet infolge der Verbrennung durch die Sonne an Stärke verliert, wird der Geborene stattdessen in den heiligen Orden eintreten, der von der Sonne angezeigt wird, d. h. er wird ein Tapasvi.

*Ein Tapasvi ist ein Asket, der sich sehr strenge Bußübungen (Tapas) auferlegt.*

janmabheśo'nyakheṭaiścedadṛṣṭaḥ śanimīkṣate ।
tayorbalavaśāttatra pravrajyāmāpnuyānnaraḥ ।। 6।।

Wenn der Herr des Zeichens, das vom Mond besetzt ist (Janma Rashi), keinen Aspekt anderer Planeten erhält, aber selbst den Saturn aspektiert, wird der Geborene in die heilige Ordnung des Planeten eingeweiht, der von den beiden stärker ist.

nirbalo janmabheśaścet kevalenārkiṇekṣitaḥ ।
tadā śanibhavameva pravrajyām āpnuyājjanaḥ ।। 7।।

Wenn der Herr des Zeichens, das vom Mond besetzt ist, keine Stärke besitzt und nur von Saturn aspektiert wird, wird der Geborene in den heiligen Orden initiiert, der von Saturn (Nirgranthas, nackte Sannyasins) angezeigt wird.

śanidṛkkāṇasaṁsthe ca śanibhaumanavāṁśake ।
śanidṛṣṭe vidhau jñeyā pravrajyā śanisambhavā ।। 8।।

Wenn der Mond im Drekkana von Saturn oder in der Navamsha von Saturn oder Mars steht und von Saturn aspektiert wird, wird der Geborene zum Asketen und tritt in den heiligen Orden ein, der von Saturn angezeigt wird.

kujādiṣu jayī śukraḥ saumyago yāmyago'pi vā ।
jayī saumyagataścānyaḥ parasparayutau bhavet ।। 9।।

Es gibt einen planetaren Krieg, wenn unter den Grahas Mars, Merkur, Jupiter, Venus und Saturn zwei (oder mehr) zusammen (in demselben Grad eines Zeichens) stehen. Dabei ist die Venus stets der Sieger, egal ob sie sich im Norden oder Süden befindet, aber unter den anderen vier ist nur derjenige der Sieger, der sich (in der Deklination) am weitesten im Norden befindet, während der weiter im Süden befindliche Planet als Verlierer des planetaren Krieges angesehen wird.

pravrajyākārakaḥ kheṭo yadyanyena parājitaḥ ।
tadā labdhāṁ parivrajyāṁ parityajati tāṁ punaḥ ।। 10।।

Wenn der Planet, der den Geborenen zum Asketen macht, zum Zeitpunkt der Geburt im planetaren Krieg von einem anderen Planeten oder von mehreren anderen Planeten besiegt wird, wird der Geborene den heiligen Orden wieder verlassen, in den er initiiert wurde.

bahavo janmakāle cet pravrajyākārakā grahāḥ |
balatulyāstadā tatra pravrajyā katamā bhavet || 11||

Maitreya fragte:

O ehrwürdiger Weiser, wenn es mehrere Planeten gibt, die Signifikatoren für Asketentum sind, in welchen heiligen Orden wird der Geborene dann initiiert werden?

bahavo balinaścet syuḥ pravrajyākārakā grahāḥ |
tadā prāpnoti sarveṣāṁ teṣāṁ pravrajyakāṁ dhruvam || 12||

Maharishi Parashara antwortete:

O Brahmane, wenn mehrere Planeten die entsprechende Stärke besitzen, dann tritt der Geborene in die heiligen Orden von all diesen Planeten ein.

tattadgrahadaśākāle pravrajyāṁ yāti tadbhavām |
tyaktvā gṛhītapūrvāṁ tāmanyāṁ prāpnoti mānavaḥ || 13||

Der Geborene wird in den heiligen Orden desjenigen Planeten initiiert, dessen Dasha zuerst in Kraft tritt. Dann gibt er den heiligen Orden dieses Planeten zu Beginn der Dasha des nächsten Planeten auf und tritt in den von diesem angezeigten heiligen Orden ein.

dṛṣṭeṣvindvijyalagneṣu śaninā navame guruḥ |
rājayoge'tra jāto'sau tīrthikṛnna'tra saṁśayaḥ || 14||

Wenn Jupiter, Mond und Aszendent von Saturn aspektiert werden und Jupiter das 9. besetzt, wird ein mit einem Rajayoga Geborener zu einem heiligen, glanzvollen Begründer eines Systems der Philosophie (oder eines heiligen Ordens).

dharmasthānagate mande grahadṛṣṭivivarjite |
rājayoge'tra yo jātaḥ sa rājā dīkṣito bhavet || 15||

Wenn Saturn sich im 9. vom Aszendenten aus befindet und er von keinem Planeten aspektiert wird, wird derjenige, der mit einem Rajayoga geboren ist, einem heiligen Orden beitreten und ihn dann anführen, anstatt einen neuen Orden zu begründen. Wenn es keinen Rajayoga gibt, wird der Geborene einfach nur ein Asket.

# Kapitel 80: Horoskope von Frauen

**atha strījātakādhyāyaḥ || 80||**
bahudhā bhavatā proktaṁ yajjātakaphalaṁ mune |
tannārīṇāṁ kathaṁ jñeyamiti me kathayā'dhunā || 1||

Maitreya fragte:

O Maharishi, du hast Auswirkungen vielerlei Art beschrieben. Sei nun bitte so freundlich, Licht auf Strī Jatak (weibliche Horoskopie) zu werfen.

sādhu pṛṣṭaṁ tvayā vipra tadapi pravadāmyaham |
strīṇāṁ pumbhiḥ samaṁ jñeyaṁ phalamuktaṁ vipaścitā || 2||
viśeṣastatra yo dṛṣṭaḥ saṅkṣepāt kathayāmi tat |
lagne dehaphalaṁ tasyāḥ pañcame prasavastathā || 3||
saptame patisaubhāgyaṁ vaidhavyaṁ nidhane dvija |
strīṇāmasambhavaṁ yadyat tatphalaṁ tatpatau vadet || 4||

Maharishi Parashara antwortete:

Was für eine gute Frage! Höre nun, was ich dir über Horoskope von Frauen erzählen werde. Alle Auswirkungen, die bisher für die Horoskope von Männern beschrieben wurden, werden auch für Frauen gelten. Angelegenheiten, die sich auf ihre körperliche Erscheinung beziehen, sollten vom Aszendenten aus geschlussfolgert werden, jene, die sich auf Kinder beziehen, vom 5. Haus aus, das Wohlergehen des Ehemannes vom 7. Haus aus und der Tod des Ehemannes (Witwenschaft) vom 8. Haus aus. Diejenigen Auswirkungen im Horoskop, die einer Frau nicht zugeschrieben werden können, sollten stattdessen ihrem Ehemann zugewiesen werden.

lagnendū samabhe yasyāḥ sā nārī prakṛtisthitā |
kanyocitaguṇopetā suśīlā śubhalakṣaṇā || 5||

Wenn zum Zeitpunkt der Geburt einer Frau Aszendent und Mond sich in geraden (d. h. weiblichen) Zeichen befinden, wird die Frau einen ausgeprägt weiblichen Charakter haben. Sie wird ausgezeichnete Eigenschaften und einen standhaften Charakter haben, schön und gesund sein.

śubhekṣitau surūpā ca sadā dehasukhānvitā ।
viṣame puruṣākārā duḥśīlā pāpavīkṣitau ।। 6।।

Falls Aszendent und Mond in ungeraden (d. h. männlichen) Zeichen stehen, ist sie männlich in ihrer Erscheinung und männlich in ihrer Gestalt und in ihrem Verhalten, und wenn dabei Aszendent und Mond mit Übeltäter-Planeten verbunden sind oder von diesen aspektiert werden, dann hat sie keine guten Eigenschaften und ist sündig.

pāpāḍhyau ca guṇairhīnā miśre miśraphalaṁ vadet ।
lagnendvoryo balī tasya phalaṁ tasya viśeṣataḥ ।। 7।।

Wenn von Aszendent und Mond einer in einem geraden und der andere in einem ungeraden Zeichen steht, dann sollte man darauf schließen, dass die betreffende Frau sowohl männliche als auch weibliche Eigenschaften besitzt. Die Eigenschaften von Aszendent oder Mond werden je nach ihrer Stärke stärker ausgeprägt sein.

lagnendvoryo balī vipra triṁśāṁśaistadadhiṣṭhitaiḥ ।
graharāśivaśād vācyaṁ phalaṁ strīṇāṁ viśeṣataḥ ।। 8।।

O Brahmane, die Auswirkungen in Bezug auf Frauen werden insbesondere von dem stärkeren der beiden (Aszendent oder Mond) im Rashi und im Trimshamsha abhängen.

kanyaivāragṛhe duṣṭā bhaumatriṁśāṁśake bhavet ।
kucaritrā tathā śaukre samāyā bodhane smṛtā ।। 9।।
jaive sādhvī śanau dāsī jñarkṣe kauje chalānvitā ।
śaukre prakīrṇakāmā sā baudheṁ'śe ca guṇānvitā ।। 10।।
klībā'rkyaṁśe satī jaive kaujai duṣṭā sitarkṣake ।
śaukre khyātaguṇā baudhe kalāsu nipuṇā bhavet ।। 11।।
jaive guṇavatī mānde punarbhūścandrabhe tataḥ ।
svatantrā kujātriṁśāṁśe śaukre ca kulapāṁsanā ।। 12।।
baudhe śilpakalā'bhijñā jaive bahuguṇā śanau ।
patighnī cārkabhe kauje vācālā bhārgave satī ।। 13।।
baudhe puṁśceṣṭitā jaive rājñī mānde kulacyutā ।
kauje bahuguṇā'ryarkṣe śaukre cāpyasatī matā ।। 14।।
baudhe vijñānasaṁyutā jaive'nekaguṇānvitā ।
mānde cālparatiḥ proktā dāsī kauje tathā'rkibhe ।। 15।।
suprajñā ca bhavecchaukre baudhe duḥsthā tathā khalā ।
jaive pativratā proktā mānde nīcajanānugā ।। 16।।

Wenn Aszendent oder Mond sich in einem Rashi befinden, das von Mars beherrscht wird, wird die Frau, die in einem Trimshamsha des Mars geboren ist, vor der Heirat unerlaubte Beziehungen mit einem Mann haben; wenn sie in einem Trimshamsha der Venus geboren ist, wird sie nach der Heirat unkeusch sein; wenn sie in einem Trimshamsha des Merkur geboren ist, wird sie voller Tücke und tüchtig in Beschwörungen sein; wenn das Trimshamsha das von Jupiter ist, wird sie würdig und tugendhaft sein; wenn sie in einem Trimshamsha von Saturn geboren ist, wird sie eine Dienerin oder Sklavin sein.

Wenn Aszendent oder Mond sich in einem Rashi befinden, dessen Herr Merkur ist, wird die Frau, die in einem Trimshamsha des Mars geboren ist, voller Arglist sein; sie wird lüstern sein, wenn sie in einem Trimshamsha von Venus geboren ist; sie wird gute Eigenschaften besitzen, wenn sie in einem Trimshamsha von Merkur geboren ist; im Trimshamsha von Saturn wird sie von der Natur eines Hermaphroditen sein und im Trimshamsha von Jupiter wird sie keusch sein.

In einem von Venus beherrschtem Zeichen wird eine Frau, die im Trimshamsha des Mars geboren wurde, lasterhaft sein; bei einem Trimshamsha der Venus wird sie prominent sein und ausgezeichnete Eigenschaften besitzen; im Trimshamsha von Merkur wird sie in allen Künsten wohlbewandert sein; sie wird alle guten Eigenschaften besitzen, wenn sie im Trimshamsha von Jupiter geboren wurde und sie wird erneut heiraten, wenn sie in einem Trimshamsha des Saturn geboren wurde.

Wenn Aszendent oder Mond in dem Rashi stehen, dessen Herr der Mond ist, und das Trimshamsha bei Geburt das von Mars ist, wird die Frau eigensinnig und unkontrollierbar sein; sie wird unkeusch sein und einen losen Charakter haben, wenn sie in einem Trimshamsha der Venus geboren ist; sie wird Talent für alle Künste und für Handarbeiten haben, wenn das Trimshamsha das von Merkur ist; sie wird mit allen guten Eigenschaften ausgestattet sein, wenn das Trimshamsha das von Jupiter ist; sie wird eine Witwe werden, wenn das Trimshamsha das des Saturn ist.

Wenn Aszendent oder Mond im Rashi der Sonne stehen und das Trimshamsha der Geburt das von Mars ist, wird die geborene Frau sehr gesprächig sein; sie wird tugendhaft sein, wenn sie in einem

Trimshamsha der Venus geboren ist; sie wird männliche Züge tragen, wenn das Trimshamsha das von Merkur ist; sie wird keusch und tugendhaft sein im Fall des Trimshamshas von Jupiter und sie wird unkeusch sein, wenn das Trimshamsha das von Saturn ist.

Wenn Aszendent oder Mond in dem Rashi stehen, dessen Herr Jupiter ist, wird eine im Trimshamsha von Mars geborene Frau mit vielen guten Eigenschaften ausgestattet sein; sie wird eine unkeusche Frau sein, wenn sie in einem Trimshamsha der Venus geboren ist; sie wird in vielen Wissenschaften wohlbewandert sein, wenn das Trimshamsha das von Merkur ist; im Trimshamsha von Jupiter geboren wird sie mit allen guten Eigenschaften ausgestattet sein und sie wird kaum Interesse an Geschlechtsverkehr haben, wenn sie im Trimshamsha von Saturn geboren ist.

Wenn Aszendent oder Mond in einem Zeichen von Saturn stehen, wird die in einem Trimshamsha von Mars geborene Frau eine Dienerin sein; sie wird gelehrt sein, wenn sie in einem Trimshamsha der Venus geboren ist; sie wird grausam und unmoralisch sein, wenn das Trimshamsha das von Merkur ist; sie wird Hingabe an ihren Ehemann besitzen, wenn sie im Trimshamsha von Jupiter geboren ist und sie wird unkeusch sein, wenn das Trimshamsha dem Saturn gehört.

mande śūnye śubhādṛṣṭe patiḥ kāpuruṣo bhavet ।
carabhe ca pravāsī syāt klīvastatra jñamandayoḥ ।। 17।।
sūrye'stabhe patityaktā bālye ca vidhavā kuje ।
śanāvaśubhasandṛṣṭe yāti kanyaiva vṛddhatām ।। 18।।
vidhavāstagataiḥ pāpaiḥ saumyaistu sadhavā satī ।
miśrakheṭaiḥ pūnarbhūḥ sā jñeyā miśraphalānvitā ।। 19।।
mithoṁ'śasthau sitārau cedanyāsaktā tadā'ṅganā ।
saptame ca sthite candre tadā bharturanujñyā ।। 20।।
śukrabhe śanibhe vāpi senduśukre ca lagnage ।
mātrā saha tadā nārī vandhakī bhavati dhruvam ।। 21।।

Wenn das 7. Haus ohne einen Planeten und ohne den Aspekt eines Wohltäters ist, wird die Frau einen feigen und verachtenswerten Unglückswurm als Ehemann haben. Falls das 7. Haus mit einem beweglichen Zeichen zusammenfällt, wird der Ehemann stets außer Haus sein. Wenn Merkur und Saturn sich im 7. Haus befinden, wird der Ehemann der betreffenden Frau impotent sein.

Wenn die Sonne das 7. Haus bewohnt, wird die betreffende Frau von ihrem Ehemann verlassen werden. Wenn Mars das 7. Haus besetzt, wird die betreffende Frau in ihrer Kindheit zur Witwe. Wenn Saturn im 7. Haus steht, erreicht sie ein hohes Alter und bleibt unverheiratet. Wenn es Übeltäter im 7. Haus gibt, wird sie frühzeitig (in ihrer Jugend) Witwe und wenn Wohltäter das 7. bewohnen, wird die Frau Eheglück genießen und keusch sein. Wenn sich im 7. Haus sowohl Wohltäter als auch Übeltäter aufhalten, werden sowohl positive als auch negative Auswirkungen auftreten.

Falls Mars in der Navamsha der Venus und Venus in der Navamsha des Mars steht, wird die betreffende Frau unerlaubte Beziehungen zu anderen Männern haben; wenn in diesem Yoga der Mond sich im 7. befindet, dann geht die Frau auf Veranlassung ihres Ehemannes unerlaubte Beziehungen ein.

kujarkṣe vā tadaṁśe'ste strīlolaḥ krodhanaḥ patiḥ |
baudharkṣāṁśe tathā vidvān kalāsu nipuṇaḥ sudhīḥ || 22||
jaive sarvaguṇopetaḥ patiraste jitendriyaḥ |
śaukre saubhāgyasaṁyuktaḥ kāntaḥ strījanavallabhaḥ || 23||
saurerkṣa vātha saurāṁśe vṛddho mūrkhaśca saptame |
atīvāmṛdurarkāṁśe tadṛkṣevā'tikarmakṛt || 24||
aste karke tadaṁśe vā kāntaḥ kāmī mṛduḥ patiḥ |
miśre miśraphalaṁ vācyaṁ bhāṁśayośca balakramāt || 25||

Wenn bei der Geburt der Frau das Zeichen des 7. Hauses und ebenso das 7. Haus in der Navamsha von Mars beherrscht werden, wird der Ehemann mit anderen Frauen flirten und zu Zorn neigen. Handelt es sich um ein Rashi oder Navamsha des Merkur, wird ihr Mann sehr gebildet und klug sein. Handelt es sich um ein Rashi oder Navamsha von Jupiter, wird der Ehemann der betreffenden Frau tugendhaft sein und seine Sinne beherrschen. Wenn es sich um ein Rashi oder eine Navamsha der Venus handelt, wird ihr Ehemann mit Glück gesegnet sein, sehr gut aussehen und bei den Frauen beliebt sein. Handelt es sich um ein Rashi oder eine Navamsha des Saturn, wird ihr Mann ein alter Mann und dumm sein. Wenn Rashi oder Navamsha im 7. Haus dem Zeichen Löwe zugeordnet sind, wird ihr Mann einen überaus sanften Charakter haben und sehr hart arbeiten. Wenn das 7. Haus in Rashi und

Navamsha den Mond als Herrn haben, wird der Ehemann der Frau attraktiv, lüstern und sanftmütig sein.

Wenn es unterschiedliche Rashis und Navamshas im 7. Haus gibt, werden die Auswirkungen gemischter Natur sein. Die Auswirkungen der Rashis und Navamshas werden dabei von ihrer Stärke abhängen.

sūrye'ṣṭamagate jātā duḥkhadāridryasaṁyutā |
kṣatāṅgī khedayuktā ca bhaveddharmaparāṅmukhī || 26||
candre'ṣṭamagate nārī kubhagā kustano kudṛg |
vastrābharaṇahīnā ca rogiṇī cātigarhitā || 27||
kuje'ṣṭamagate bālā kṛśāṅgī rogasaṁyutā |
vidhavā kāntihīnā ca śokasantāpaduḥkhitā || 28||
budheṣṭamagate jātā dharmahīnā bhayāturā |
abhimānadhanairhīnā nirguṇā kalahapriyā || 29||

Wenn in einem weiblichen Horoskop die Sonne im 8. Haus steht, wird die Geborene unglücklich und arm sein, deformierte Gliedmaßen haben und keinen Glauben an die Religion besitzen. Wenn der Mond das 8. besetzt, hat die betreffende Frau eine schadhafte Vagina, hässliche Brüste, einen unheilvollen Blick, besitzt weder Gewänder noch Schmuck, ist kränklich und wird von anderen gescholten werden. Mit Mars in 8 hat die Geborene eine schwächliche Konstitution, ist kränklich, wird eine Witwe sein, sieht hässlich aus und ist voller Kummer und Seelenqualen. Bei Merkur im 8. wird sie ohne Glauben an die Religion sein, schüchtern, weder Wohlstand noch Selbstachtung noch gute Eigenschaften besitzen und sie wird streitsüchtig sein.

gurāvaṣṭamage bālā viśīlā svalpasantatiḥ |
pṛthuvādakarā patyā tyaktā bahvaśanā bhavet || 30||
śukre'ṣṭamagate jātā pramattā dhanavarjitā |
nirdayā dharmahīnā ca malinā kapaṭānvitā || 31||
śanāvaṣṭamage jātā duḥsvabhāvā malimlucā |
pravañcanaparā nārī bhavet patisukhojjñitā || 32||
rāhāvaṣṭamabhāvasthe kurūpā pativarjitā |
kaṭhorahṛdayā rogairyuktā ca vyabhicāriṇī || 33||

Wenn in einem Frauenhoroskop Jupiter im 8. Haus steht, wird die betreffende Frau schamlos und ohne Tugend sein und sie wird wenige Kinder sowie dickliche Hände und Füße haben; sie wird von ihrem Mann verlassen werden und gefräßig sein. Wenn Venus das 8. Haus einnimt, wird sie vergnügungssüchtig sein, ohne Mitgefühl, Religion und Reichtum und sie wird schmutzig und betrügerisch sein. Bei Saturn in 8 wird die betreffende Frau einen bösartigen Charakter haben, schmutzig und betrügerisch sein und keine Harmonie in der Ehe erfahren. Mit Rahu im 8. wird sie hässlich sein, keine Freude in der Ehe erfahren, ein grausames Herz haben sowie kränklich und unkeusch sein.

śaśiśukrau yadā lagne mandarābhyāṁ yutau tadā |
bandhyā bhavati sā nārī sutabhe pāpadṛgyute || 34||

Eine Frau wird unfruchtbar sein, wenn in ihrem Rashi Kundali (Geburtshoroskop) Mond und Venus mit Saturn oder Mars verbunden sind und das 5. Haus von einem Übeltäter besetzt ist oder von ihm aspektiert wird.

kujāṁśestagate sauridṛṣṭe nārī sarugbhagā |
śubhāṁśe saptame jñeyā subhagā pativallabhā || 35||

Falls Mars im Horoskop einer Frau in der Navamsha Herr des 7. Hauses ist, wird ihre Vagina krank sein. Wenn das 7. in der Navamsha von einem Wohltäter beherrscht wird, wird sie ein gut ausgebildetes weibliches Organ haben und von ihrem Ehemann geliebt werden.

budhabhe lagnage sūtau candraśukrayute dvija |
jñeyā pitṛgṛhe nārī sā sarvasukhasaṁyutā || 36||

Wenn der Aszendent im Zeichen Zwillinge oder Jungfrau in einem weiblichen Horoskop von Venus und Mond besetzt ist, lebt die betreffende Frau glücklich und erfreut sich im Haus ihres Vaters aller Arten von Annehmlichkeiten.

lagne candrajñaśukreṣu bahusaukhyaguṇānvitā |
jīva tatrātisampannā putravittasukhānvitā || 37||

Befinden sich Mond, Merkur und Venus im Aszendenten, so ist die betreffende Frau mit vielen guten Eigenschaften ausgestattet und erfährt viel Freude im Leben. Wenn Jupiter im Aszendenten steht, ist sie glücklich, wohlhabend und hat Kinder.

lagnādaṣṭamagau syātāṁ candrārkau svarkṣagau tadā |
bandhyā'tha kākabandhyā cedevaṁ candrabudhau yadā || 38||

Falls das 8. Haus mit Löwe oder Krebs zusammenfällt und Sonne und Mond sich beide darin befinden, dann ist die betreffende Frau unfruchtbar. Ist das 8. Haus Zwillinge, Jungfrau oder Krebs und Merkur und Mond bewohnen es, wird die Geborene nur ein Kind haben.

śanimaṅgalabhe lagne candrabhārgavasaṁyute |
pāpadṛṣṭe ca sā nārī bandhyā bhavati niścayāt || 39||

Die betreffende Frau wird definitiv unfruchtbar sein, wenn der Aszendent Widder, Skorpion, Steinbock oder Wassermann ist und Mond und Venus sich in ihm befinden und dabei von Übeltätern aspektiert werden.

sarāhau saptame sūrye pañcame pāpasaṁyute |
śukrejyarāhavo mṛtyau mṛtāpatyā ca sā bhavet || 40||

Die betreffende Frau wird ein bereits totes Kind zur Welt bringen, wenn das 7. Haus von Rahu und Sonne besetzt ist oder Rahu sich zusammen mit Sonne oder Jupiter im 8. befindet und das 5. Haus von Übeltätern besetzt ist.

śukrejyāvaṣṭame sārau saptame vā kujo bhavet |
śaninā dṛgyuto nārī galadgarbhā prakīrtitā || 41||

Die betreffende Frau wird kein Kind empfangen können, wenn Jupiter und Venus mit Mars verbunden im 8. Haus stehen oder Mars sich mit Saturn zusammen im 8. befindet.

pāpakartarike lagne candre jātā ca kanyakā |
samastaṁ pitṛvaṁśaṁ ca pativaṁśaṁ hihanti sā || 42||

Die betreffende Frau wird zu einer Zerstörerin der Familie ihres Mannes und der Familie ihres Vaters, wenn bei ihrer Geburt Mond und Lagna (Aszendent) in einen Papa Kartari Yoga eingebunden sind (sich vorwärts bewegende Übeltäter im 12. und rückläufige Übeltäter im 2. Haus).

sasarpāgnijaleśarkṣe bhānumandāravāsare |
bhadrātithau januryasyāḥ sā viṣākhyā kumārikā || 43||

Eine Frau, deren Geburt unter den folgenden Bedingungen stattfindet, wird Visha Kanya genannt. Geburt an einem Sonntag, Nakshatra Aslesha, 2. Tithi; Geburt am Samstag, Krittika, 7. Tithi; Geburt am Dienstag, Satabhisha, 12. Tithi.

*Eine Visha Kanya (Gift-Jungfrau) ist eine sagenumwobene junge Frau, die von Kindheit an mit Gift und Gegengift gefüttert wurde, sodass ihre bloße Gegenwart tödlich ist. Die Visha Kanya wurde von Königen als professionelle Attentäterin eingesetzt.*

sapāpaśca śubhau lagne dvau pāpau śatrubhasthitau |
yasyā januṣi sā kanyā viṣākhyā parikīrtitā || 44||

Eine Frau wird eine Visha Kanya sein, wenn bei ihrer Geburt der Lagna von einem Übeltäter und von einem Wohltäter besetzt ist und zwei Planeten sich im Zeichen des Feindes befinden.

viṣayoge samutpannā mṛtavatsā ca durbhagā |
vastrābharaṇahīnā ca śokasantaptamānasā || 45||

Eine Visha Kanya bringt ein Kind zur Welt, das bereits tot ist. Sie wird viel Kummer erfahren und weder schöne Gewänder noch Schmuck usw. besitzen.

saptameśaḥ śubho vāpi saptame lagnato'thavā |
candrato vā viṣaṁ yogaṁ vinihanti na saṁśayaḥ || 46||

Die negativen Auswirkungen eines Visha Kanya Yogas werden zerstört, wenn der Herr des 7. Hauses ein Wohltäter ist oder ein Wohltäter-Planet sich im 7. Haus vom Aszendenten oder vom Mond aus befindet.

lagne vyaye sukhe vāpi saptame cā'ṣṭame kuje |
śubhadṛgyogahīne ca patiṁ hanti na saṁśayaḥ || 47||

Die Geborene wird zur Witwe werden, wenn Mars im 1., 12., 4., 7. oder 8. vom Aszendenten aus steht, ohne von einem Wohltäter aspektiert zu werden oder mit ihm verbunden zu sein.

yasmin yoge samutpannā patiṁ hanti kumārikā ।
tasmin yoge samutpanno patnīṁ hanti naro'pi ca ।। 48।।
strīhantrā pariṇītā cet patihantrī kumārikā ।
tadā vaidhavyayogasya bhaṅgo bhavati niścayāt ।। 49।।

Der Yoga, der eine Frau zur Witwe macht, wird auch einen männlichen Geborenen zum Witwer machen. Wenn der Mann und die Frau, die diesen Yoga besitzen, eine Ehe eingehen, hat der Yoga jedoch keine Wirkung mehr.

*Diesem Yoga, der als Kuja Dosha (Mars-Störung) bekannt ist, wird in Indien – inbesondere in der astrologischen Ehevermittlung – eine enorme Bedeutung beigemessen.*

mithoṁ'śasthau mithodṛṣṭau sitārkī vā sitarkṣake ।
ghaṭāṁśe lagnage nārī pradīptaṁ madanānalam ।। 50।।
saṁśāntiṁ nayati strībhiḥ sukhībhirmadanāturā ।
parābhiḥ puruṣākārasthitabhirdvijasattama ।। 51।।

Wenn bei der Geburt einer Frau das aufsteigende Zeichen das der Venus ist und das aufsteigende Navamsha-Zeichen das des Saturn und wenn Venus und Saturn sich dabei gegenseitig aspektieren oder ihre Navamsha-Zeichen tauschen, wird sie übermäßig lüstern sein und das Feuer ihrer Leidenschaft mit Hilfe anderer Frauen, die die Rolle eines Mannes spielen, zu löschen versuchen.

kujajñaguruśukraiśca balibhiḥ samabhe tanau ।
kuśalā'nekaśāstreṣu sā nārī brahmavādinī ।। 52।।

Wenn Jupiter, Mars, Merkur und Venus stark sind und das aufsteigende Zeichen (Lagna) gerade ist, wird die geborene Frau in den vedischen Schriften (Shastras) wohlbewandert und eine Exponentin der Vedanta-Philosophie sein.

krūre saptamage kaścit khecaro navame yadi ।
sā pravrajyāṁ tadāpnoti pāpakhecarasambhavām ।। 53।।

Falls ein Übeltäter-Planet im 7. und irgendein Planet im 8. Haus steht, wird die betreffende Frau eine Asketin werden.

vilagnādaṣṭame saumye pāpadṛgyogavarjite |
mṛtyuḥ prāgeva vijñeyastasya mṛtyurna saṁśayaḥ || 54 ||

Eine Frau stirbt vor ihrem Ehemann, wenn in ihrem Geburtshoroskop ein Wohltäter das 8. Haus bewohnt, ohne dabei von einem Übeltäter aspektiert zu werden oder mit einem Übeltäter verbunden zu sein.

aṣṭame śubhapāpau cet syātāṁ tulyabalau yadā |
saha bhartrā tadā mṛtyuṁ prāptvā svaryāti niścayāt || 55 ||

Wenn bei der Geburt einer Frau Wohltäter und Übeltäter von gleicher Stärke das 8. Haus besetzen, wird sie zweifellos zusammen mit ihrem Ehemann zu ihrer gemeinsamen himmlischen Wohnstätte aufbrechen.

# Kapitel 81: Charakteristische Eigenschaften der Körperpartien einer Frau

**atha aṅgalakṣaṇaphalādhyāyaḥ || 81||**
bahudhā bhavtā proktaṁ janmakālāt śubhāśubham |
śrotumicchāmi nāroṇāmaṅgacihnaiḥ phala mune || 1||
śṛṇu vipra pravakṣyāmi nārīṇāmaṅgalakṣaṇam |
phalaṁ yathā'ha pārvatyai bhagavān śaṅkarastathā || 2||

Maitreya sagte:

O ehrwürdiger Weiser, ich bin von dir vollständig über die günstigen und ungünstigen Auswirkungen unterrichtet worden, die du in Bezug auf den Janma Lagna in einem Frauenhoroskop beschrieben hast. Nun bitte ich dich, mich mit dem Wissen über die günstigen und ungünstigen Auswirkungen in Bezug auf die charakteristischen Merkmale der verschiedenen Körperpartien einer Frau zu segnen.

Maharishi Parashara antwortete:

O Brahmane, nun werde ich dir berichten, was Shiva einst der Göttin Parvati diesbezüglich erzählt hat.

*Im Folgenden ist nicht von Planeten, Tierkreiszeichen, Häusern usw. die Rede, aber die Wissenschaft der Physiognomie (Samudrika Shastra) ist schon seit jeher Bestandteil von Jyotish gewesen und gehört dort zur Samhita-Abteilung. Am Ende dieses Kapitels weist Parashara darauf hin, dass die meisten der hier in Bezug auf Frauen getroffenen Aussagen ebenso für Männer gelten.*

snigdhaṁ pādatalaṁ strīṇāṁ mṛdulaṁ māṁsalaṁ samam |
raktamasvedamuṣṇaṁ ca bahubhogapradāyakam || 3||
vivarṇaṁ puruṣaṁ rūkṣaṁ khaṇḍitaṁ viṣamaṁ tathā |
sūrpākārañca śuṣkaṁ ca duḥkhadaurbhāgyadāyakam || 4||

Eine Frau, deren Sohlen ebenmäßig, flach, weich, gut entwickelt, warm und in rosa Farbe glänzend sind, ohne viel Schweiß, wird die volle Freude genießen, die ihrem Geschlecht bestimmt ist. Diejenige, deren Sohlen keine rosa Farbe aufweisen und hart, trocken, plump, uneben und ungleichmäßig geformt sind und die

Form eines Korbes hat, der verwendet wird, um die Spreu vom Weizen oder Reis zu trennen und die knochig und fleischlos sind, wird Kummer im Leben erfahren.

śaṅkhasvastikacakrā'bjadhvajamīnā'tapatravat |
yasyāḥ pādatale cihnaṁ sā jñeyā kṣitipāṅganā || 5||
bhavet samastabhogāya tathā dīrghordhvarekhikā |
rekhāḥ sarpā'khukākābhā duḥkhadāridryasūcikāḥ || 6||

Eine Frau, die Male in Gestalt von Muschel, Svastika, Chakra, Lotus, Fahne, Fisch, Regenschirm und einer langen, deutlich sichtbaren Linie an ihren Fußsohlen hat, wird einer Königin gleichen und im Leben Freude und Annehmlichkeiten erfahren. Wenn die Fußsohlen Male in Form von Schlange, Ratte und Krähe aufweisen, wird sie keinen Wohlstand besitzen und Kummer erleiden.

raktāḥ samunnatāḥ snigdhā vṛttāḥ pādanakhāḥ śubhāḥ |
sphuṭitāḥ kṛṣṇavarṇāśca jñeyā aśubhasūcakāḥ || 7||

Eine Frau, deren Zehennägel rosafarben glänzen, glatt, erhöht und rund sind, erfährt große Freude und viele Annehmlichkeiten im Leben. Schwärzliche und gerissene Fußnägel zeigen Kummer an.

unnato māṁsalo'ṅguṣṭho vartulo'tulabhogadaḥ |
vakro hrasvaśca cipiṭo duḥkhadāridryasūcakaḥ || 8||

Ein erhöhter, gut entwickelter, ebenmäßiger und runder großer Zeh zeigt Glück im Leben an, während einer, der klein, unregelmäßig geformt und flach ist, auf Kummer hinweist.

mṛdavo'ṅgulayaḥ śastā ghanā vṛttāśca māṁsalāḥ |
dīrghāṅgulībhiḥ kulaṭā kṛśābhirdhanavarjitā || 9||

Die Zehen einer Frau, die weich, dick, rund und gut entwickelt sind, werden als glückverheißend angesehen. Wenn ihre Zehen besonders lang sind, hat sie lose Sitten. Dünne Zehen weisen auf Armut hin.

bhaveddhrasvābhiralpāyurviṣamābhiśca kuṭṭanī |
cipaṭābhirbhaveddāsī viralābhaśca nirdhanā || 10||
yasya mithaḥ samārūḍhāḥ pādāṅgulyo bhavanti hi |

bahunapi patīn hitvā parapreṣyā ca sā bhavet || 11||
yasyā pathi calantyāśca rajo bhūmeḥ samucchalet |
sā pāṁsulī bahvennārī kulatrayavighātinī || 12||
yasyāḥ kaniṣṭhikā bhūmiṁ gacchantyā na parispṛśet |
sā hi pūrvapatiṁ hatvā dvitīyaṁ kurute patim || 13||
madhyamā'nāmikā cāpi yasyā bhūmiṁ na saṁspṛśet |
patihīnā ca sā nārī vijñeyā dvijasattama || 14||
pradeśinī bhavedyasyā aṅguṣṭhādvyatirekiṇī |
kanyaiva dūṣitā sā syāt kulaṭā ca tadagrataḥ || 15||
unnataṁ pādapṛṣṭhaṁ cet tadā rājñī bhaveddhruvam |
asvedamaśirāḍhyañca māṁsalaṁ masṛṇaṁ mṛdu || 16||

Hier weitere Hinweise, was die Eigenschaften der Zehen anbetrifft: Kurz: kurzes Leben; teils kurz, teils lang und unregelmäßig in der Form: eine Kupplerin und betrügerisch; flach: Dienstmädchen; überdurchschnittlich weit voneinander entfernt: ohne Wohlstand; Zehen, die sich gegenseitig überlagern: Witwe und von anderen abhängig; wenn Staub aufgewirbelt wird, wenn sie geht: unkeusch und bringt allen drei Familien (väterlicherseits, mütterlicherseits und der ihres Ehemannes) Schande; wenn die kleine Zehe den Boden nicht berührt: wird nach dem Tod ihres Ehemannes einen anderen heiraten; wenn die mittleren Zehen nicht den Boden berühren: Witwe; wenn die Zehe neben dem großen Zeh länger ist als der große Zeh: sie wird vor der Heirat eine unerlaubte Verbindung mit einem Mann eingehen und eine unkeusche Frau sein.

anyathā dhanahīnā ca śirālaṁ cettadā'dhvagā |
romāḍhyaṁ ced bhaveddāsī nirmāsaṁ yadi durbhagā || 17||

Wenn die Oberseite der Füße einer Frau wohlgeformt ist, nicht schwitzt, weich und glatt ist, wird sie einer Königin gleichen. Im gegenteiligen Fall wird sie von Armut geplagt sein. Wenn dieser Teil des Fußes deutlich hervorgehobene Venen aufweist, wird sie reisefreudig sein. Viele Haare an diesem Teil der Füße bedeuten, dass sie eine Dienstmagd sein wird. Wenn die Füße knochig oder fleischlos sind, wird sie unglücklich sein.

subhagā samapārṣṇiḥ strī pṛthupārṣṇiśca durbhagā |
kulaṭonnatapārṣṇiśca dīrghapārṣṇiśca duḥkhitā || 18||

Wenn die Fersen ebenmäßig geformt sind, wird die betreffende Frau ihrem Ehemann Lust bereiten. Sind die Fersen dick, ist das Gegenteil der Fall. Sind die Fersen-Absätze hoch, so ist sie unkeusch. Lange Absätze weisen auf Elend hin.

arome ca same snigdhe yasyā jaṅgha suvartule |
visire ca suramye sā rājapatnī bhaveddhruvam || 19||

Wenn die Beine einer Frau (unterhalb der Knie) ebenmäßig, rund, haarlos und gutaussehend sind, ohne dass die Adern hervortreten, wird sie einer Königin gleichen.

vartulaṁ māṁsalaṁ snigdhaṁ jānuyugmaṁ śubhapradam |
nirmāsaṁ svairacāriṇyā nirdhanāyāśca viślatham || 20||

Runde, fleischige und sanft geformte Knie sind glückverheißend. Wenn die Knie knochig sind, wird die betreffende Frau lose Sitten haben. Bei instabilen Knien wird sie von Armut geplagt sein.

ghanau karikarākārau vartulau mṛdulau śubhau |
yasyā ūrū śirāhīnau sā rājñī bhavati dhruvam || 21||

Wenn die Oberschenkel rund sind und dem Rüssel eines jungen Elefanten gleichen, dicht beieinander sind, schön geformt und unbehaart, wird die betreffende Frau einer Königin gleichen. Wenn die Oberschenkel flach und behaart sind, wird sie arm und eine Witwe sein.

cipiṭau romaśau yasyā vidhavā durbhagā ca sā |
caturbhirviśatiyutairaṅgulaiśca samā kaṭiḥ |
samunnatanitambāḍhyā praśastā syāt mṛgīdṛśām || 22||
vinatā cipaṭā dīrghā nirmāṁsā saṅkaṭā kaṭiḥ |
hrasvā romaiḥ samāyuktā duḥkhavaidhavyasūcikā || 23||

Eine Taille, deren Umfang 24 Angulas (Fingerbreiten) entspricht, mit gut entwickelten Hüften, deutet darauf hin, dass die Frau Glück im Leben haben wird. Eine Taille, die flach, lang, knochig und behaart ist, lässt auf Witwenschaft und Kummer im Leben schließen.

natimbaḥ śubhadaḥ strīṇāmunnato māṁsalaḥ pṛthuḥ |
sukhasaubhāgyadaḥ prokto jñeyo duḥkhaprado'nyathā || 24||

Wenn die Hüften einer Frau schön, wohlgeformt, fleischig und breit sind, so gilt dies als glückverheißend. Im gegenteiligen Fall wird Kummer und Leid angezeigt.

strīṇāṁ gūḍhamaṇistuṅgo raktābho mṛduromakaḥ |
bhagaḥ kamaṭhapṛṣṭhābhaḥ śubho'śvatthagalākṛtiḥ || 25 ||
kuraṅgakhurarūpo yaścullikodarasannibhiḥ |
romaśo dṛśyanāsaśca vivṛttāsyo'śubhapradaḥ || 26 ||
vāmonnatastu kanyājaḥ putrojo dakṣiṇonnataḥ |
śaṅkhāvarto bhago yasyāḥ sā vigarbhā'ṅganā matā || 27 ||

Eine Vagina, die verborgen, rosafarben, wie der Rücken einer Schildkröte gebogen, weich, behaart, wohlgeformt wie das Blatt eines Pipal-Baums und ebenmäßig ist, gilt als glückverheißend. Wenn sie wie die Hufe eines Hirsches oder wie die Öffnung eines Ofens geformt ist, mit harten Haaren versehen und hervorstehend, dann gilt dies als schlechtes Omen. Wenn die linke Seite des Geschlechtsorgans einer Frau hervorsteht, bekommt sie mehr weibliche Kinder und wenn die rechte Seite hervorsteht, mehr Jungen. Wenn das Organ wie eine Muschel geformt ist, wird sie unfruchtbar sein.

mṛdvī vastiḥ praśastā syād vipulālpasamunnatā |
romāḍhyā ca śirālā ca rekhāṅkā na śubhapradā || 28 ||

Wenn der Bauch unterhalb des Nabels (Vasti) weich, ausgeprägt und leicht erhaben ist, so gilt dies als verheißungsvoll. Ist er stark behaart, weist hervortretende Adern auf, ist stark gewölbt und voller Falten, so weist dies auf Kummer im Leben hin.

gambhīrā dakṣiṇāvartā nābhiḥ sarvasukhapradā |
vyaktagranthiḥ samuttānā vāmāvartā na śobhanā || 29 ||

Ein tiefer, nach rechts gewundener Nabel ist glückverheißend. Ein hervorstehender Nabel, der nach links gewunden ist, gilt als ungünstig.

pṛthukukṣiḥ śubhā nārī sūte sā ca bahūn sutān |
bhūpatiṁ janayet putraṁ maṇḍūkābhena kukṣiṇā || 30 ||
unnatena valībhājā sāvartena ca kukṣiṇā |
vandhyā sannyāsinī dāsī jāyate kramado'balā || 31 ||

Ein gut gewölbter Bauch weist auf ein gut ausgebildetes Geschlechtsorgan und viele Söhne hin. Wenn der Bauch einer Frau dem eines Frosches ähnelt, wird ihr Sohn ein König werden. Wenn eine Frau einen stark hervorstehenden Bauch hat, wird sie unfruchtbar sein. Wenn der Bauch faltig ist, wird sie eine Asketin. Wenn er kreisförmige Falten aufweist, wird sie eine Dienstmagd sein.

same samāṁśe mṛdule pārśve strīṇāṁ śubhaprade |
unnate romasaṁyukte śirāle cā'śubhaprade || 32||

Wenn der Bereich des Körpers oberhalb der Rippen ebenmäßig geformt, gut entwickelt und weich ist, ist dies förderlich. Ist er hervorstehend, behaart und weist hervortretende Adern auf, ist dies ungünstig.

nirlobhaṁ hṛdayaṁ strīṇāṁ same sarvasukhapradam |
vistīrṇaṁ ca salomaṁ ca vijñeyamaśubhapradam || 33||

Wenn der Bereich über dem Herzen ebenmäßig und unbehaart ist, gilt dies als glückverheißend. Ist er übermäßig breit und behaart, so gilt dies als ungünstig.

samau pīnau ghanau vṛttau dṛḍhau śastau payodhrau |
sthūlāgrau viralau śuṣkau strīṇāṁ naiva śubhapradau || 34||
dakṣiṇonnatavakṣojā nārī putravatī matā |
vāmonnatastanī kanyāprajā proktā purātanaiḥ || 35||
nārīṇāṁ cūcuke śaste śyāmavarṇe suvartule |
antarbhagne ca dīrghe ca kṛśe cāpi na śobhane || 36||

Die Brüste einer Frau sind glückverheißend, wenn sie gleich groß, fleischig, rund und fest sind und nahe beieinander stehen. Sie zeigen Unglück an, wenn sie vorne dick sind, nicht nahe beieinander stehen oder knochig sind. Eine angehobene rechte Brust bedeutet, dass sie Söhne bekommen wird. Eine angehobene linke Brust zeigt an, dass sie Töchter haben wird. Dies sagen die traditionellen Astrologiekundigen. Wenn der Bereich, der die Brustwarzen umgibt, rund, gut aussehend und von dunkler Farbe ist, ist das glückverheißend. Eingefallene und ungewöhnlich kleine Brüste deuten auf Unglück hin.

strīṇāṁ skandhau samau puṣṭau gūḍhasandhī śubhapradau |
romāḍhyāvunnatau vakrau nirmāsāvaśubhau smṛtau || 37 ||

Ebenmäßige, gut geformte und nicht übermäßig hervortretende Schultern sind ein gutes Zeichen. Hervorstehende, stark behaarte und knochige Schultern gelten als unheilvoll.

susūkṣmarome nārīṇāṁ puṣṭe snigdhe śubhaprade |
kakṣe śirāle gambhīre na śubhe svedamedure || 38 ||

Wenn die Achselhöhlen weich, wenig behaart und schön geformt sind, ist dies glückverheißend. Diejenigen, die tief, ohne Fleisch und verschwitzt sind und hervortretende Adern aufweisen, gelten als unheilverkündend.

gūḍhāsthī komalagranthī viśirau ca biromakau |
saralau suvartulau caiva bhujau śastau mṛgīdṛśām || 39 ||
nirmāṁsau sthūlaromāṇau hrasvau caiva śirātatau |
vakrau bhujau ca nārīṇāṁ kleśāya parikīrtitau || 40 ||

Arme, bei denen die Knochen nicht hervortreten und die zartgliedrig, unbehaart, ohne sichtbare Adern, gerade und rund sind, gelten als gutes Omen. Knochige, stark behaarte, kurze Arme mit hervortretenden Adern und von unregelmäßiger Form sind ungünstig.

sarojamukulākāro karāṅguṣṭhau mṛgīdṛśām |
sarvasaukhyapradau proktau kṛśau vakrau ca duḥkhadau || 41 ||

Wenn die Daumen der Frau wie eine Lotusknospe geformt sind, sind sie verheißungsvoll. Wenn sie knochig und unregelmäßig geformt sind, gilt dies als ungünstig.

strīṇāṁ karatalaṁ raktaṁ madhyonnatamarandhrakam |
mṛdulaṁ cālparekhāḍhyaṁ jñeyaṁ sarvasukhapradam || 42 ||
vidhavā bahurekheṇa rekhāhīnena nirdhane |
bhikṣukā ca śiroḍhyena nārī karatalena hi || 43 ||

Wenn die Handflächen der Frau rosafarben sind, in der Mitte etwas erhaben, mit eng aneinander liegenden Fingern (ohne Lücken zwischen ihnen), zart und mit wenigen Linien, dann genießt sie Glück und alle Arten von Annehmlichkeiten im Leben. Wenn die

Handflächen voller Linien sind, wird sie zur Witwe. Wenn es keine Linien gibt, wird sie arm sein. Wenn sich die Adern in den Handflächen deutlich abheben, wird sie von Almosen leben.

pāṇipṛṣṭhaṁ śubhaṁ strīṇāṁ puṣṭaṁ mṛduviromakam ।
śirālaṁ romaśaṁ nimnāṁ dukhadāridryasūcakam ।। 44।।

Wenn die Handrücken einer Frau schön geformt, weich und unbehaart sind, gilt dies als glückverheißend. Weisen die Handrücken ausgeprägte Venen auf und sind eingesunken und stark behaart, so ist dies ein Hinweis auf Kummer und Armut.

yasyāḥ karatale rekhā vyaktā raktā ca vartulā ।
snigdhā pūrṇā ca gambhīrā sā sarvasukhabhāginī ।। 45।।
matsyena subhagā jñeyā svastikena dhanānvitā ।
rājapatnī sarojena jananī pṛthivīpateḥ ।। 46।।
sārvabhaumapriyā pāṇau nadyāvarte pradakṣiṇe ।
śaṅkhātapatrakamaṭhairbhūpasya jananī bhavet ।। 47।।

Eine Frau genießt im Leben Glück und alle Annehmlichkeiten, wenn ihre Handflächen deutlich markierte, rosafarbene, kreisförmige, sanfte, vollständige (ununterbrochene) und tiefe Linien aufweisen. Wenn es hier ein Muster gibt, das einem Fisch gleicht, wird sie sehr glücklich sein. Sie wird reich sein mit dem Mal eines Svastika. Sie wird einer Königin gleichen mit dem Mal eines Lotus. Sie wird die Mutter eines Königs sein, wenn die Handflächen Male einer Muschel, eines Regenschirms und einer Schildkröte haben.

rekhā tulākṛtiḥ pāṇau yasyāḥ sā hi baṇigvadhūḥ ।
gajavājivṛṣābhā vā kare vāme mṛgīdṛśaḥ ।। 48।।
rekhā prasādavajrābhā sūte tīrthakaraṁ sutam ।
kṛṣīvalasya patnī syācchakaṭena yugena vā ।। 49।।
cāmarāṅkuśacāpaiśca rājapatnī pativratā ।
triśūlā'sigadāśaktidundubhyākṛtirekhayā ।। 50।।

Eine Frau, deren Handflächen Linien in Gestalt einer Waage, eines Elefanten, eines Stiers oder eines Pferdes aufweisen, wird die Frau eines Geschäftsmanns. Eine Frau, die Linien hat, welche die Form eines Hauses oder einer Vajra-Waffe bilden, hat Glück und bringt einen Sohn zur Welt, der in den vedischen Schriften (Shastras) wohlbewandert ist. Die Frau, die Linien hat, welche die

Form eines Streitwagens, eines Pfluges oder eines Jochs bilden, wird die Frau eines Bauern. Sie wird eine Königin sein, wenn sie Linien hat, welche die Form von Chamara (Fächer), Ankush (Stachel, mit dem Elefanten angetrieben werden), Dreizack, Schwert, Streitkolben, Shakti (Speer) oder Trompete haben.

aṅguṣṭhamūlānnirgatyā rekhā yāti kaniṣṭhikām I
sā nāri patihantrī syād dūratastāṁ parityajet I I 51 I I
kākamaṇḍūkajambūkavṛkavṛścikabhoginaḥ I
rāsabhoṣṭraviḍālābhā rekhā duḥkhapradāḥ striyāḥ I I 52 I I

Wenn sich in der Handfläche einer Frau eine Linie befindet, die von der Daumenwurzel bis zur Wurzel des kleinen Fingers reicht, wird sie zur Witwe. Wenn es Linien gibt, die die Form einer Krähe, eines Frosches, eines Schakals, eines Wolfes, eines Skorpions, einer Schlange, eines Esels, eines Kamels oder einer Katze bilden, erleidet die betreffende Frau Kummer.

mṛdulāśca suparvāṇo dīrghā vṛttāḥ kramāt kṛśāḥ I
aromakāḥ śubhāḥ strīṇāmaṅgulyaḥ parikīrtitāḥ I I 53 I I
atihrasvāḥ kṛśā vakrā viralā romasaṁyutāḥ I
bahuparvayutā vā'pi parvahīnāśca duḥkhadāḥ I I 54 I I

Wenn die Finger einer Frau zart sind, mit gut aussehenden Knöcheln, die sich am Ende verjüngen und keine Haare aufweisen, gelten sie als verheißungsvoll. Sind sie sehr klein, ausgesprochen knochig, unregelmäßig, weit auseinanderliegend, mit Haaren und mit mehr als den üblichen Knöcheln versehen oder ganz ohne Knöchel, so weist dies auf Kummer hin.

raktavarṇā nakhāstuṅgā saśikhāśca śubhapradāḥ I
nimnā vivarṇā pītā vā puṣpitā duḥkhadāyakāḥ I I 55 I I

Wenn die Fingernägel rosafarben, gewölbt und an der Spitze schön geformt sind, gelten sie als glückverheißend. Eingedrückte, schmutzig aussehende, gelbe oder weiß gefärbte Nägel oder Nägel mit Flecken gelten als unheilvoll.

antarnimagnavaṁśāsthi pṛṣṭhaṁ syānmāṁsalaṁ śubham I
saśiraṁ romayuktaṁ vā vakraṁ cā'śubhadāyakam I I 56 I I

Wenn der Rücken einer Frau angemessen fleischig und gut entwickelt ist, gilt dies als glückverheißend. Ein stark behaarter, krummer Rücken mit hervortretenden Adern ist ungünstig.

strīṇāṁ kaṇthastrirekhāṅkastvavyaktāsthiśca vartulaḥ ।
māṁsalo mṛdulaiścaiva praśastaphaladāyakāḥ ।। 57।।
sthūlagrīvaḥ ca vidhavā vakragrīva ca kiṅkarī ।
bandhyā ca cipiṭagrīvā laghugrīvā ca niḥsutā ।। 58।।

Ein Hals mit drei Falten, mit wenig hervortretenden Knochen, der rund, gut entwickelt und zart ist, gilt als glückverheißend. Eine Frau mit dickem Hals wird zur Witwe. Ein unregelmäßig geformter Hals deutet darauf hin, dass die betreffende Frau eine Dienstmagd sein wird. Eine Frau mit einem flachen Hals wird unfruchtbar sein. Eine Frau mit kleinem Hals bleibt kinderlos.

śreṣṭhā kṛkāṭikā ṛjvī samāṁsā ca samunnatā ।
śuṣkā śirālā romāḍhyā viśālā kuṭilā'subhā ।। 59।।

Eine gerade, gut entwickelte, ein wenig hervortretende Kehle ist glückverheißend. Eine knochige Kehle mit hervortretenden Adern, die stark behaart und unregelmäßig geformt ist, gilt als unheilvoll.

aruṇaṁ mṛdulaṁ puṣṭaṁ praśastaṁ cibukaṁ striyāḥ ।
āyataṁ romaśaṁ sthūlaṁ dvidhābhaktamaśobhanam ।। 60।।

Ein rosafarbenes, zart ausgeprägtes und festes Kinn ist glückverheißend. Ein breites Kinn mit Haaren und Rissen gilt als ungünstig.

kapolāvunnatau strīṇāṁ pīnau vṛttau śubhapradau ।
romaśau puruṣau nimnau nirmāṁsau cā'śubhapradau ।। 61।।

Gewölbte, feste und runde Wangen sind glückverheißend. Wenn sie hart und knochig, eingefallen und ohne Fleisch sind, weist dies auf Unglück hin.

strīṇāṁ mukhaṁ samaṁ pṛṣṭhaṁ vartulaṁ ca sugandhimat ।
susnigdhaṁ ca manohāri sukhasaubhāgyasūcakam ।। 62।।

Wenn der Mund einer Frau eine normale Größe hat sowie, fest, wohlgerundet, duftend, sanft geschwungen und gutaussehend ist, deutet dies auf Glück hin. Andernfalls ist es unheilvoll.

vartulaḥ pāṭalaḥ snigdhārekhābhūṣitamadhyabhūḥ I
manoharo'dharo yasyāḥ sā bhaved rājavallabhā I I 63I I
nirmāṁsaḥ sphuṭito lambo rūkṣo vā śyāmavarṇakaḥ I
sthūlo'dharaśca nārīṇāṁ vaidhavyakleśasūcakaḥ I I 64I I
raktotpalanibhaḥ snigdha uttaroṣṭho mṛgīdṛśām I
kiñcinmadhyaunnato'romā sukhasaubhāgyago bhavet I I 65I I

Wenn die Unterlippe einer Frau rot ist, einem Lotus gleicht, glatt, in der Mitte unterteilt und gutaussehend ist, wird sie einer Königin gleichen. Wenn sie fleischlos, plump, übermäßig lang, trocken und schwärzlich ist, so ist dies ein Hinweis auf Kummer und Witwenschaft. Wenn die Oberlippe einer Frau rosafarben, glatt und in der Mitte leicht hervorgehoben ist, so ist dies ein Zeichen für Freude und Glück im Leben. Ist dies nicht der Fall, ist das unheilvoll.

snigdhāgugdhanibhāḥ strīṇāṁ dvātriṁśaddaśanāḥ śubhāḥ I
adhastāduparişṭhācca samāḥ stokasamunnatāḥ I I 66I I
adhastādadhikāḥ pītāḥ śyāmā dīrghā dvipaṅktayaḥ I
vikaṭā viralāścāpi daśanā na śubhāḥ smṛtāḥ I I 67I I

Eine Frau, deren Zähne glatt, weiß wie Milch und 32 an der Zahl sind und deren obere und untere Zähne gleich groß und leicht hervorstehend sind, wird Glück im Leben erfahren. Wenn die unteren Zähne zahlreicher sind, eine gelbe oder schwarze Färbung aufweisen, übermäßig ausgeprägt sind, weit auseinander stehen oder doppelt vorhanden sind, ist dies ein Zeichen für Unglück.

śoṇā mṛdvī śubhā jihvā strīṇāmatulabhogadā I
duḥkhadā madhyasaṅkīrṇā purobhāge'tivistarā I I 68I I
sitayā maraṇaṁ toye śyāmayā kalahapriyā I
māṁsalayā dhanairhīnā lambayā'bhakṣyabhakṣiṇī I I 69I I

Wenn die Zunge einer Frau rot und weich ist, genießt sie großes Glück und viele Annehmlichkeiten im Leben. Ist sie in der Mitte eingedrückt und vorne verbreitert, so zeigt dies Kummer an. Eine weiße Zunge deutet auf Tod im Wasser hin. Eine dunkle Zunge ist ein Hinweis auf einen streitsüchtigen Charakter. Eine dicke Zunge bedeutet Armut. Eine lange Zunge bedeutet, dass man Allesfresser ist. Eine übermäßig lange und breite Zunge ist ein Hinweis auf Wahnsinn.

pramādasahitā nārī jihvayā ca viśālayā |
susnigdhaṁ pāṭalaṁ strīṇāṁ komalaṁ tāluśobhanam || 70||
śvete tāluni vaidhavyaṁ pīte pravrajitā bhavet |
kṛṣṇe santatihīnā syādrūkṣe bhūrikuṭumbinī || 71||

Ein roter Gaumen, der einem Lotus gleicht und der weich und geschmeidig ist, gilt als gutes Omen. Ein weißer Gaumen bedeutet Witwenschaft, ein gelber Asketentum, ein schwarzer Unfruchtbarkeit und ein trockener eine große Familie.

alakṣitaradaṁ strīṇāṁ kiñcitphullakapolakam |
smitaṁ śubhapradaṁ jñeyamanyathā tvaśubhapradam || 72||

Wenn beim Lächeln einer Frau ihre Wangen etwas hervortreten und ihre Zähne dabei nicht sichtbar sind, ist dies glückverheißend. Andernfalls gilt es als ungünstig.

samavṛttapuṭā nāsā laghucchidrā śubhapradā |
sthūlāgrā madhyanimnā vā na praśastā mṛgīdṛśām || 73||
raktāgrā'kuñcitāgrā vā nāsā vaidhavyakāriṇī |
dāsī sā cipiṭā yasyā hrasvā dīrghā kalipriyā || 74||

Ist die Nase einer Frau ebenmäßig abgerundet und weist kleine Nasenlöcher auf, so ist das glückverheißend. Ist die Nase im vorderen Teil dick und in der Mitte flach, ist dies ungünstig. Ist die Nasenspitze rot oder eingesunken, dann ist dies ein Hinweis auf Witwenschaft. Eine flache Nase deutet auf eine Tätigkeit als Dienstmagd hin. Eine zu kleine oder zu große Nase zeigt einen streitsüchtigen Charakter an hin.

śubhe vilocane strīṇāṁ raktānte kṛṣṇatārake |
gokṣīravarṇe viśade susnigdhe kṛṣṇapakṣmiṇī || 75||
unnatākṣī na dīrghāyurvṛttākṣī kulaṭā bhavet |
ramaṇī madhupiṅgākṣī sukhasaubhāgyabhāginī || 76||
puṁścalī vāmakāṇākṣī vandhyā dakṣiṇakāṇikā |
pārāvatākṣī duḥśīlā gajākṣī naiva śobhanā || 77||

Dunkle Pupillen mit einer Umgebung, die weiß wie Milch ist, und große und breite Augen, die sanft geschwungen und mit dunklen Wimpern geziert sind, gelten als glückverheißend. Hervortretende Augen zeigen eine kurze Lebensdauer an. Runde Augen kennzeichnen einen lockeren Lebenswandel. Honigfarbene Augen zeigen Freude und Glück im Leben an. Augen wie die einer Taube deuten auf Boshaftigkeit hin. Augen wie die eines Elefanten sind ein Hinweis auf Kummer. Wenn das linke Auge blind ist, zeigt das ehebrecherische Tendenzen an und Blindheit des rechten Auges Unfruchtbarkeit.

mṛdubhiḥ pakṣmabhiḥ kṛṣṇairghanaiḥ sūkṣmaiḥ subhāgyayuk |
viralaiḥ kapilaiḥ sthūlairbhāminī dukhabhāginī || 78||

Eine Frau mit zarten, dunklen Wimpern mit ausgeprägten dünnen Haaren ist glückverheißend. Dicke, unregelmäßige Wimpern, dick oder mit gelbbraunen Haaren, weisen auf Kummer hin.

vartulau kārmukākārau snigdhe kṛṣṇe asaṁhate |
subhruvau mṛduromāṇau subhruvāṁ sukhakīrtidau || 79||

Wenn die Augenbrauen einer Frau rund geschwungen, bogenförmig, sanft, dunkel, nicht zusammenstehend sind und zarte Haare haben, wird sie mit Glück und Ruhm gesegnet sein.

karṇau dīrghau śubhāvartau sutasaubhāgyadāyakau |
śaṣkulīrahitau nindyau śirālau kuṭilau kṛśau || 80||

Sind die Ohren einer Frau lang mit rundlichen Windungen, so weist dies auf Kindersegen und Freude im Leben hin. Kleine, unregelmäßig geformte, sehr dünne Ohren mit hervortretenden Adern, zeigen Kummer an.

śirāvirahito bhālaḥ nirlomā'rdhaśaśiprabhaḥ |
animnastryaṅgulastroṇāṁ sutasaubhāgyasaukhyadaḥ || 81||
spaṣṭasvastikacihnaśca bhālo rājyapradaḥ striyāḥ |
pralambo romaśaścaiva prāṁśuśca duḥkhadaḥ smṛtaḥ || 82||

Die Stirn einer Frau ohne hervortretende Adern, frei von Haaren, welche einem Halbmond gleicht, ebenmäßig und etwa drei Finger breit ist, weist auf eine glückliche Frau hin, die mit Ehemann und Kindern gesegnet ist. Das Svastika-Mal auf der Stirn zeigt eine

Königin an. Eine sehr lange, vorstehende und behaarte Stirn bedeutet Kummer.

unnato gajakumbhābho vṛtto mūrdhā śubhaḥ striyāḥ |
sthūlo gīrgho'thavā vakro duḥkhadaurbhāgyasūcakaḥ || 83||

Der Kopf einer Frau, der hoch und rund wie der eines Elefanten ist, gilt als glückverheißend. Ein breiter, flacher, übermäßig großer und unebenmäßiger Kopf weist auf Kummer hin.

kuntalāḥ komalāḥ kṛṣṇāḥ sūkṣmā dīrghaśca śobhanā |
piṅgalāḥ puruṣā rūkṣā viralā laghavo'śubhāḥ || 84||
piṅgalā gauravarṇāyā śyāmāyāḥ śyāmalāḥ śubhāḥ |
nārīlakṣaṇataścaivaṁ narāṇāmapi cintayet || 85||

Seidige, dunkle, lange und feine Haare sind glückverheißend. Rotbraune, grobe, trockene, spärliche und kurze Haare sind ungünstig. Aber auch blonde Haare einer Frau mit hellem Teint und schwarzes Haar einer Frau mit dunklem Teint gelten als glückverheißend.

Die meisten der charakteristischen Merkmale der Körperpartien und die entsprechenden Auswirkungen, die in diesem Kapitel beschrieben werden, gelten auch für Männer.

## Kapitel 82: Auswirkungen von Körpermalen, Flecken, Zeichen usw. für Männer und Frauen

**atha tilādilāñchanaphalādhyāyaḥ || 82||**
athā'haṁ dehajātānāṁ lāñchanānāṁ phalaṁ bruve |
āvartānāṁ tilānāṁ ca maśakānāṁ viśeṣataḥ || 1||

Maharishi Parashara sagte:

O Maitreya, nun werde ich dir die Auswirkungen von Körpermalen, Muttermalen, Flecken und Zeichen beschreiben, die am Körper von Frauen und Männern zu finden sind.

aṅganānāṁ ca vāmāṅge dakṣiṇāṅge nṛṇāṁ śubham |
raktābhaṁ tilakābhaṁ vā lomnāṁ cakramathāpi vā || 2||
tilādilāñchanaṁ strīṇāṁ hṛdi saubhāgyasūcakam |
yasyā dakṣiṇavakṣoje rakte tilakalāñchane || 3||

Ein Muttermal, eine Warze oder ein von Haaren gebildetes Zeichen auf der linken Seite des Körpers einer Frau und auf der rechten Seite des Körpers eines Mannes ist glückverheißend. Wenn sich ein Muttermal bei einer Frau an der Stelle über dem Herzen befindet, so ist das ein glückverheißendes Zeichen. Eine Frau, die einen roten Fleck auf der linken Brust hat, gebiert viele Kinder und wird mit allen möglichen Arten von Sinnesfreuden und Annehmlichkeiten gesegnet sein.

sā santatitatiṁ sūte sukhasaubhāgyasaṁyutām |
raktābhaṁ tilakaṁ yasyāḥ striyā vāme stane bhavet || 4||

Eine Frau, die ein helles rotes Muttermal auf der linken Brust hat, wird nur einen Sohn zur Welt bringen. Dies sagen die gelehrten Astrologen.

eka eva sutastasyā bhavatīta vido viduḥ |
putrīputrayutā jñeyā tilake dakṣiṇe stane || 5||

Wenn eine Frau ein Muttermal auf der rechten Brust hat, wird sie mit Töchtern und Söhnen gesegnet sein.

bhruvormadhye lalāṭe vā lāñchanaṁ rājasūcakam |
kapole maśako rakto nityaṁ miṣṭhānnadāyakaṁ || 6||

Ein Mal auf der Stirn oder zwischen den Augenbrauen zeigt Königsherrschaft an. Eine rote Warze auf einer der Wangen weist auf Gier nach Süßigkeiten hin.

bhagasya dakṣiṇe bhāge lāñchanaṁ yadi yoṣitaḥ |
sā hi pṛthvīpateḥ patnī sūte vā bhūpatiṁ sutam || 7||
nāsāgre lāñchane raktaṁ rājapatnyāḥ prajāyate |
kṛṣṇavarṇaṁ tu yasyāḥ sā puṁścali vidhavā'tha vā || 8||
nābheradho nṛṇāṁ strīṇāṁ lāñchanaṁ ca śubhapradam |
karṇe gaṇḍe kare vā'pi kaṇṭhe vā'pyatha lāñchanaṁ || 9||
prāggarbhe putradaṁ jñeyaṁ sukhasaubhāgyadaṁ tathā |
tilādi lāñchanaṁ vipra gulphageśe ca duḥkhadam || 10||

Eine Frau, die einen roten Fleck auf ihrer Nase hat, wird die Frau eines Königs (einer hochgestellten Persönlichkeit) sein. Wenn das Mal dunkel ist, wird die betreffende Frau eine Ehebrecherin oder eine Witwe sein. Alle Male unterhalb des Nabels sind glückverheißend, sowohl für Männer als auch für Frauen. Male an den Ohren, den Wangen oder am Hals eines Mannes zeigen an, dass sein erstes Kind ein Junge sein wird und er viel Freude und Glück im Leben haben wird. Ein Mann mit Muttermalen usw. an den Oberschenkeln wird viel Kummer erleben.

triśūlākṛti cihna ca lalāṭe yadi jāyate |
nārī rājapriyā jñeyā bhūpatiśca naro bhavet || 11||

Eine Frau, die ein Mal in Form eines Dreizacks auf der Stirn trägt, wird einer Königin gleichen. Ein solches Zeichen auf der Stirn eines Mannes macht ihn zum König (hohe Position im Leben).

lomnāṁ pradakṣiṇāvarto hṛdi nābhau kare śrutau |
dakṣapṛṣṭhe śubho vastau vāmāvarto'śubhapradaḥ || 12||

Ein rechtsdrehender Haarwirbel in der Herzgegend, in der Nähe des Nabels, an den Händen, am rechten Teil des Rückens und im Bereich zwischen Geschlechtsorgan und Nabel ist glückverheißend. Ein linksdrehender Haarwirbel ist ungünstig.

kaṭyāṁ guhye'thavā'varto strīṇāṁ daurbhāgyasūcakaḥ |
udare hanti bhartāraṁ madhyapṛṣṭhe ca puṁścalī || 13||
kaṇṭhe lalāṭe sīmante madhyabhāge ca mūrdhani |
āvarto na śubhaḥ strīṇāṁ pusāṁ vā'pi dvijottama || 14||

Ein solcher Haarwirbel an der Taille oder über den Geschlechtsteilen einer Frau gilt als ungünstig. Befindet sich ein solches Mal am Bauch, wird die betreffende Frau eine Witwe sein, während es in der Mitte des Rückens anzeigt, dass sie eine Ehebrecherin sein wird. Es ist ungünstig, wenn sich dieses Mal am Hals, auf der Stirn oder in der Mitte des Kopfes befindet.

sulakṣaṇā sucaritā api mandāyuṣaṁ patim |
dīrghāyuṣaṁ prakurvanti pramadāśca mudāspadam || 15||

Eine Ehefrau mit glückverheißenden Malen wird die Lebenserwartung ihres Ehemannes verlängern, wenn bei diesem eine kurze Lebensdauer angezeigt war, und verbreitet ringsum Freude.

# Kapitel 83: Auswirkungen von Verfluchungen im vorherigen Leben

**atha pūrvajanmaśāpadyotanādhyāyaḥ || 83||**
maharṣe bhavatā proktaṁ phalaṁ strīṇāṁ nṛṇāṁ pṛthak |
adhunā śrotumicchāmi tvatto vedavidāṁvara || 1||
aputrasya gatirnāsti śāstreṣu śrūyate mune |
aputraḥ kena pāpena bhavatīti vada prabho || 2||
janmalagnācca tajjñānaṁ kathaṁ daivavidāṁ bhavet |
aputrasya sutaprāpterupāyaṁ kṛpayocyatām || 3||

Maitreya sagte:

O Maharishi, du hast mich mit den Auswirkungen vertraut gemacht, die Männer und Frauen auf vielerlei Art erfahren.

Den Shastras (vedischen Schriften) zufolge ruht die Seele eines Menschen nach seinem Tod nicht in Frieden, wenn er nicht mit einem Sohn gesegnet war. Welche Sünde begeht ein Mensch, der sohnlos bleibt? Und zu welchen Abhilfemaßnahmen sollte er Zuflucht nehmen, um einen Sohn zu bekommen? Bitte erleuchte mich, was dies betrifft.

sādhu pṛṣṭaṁ tvayā vipra kathyate hi tathā mayā |
yathomayā hi pṛṣṭena śivena kathitaṁ purā || 4||

Maharishi Parashara antwortete:

Ich werde dir nun berichten, was Shiva der Göttin Parvati zu diesem Thema gesagt hat.

kena yogena pāpena jñāyate'patyanāśanam |
teṣāṁ ca rakṣaṇopāyaṁ kṛpayā nātha me vada || 5||

Die Göttin Parvati sagte einst zu Shiva:

O Herr, was ist die Sünde, welche unter den Menschen eine Zerstörung der Kinder (d. h. Kinderlosigkeit) zur Folge hat? Bitte sage mir, was die Planetenkombinationen (Yogas) für eine solche Auswirkung und was die Gegenmaßnahmen zum Schutz der Kinder sind?

sādhu pṛṣṭaṁ tvayā devi kathayāmi tavā'dhunā I
santānahāniyogāṁśca tadrakṣopāyasaṁyutān I I 6I I

Shiva antwortete:

O Devi, du hast hier eine sehr wichtige Frage gestellt. Ich werde dir nun von den Yogas für den Verlust von Kindern und den erforderlichen Abhilfemaßnahmen dagegen berichten.

gurulagneśa dāreśaputrasthānādhipeṣu ca I
sarveṣu balahīneṣu vaktavyā tvanapatyatā I I 7I I

Ein Mensch wird ohne einen Sohn sein, wenn Jupiter, der Herr des Aszendenten und der Herr des 5. Hauses keine Stärke besitzen.

*Jupiter ist der Bhava-Karaka des 5. Hauses.*

ravyārarāhuśanayaḥ sabalāḥ putrabhāvagāḥ I
tadā'napatyatā cet syurabalāḥ putrakārakāḥ I I 8I I

Dasselbe wird geschehen, wenn Sonne, Mars, Rahu oder Saturn, die mit Stärke versehen sind, im 5. Haus stehen und zudem Jupiter, der Karaka (Signifikator) für Kinder, sowie der Herr des 5. Hauses keine Stärke besitzen.

putrasthānagate rāhau kujena ca nirīkṣite I
kujakṣetragate vā'pi sarpaśāpāt sutakṣayaḥ I I 9I I
putraśe rāhusaṁyukte putrasthe bhānunandane I
candreṇa saṁyute dṛṣṭe sarpaśāpāt sutakṣayaḥ I I 10I I
kārake rāhusaṁyukte putreśe balavarjite I
lagneśe kujasaṁyukte sarpaśāpāt sutakṣayaḥ I I 11I I
kārake bhaumasaṁyukte lagne ca rāhusaṁyute I
putrasthānādhipe duḥsthe sarpaśāpāt sutakṣayaḥ I I 12I I
bhaumāṁśe bhaumasaṁyukte putreśe somanandane I
rāhumāndiyute lagne sarpaśāpāt sutakṣayaḥ I I 13I I
putrabhāve kujakṣetre putreśe rāhusaṁyute I
saumyadṛṣṭe yute vā'pi sarpaśāpāt sutakṣayaḥ I I 14I I
putrasthā bhānumandārāḥ svabhānuḥ śaśijo'ṅgirāḥ I
nirbalau putralagneśau sarpaśāpāt sutakṣayaḥ I I 15I I
lagneśe rāhusaṁyukte putreśe bhomasaṁyute I
kārake rāhuyukte vā sarpaśāpāt sutakṣayaḥ I I 16I I

Aufgrund des Fluchs eines Schlangenwesens (Naga) wird es unter folgenden Bedingungen keine männliche Nachkommenschaft geben:

Wenn Rahu bei der Geburt im 5. Haus steht und von Mars aspektiert wird;

wenn der Herr des 5. mit Rahu verbunden ist und der Mond das 5. bewohnt und von Saturn aspektiert wird;

wenn (Jupiter), der Karaka für Kinder, mit Rahu verbunden ist, der Herr des 5. keine Stärke besitzt und der Herr des Lagna mit Mars verbunden ist;

wenn Jupiter, der Karaka für Kinder, mit Mars verbunden und der Aszendent von Rahu besetzt ist und der Herr des 5. sich im 6., 8. oder 12. Haus befindet;

wenn Merkur als Herr des 5. sich im Navamsha-Zeichen von Mars befindet, mit Mars verbunden ist und der Aszendent von Rahu und Gulika besetzt ist;

*(Merkur ist ein unfruchtbarer Planet, Gulika, der Sohn des Saturn, ein Upagraha.)*

wenn das 5. Haus mit Widder oder Skorpion zusammenfällt und der Herr des 5. mit Rahu oder Merkur verbunden ist;

wenn das 5. Haus von Sonne, Saturn, Mars, Rahu, Merkur und Jupiter besetzt ist und die Herren des 5. und des Aszendenten keine Stärke besitzen;

wenn der Aszendentenherr oder Jupiter mit Rahu verbunden ist und der Herr des 5. mit Mars in Konjunktion steht.

grahayogavaśenaivaṁ nṛṇāṁ jñātvā'napatyatā |
taddoṣaparihārārthaṁ nāgapūjāṁ samārabhet || 17||
svagṛhyoktavidhānena pratiṣṭhāṁ kārayet sudhīḥ |
nāgamūrti suvarṇena kṛtvā pūjāṁ samācaret || 18||
gobhūtilahiraṇyādi dadyād vittānusārataḥ |
evaṁ kṛte tu nāgendraprasādāt vardhate kulam || 19||

Es sollten Abhilfemaßnahmen ergriffen werden, um sich vor den negativen Auswirkungen der oben genannten Yogas zu schützen.

Diese bestehen darin, eine aus Gold gefertigte Statue des Naga Raja (des Herrschers der Schlangenwesen) in Einklang mit den entsprechenden Vorschriften zu verehren sowie eine Kuh, etwas Land, Sesamsamen und Gold usw. als wohltätige Spende zu verteilen. Durch die Durchführung dieser Maßnahmen wird der Herr der Schlangenwesen erfreut werden und durch sein Wohlwollen wird der betreffende Mensch dann mit einem Sohn gesegnet sein und die Abstammungslinie seiner Familie wird so verlängert.

putrasthānaṁ gate bhānau nīce mandāṁśakasthite |
pārśvayoḥ krūrasambandhe pitṛśāpāt sutakṣayaḥ || 20 ||
putrasthānādhipe bhānau trikoṇe pāpasaṁyute |
krūrāntare pāpadṛṣṭe pitṛśāpāt sutakṣayaḥ || 21 ||
bhānurāśisthite jīve putreśe bhānusaṁyute |
putre lagne ca pāpāḍhye pitṛśāpāt sutakṣayaḥ || 22 ||
lagneśe durbale putre putreśe bhānusaṁyute |
putre lagne pāpayute pitṛśāpāt sutakṣayaḥ || 23 ||
pitṛsthānādhipe putre putreśe vāpi karmage |
putre lagne ca pāpāḍhye pitṛśāpāt sutakṣayaḥ || 24 ||
pitṛsthānādhipe bhaumaḥ putreśena samanvitaḥ |
lagne putre pitṛsthāne pāpe santatināśanam || 25 ||
pitṛsthānādhipe duḥsthe kārake pāparāśige |
sapāpau putralagneśau pitṛśāpāt sutakṣayaḥ || 26 ||
lagnapañcamabhāvasthā bhānubhaumaśanaiścarāḥ |
randhre riṣphe rāhujīvau pitṛśāpāt sutakṣayaḥ || 27 ||
lagnādaṣṭamage bhānau putrasthe bhānunandane |
putreśe rāhusaṁyukte lagne pāpe sutakṣayaḥ || 28 ||
vyayeśe lagnabhāvasthe randhreśe putrarāśige |
pitṛsthānādhipe randhre pitṛśāpāt sutakṣayaḥ || 29 ||
rogeśe putrabhāvasthe pitṛsthānādhipe ripau |
kārake rāhusaṁyukte pitṛśāpāt sutakṣayaḥ || 30 ||

Es wird infolge eines Fluchs des Vaters im vorherigen Leben keine männliche Nachkommenschaft geben, wenn folgende Yogas im Geburtshoroskop zu finden sind:

Die Sonne steht im Zeichen des Falls im 5. Haus, wird von Übeltätern eingezwängt und befindet sich in einem Navamsha-Zeichen von Saturn.

Die Sonne steht als Herr des 5. mit einem Übeltäter zusammen in einem Trikona, wird von Übeltätern eingezwängt und wird zudem von einem Übeltäter aspektiert.

Jupiter besetzt das Zeichen der Sonne, der Herr des 5. steht mit der Sonne zusammen und der Aszendent und das 5. sind von Übeltätern besetzt.

Der Herr des Aszendenten besetzt, nicht mit Stärke versehen, das 5., der Herr des 5. ist verbrannt und der Aszendent und das 5. sind von Übeltätern besetzt.

Es gibt einen Zeichentausch zwischen den Herren des 5. und des 10. und der Aszendent und das 5. sind von Übeltätern besetzt.

Mars ist als Herr des 10. mit dem Herrn des 5. verbunden und der Aszendent, das 5. und das 10. sind von Übeltätern besetzt.

Der Herr des 10. steht im 6., 8. oder 12., Jupiter befindet sich im Zeichen eines Übeltäters und die Herren des Aszendenten und das 5. sind mit Übeltätern verbunden.

Sonne, Mars und Saturn besetzen den Aszendenten und das 5. Haus und Rahu und Jupiter stehen im 8. und 12.

Die Sonne ist im 8., Saturn im 5., der Herr des 5. ist mit Rahu verbunden und der Aszendent ist von einem Übeltäter besetzt.

Der Herr des 12. ist im Aszendenten, der Herr des 8. im 5. und der Herr des 10. im 8.

Der Herr des 6. steht im 5., der Herr des 10. im 6. und Jupiter ist mit Rahu verbunden.

taddoṣaparihārārthaṁ gayāśrāddhaṁ ca kārayet |
brāhmaṇān bhojayedatra ayutaṁ vā sahasrakam || 31||
athavā kanyakādānaṁ godānaṁ ca samācaret |
evaṁ kṛte pituḥ śāpānmucyate nā'tra saṁśayaḥ || 32||
vardhate ca kulaṁ tasya putrapautradibhiḥ sadā |
grahayogavaśādevaṁ phalaṁ brūyāt vicakṣaṇaḥ || 33||

Um Befreiung vom Fluch des Vaters zu erlangen, sind folgende Abhilfemaßnahmen angesagt:

Durchführung von Shraddha in Gaya;

Nahrung spenden an 10.000, 1.000 oder 100 Brahmanen, je nach eigenem Vermögen;

Kanyadana (die Hochzeit eines Mädchens organisieren);

wohltätiges Spenden einer Kuh.

Durch diese Abhilfemaßnahmen wird die betreffende Person von dem Fluch befreit und die Abstammungslinie wird durch die Geburt von Söhnen, Enkeln usw. verlängert.

putrasthānādhipe candre nīce vā pāpamadhyage |
hibuke pañcame pāpe mātṛśāpāt sutakṣayaḥ || 34||
lābhe mandasamāyukte mātṛsthāne śubhetare |
nīce pañcamage candre mātṛśāpāt sutakṣayaḥ || 35||
putrasthānādhipe duḥsthe lagneśe nīcarāśige |
candre ca pāpasaṁyukte mātṛśāpāt sutakṣayaḥ || 36||
putreśe'ṣṭāririṣphesthe candre pāpāṁśasaṅgate |
lagne putre ca pāpāḍhye mātṛśāpāt sutakṣayaḥ || 37||
putrasthānādhipe candre mandarāhvārasaṁyute |
bhāgye vā putrabhāve vā mātṛśāpāt sutakṣayaḥ || 38||
mātṛsthānādhipe bhaume śanirāhusamanvite |
candrabhānuyute putre lagne vā santatikṣayaḥ || 39||
lagnātmajeśau śatrusthau randhre mātradhipaḥ sthitaḥ |
pitṛnāśādhipau lagne mātṛśāpāt sutakṣayaḥ || 40||
ṣaṣṭhāṣṭameśau lagnasthau vyaye mātradhipaḥ sute |
candrajīvau pāpayuktau mātṛśāpāt sutakṣayaḥ || 41||
pāpamadhyagate lagne kṣīṇe candre ca saptama |
mātṛputre rāhumandau mātṛśāpāt sutakṣayaḥ || 42||
nāśasthānādhipe putre putreśe nāśarāśige |
candramātṛpatau duḥsthe mātṛśāpāt sutakṣayaḥ || 43||
candrakṣetre yadā lagne kujarāhusamanvite |
candramandau putrasaṁsthau mātṛśāpāt sutakṣayaḥ || 44||
lagne putre mṛtau riṣphe kujo rāhū raviḥ śaniḥ |
mātṛlagnādhipau duḥsthau mātṛśāpāt sutakṣayaḥ || 45||
nāśasthānaṁ gate jīve kujarāhusamanvite |
putrasthānau mandacandrau mātṛśāpāt sutakṣayaḥ || 46||
evaṁ yogaṁ budhaidṛṣṭvā vijñeyā tvanapatyatā |
tataḥ santānarakṣārthaṁ karttavyā śāntiruttamā || 47||
setusnānaṁ prakartavyaṁ gāyatrīlakṣasaṅkhyakā |

raupyamātraṁ payaḥ pītvā grahadānaṁ prayatnataḥ || 48||
brāhmaṇān bhojayettadvadaśvatthasya pradakṣiṇam |
kartavyaṁ bhaktiyuktena cāṣṭottarasahasrakam || 49||
evaṁ kṛte mahādevi śāpānmokṣo bhaviṣyati |
suputraṁ labhate paścāt kulavṛddhiśca jāyate || 50||

Jemand wird infolge des Fluchs der Mutter ohne männliche Nachkommenschaft sein, wenn bei der Geburt folgende Yogas aktiv sind:

Der Mond steht als Herr des 5. im Zeichen des Falls oder ist zwischen Übeltätern eingezwängt und das 4. und 5. Haus sind von Übeltätern besetzt.

Saturn ist im 11., das 4. ist von Übeltätern besetzt und der Mond steht im 5. im Fall.

Der Herr des 5. steht im 6., 8. oder 12., der Herr des Aszendenten im Zeichen des Falls und der Mond ist mit Übeltätern verbunden.

Der Herr des 5. ist im 8., 6. oder 12., der Mond steht in der Navamsha eines Übeltäters und Übeltäter besetzen den Aszendenten und das 5.

Der Mond im 5. oder 9. ist als Herr des 5. mit Saturn, Rahu und Mars verbunden.

Mars als Herr des 4. ist mit Saturn und Rahu verbunden und das 5. und der Aszendent sind jeweils von Sonne und Mond besetzt.

Die Herren des Aszendenten und des 5. befinden sich im 6., der Herr des 4. im 8. und der Aszendent ist vom Herrn des 8. und des 10. besetzt.

Der Aszendent ist von den Herren des 6. und 8. besetzt, der Herr des 4. befindet sich im 12. und Mond und Jupiter, die mit Übeltätern verbunden sind, stehen im 5.

Der Aszendent ist zwischen Übeltätern eingezwängt, der abnehmende Mond ist im 7. und das 4. und 5. werden jeweils von Rahu und Saturn besetzt.

Es gibt einen Zeichentausch zwischen den Herren des 5. und 8., der Mond und der Herr des 4. Hauses befinden sich im 6., 8. oder 12.

Der Aszendent Krebs ist von Mars und Rahu besetzt und Mond und Saturn sind im 5.

Mars, Rahu, Sonne und Saturn stehen jeweils im Aszendenten, dem 5., 8. und 12. und die Herren des Aszendenten und des 4. Hauses befinden sich im 6., 8. oder 12.

Mars, Rahu und Jupiter sind im 8. und Saturn und Mond im 5.

Um von diesem Fluch befreit zu werden und männliche Nachkommenschaft zu erlangen, sollte der Geborene ein Bad im Meer im Bereich der (einst von Rama errichteten) Felsbrücke zwischen Indien und Sri Lanka nehmen, ein Lakh (100.000) Gayatri-Mantras rezitieren, wohltätige Spenden von Dingen verteilen, die den am unheilvollen Yoga beteiligten Übeltäter-Planeten zugeordnet sind, Brahmanen Nahrung spenden und 1.008 Mal einen Pipal-Baum (Ashwattha-Baum) umwandeln. Wenn der Geborene diese Abhilfemaßnahmen durchführt, wird er nicht nur einen Sohn bekommen, sondern auch seine Abstammunglinie verlängern.

atho yogān pravakṣyāmi bhrātṛśāpasamudbhavān ǀ
yajjñātvā'patyarakṣārthaṁ yatnaṁ kuryād vicakṣaṇaḥ ǀǀ 51ǀǀ
bhrātṛsthānādhipe putre kujarāhusamanvite ǀ
putralagneśvarau randhre bhrātṛśāpāt sutakṣayaḥ ǀǀ 52ǀǀ
lagne sute kuje mande bhrātṛpe bhāgyarāśige ǀ
kārake nāśabhāvasthe bhrātṛśāpāt sutakṣayaḥ ǀǀ 53ǀǀ
bhrātṛsthāne gururnīce mandaḥ pañcamagate yadi ǀ
nāśasthāne tu candrārau bhrātṛśāpāt sutakṣayaḥ ǀǀ 54ǀǀ
tanusthānādhipe riṣphe bhaumaḥ pañcamago yadi ǀ
randhre sapāpaputreśe bhrātṛśāpāt sutakṣayaḥ ǀǀ 55ǀǀ
pāpamadhyagate lagne pāpamadhye sute'pi ca ǀ
lagneśaputrapau duḥsthau bhrātṛśāpāt sutakṣayaḥ ǀǀ 56ǀǀ
karmeśe bhrātṛbhāvasthe pāpayukte tathā śubhe ǀ
putrage kujasaṁyukte bhrātṛśāpāt sutakṣayaḥ ǀǀ 57ǀǀ
putrasthāne budhakṣetre śamirāhusamanvite ǀ
riṣphe vidārau vijñeyo bhrātṛśāpāt sutakṣayaḥ ǀǀ 58ǀǀ
lagneśe bhrātṛbhāvasthe bhrātṛsthānādhipe sute ǀ
lagnabhrātṛsute pāpe bhrātṛśāpāt sutakṣayaḥ ǀǀ 59ǀǀ
bhrātrīśe mṛtyubhāvasthe putrasthe kārake tathā ǀ
rāhumandeyute dṛṣṭe bhrātṛśāpāt sutakṣayaḥ ǀǀ 60ǀǀ
nāśasthānādhipe putre bhrātṛnāthena saṁyute ǀ
randhre ārārkisaṁyukte bhrātṛśāpāt sutakṣayaḥ ǀǀ 61ǀǀ

Jemand wird infolge des Fluchs eines Bruders keine männliche Nachkommenschaft haben, wenn folgende Yogas bei Geburt aktiv sind:

Der Herr des 3. steht mit Rahu und Mars zusammen im 5. Haus und die Herren des Aszendenten und des 5. Hauses nehmen das 8. Haus ein.

Der Aszendent und das 5. sind jeweils von Mars und Saturn besetzt, der Herr des 3. ist im 9. und Mars, der Karaka (Signifikator) für Brüder, steht im 8.

Jupiter steht im Zeichen des Falls im 3., Saturn im 5. und Mond und Mars stehen zusammen im 8.

Der Herr des Aszendenten ist im 12., Mars im 5. und der Herr des 5. mit einem Übeltäter verbunden im 8.

Der Aszendent und das 5. Haus sind zwischen Übeltätern eingezwängt und der Herr des Aszendenten und des 5. besetzen das 6., 8. oder 12.

Das 3. Haus wird vom Herrn des 10. zusammen mit einem Übeltäter besetzt und ein Wohltäter steht mit Mars zusammen im 5.

Das 5. Haus, das mit einem Zeichen von Merkur zusammenfällt, wird von Saturn und Rahu besetzt und Merkur und Mars stehen im 12.

Das 3. ist vom Herrn des Aszendenten besetzt, der Herr des 3. nimmt das 5. ein und der Aszendent, das 3. und das 5. werden von Übeltätern bewohnt.

Der Herr des 3. steht im 8. und Jupiter mit Saturn verbunden im 5.

Der Herr des 8. steht im 5. mit dem Herrn des 3. zusammen und Mars und Saturn besetzen das 8.

bhrātṛśāpavimokṣārthaṁ vaṁśasya śravaṇaṁ hareḥ |
cāndrāyaṇsṁ caret paścāt kāveryyā viṣṇusannidhau || 62||
aśvatthasthāpanaṁ kuryād daśadhenūśca dāpayet |
patnīhastena putrecchurbhūmiṁ dadyāt phalānvitām || 63||
evaṁ yaḥ kurute bhaktyā dharmapatnyā samanvitaḥ |
dhruvaṁ tasya bhavet putraḥ kulavṛddhiśca jāyate || 64||

Der Geborene wird zweifellos von dem Fluch erlöst, mit einem Sohn gesegnet und kann die Verlängerung seiner Abstammungslinie sicherstellten, indem er folgende Abhilfemaßnahmen ergreift:

Er sollte direkt nach dem Hören des Harivamsha Purana das Chandrayana-Fasten einhalten.

Er sollte einen Sprössling des Ashwattha-Baums vor einem heiligen Shaligrama-Stein am Ufer des Caveri-Flusses oder am Ganga oder Mahanadi einpflanzen und zu ihm beten.

Er sollte von seiner Ehefrau 10 Kühe als wohltätige Gabe spenden lassen.

Er sollte als wohltätige Spende Land spenden, das mit Mangobäumen bepflanzt ist.

putrasthāne budhe jīve kujarāhusamanvite ǀ
lagne mande sutabhāvo jñeyo mātulaśāpataḥ ǀǀ 65ǀǀ
lagneputreśvarau putre budhabhaumārkisaṁyutau ǀ
jñeyaṁ mātulaśāpatvājjanasya santatikṣayaḥ ǀǀ 66ǀǀ
lupte putrādhipe lagne saptame bhānunandane ǀ
lagneśe budhasaṁyukte tasyāpi santatikṣayaḥ ǀǀ 67ǀǀ
jñātisthānādhipe lagne vyayeśena samanvite ǀ
śaśisaumyakuje putre vijñeyaḥ santatikṣayaḥ ǀǀ 68ǀǀ

Jemand wird infolge des Fluchs seines Onkels mütterlicherseits ohne männliche Nachkommen sein, wenn bei seiner Geburt folgende Yogas aktiv sind:

Das 5. Haus ist von Merkur, Jupiter, Mars und Rahu besetzt und Saturn steht im Aszendenten.

Das 5. wird von den Herren des Aszendenten und des 5. zusammen mit Saturn, Mars und Merkur bewohnt.

Der Aszendent wird von einem verbrannten Herrn des 6. besetzt, Saturn ist im 7. und der Herr des Aszendenten ist mit Merkur verbunden.

Die Herren des Aszendenten und des 4. sind im Aszendenten und Mond, Merkur und Mars befinden sich im 5.

taddoṣaparihārārthaṁ viṣṇusthāparamācaret ।
vāpīkūpataḍāgādikhananaṁ sutabandhunam ।। 69।।
putravṛddhirbhavettasya sampadvṛddhiḥ prajāyate ।
iti yogavaśādevaṁ śāntiṁ kuryād vicakṣaṇaḥ ।। 70।।

Um von dem Fluch befreit und mit einem Sohn gesegnet zu werden und um die Verlängerung der Abstammungslinie der Familie zu sichern, sind folgende Abhilfemaßnahmen zu ergreifen:

Aufstellung einer Statue von Vishnu, Fertigstellung eines besonders tiefen oder gewöhnlichen Brunnens, eines Dammes oder eines Wasser-Reservoirs oder von allen dreien.

balagarvva yo martyo brāhmaṇānavamanyate ।
taddoṣād brahmaśāpācca tasya syāt santatikṣayaḥ ।। 71।।
gurukṣetre yadā rāhuḥ putre jīvārabhānujāḥ ।
dharmasthānādhipe nāśe brahmaśāpāt sutakṣayaḥ ।। 72।।
dharmeśe putrabhāvasthe putreśe nāśarāśige ।
jīvārarāhubhiryukte brahmaśāpāt sutakṣayaḥ ।। 73।।
dharmabhāvādhipe nīce vyayeśe putrabhāvage ।
rāhuyutekṣite vāpi brahmaśāpāt sutakṣayaḥ ।। 74।।
jīve nīcagate rāhau lagne vā putrarāśige ।
putrasthānādhipe duḥsthe brahmaśāpāt sutakṣayaḥ ।। 75।।
putrabhāvādhipe jīve randhre pāpasamanvite ।
putreśe sārkacandre vā brahmaśāpāt sutakṣayaḥ ।। 76।।
mandāṁśe mandasaṁyukte jīve bhaumasamanvite ।
putreśe vyayarāśisthe brahmaśāpāt sutakṣayaḥ ।। 77।।
lagne guruyute mande bhāgye rāhusamanvite ।
vyaya vā gurusaṁyukte brahmaśāpāt sutakṣayaḥ ।। 78।।

Wenn jemand, von Macht und Reichtum betört, einen Brahmanen beleidigt, dann bleibt er in seinem nächsten Leben ohne männliche Nachkommen. Er wird infolge des Fluchs eines Brahmanen ohne männliche Nachkommen bleiben, wenn folgende Yogas bei Geburt aktiv sind:

Rahu steht im Zeichen Jupiters und Jupiter im 5.

Der Herr des 9. steht im 5. und der Herr des 5. zusammen mit Jupiter, Mars und Rahu im 8.

Der Herr des 9. steht in seinem Zeichen des Falls und der Herr des 12., der mit Rahu verbunden ist, im 5.

Jupiter ist im Fall, Rahu im Aszendenten oder im 5. und der Herr des 5. im 6., 8. oder 12.

Der Herr des 5. und ein mit Übeltätern verbundener Jupiter befinden sich zusammen im 8. oder der Herr des 5. steht mit Sonne und Mond verbunden im 8.

Jupiter, der sich in der Navamsha des Saturn befindet, ist mit Saturn und Mars verbunden und der Herr des 5. Hauses steht im 12.

Jupiter steht mit Saturn verbunden im Aszendenten und Rahu im 9. oder mit Jupiter verbunden im 12.

Dies sind Yogas, die den Fluch eines Brahmanen in einem vorhergehenden Leben offenbaren.

tasya doṣasya śāntyarthaṁ kuryāccāndrāyaṇaṁ naraḥ ǀ
brahmakṛcchratryaṁ kṛtvā dhanuṁ dadyāt sadakṣiṇām ǀǀ 79ǀǀ
pañcaratnāni deyāni suvarṇasahitāni ca ǀ
brāhmaṇān bhojayet paścādyathāśakti dvijottama ǀǀ 80ǀǀ
evaṁ kṛte tu satputraṁ labhate nā'tra saṁśayaḥ ǀ
muktaśāpo viśuddhātmā sa naraḥ sukhamedhate ǀǀ 81ǀǀ

Um Linderung von den negativen Auswirkungen der oben genannten Yogas zu erhalten, soll man folgende Abhilfemaßnahme treffen:

Einhaltung des Chandrayana-Fastens und dreimal Bußübungen durchführen;

als wohltätige Spende eine Kuh und fünf Edelsteine zusammen mit Gold verschenken, nachdem man die Brahmanen dem eigenen Vermögen entsprechend mit Nahrung versehen und ihnen Geldgeschenke überreicht hat.

Dann wird die Person von dem Fluch befreit und mit Glück gesegnet sein.

dāreśe putrabhāvasthe dāreśasyāṁśape śanau ǀ
putreśe nāśarāśisthe patnīśāpāt sutakṣayaḥ ǀǀ 82ǀǀ

nāśasaṁsthe kalatreśe putreśe nāśarāśige |
kārake pāpasaṁyukte patnīśāpāt sutakṣayaḥ || 83||
putrasthānagate śukre kāmape randhramāśrite |
kārake pāpasaṁyukte patnīśāpāt sutakṣayaḥ || 84||
kuṭumbe pāpasaṁyukte kāmape nāśarāśige |
putre pāpagrahairyukte patnīśāpāt sutakṣayaḥ || 85||
bhāgyasthānagate śukre dāreśe nāśarāśige |
lagne sute ca pāpaḍhye patnīśāpāt sutakṣayaḥ || 86||
bhāgyasthānādhipe śukre putreśe śatrurāśige |
gurulagneśadāreśā duḥsthāścet santatikṣayaḥ || 87||
putrasthāne bhṛgukṣetre rāhucandrasamanvite |
vyaye lagne dhane pāpe patnīśāpāt sutakṣayaḥ || 88||
saptame mandaśukrau ca randhreśe putrabhe ravau |
lagne rāhusamāyukte patnīśāpāt sutakṣayaḥ || 89||
dhane kuje vyaye jīve putrasthe bhṛgunandane |
śanirāhuyute dṛṣṭe patnīśāpāt sutakṣayaḥ || 90||
nāśasthau vittadāreśau putre lagne kuje śanau |
kārake pāpasaṁyukte patnīśāpāt sutakṣayaḥ || 91||
lagnapañcamabhāgyasthā rāhumandakujāḥ kramāt |
randhrasthau putradāreśau patnīśāpāt sutakṣayaḥ || 92||

Jemand wird infolge eines Fluchs der Ehefrau (im vorigen Leben) keine männliche Nachkommenschaft haben, wenn folgende Yogas bei seiner Geburt aktiv sind:

Herr des Aszendenten im 5., Saturn in der Navamsha des Herrn des 7. und der Herr des 5. im 8.

Herr des 7. im 8., Herr des 12. im 5. und Jupiter mit einem Übeltäter verbunden.

Venus im 5., der Herr des 7. im 8. und das 5. von einem Übeltäter besetzt.

Das 2. und 5. sind von einem Übeltäter besetzt und Herr des 7. ist im 8.

Venus ist im 9., der Herr des 7. im 8. und der Aszendent und das 5. sind von Übeltätern besetzt.

Venus ist Herr des 9., der Herr des 5. steht im Zeichen eines Feindes und der Herr des Aszendenten und des 7. und Jupiter sind im 6., 8. oder 12.

Das 5. Haus fällt in Stier oder Waage und wird von Sonne und Mond bewohnt und das 12., der Aszendent und das 2. sind von Übeltätern besetzt.

Saturn und Venus sind im 7., der Herr des 8. ist im 5. und der Aszendent ist von Sonne und Rahu besetzt.

Mars besetzt das 2., Jupiter das 12. und Venus und Rahu sind im 5.

Die Herren des 2. und des 7. befinden sich im 8., Mars und Saturn besetzen den Aszendenten und das 5. und der Karaka Jupiter ist mit einem Übeltäter verbunden.

Rahu ist im Aszendenten, Saturn im 5., Mars im 9. und die Herren des 5. und 7. stehen im 8.

śāpamuktyai ca kanyāyāṁ satyāṁ taddānamācaret ।
kanyābhāve ca śrīviṣṇormūrti lakṣmīsamanvitām ।। 93।।
dadyāt svarṇamayīṁ vipra daśadenusamanvitām ।
śayyāṁ ca bhūṣaṇaṁ vastraṁ dampatibhyāṁ dvijanmanām ।। 94।।

Der Betreffende wird von dem Fluch befreit und mit einem Sohn gesegnet, wenn er die Hochzeit eines unverheirateten Mädchens ausrichtet, oder, falls ein solches Mädchen nicht verfügbar ist, eine goldene Statue von Lakshmi und Narayana, eine fruchtbare Kuh, ein Bett, Schmuck und Gewänder einem Brahmanen als wohltätige Spende zukommen lässt.

dhruvaṁ tasya bhavet putro bhāgyavṛddhiśca jāyate ।
karmalope pitṛṇāṁ ca pretatvaṁ tasya jāyate ।। 95।।
tasya pretasya śāpācca putrābhāvaḥ prajāyate ।
ato'tra tādṛśān yogāt janmalagnāt pravacmyaham ।। 96।।
putrasthānau mandasūryau kṣīṇacandraśca saptame ।
lagne vyaye rāhujīvau pretaśāpāt sutakṣayaḥ ।। 97।।
putrasthānādhipe mande nāśasthe lagnage kuje ।
kārake nāśabhāve ca pretaśāpāt sutakṣayaḥ ।। 98।।
lagne pāpe vyaye bhānau sute cārārkisomajāḥ ।
putreśe randhrabhāvasthe pretaśāpāt sutakṣayaḥ ।। 99।।
lagne svarbhānunā yukte putrasthe bhānunandane ।
gurau ca nāśarāśisthe pretaśāpāt sutakṣayaḥ ।। 100।।
lagne rāhau saśukrejye candre mandayute tathā ।
lagneśe mṛtyurāśisthe pretaśāpāt sutakṣayaḥ ।। 101।।

putrasthānādhipe nīce kārake nīcarāśige |
nīcasthagrahadṛṣṭe ca pretaśāpāt sutakṣayaḥ || 102||
lagne mande sute rāhau randhre bhānusamanvite |
vyaye bhaumena saṁyukte pretaśāpāt sutakṣayaḥ || 103||
kāmasthānādhipe duḥsthe putre candrasamanvite |
mandamāndiyute lagne pretaśāpāt sutakṣayaḥ || 104||
vadhasthānādhipe putre śaniśukrasamanvite |
kārake nāśarāśisthe pretaśāpāt sutakṣayaḥ || 105||

Wenn jemand es in seinem vorherigen Leben versäumt hat, pflichtgemäß die Shradha-Zeremonie für seinen verstorbenen Vater oder seine verstorbene Mutter durchzuführen (um ihnen einen Aufenthalt in der Himmelswelt zu sichern), dann kann deren verstorbene Seele die Gestalt eines bösen Geistes annehmen, dessen Fluch dann in diesem Leben die Geburt eines männlichen Nachkommen des Geborenen vereitelt. Dies wird durch die folgenden Yogas im Geburtshoroskop offenbart:

Saturn und Sonne im 5. Haus, der abnehmende Mond im 7. und Rahu und Jupiter im 12.

Saturn als Herr des 6. im 8., Mars im Aszendenten und Jupiter im 8.

Übeltäter im Aszendenten, Sonne im 12., Mars, Saturn und Merkur im 5. und der Herr des 5. im 8.

Rahu im Aszendenten, Saturn im 5. und Jupiter im 8.

Venus, Jupiter und Rahu im Aszendenten, verbunden mit Mond und Saturn, und der Herr des Aszendenten im 8.

Der Herr des 5. und Jupiter in ihren Zeichen des Falls und von Planeten im Fall aspektiert.

Saturn im Aszendenten, Rahu im 5., Sonne im 8. und Mars im 12.

Der Herr des 7. im 6., 8. oder 12., Mond im 5., Saturn und Gulika im Aszendenten.

Der Herr des 8. zusammen mit Saturn und Venus im 5. und Jupiter steht in seinem Zeichen des Falls.

asya doṣasya śāntyarthaṁ gayāśrāddhaṁ samācaret ।
kuryāndrudrābhiṣekañca brahmamūrti pradāpayet ।। 106।।
dhenuṁ rajatapātraṁ ca tathā nīlamaṇiṁ dvija ।
brāhmaṇān bhojayet paścāt tebhyaśca dakṣiṇāṁ diśet ।। 107।।
evaṁ kṛte manuṣyasya śāpamokṣā prajāyate ।
putrotpattirbhavettasya kulavṛddhiśca jāyate ।। 108।।

Die betreffende Person wird von dem Fluch befreit und mit einem Sohn gesegnet, wenn sie die folgenden Abhilfemaßnahmen ergreift:

Durchführung von Pinda Dana;

Durchführung von Rudra Abhishek;

wohltätiges Spenden einer goldenen Statue von Brahma, einer Kuh, eines Gefäßes aus Silber und eines Nilamani (Saphir);

Spenden von Nahrung und Geldgeschenken an die Brahmanen.

tathā jñaśukraje doṣe putrāptiḥ śambhupūjanāt ।
jīvacandrakṛte vipra mantrayantrauṣadhāditaḥ ।। 109।।
rāhuje kanyakādānāt sūryaje harikīrtanāt ।
godānāt ketuje doṣe rudrajāpāt kujā'rkije ।। 110।।
sarvadoṣavināśāya śubhasantānalabdhaye ।
harivaṁśakathā bhaktyā śrotavyā vidhinā dvija ।। 111।।

Wenn jemand aufgrund des Unwillens der Planeten zum Zeitpunkt seiner Geburt keine männliche Nachkommenschaft erlangt, wird er dennoch mit einem Sohn gesegnet, wenn er die folgenden Abhilfemaßnahmen ergreift:

Verehrung von Shiva, wenn der Schaden auf den Unwillen von Merkur und Venus zurückzuführen ist;

Rezitieren des Santan-Gopal-Mantras, Tragen und Verehren geeigneter Yantras und Einnahme geeigneter Medikamente, wenn die Kinderlosigkeit auf den Unwillen von Jupiter und Mond zurückzuführen ist;

Ausrichtung der Hochzeit eines unverheirateten Mädchens (Kanya Dana), wenn die Kinderlosigkeit auf den Unwillen von Rahu zurückzuführen ist;

Verehrung von Vishnu, wenn die Kinderlosigkeit auf den Unwillen der Sonne zurückzuführen ist;

Rudriya Japa, wenn die Kinderlosigkeit auf den Unwillen von Mars und Saturn zurückzuführen ist.

Wenn man hingebungsvoll dem Harivamsha Purana zuhört, so werden alle Arten von Makeln beseitigt und man wird mit einem Sohn gesegnet.

## Kapitel 84: Grahashanti – Maßnahmen, um den Unwillen der Planeten abzuwenden

**atha grahaśāntyadhyāyaḥ** || **84** ||
grahāṇāṁ doṣaśāntyarthaṁ teṣāṁ pūjāvidhiṁ vada |
mānavānāṁ hitārthāya saṅkṣepāt kṛpayā mune || 1 ||

Maitreya sagte:

O ehrwürdiger Weiser, bitte beschreibe zum Wohle der Menschheit die Maßnahmen zur Besänftigung von unheilbringenden Planeten.

grahā sūryādayaḥ pūrvaṁ mayā proktā dvijottama |
jagatyāṁ sarvajantūnāṁ tadadhīnaṁ sukhā'sukham || 2 ||

Maharishi Parashara antwortete:

Ich habe zuvor bereits die Namen und charakteristischen Merkmale und Eigenschaften der Grahas (Planeten) beschrieben. Freude und Leid aller Geschöpfe in der Welt hängen von diesen Grahas ab. Deshalb sollten diejenigen, die sich nach Frieden, Reichtum und Wohlstand, ausreichend Regenfällen, guter Gesundheit und Langlebigkeit sehnen, die Planeten verehren.

tasmāt suśāntikāmo vā śrīkāmo vā sucetasā |
vṛṣṭāyāyuḥ puṣṭikāmo vā teṣāṁ yajñaṁ samācaret || 3 ||
tābhrācca sphaṭikādraktacandanāt svarṇakādubhau |
rajatādayasaḥ sīsāt kāṁsyāt kāryāḥ krāmad grahāḥ || 4 ||
pūrvoktaiḥ svasvavarṇairvā paṭe lekhyā dvijottamaiḥ |
svasvoktadigvibhāgeṣu gandyādyairmaṇḍaneṣu vā || 5 ||

Zum Zweck ihrer Verehrung sollten die Statuen von Sonne, Mond, Mars, Merkur, Jupiter, Venus, Saturn, Rahu und Ketu jeweils aus Kupfer, Sphatika (Bergkristall), rotem Sandelholz, Gold (sowohl Merkur als auch Jupiter), Silber, Eisen, Blei und Messing bestehen. Alternativ sollten die Gestalten aller oben genannten Planeten in den zu ihnen gehörenden Farben mit Sandelpaste auf ein Tuch gezeichnet und in der ihnen zugehörigen Richtung platziert werden.

padmāsanaḥ padmahastaḥ padmapatrasamadyutiḥ ǀ
saptāśvarathasaṁsthaśca dvibhujaśca divākaraḥ ǀǀ 6ǀǀ

So stelle dir Surya vor: prächtig geschmückt, mit zwei Armen, auf einem Lotus sitzend, mit einer Lotusblume in einer Hand, von roter Farbe wie die eines Lotus und in seinem Sonnenwagen sitzend, der von sieben Pferden gezogen wird.

śvetaḥ śvetāmbaro devo daśāśvaḥ śvetabhūṣaṇaḥ ǀ
gadāhasto dvibāhuśca vidhātavyo vidhurdvija ǀǀ 7ǀǀ

So stelle dir Chandra vor: von weißer Farbe, in weiße Gewänder gekleidet, mit zwei Armen, in der einen Hand eine Streitkeule haltend und mit der anderen Hand eine segnende Geste zeigend, mit weißen Ornamenten geschmückt und in einem Wagen sitzend, der von zehn Pferden gezogen wird.

raktamālyāmbaradharo śaktiśūlagadādharaḥ ǀ
varadastu caturbāhurmaṅgalo meṣavāhanaḥ ǀǀ 8ǀǀ

So stelle dir Mangal vor: mit einer roten Halskette geschmückt, in rotfarbene Gewänder gekleidet, mit vier Armen, Shakti (Speer), Shula (Lanze), Gada (Streitkolben) in Händen haltend, eine segnende Geste anzeigend und auf einem Lamm sitzend.

pītamālyāmbaradharaḥ karṇikārasamadyutiḥ ǀ
khaḍgacarmagadāpāṇiḥ siṁhastho varado budhaḥ ǀǀ 9ǀǀ

So stelle dir Budha vor: mit einer gelben Girlande geschmückt, in gelbe Gewänder gekleidet, mit vier Armen, Schwert, Schild, Streitkolben haltend und eine segnende Geste anzeigend und auf einem Löwen sitzend.

guruśukrau kramāt pītaśvetavarṇau caturbhujau ǀ
daṇḍinau varadau kāryau sākṣasūtrakamaṇḍalū ǀǀ 10ǀǀ

So stelle dir Guru und Shukra vor: Guru von goldgelber Hautfarbe und Shukra von heller Hautfarbe, beide mit vier Armen, einen Stab, eine Kette und einen Wasserbehälter in Händen haltend und eine segnende Geste anzeigend.

indranīladyutiḥ śūlī varado gṛdhravāhanaḥ I
vāṇavāṇāsanadharo vijñeyo'rkasuto dvija I I 11 I I

O Maitreya, so stelle dir Shani vor: von dunkelblauem Glanz wie der eines Saphirs umgeben, mit vier Armen, eine Shula (Lanze), Bogen und Pfeil in Händen haltend und eine segnende Geste anzeigend und auf einem Esel sitzend.

karālavadanaḥ khaḍgacarmaśūlī varapradaḥ I
siṁhastho nīlavarṇaśca rāhurevaṁ prakalpyate I I 12 I I

So stelle dir Rahu vor: mit grimmigem Gesichtsausdruck, vierarmig, ein Schwert, einen Schild und eine Lanze (Shula) in Händen haltend und eine segnende Geste anzeigend, von rauchähnlicher Farbe und auf einem Löwen sitzend.

dhūmrā dvibāhavaḥ sarve gadino vikṛtānanāḥ I
gṛdhrāsanā nityaṁ ketavaḥ syurvarapradā I I 13 I I

Es gibt viele Ketus. Alle sind von rauchiger Farbe, zweiarmig, tragen einen Streitkolben in der Hand und zeigen mit der anderen Hand eine segnende Geste an, zeigen einen grimmigen Gesichtsausdruck und sitzen auf einem Esel.

*Auch Kometen werden als Ketu bezeichnet.*

sarve kirīṭinaḥ kāryā grahā lokahitapradāḥ I
svāṅgulenocchritā vijñaiḥ śatamaṣṭottaraṁ sadā I I 14 I I

Alle Statuen sollen so gefertigt sein, dass sie eine Krone tragen und 108 Finger hoch sind, der Länge der eigenen Finger entsprechend.

*Als Maß wird der Mittelfinger genommen.*

yathāvarṇaṁ pradeyāni sudṣpāṇi vasanāni ca I
gandho dīpo baliścaiva dhūpo deyaśca gugguluḥ I I 15 I I
yasya grahasya yaddravyamannaṁ yasya ca yat priyam I
tacca tasyai pradātavyaṁ bhaktiyuktena cetasā I I 16 I I

Um einen Planeten zu besänftigen (Grahashanti), bringe ihm hingebungsvoll Blumen und Gewänder in der Farbe, die ihm zugeordnet ist, dar sowie Wohlgerüche (Dupa), Lichter (Dipa), Myrrhe

(Guggul) usw., das ihm zugeordnete Metall und die Nahrung, die ihm lieb ist und spende auch all diese Dinge den Brahmanen.

ākṛṣṇena imaṁ devā agnirmūrdhā divaḥ kakut |
udbudhyasveti mantrāṁśca japedatha bṛhaspate || 17||
annāt pariśrutaśceti śanno devīrabhīṣṭaye |
kayā naścitra ityevaṁ ketu kṛṇvannimāṁstathā || 18||
sapta rudrā diśo nandā navacandrā nṛpāstathā |
tripakṣā aṣṭacandrāśca saptacandrāstathaiva ca || 19||
imāḥ saṅkhyāḥ sahasraghnā japasaṅkhyāḥ prakīrtitāḥ |
kramādarkādikheṭānāṁ prītyarthaṁ dvijapuṅgava || 20||

Im Folgenden sind die Mantras aller Planeten und die vorgeschriebene Anzahl ihrer Rezitation weiter unten angegeben. Die Rezitation von Mantras sollte nach der Verehrung der Planeten erfolgen, wie in den Versen 15 - 16 angegeben. Die vorgeschriebene Anzahl für die Rezitation der Planetenmantras ist jeweils: Sonne 7.000, Mond 11.000, Mars 11.000, Merkur 9.000, Jupiter 19.000, Venus 16.000, Saturn 23.000, Rahu 18.000 und Ketu 17.000.

*Die von Parashara empfohlenen Hymnen entstammen dem Rig Veda und dem Shukla Yajur Veda. In der BPHS ist jeweils nur der Anfang der entsprechenden Hymne aufgeführt.*

| Graha | Anfang der Hymne | Quelle | Anzahl |
|---|---|---|---|
| Surya | ākrishnena rajasā ... | Rig Veda 1.35.2 | 7.000 |
| Chandra | imam devā asapatnam ... | Shukla Yajur Veda 9.40 und 10.18 | 11.000 |
| Mangal | agnirmūrdhā diva kakut ... | Rig Veda 8.44.16 | 11.000 |
| Budha | udbudhasvāgna prati ... | Shukla Yajur Veda 15.5.4 und 18.61 | 9.000 |
| Guru | brihaspati ati yadaryo ... | Rig Veda 2.23.15 | 19.000 |
| Shukra | annātparisruto rasam ... | Shukla Yajur Veda 19.75 | 16.000 |
| Shani | sham no devīrbhishtaya ... | Rig Veda 10.9.4 | 23.000 |
| Rahu | kayā nashcitra ... | Rig Veda 4.31.1 | 18.000 |
| Ketu | ketum krinvannaketave ... | Rig Veda 1.6.3 | 17.000 |

arkaḥ palāśaḥ khadirastvapāmārgastu pippalaḥ |
udumbaraḥ śamī durvā kuśāśca samidhaḥ kramāt || 21||
hotavyā madhusarpibhyāṁ dadhnā kṣīreṇa vā yutāḥ |
ekaikasya tvaṣṭa śatamaṣṭāviṁśatireva vā || 22||

Die Zeremonie (Havana) sollte mit den Holzarten Ak, Palash, Khair, Chirchiri, Pipal, Gular, Shami, Dub und Kush durchgeführt werden – jeweils für Sonne, Mond, Mars, Merkur, Jupiter, Venus, Saturn, Rahu und Ketu. Die Opfergaben sollten mit Honig, Ghee, Quark oder Milch vermischt dem heiligen Feuer übergeben und dabei die Mantras 108 oder 28 mal rezitiert werden.

guḍaidanaṁ pāyasaṁ ca haviṣyaṁ kṣīraṣāṣṭikam I
dadhyodanaṁ haviścūrṇaṁ māṁsaṁ citrānnameva ca I I 23 I I
dadyād grahakramādevaṁ viprebhyo bhojanaṁ dvija I
śaktito vā yathālābhaṁ deyaṁ satkārapūrvakam I I 24 I I

Um die Sonne und die anderen acht Grahas zu besänftigen, sollten die Brahmanen, dem jeweiligen Graha entsprechend, gespeist werden mit (1) gesüßtem Reis, (2) in Milch gekochtem Reis, (3) süßem Reis (Havishya), (4) in Milch gekochtem Reis, (5) Quark mit Reis, (6) Reis mit Ghee, (7) mit Sesam gekochtem Reis, (8) mit Fleisch gekochtem Reis und (9) mit Getreide gekochtem Reis.

dhenuḥ śaṅkhastathā'naḍvān hema vāso hayaḥ kramāt I
kṛṣṇā gaurāyasaṁ chāga etā ravyādidakṣiṇāḥ I I 25 I I

Um die Sonne und andere Planeten zu besänftigen, sollten als wohltätige Gaben (1) eine Kuh mit Kalb, (2) eine Muschel, (3) ein Ochse, (4) Gold, (5) Gewänder, (6) ein Pferd, (7) eine schwarze Kuh, (8) Waffen aus Eisen und (9) eine Ziege verteilt werden.

yasya yaśca yadā duḥsthaḥ sa taṁ yatnena pūjayet I
eṣāṁ dhātrā varo dattaḥ pūjitāḥ pūjayiṣyatha I I 26 I I
mānavānāṁ grahādhīnā uñchrāyāḥ patanāni ca I
bhāvā'bhāvau ca jagatāṁ tasmāt pūjyatamā grahāḥ I I 27 I I

Derjenige Graha, welcher zu einer bestimmten Zeit die Ursache widriger Effekte für einen Menschen ist, sollte verehrt und besänftigt werden, denn Brahma hat die Planeten mit der Gabe gesegnet „Tut denjenigen Gutes, die euch verehren".

Die Entwicklung und der Fortschritt und der Niedergang der Menschen und die Schöpfung und Zerstörung des Universums stehen sämtlich unter der Verwaltung und Autorität der Grahas. Daher sind sie höchst verehrungswürdig.

# Kapitel 85: Ungünstige Geburten

**atha'śubhajanmakathanādhyāyaḥ || 85||**
athā'nyat sampravakṣyāmi sulagne sugraheṣvapi |
yadanyakāraṇenāpi bhavejjanmā'śubhapradam || 1||
darśe kṛṣṇācaturdaśyāṁ viṣṭyāṁ sodarabhe tathā |
pitṛbhe sūryasaṅkrāntau pāte'rkendugrahe tathā || 2||
vyatīpātādiduryoge gaṇḍānte trividhe'pi vā |
yamaghaṇṭe'vabhe dagdhayoge trītarajanma ca || 3||
prasavasya trikāre'pi jñeyaṁ janmā'śubhapradam |
śāntyā bhavati kalyāṇaṁ tadupāyaṁ ca vacmyaham || 4||

Maharishi Parashara sagte:

O Maitreya, nun werde ich dir die Umstände schildern, unter denen eine Geburt ungünstig ist, obwohl der Aszendent und die Planeten günstige Stellungen einnehmen.

Auch wenn der Lagna günstig platziert sein mag, wird eine Geburt ungünstig sein, wenn sie in Amavasya oder Chaturdasi (14. und letzter Tag der dunklen Monatshälfte, der Krishna Pakha), in Vishti (Bhadra) Karana, im Nakshatra des Bruders, in den Nakshatras von Vater und Mutter, zur Zeit des Neueintritts der Sonne in ein Tierkreiszeichen, zur Zeit von Pata (wenn die addierten Längen von Sonne und Mond 180 oder 360 Grad ergeben), zur Zeit von Sonnen- und Mondfinsternissen, zur Zeit von ungünstigen Yogas wie Vyatipata usw., in Gandantas aller drei Arten (spezielle ungünstige Punkte im Tierkreis) oder während der Yogas Yamaghanta, Tithikshaya, Dagdha usw. Auch die Geburt eines Sohnes nach drei Töchtern und die Geburt einer Tochter nach drei Söhnen und die Geburt eines behinderten Kindes sind ungünstig.

Es gibt jedoch Abhilfemaßnahmen, um Linderung von den negativen Folgen solcher Geburten zu erlangen; diese werden in den folgenden Kapiteln beschrieben.

# Kapitel 86: Abhilfemaßnahmen für eine Geburt in Amavasya

**atha darśajanmaśāntyadhyāyaḥ ॥ 86॥**
maitreya darśajātānāṁ mātāpitrordaridratā ।
taddoṣaparihārāya śāntiṁ kuryād vicakṣaṇaḥ ॥ 1॥
kalaśasthāpanaṁ kṛtvā prathamaṁ vidhipūrvakam ।
udumbaraṭāśvatthacūtānāṁ pallavāṁstathā ॥ 2॥
sanimbānāṁ ca mūlani tvacastatra vinikṣipet ।
pañcaratnāni nikṣipya vastrayugmena ceṣṭayet ॥ 3॥
sarve samudra iti cā'pohiṣṭhāditryṛcena ca ।
āmantrya kalaśe tacca sthāpayed vahnikoṇake ॥ 4॥
darśasya devayoścā'tha candrabhāskarayoḥ kramāt ।
pratimāṁ svarṇajāṁ nityaṁ rājatīṁ tāmrajāṁ tathā ॥ 5॥
āpyāyasveti mantrena' savitā paścāttameva ca ।
upacāraiḥ samārādhya tato homaṁ samācaret ॥ 6॥
samidhaśca caruṁ vidvān krameṇa juhuyāt vratī ।
bhaktyā savitṛmantreṇa somo dhenuśca mantrataḥ ॥ 7॥
aṣṭottaraśataṁ vāpi aṣṭaviṁśatireva vā ।
abhiṣekaṁ tathā kuryāt dampatyośca suputrayoḥ ॥ 8॥
hiraṇyaṁ rajataṁ caiva kṛṣṇadhenuśca dakṣiṇā ।
brāhmaṇān bhojayet śaktyā tataḥ kṣemamavāpnuyāt ॥ 9॥

Maharishi Parashara sagte:

Jemand, der in Amavasya geboren wurde, wird stets unter Armut leiden. Es ist daher sehr wichtig, Abhilfemaßnahmen zu ergreifen, um Linderung der negativen Folgen einer solchen Geburt zu erlangen; dies sind folgende:

Nimm ein Kalash (Wassergefäß), lege frische Blätter von Gular- (Wildfeige), Vata- (Banyan), Pipal-, Mango- und Nima-Bäumen hinein und bedecke das Gefäß mit zwei Tüchern.

Stelle dann das Kalash in südwestlicher Richtung auf und rezitiere dabei die passenden Mantras. Dann verehre die Statuen der Sonne aus Kupfer, des Mondes aus Silber und die des Gottes und der Gottheiten, die über Amavasya herrschen, aus Gold und Silber.

Diese Statuen sollen durch die Rezitation – 16 mal und 5 mal – der entsprechenden Mantras der Sonne usw. eingeweiht werden. Danach führe Havana aus.

Die gelehrten Brahmanen sollen im Verlauf des Havana 108 oder 28 Darbringungen der vorgeschriebenen Arten von Holz (als Brennstoff) und von Nahrung usw. ausführen, begleitet von der Rezitation der Mantras für Sonne und Mond.

Danach besprengt man das Kind, das geboren wurde und seine Eltern mit Wasser, bringt als wohltätige Spenden Gold, Silber und eine schwarze Kuh dar und speist die Brahmanen den eigenen Mitteln entsprechend. Durch die Durchführung dieser ausgleichenden Zeremonien werden die ungünstigen Auswirkungen der Geburt in Amavasya neutralisiert und die Freude und das Wohlergehen des Kindes sichergestellt.

## Kapitel 87: Abhilfemaßnahmen für eine Geburt in Krishna Chaturdashi

**atha kṛṣṇacaturdaśījanma śāntyadhyāyaḥ || 87||**
kṛṣṇapakṣacaturdaśyāḥ ṣaḍbhāgeṣu phalaṁ kramāt |
janma cet prathame bhāge tadā jñeyaṁ śubhaṁ dvija || 1||
dvitīye pitaraṁ hanti mātaraṁ ca tṛtīyake |
caturthe mātulaṁ caiva pañcame vaṁśanāśanam || 2||
ṣaṣṭhe tu dhananāśaḥ syādātmano nāśa eva vā |
taddoṣaparihārārthaṁ śāntiṁ kuryād prayatnataḥ || 3||

Maharishi Parashara sagte:

Teile die Dauer des Chaturdashi-Tages in 6 Teile auf. Die Geburt im ersten Teil ist segensreich. Der zweite Teil verursacht den Tod des Vaters, der dritte Teil den Tod der Mutter. Der vierte Teil bewirkt den Fortgang des Onkels mütterlicherseits. Der fünfte Teil vernichtet die gesamte Familie. Der sechste Teil verursacht den Verlust des Wohlstands oder den Tod des Geborenen. Deshalb ist es unerlässlich, sogleich Abhilfemaßnahmen zu ergreifen, um diesen negativen Auswirkungen zu entgehen.

śivasya pratimāṁ kuryāt sauvarṇīṁ karṣasammitām |
tadardhārdhamitāṁ vā'pi yathāvittaṁ manoharām || 4||
bālacandrakirīṭāñca śvetamālyāmbarānvitām |
trinetrāṁ ca vṛṣāsīnāṁ varābhayakarāmatha || 5||

Stelle eine Statue von Shiva auf, die aus einem Karsha (10 g) Gold besteht - oder aus einem Gewicht, das man sich leisten kann. Die Statue sollte die Sichel des Mondes kurz nach Neumond auf der Stirn haben, eine weiße Girlande um den Hals tragen, drei Augen haben (eines davon auf der Stirn), in weiße Gewänder gekleidet sein, auf einem Stier sitzen, zweiarmig sein und die Gesten des Segnens und der Gewährung von Furchtlosigkeit zeigen.

trayambakaṁ ceti mantreṇa pūjāṁ kuryādatandritaḥ |
āvāhya vāruṇairmantrairācāryo mantratattvavit || 6||
imaṁ me varuṇe tyevaṁ tattvā yāmī tyṛcā punaḥ |
ttvanna agne ityanayā satvaṁ no ityṛcāpi ca || 7||

āgneyaṁ kumbhamārabhya pūjayed bhaktitaḥ kramāt ।
ā nobhadreti sūktaṁ ca bhadrā agneśca sūktakam ।। 8।।
japtvā puruṣasūktaṁ ca kandrudreti tathā japet ।
śaṅkarasyā'bhiṣekaṁ ca grahapūjāṁ ca kārayet ।। 9।।
samidājyacarūṁścaiva tilamāṣāṁśca sarpapān ।
aśvasthalpakṣapālāsakhādirāḥ samidhaḥ śubhāḥ ।। 10।।
aṣṭottaraśataṁ vahnau juhuyād vidhipūrvakam ।
aṣṭaviṁśatisaṅkhyā vā homaṁ kuryāt pṛthak pṛthak ।। 11।।
mantreṇa tryambakenātha tilān vyāhṛtibhistathā ।
grahahomaṁ ca vidhivat kuryād kṣemaṁ tato bhavet ।। 12।।
abhiṣekaṁ ca jātasya tatpitroścāpi mantravit ।
kuryāt tato yathāśakti brāhmaṇān bhojayet sudhīḥ ।। 13।।

Nachdem die mit der Essenz der Mantras wohlvertrauten Brahmanen sich selbst angerufen haben, sollten sie mit der Rezitation des Varuna-Mantras beginnen und dann die Verehrung des Kalash durchführen, das ordnungsgemäß in der südwestlichen Ecke installiert wurde, begleitet von der Rezitation von Mantras wie „Imah Mai Varun", „Tan Tva Yami", „Tvan Nai Agni" usw.

Nachdem dann Wasser über das Idol von Shiva gegossen wurde (Abhishek), sollten die neun Planeten (Navagraha) verehrt werden. Danach sollten Darbringungen (Havana) unter Verwendung von Ghee, Sesam, Urda und Sarson und Holzstücken von Pipal-, Pakar-, Palas- und Khadirbäumen durchgeführt werden. 108 oder 28 Opfergaben sollten jedem der neun Planeten einzeln dargebracht werden.

Schließlich sollte das Wasser des Kalash auf den Geborenen und seine Eltern versprenkelt werden und die Brahmanen sollten den eigenen Mitteln entsprechend verköstigt werden.

## Kapitel 88: Abhilfemaßnahmen für eine Geburt in Bhadra (Vishti) und in anderen ungünstigen Yogas

**atha bhardāvamaduryogaśāntyadhyāyaḥ** || 88||
athā'haṁ sampravakṣyāmi bhadrāyāmavame tathā |
vyātoopātādiduryoge yamaghaṇṭādike ca yat || 1||
janmāśubhaphalaṁ proktaṁ tasya śāntividhiṁ dvija |
prāpte prasūtiduryoge śāntiṁ kuryād vicakṣaṇaḥ || 2||

Maharishi Parashara sagte:

O Brahmane, nun werde ich die Abhilfemaßnahmen zur Linderung der negativen Auswirkungen der Geburt in Bhadra (Vishti Karana), Vyatipata und ähnlichen ungünstigen Yogas usw., in Paridha und in Yamaghantas usw. beschreiben, die unheilvolle Auswirkungen hervorbringen. Wenn bei Geburt ein unheilvoller Yoga aktiv ist, sollten die Brahmanen die folgenden Abhilfemaßnahmen durchführen:

daivajñairdarśite vā'pi sulagne sudine gṛhī |
pūjanaṁ devatānāṁ ca grahāṇāṁ yajanaṁ tathā || 3||
śaṅkarasyā'bhiṣekaṁ ca ghṛtadīpaṁ śivālaye |
āyurvṛddhikaraṁ kuryādaśvatthasya pradakṣiṇam || 4||
havanaṁ viṣṇumantreṇa satamaṣṭottaraṁ sudhīḥ |
brāhmaṇān bhojayet śaktyā tataḥ kalyāṇamāpnuyāt || 5||

Verehrung (Puja) von Vishnu und anderen Gottheiten, an einem glückverheißenden Tag und zu einer glückverheißenden Stunde (Lagna), die von einem kundigen Astrologen (Jyotishi) bestimmt wurden;

Anzünden von Lichtern (Dipa) vermittels Ghee in einem Shiva-Tempel;

Abhisheka von Shiva (Rudra Abhishek);

108-faches Umwandeln eines Pipal-Baums (Ashvattha-Baum) für die Verlängerung der Lebensdauer;

Durchführung von Darbringungen (Havana), begleitet von der 108-maligen Rezitation der Mantras von Vishnu (Vaisneh Raratmachityadhi);

Speisung der Brahmanen enstprechend den eigenen Mitteln.

Die Durchführung dieser Abhilfemaßnahmen wird den Geborenen von allen negativen Folgen seines ungünstigen Geburtszeitpunkts befreien und er wird Freude im Leben erfahren.

## Kapitel 89: Abhilfemaßnahmen für die Geburt in ungünstigen Nakshatras

**athaika nakṣatra jātaśāntyadhyāyaḥ || 89||**
atha yadyekanakṣatre bhrātrorvā pitṛputrayoḥ |
prasūtiśca tayormṛturathaivakasya niścayaḥ || 1||
tatra śāntiṁ pravakṣyāmi gargādimunibhāṣitam |
sudine śubhanakṣatre candratārābalānvite || 2||
riktāvaviṣṭivivarjye ca samaya śāntimācaret |
śanerīśānadigbhāge nakṣatrapratimāṁ śubhām || 3||
tannakṣatroktamantreṇa pūjayet kalaśopari |
raktavastreṇa sañchādya vastrayugmena veṣṭayet || 4||
svasvaśākhoktamārgeṇa kuryādagnimukhaṁ tathā |
punastenaiva mantreṇa hunadaṣṭottaraṁ śatam || 5||
pratyekaṁ samidannājyaiḥ prāyaścittāntameva hi |
abhiṣekaṁ tataḥ kuryādācāryaśca dvayorapi || 6||
ṛtvigbhyo dakṣiṇāṁ dadyādācāryāya viśeṣataḥ |
brāhmaṇān bhojayed bhaktyā vittaśāṭhyavivarjitaḥ || 7||

Maharishi Parashara sagte:

O Maitreya, findet die Geburt im Nakshatra des Bruders oder eines Elternteils statt, wird dies zweifellos den Tod des Bruders oder des Vaters oder der Mutter zur Folge haben oder sie müssen todesähnliche Leiden erdulden. Deshalb werde ich nun die Abhilfemaßnahmen beschreiben, die von Weisen wie Garga usw. empfohlen wurden, um diese negativen Auswirkungen zu vermeiden.

Die Abhilfemaßnahmen sollten an einem glückverheißenden Tag (Vara) durchgeführt werden, wenn der Mond sich in einem glückverheißenden Nakshatra befindet und wenn kein Rikta Tithi oder Vishti Karana aktiv ist.

Die Yagyas sollten in der folgenden Reihenfolge durchgeführt werden:

Eine schön gefertigte Statue des Janma Nakshatra und des Kalasha (Vase, Krug) sollte zwischen der Nordost-Ecke des Opferplatzes und dem Opferfeuer aufgestellt werden. Die Statue soll mit einem roten Tuch bedeckt und mit zwei Tüchern umwickelt werden.

Die Statue soll verehrt werden, indem das Mantra des Janma Nakshatra rezitiert wird.

Der eigenen Familientradition entsprechend sollen 108 Darbringungen (Havana) durchgeführt werden, während das genannte Mantra rezitiert wird. Dann sollen im Opferfeuer Ghee und die anderen Gaben dargebracht werden.

Anschließend soll der Priester, der die Puja durchführt, die Eltern und den Bruder (wer auch immer betroffen ist) mit Wasser besprenkeln. Bringe dem Priester und seinen Kollegen, welche die Zeremonie durchführen, nach bestem Vermögen Geschenke (Dakshina) dar und verköstige den eignen Mitteln entsprechend die Brahmanen.

## Kapitel 90: Abhilfemaßnahmen bei einer Sankranti-Geburt

**atha saṅkrāntijanmaśāntyadhyāyaḥ ǀǀ 90ǀǀ**
ghorādhvāṅkṣīmahodaryo mandā mandākinī tathā ǀ
miśrā ca rākṣasī sūryasaṅkrāntiḥ sūryavāsarāt ǀǀ 1ǀǀ
saṅkrāntau ca naro jāto bhaved dāridrya duḥkhabhāk ǀ
śāntyā sukhamavāpnoti tataḥ śāntividhi bruve ǀǀ 2ǀǀ

Maharishi Parashara sagte:

O Brahmane, die Namen des Sankranti an den sieben Wochentagen, beginnend mit dem Sonntag, lauten: Ghora, Dhavankshi, Mahodari, Manda, Mandakini, Mishra und Rakshasi. Derjenige, der an einem Sankranti-Tag (Tag, an dem die Sonne in ein neues Zeichen eintritt) geboren wurde, wird arm und unglücklich sein – aber er wird wohlhabend und glücklich sein, wenn die entsprechenden Abhilfemaßnahmen durchgeführt werden. Ich werde nun die Abhilfemaßnahmen beschreiben, mittels derer die negativen Auswirkungen neutralisiert werden können.

navagrahamakhaṁ kuryāt tasya doṣopaśāntaye ǀ
gṛhasya pūrvadigbhāge gomayenopalipya ca ǀǀ 3ǀǀ
svalaṅkṛtapradeśe tzusammenstehīhirāśiṁ prakalpayet ǀ
pañcadroṇamitaṁ dhānyaistadardhaṁ taṇḍulaistathā ǀǀ 4ǀǀ
tadardhaṁ ca tilaiḥ kuryādrāśiṁ ca dvijasattama ǀ
pṛthak tritayarāśau tu likhedaṣṭadalaṁ budhaiḥ ǀǀ 5ǀǀ
puṇyāhaṁ vācayitvā tu ācāryaṁ vṛṇuyāt purā ǀ
dharmajñaṁ mantratattvajñaṁ śāntikarmaṇi kovidam ǀǀ 6ǀǀ

Das Yagya der neun Planeten (Navagraha Yagya) sollte durchgeführt werden, um eine Linderung der negativen Auswirkungen einer Sankranti-Geburt zu bewirken.

Eine saubere Stelle im östlichen Teil des Hauses sollte durch Beschmieren mit Kuhdung geläutert werden (alles, was von der Kuh stammt, gilt als läuternd).

Dann sollen drei getrennte Haufen von Folgendem bereitgestellt werden:

5 Dronas (1 Drona entspricht 10,24 kg) ungeschälter Reis, 2,5 Dronas Reis, 1,5 Dronas Sesamkörner.

Zeichne auf diese Haufen die Figur eines Lotus mit acht Blättern und dekoriere sie dann mit Blumen. Danach soll man einen Brahmanen auswählen und einladen, der mit der Durchführung vedischer Zeremonien und der Rezitation von Mantras bestens vertraut ist.

rāśiṣu sthāpayet kumbhānavraṇān sumanoharān I
tīrthodakena sampūrya samṛdauṣadhapallavam I I 7I I
pañcagavyaṁ kṣipettatra vastrayugmena veṣṭayet I
kumbhopari nyaset pātraṁ sūkṣmavastreṇa veṣṭitam I I 8I I
pratimāṁ sthāpayet tatra sādhipratyadhidaivatām I
adhidaivaṁ bhavet sūryaścandraḥ pratyadhidaivatam I I 9I I
candrādityākṛtī pārśve madhye saṅkrāntimarcayet I
pratimāṁ pūjane pūrvaṁ vastrayugmaṁ nivedayet I I 10I I
tato vyāhṛtipūrrveṇa tattanmantreṇa pūjayet I
traiyambakeṇa mantreṇa pradhānapratibhāṁ pūjayet I I 11I I
utsūrya iti mantreṇa sūryapūjāṁ samācaret I
āpyāyasveti mantreṇa candrapūjāṁ samācaret I I 12I I
upacāraiḥ ṣoḍaśabhiryadvā pañcopacārakaiḥ I
mṛtyuñjayana mantreṇa pradhānapratimāṁ spṛśan I I 13I I
aṣṭottarasahasraṁ cā'pyaṣṭottaraśataṁ japet I
athā'ṣṭāviṁśatiṁ vāpi japenmantraṁ svaśaktitaḥ I I 14I I
kumbhebhyaḥ paścime deśe sthaṇḍile'gniṁ prakalpayet I
svagṛhyoktavidhānena kārayet saṁskṛtānalam I I 15I I
trayambakena mantreṇa samidājyacarūn hunet I
aṣṭottarasahasraṁ vā aṣṭottaraśataṁ yathā I I 16I I
aṣṭaviṁśatimevāpi kuryād homaṁ svaśaktitaḥ I
mṛtyuñjayena mantreṇa tilahomaśca kārayet I I 17I I
tataḥ sviṣṭakṛtaṁ hutvābhiṣekaṁ ca kārayet I
brahmaṇān bhojayet paścādevaṁ śāntimavāpnuyāt I I 18I I

Das Yagya sollte dann in folgenden Schritten durchgeführt werden:

Installiere Kalashas (Vasen, Krüge), die kein Leck haben, auf allen drei Haufen und fülle in jeden von ihnen Wasser von den heiligen Orten Saptamrattika, Shataushadhi, Panchapallava und Panchagavya. Dann umwickle die Kalashas mit Tüchern. Stelle kleine, mit dünnem Tuch umwickelte Tontöpfe auf die Kalashas. Stelle dann die Sankranti-Statue zusammen mit den Statuen von Adhideva und Pratyadhideva auf. (Surya ist hier Adhideva und Chandra Pratyadhideva). Die Statuen der letztgenannten sollten auf beiden Seiten der Haupt-Sankranti-Statue aufgestellt werden.

Als Opfergabe können jeder der Statuen zwei Gewänder dargebracht werden.

Führe nun die Verehrung aller drei Statuen auf die vorgeschriebene Weise durch. Die Hauptstatue sollte mit der Rezitation der Mantras „Trayambakam", „Yajam Hai" usw. verehrt werden, die Statue von Surya mit dem Mantra „Ut Sun" und die Statue von Chandra mit dem Mantra „Apayayashava" usw. Die Verehrung sollte nach Möglichkeit mit Shodshopchar oder Panchopchar durchgeführt werden.

Nachdem die Haupt-Statue berührt wurde, sollte Mrityunjaya Japa (eine berühmte Hymne an Shiva) 1.008, 108 oder 28 Mal rezitiert werden, je nach Vermögen.

Errichte im Westen der installierten Kalashas eine kleine Plattform, entzünde darauf ein Feuer und führe die vorgeschriebenen Riten durch. Dann führe – je nach Vermögen – 1.008, 108 oder 28 Mal Darbringungen (Havana) mit Samidha, Ghrit (Ghee) und Charu (Pulver aus Til) durch, zusammen mit der Rezitation von Trayambakam usw. (Mrityunjaya Mantra).

Führe erneut Havana mit Sesamsamen als Brennstoff durch, zusammen mit der Rezitation des Mrityunjaya-Mantras. Nachdem ein weiteres Svistkrita Havana ausgeführt wurde, versprenkele geweihtes Wasser auf das neugeborene Kind und seine Eltern.

Anschließend soll man so viele Brahmanen verköstigen, wie man es sich leisten kann.

Durch die Durchführung der beschriebenen Abhilfemaßnahmen werden die negativen Auswirkungen der Sankranti-Geburt neutralisiert und der Geborene erfreut sich seines Lebens.

## Kapitel 91: Abhilfemaßnahmen bei einer Geburt während einer Finsternis

**atha grahaṇajātaśāntyadhyāyaḥ || 91||**
sūryendugrahaṇe kāle yeṣāṁ janma bhaved dvija |
vyādhiḥ kaṣṭaṁ ca dāridryaṁ teṣāṁ mṛtyubhayaṁ bhavet || 1||
ataḥ śāntiṁ pravakṣyāmi janānāṁ hitakāṅkṣayā |
sūryasyendośca graheṇaṁ yasminṛkṣe prajāyate || 2||
tannakṣatrapate rūpaṁ suvarṇena prakalpayet |
sūryagrahe sūryarūpaṁ suvarṇena svaśaktitaḥ || 3||
candragrahe candrarūpaṁ rajatena tathaiva ca |
rāhurūpaṁ prakurvīta sīsakena vicakṣaṇaḥ || 4||
śucau deśe samaṁ sthānaṁ gomayena pralepayet |
tatra ca sthāpayed vastraṁ nūtanaṁ sumanoharam || 5||
trayāṇāmeva rūpāṇāṁ sthāpanaṁ tatra kārayet |
sūryagrahe pradātavyaṁ sūryaprītikaraṁ ca yat || 6||
raktākṣataṁ raktagandhaṁ raktamālyāmbarādikam |
candragrahe pradātavyaṁ candraprītikaraṁ ca yat || 7||
śvetagandhaṁ śvetapuṣpaṁ śvetamālyāmbarādikam |
rāhave ca pradātavyaṁ kṛṣṇapuṣpāmbarādikam || 8||
dadyānnakṣatranāthāya śvetagandhādikaṁ tathā |
sūryaṁ sampūjayeddhīmānākṛṣṇeti ca mantrataḥ || 9||
athā candram ime devā iti mantreṇa bhaktitaḥ |
dūrvābhi pūjayedrāhuṁ kayā na iti mantrataḥ || 10||
sūryendvorarkapālāśamidbhirjuhuyāt kramāt |
tathā ca rāhoḥ prītyarthaṁ dūrvābhirdvijasattama || 11||
brahmavṛkṣasamidbhiśca bheśāya juhuyāt punaḥ |
abhiṣekaṁ tataḥ kuryāt jātasya kalahodakaiḥ || 12||
ācāryaṁ pūjayedbhaktyā suśānto vijitendriyaḥ |
brāhmaṇān bhojayetvā tu yathāśakti visarjayet || 13||
evaṁ grahaṇajātasya śāntiṁ kṛtvā vidhānataḥ |
sarvavighnaṁ vinirjitvā saubhāgyaṁ labhate naraḥ || 14||

Maharishi Parashara sagte:

O Brahmane, jemand, dessen Geburt zum Zeitpunkt einer Sonnen- oder Mondfinsternis stattfindet, wird unter Krankheiten, Kummer und Armut leiden und ist in Todesgefahr. Deshalb werde ich zum Wohle der Menschheit die Abhilfemaßnahmen beschreiben, die ergriffen werden müssen, um die oben genannten negativen Auswirkungen aufzuheben. Die Abhilfemaßnahmen sind in der folgenden Reihenfolge durchzuführen:

Folgende Statuen sollen, den eigenen Mitteln entsprechend, aufgestellt werden: eine Statue der Gottheit des Nakshatras, in dem die Finsternis stattfindet, eine Statue des Sonnengottes aus Gold, wenn die Geburt während einer Sonnenfinsternis stattfand oder eine Statue des Mondgottes aus Silber, wenn die Geburt während einer Mondfinsternis stattfand und eine Statue von Rahu aus Blei.

Beschmiere im Haus eine saubere Stelle auf dem Boden mit Kuhdung, bedecke sie mit einem schönen neuen Tuch und stelle die drei Statuen darauf auf. Bringe den Statuen folgende Dinge dar:

Im Fall der Geburt während einer Sonnenfinsternis alle Dinge, die der Sonne lieb sind – rotfarbenen Akshat (Reis), rotes Sandelpulver, eine Girlande aus rotfarbigen Blumen, rote Kleidung usw.

Im Falle der Geburt während einer Mondfinsternis alle Dinge, die dem Mond lieb sind – weißes Sandelpulver, weiße Blumen, weiße Kleidung usw.

Für Rahu schwärzliche Kleidung, schwärzliche Blumen usw.

Weiße Blumen für die Gottheit des Nakshatras, in dem die Finsternis stattfindet.

Die Verehrung sollte wie folgt durchgeführt werden: die Verehrung der Sonne mit der Rezitation des Mantras „Akrishnim" usw., die des Mondes mit der Rezitation des Mantras „Imadeva" usw., die von Rahu mit Durva-Gras und mit der Rezitation des Mantras „Kayanshicatra" usw.

Danach sollten Darbringungen (Havana) wie folgt vollzogen werden:

Mit Aak-Holzstücken als Brennstoff für die Sonne, mit Palas-Baumholzstücken als Brennstoff für den Mond, mit Durva-Gras für Rahu und mit Pipal-Baumholzstücken für die Gottheit des Nakshatras.

Besprenkle dann das Kind (und seine Eltern) mit dem heiligen Wasser des Kalash. Grüße ehrerbietig die Brahmanen, welche das

Yagya ausführen und verköstige schließlich so viele Brahmanen, wie es den eigenen Mitteln entsprechend möglich ist.

Durch die Durchführung der Abhilfemaßnahmen auf die beschriebene Weise werden die negativen Folgen der unheilvollen Geburt abgewendet und der Geborene wird Freude und Glück im Leben erfahren.

## Kapitel 92: Abhilfemaßnahmen bei einer Geburt in Gandanta

**atha gaṇḍāntajātaśāntyadhyāyaḥ || 92||**
tithinakṣatralagnānāṁ gaṇḍāntaṁ trividhaṁ smṛtam |
janmayātrāvivāhādau bhavettannidhanapradam || 1||

Maharishi Parashara sagte:

O Brahmane, es gibt drei Arten von Gandanta (ungünstigem Zeitraum), nämlich die von Tithi (Tag), Nakshatra und Lagna. Die Geburt, das Reisen und der Beginn glückverheißender Unternehmungen wie Heirat usw. während eines Gandanta führen wahrscheinlich zum Tod der betreffenden Person.

adha ūrdhvaṁ ca maitreya tithigaṇḍāntamucyate || 2||
revatīdāsrayoḥ sāpramaghayoḥ śākramūlayoḥ |

O Maitreya, die letzten 2 Ghatikas (1 Ghatika entspricht 24 Minuten) von Purna Tithi (der 5., 10. und 15. Tag eines Halbmonats) und die ersten 2 Ghatikas von Nanda Tithi (der 1., 6. und 11. Tag des Halbmonats) sind als Tithi Gandanta bekannt.

*Purna Tithis (Panchami, Dashami und Puranmashi) gelten als volle und günstige Tage in einem Halbmonat und Nanda Tithis (Pratipada, Shashti und Ekadashi) als leere und ungünstige Tage.*

revatīdāsrayoḥ sāpramaghayoḥ śākramūlayoḥ |
sandhau nakṣatragaṇḍāntamevaṁ nāḍīcatuṣṭayam || 3||

Die letzten beiden Ghatikas des Nakshatras Revati und die ersten beiden Ghatikas von Ashvini, die letzten beiden Ghatikas von Aslesha und die ersten beiden Ghatikas von Magha und die letzten beiden Ghatikas von Jyeshtha und die ersten beiden Ghatikas von Mula sind als Nakshatra Gandanta bekannt.

*Dies bezieht sich auf den Mond, der sich durch die Nakshatras bewegt.*

mīnājayoḥ karkiharyorlagnayoralicāpayoḥ |
sandhau ca lagnagaṇḍāntamadhaūrdhva ghaṭīmitam || 4||

Die letzte Hälfte der Ghatika der Fische und die erste Hälfte der Ghatika des Widders, die letzte Hälfte der Ghatika des Krebses und die erste Hälfte der Ghatika des Löwen, die letzte Hälfte der Ghatika des Skorpions und die erste Hälfte der Ghatika des Schützen sind als Lagna Gandanta bekannt.

*Das heißt, Gandanta ist in einem Zeitraum von insgesamt 24 Minuten gegeben, wenn der Aszendent die genannten Zeichenübergänge von Wasser- zu Feuerzeichen durchläuft - jeweils 12 Minuten im vorigen und 12 Minuten im nächsten Zeichen.*

eṣu cābhuktamūlākhyaṁ mahāvighnapadaṁ smṛtam |
indrarākṣasayoḥ sandhau pañcāṣṭaghaṭikāḥ kramāt || 5||

Unter den Gandantas sind die letzten 6 Ghatikas von Jyeshtha und die ersten 8 Ghatikas von Mula als Abhukta Mula bekannt – dies ist ein sehr unheilbringender Zeitraum.

*Ein längerer Zeitraum beim Übergang vom Nakshatra Jyeshtha zum Nakshatra Mula gilt als besonders ungünstig. Die von Girish Chand Sharma kommentierte Version der BPHS spricht von den 5 letzten Ghatikas von Jyeshta, nicht 6. Abhilfemaßnahmen werden in Kapitel 93 beschrieben.*

atha gaṇḍāntajātasya śiśoḥ śāntividhiṁ bruve |
gaṇḍāntakālajātasya sūtakāntyadine pitā || 6||
śāntiṁśubhe'hni vā kuryāt paśyet tāvanna taṁ śiśum |
vṛṣabhaṁ tithigaṇḍānte nakṣatre dhanumeva ca || 7||
kāñcanaṁ lagnagaṇḍānte dadyāttaddoṣapraśāntaye |
ādyabhāge prajātasya pituścāpyabhiṣecanam || 8||

Nun werde ich dir die Abhilfemaßnahmen nennen, die ergriffen werden müssen, um das Kind, das während Gandanta geboren wurde, von den negativen Auswirkungen zu befreien.

Der Vater sollte das Kind erst am Morgen des 11. Tages nach der Geburt oder an einem beliebigen glückverheißenden Tag nach der Durchführung der Abhilfemaßnahmen sehen.

Die Abhilfemaßnahmen bestehen darin, im Fall von Tithi Gandanta einen Ochsen als wohltätige Spende zu geben, im Fall von Nakshatra Gandanta eine Kuh mit Kalb, im Fall von Lagna Gandanta Gold.

Das Abhisheka des Kindes sollte mit dem Vater zusammen durchgeführt werden, wenn die Geburt im ersten Teil von Gandanta stattfand, und zusammen mit der Mutter, wenn die Geburt im zweiten Teil von Gandanta stattfand.

dvitīye tu śiśormāturabhiṣekaṁ ca kārayet I
suvarṇena tadardheṇa yathāvittaṁ dvijottama I
tithibheṣādirūpaṁ ca kṛtvā vastrasamanvitam I I 9 I I
upacārairyathāśakti kalahopari pūjayet I
pūjānte samidannajyairhoma I kuryādyathāvidhi I I 10 I I
brāhmaṇān bhojayet paścādevaṁ doṣātpramucyate I
āyurārogyamaiśvaryaṁ samprāpnoti dine dine I I 11 I I

Für die Puja sollte auf dem heiligen Kalash eine Statue der Gottheit des Tithi (im Falle von Tithi Gandanta), des Nakshatras (im Falle von Nakshatra Gandanta) und des Lagna (im Falle von Lagna Gandanta) aufgestellt werden, die, je nach Vermögen, aus 16 Mashas, 8 Mashas oder 4 Mashas Gold gefertigt wurde (1 Masha ist 1 g).

Danach sollte Havana und Abhisheka gemäß den bereits zuvor beschriebenen Verfahren durchgeführt werden. Schließlich sollten so viele Brahmanen, wie es den eigenen Mitteln entsprechend möglich ist, verköstigt werden.

Diese Abhilfemaßnahmen werden ein langes Leben, gute Gesundheit und Wohlstand für das Kind sicherstellen.

*G. S. Kapoor merkt zu Recht an, dass die in der BPHS an mehreren Stellen beschriebenen Abhilfemaßnahmen unbedingt von einem qualifizierten Brahmanen durchgeführt werden sollten, da vedische Yagyas nur dann eine positive und ihre volle Wirkung entfalten, wenn sie präzise den Vorschriften entsprechend ausgeführt werden.*

## Kapitel 93: Abhilfemaßnahmen bei einer Geburt in Abhukta Mula

**atha abhuktamūlaśāntyadhyāyaḥ || 93||**
jyeṣṭhāmūlamayoryasmādadhipāvindrarākṣasau |
mahāvairāt tayoḥ sandhirmahādoṣapradaḥ smṛtaḥ || 1||
abhuktamūlajaṁ putraṁ putrīṁ vā'pi parityajet |
athavā'bdāṣṭakaṁ tātastanmukhaṁ na vilokayet || 2||

Maharishi Parashara sagte:

Die über das Nakshatra Jyeshtha herrschende Gottheit ist Indra (der König der Götter) und die über Mula herrschende Gottheit ist Rakshasa (ein Dämon). Da die beiden Gottheiten einander feindlich gesonnen sind, gilt dieser Gandanta als der bösartigste.

Ein Junge oder ein Mädchen, das in der Zeit von Abhukta Mula geboren wurde, sollte entweder ausgesetzt werden, oder der Vater sollte das Gesicht des Kindes acht Jahre lang nicht sehen.

Nun werde ich die Abhilfemaßnahmen beschreiben, um Befreiung von den negativen Folgen der Geburt in dieser äußerst unheilvollen Zeit zu erlangen.

taddoṣaparihārārthamatha śāntividhiṁ bruve |
tatrā'dau doṣabahulyān mūlaśāntirnigadyate || 3||
janmato dvādaśāhe vā tadṛkṣe vā śubhe dine |
jātasya vā'ṣṭame varṣe śāntiṁ kuryād vidhānataḥ || 4||

In Anbetracht der äußerst ungünstigen Auswirkungen der Geburt während des Abhukta-Zeitraums werde ich zunächst die Abhilfemaßnahmen beschreiben, um Befreiung von Mula zu erlangen (Mula Shanti).

Die Yagyas sollten nach dem 12. Tag nach der Geburt, am nächsten Tag, an dem der Mond wieder das Janma Nakshatra durchläuft oder an irgend einem günstigen Tag durchgeführt werden.

susame ca śubhe sthāne gomayenopalepite |
maṇḍapaṁ svagṛhāt prācyāmudīcyāṁ vā prakalpayet || 5||
caturdvārasamāyuktaṁ toraṇādyairalaṅkṛtam |
kuṇḍaṁ grahādiyajñārthaṁ tadbahiśca prakalpayet || 6||

suvarṇena tadardhena tadardhārdhena vā punaḥ |
nakṣatradevatārūpaṁ kuryād vittānusārataḥ || 7 ||
śyāmavarṇaṁ mahograṁ ca dviśiraskaṁ vṛkānanam |
khaḍgacarmadharaṁ tadvad dhyeyaṁ kuṇapavāhanam || 8 ||

Errichte an einer geläuterten, mit Kuhdung bestrichenen Stelle östlich oder nördlich des Hauses einen Baldachin (Mandapa) mit vier gewölbten Toren, die mit Girlanden verziert sind. Bereite dort eine Opfergrube (Kunda) vor oder stelle dort ein quadratisches Gefäß (aus Ton oder Metall) für die Darbringung der Opfergaben (Havana) auf.

Lasse eine, je nach Vermögen, aus 16, 8 oder 4 Mashas (g) Gold gefertigte Statue von Rakshasa aufstellen. Die Statue sollte ein schreckenerregendes schwarzes Gesicht haben, zwei Köpfe und zwei Arme haben, ein Schwert und einen Schild tragen und auf einem toten Körper sitzen.

suvarṇasya ca mūlyaṁ vā sthāpayitvā prapūjayet |
suvarṇaṁ sarvadaivatyaṁ yataḥ śāstreṣu niścitam || 9 ||

In Ermangelung einer Statue sollte ein Goldstück mit dem oben erwähnten Gewicht für die Verehrung verwendet werden, da Gold allen Gottheiten lieb ist.

ācāryaṁ varayet paścāt svastivācanupūrvakam |
kalaśasthāpanaṁ kuryāt svagṛhyoktavidhānataḥ || 10 ||
pañcagavyādikaṁ kṣepyaṁ kalaśe tīrthavāri ca |
śatauṣadhyādikaṁ tatra śatacchidraghaṭe kṣipet || 11 ||
vaṁśapātraṁ ca saṁsthāpya tatra vai paścimāmukham |
arceyennirṛtiṁ devaṁ śuklavastrākṣatādibhiḥ || 12 ||
indraṁ tadadhidevaṁ ca jalaṁ pratyadhidaivatam |
svasvaśākhoktamantreṇa pradhānādīnprapūjayet || 13 ||
devādhidevaprītyarthaṁ homaṁ kuryādyathāvidhi |
aṣṭottaraṁ sahasraṁ vā śataṁ vā niyatendriyaḥ || 14 ||
mṛtyupraśamanārthaṁ ca mantraṁ trayambakaṁ japet |
prārthayecca tato devamabhiṣekārthamādarāt || 15 ||
bhadrāsanopaviṣṭasya sastrīputrasya mantravit |
ācāryo yajamānasya kuryāt prītyābhiṣecanam || 16 ||
vastrāntaritakumbhābhyāṁ snāpayettadanantaram |
śuklāmbaradharastadvat śvetagandhānulepanaḥ || 17 ||

dhenuṁ payasvinīṁ dadyādācāryāya ca śaktitaḥ |
ṛtvigbhyo dakṣiṇāṁ dadyād brāhmaṇāṁścāpi bhojayet || 18||
yatpāpaṁ yacca me dauḥsthyaṁ sarvagātreṣvavasthitam |
tatsarvaṁ bhakṣayājya tvaṁ lakṣmīṁ puṣṭiṁ ca vardhaya || 19||
anenaiva tu mantreṇa samyagājyaṁ vilokayet |
mūlagaṇḍodbhavastaivaṁ sarpapāpaṁ praṇaśyati || 20||

Danach sollten die Abhilfemaßnahmen in der folgenden Reihenfolge durchgeführt werden:

Wähle einen gelehrten Brahmanen aus, der die vedischen Yagyas dem vorgeschriebenen Verfahren entsprechend durchführen kann. Installiere ein Kalash (Gefäß) und gib Panchagavya (fünf Dinge, die von einer Kuh gegeben werden, nämlich Milch, Quark, Ghee, Dung und Urin), Shataushadhi (sechs Arten von Heilkräutern) und Wasser eines heiligen Flusses (Ganga usw.) hinein.

Stelle dann die Statue des Rakshasa von Mula, nach Westen gerichtet, auf einem irdenen Topf (Dhata) auf, der hundert kleine Löcher hat. Lege Bambusblätter darauf und führe die Verehrung der Statue durch, indem du ihr weiße Blumen, Sandelpulver, Kleider usw. darbringst. Verehre auch den Adhideva Indra und den Pratyadhideva Jal (Wassergottheit).

Bringe dann Opfergaben dar (Havana), um die Gottheiten zu besänftigen. Je nach Mittel sollen 1.008 oder 108 Opfergaben im Havana dargebracht werden. Danach sollten zwecks der Befreiung aus Todesgefahr das Mrityunjaya Mantra usw. rezitiert und die Verehrung aller Gottheiten zum Zweck von Abhisheka durchgeführt werden.

Der Vater, die Mutter und das Kind sollten danach ein Bad mit dem Wasser der beiden Kalashas nehmen. Dann sollten die Eltern, in weiße Kleider gekleidet und mit weißer Sandelpaste auf der Stirn eingerieben, dem das Opfer leitenden Brahmanen eine Kuh mit Kalb als Dakshina (Opferlohn) geben und die anderen Brahmanen, dem eigenen Vermögen entsprechend, verköstigen.

Abschließend sollten nach der Rezitation des Mantras „Yatapapan" usw. der Vater, die Mutter und das Kind das Spiegelbild ihrer Gesichter in dem (geschmolzenen) Ghee anschauen.

Vermittels der Durchführung der Yagyas auf die beschriebene Weise werden alle negativen Auswirkungen der Geburt während Abhukta Mula vollständig ausgelöscht.

## Kapitel 94: Abhilfemaßnahmen bei einer Geburt in Jyeshta Gandanda

**atha jyeṣṭhādi gaṇḍaśāntyadhyāyaḥ || 94||**
jyeṣṭhāgaṇḍāntajātastu pituḥ svasya ca nāśakaḥ |
tasya śāntividhiṁ vakṣye sarvavighnopaśāntaye || 1||
mūlaśāntisamaṁ sarvamātrāpi maṇḍapādikam |
indro'tra devatā tadvadadhidevo'nalastathā || 2||
vijñeyaṁ ca tathā vipra rakṣaḥ pratyadhidaivatam |
yathāśakti suvarṇena kuryādindrasvarūpakam || 3||
vajrāṅkuśadharaṁ divyaṁ gajarājoparisthitam |
śālitaṇḍulasaṁyuktakumbhasyopari pūjayet || 4||
svasvagṛhyoktamantreṇa gandhapuṣpākṣatādibhiḥ |
abhiṣekaṁ ca homaṁ ca kuryād brāhmaṇabhojanam || 5||

Maharishi Parashara sagte:

O Maitreya, nun werde ich dir die Abhilfemaßnahmen beschreiben, die ergriffen werden müssen, um eine Linderung der negativen Auswirkungen von Jyeshtha Gandanta zu bewirken.

Die Errichtung eines Baldachins (Mandapa), das Aufstellen des Kalash, die Auswahl eines Brahmanen usw. soll auf die gleiche Weise erfolgen, wie es im vorigen Kapitel für die Abhukta-Mula empfohlen wurde.

Bei dieser Zeremonie wird Indra die oberste Gottheit sein, Adhideva ist Agni und Pratyadhideva ist Rakshasa.

indrasūktaṁ japed bhaktyā mantraṁ mṛtyuñjayaṁ tathā |
prārthayedindradevaṁ ca tataḥ śāntimavāpnuyāt || 6||

Dann sollte das Yagya durchgeführt werden:

Installiere auf einem Kalash, das mit rohem Reis gefüllt ist, eine Statue des Götterkönigs Indra, der mit Vajra (Donnerkeil) und Ankush (Stachel zum Antreiben von Elefanten) in Händen auf dem göttlichen Elefanten Airavata sitzt. Vollziehe die Verehrung der Hauptgottheit Indra zusammen mit der Verehrung des Adhideva und des Pratyadhideva mit der Rezitation der entsprechenden Mantras. Führe Havana und Abhisheka durch und verköstige dann die Brahmanen deinen Mitteln entsprechend. Zusätzlich können nach der Rezitation des Indrasukta und des Mrityunjaya Mantras weitere Verehrungen von Indra ausgeführt werden. Diese vedischen Yagyas werden die negativen Auswirkungen des Gandanta auslöschen.

atha vā śaktyabhāve tu kuryād godānameva hi |
yataḥ samastabhūdānād godānamatiricyate || 7||

Falls die Durchführung des Yagyas auf die eben beschriebene Weise die Mittel eines Menschen übersteigt, sollte er eine Kuh als wohltätige Spende geben. Dies wird ebenfalls die Gottheiten besänftigen und die Befreiung von den negativen Auswirkungen des Gandanta fördern, denn das wohltätige Spenden einer Kuh wird grundsätzlich als höherwertig angesehen als das Spenden sämtlicher Ländereien, die jemandem gehören.

mūlendrāhimaghāgaṇḍajāte dadyād gavāṁ trayam |
goyugmaṁ pauṣṇadāsrotthe gaṇḍānte ca dvijanmane || 8||
anyagaṇḍe ca duryoge gāmekāṁ hi pradāpayet |
gorabhāve ca viprāya dadyāt tanmūlyameva hi || 9||

Den vorgeschriebenen Abhilfemaßnahmen entsprechend sollen im Fall von Jyeshtha-Mula- und Aslesha-Magha-Gandantas drei Kühe gespendet werden, im Fall von Revati-Ashvini Gandantas zwei Kühe und im Fall der anderen Gandantas oder im Fall eines unheilvollen Yogas eine Kuh. Falls eine oder mehrere Kühe nicht verfügbar sind, sollte ihr Wert in bar einem Brahmanen gespendet werden.

jyeṣṭhanakṣatrajā kanyā vinihanti dhavāgrajam |
viśākhāntyapadotpannā kanyā devaraghātinī || 10||

Ein Mädchen, das in Jyeshtha Nakshatra geboren ist, zerstört (ist die Todesursache für) den älteren Bruder ihres Mannes, und ein Mädchen, das im vierten Viertel des Vishaka Nakshatras geboren ist, zerstört den jüngeren Bruder ihres Mannes. Deshalb sollte zum Zeitpunkt der Hochzeit eines solchen Mädchens eine Kuh gespendet werden, um die oben erwähnten negativen Auswirkungen zu neutralisieren.

tasyāḥ pradānakāle'to godānamapi kārayet |
āśleṣāntyatripādotthau mūlādyatripadodbhavau || 11||

kanyāsutau hataḥ śvaśrūṁ śvaśurañca yathākramam I
tayorvivāhakāle'taḥ śāntiṁ kuryād vicakṣaṇaḥ II 12II
tattadoṣavināśāya yathāvittānusārataḥ I
dhavāgrajadyabhāve tu na doṣāya prajāyate II 13II

Ein im 2., 3. oder 4. Viertel des Aslesha Nakshatras geborener Junge oder Mädchen vernichtet seine Schwiegermutter, und ein Junge oder ein Mädchen, das im 1., 2. oder 3. Viertel des Mula Nakshatras geboren wurde, wird zum Vernichter seines Schwiegervaters. Deshalb sollten zum Zeitpunkt der Eheschließung solcher Jungen und Mädchen im Rahmen der eigenen Möglichkeiten geeignete Abhilfemaßnahmen in Form von Yagyas getroffen werden.

Es wird jedoch keine negativen Auswirkungen geben, wenn der Ehepartner keine älteren Brüder hat (bzw. die Schwiegereltern nicht mehr leben).

## Kapitel 95: Abhilfemaßnahmen bei der Geburt einer Tochter nach drei Söhnen

**atha trītarajanmaśāntyadhyāyaḥ ǀǀ 95ǀǀ**
athā'nyat sampravakṣyāmi janmadoṣapradaṁ dvija ǀ
sutatrye sutājanma tattraye sutajanma cet ǀǀ 1ǀǀ
tadā'riṣṭabhayaṁ jñeyaṁ pitṛmātṛkuladvaye ǀ
tatra śāntividhiṁ kuryād vittaśāṭhyavivarjitaḥ ǀǀ 2ǀǀ

Maharishi Parashara sagte:

O Brahmane, ich werde dir nun von anderen Arten ungünstiger Geburten berichten. Die Geburt einer Tochter nach der Geburt von drei Söhnen oder die Geburt eines Sohnes nach der Geburt von drei Töchtern ist sowohl für die Verwandten mütterlicherseits als auch für die Verwandten väterlicherseits dieser Kinder unheilvoll. Daher sind Abhilfemaßnahmen durchzuführen, die im Folgenden beschrieben werden, um Befreiung von diesen negativen Auswirkungen zu erlangen.

sūtakānte'tha vā śuddhe samaye ca śubhe dine ǀ
ācāryamṛtvijo vṛtvā grahayajñapurassaram ǀǀ 3ǀǀ
brahmaviṣṇu maheśendrapratimāḥ svarṇajāḥ śubhāḥ ǀ
pūjayed dhānyarāśisthakalaśopari bhaktitaḥ ǀǀ 4ǀǀ
catvāri rudrasūktāni śāntisūktāni sarvaśaḥ ǀ
vipra eko japed homakāle ca sucisaṁyataḥ ǀǀ 5ǀǀ
ācāryo juhuyāttatra samidājyatilāṁścarum ǀ
aṣṭottaraṁ sahasraṁ vā śataṁ vā'ṣṭau ca viṁśatim ǀǀ 6ǀǀ
brahmādisarvadevebhyaḥ svasvagṛhyoktamantrataḥ ǀ
tataḥ sviṣṭakṛtaṁ hutvā baliṁ pūrṇāhutiṁ punaḥ ǀǀ 7ǀǀ
abhiṣekaṁ ca jātasya sakuṭumbasya kārayet ǀ
ṛtvigbhyo dakṣiṇāṁ dadyād brāhmaṇāṁścāpi bhojayet ǀǀ 8ǀǀ
kāṁsyājyavīkṣaṇaṁ kṛtvā dīnānāthāṁśca tarpayet ǀ
evaṁ śāntyā ca maitreya sarvāriṣṭaṁ vilīyate ǀǀ 9ǀǀ

Die Riten sollten am Morgen des elften Tages nach der Geburt oder an einem anderen glückverheißenden Tag in der folgenden Reihenfolge durchgeführt werden:

Nach der Auswahl eines Hauptpriesters und einiger Brahmanen, die die vedischen Yagyas durchführen sollen, sollte der Priester, nachdem er den neun Planeten seinen Respekt gezollt hat, vier Kalashas auf einem Haufen Reis aufstellen, die aus Gold gefertigten Statuen von Brahma, Vishnu, Mahesha und Indra auf ihnen platzieren und ihre Verehrung in der vorgeschriebenen Weise durchführen.

Ein Brahmane sollte als Assistent des Priesters nach dem Baden usw. vier Rudra Suktas und das gesamte Shanti Sukta rezitieren. Der Priester sollte Darbringungen (Havana) mit Samidha, Ghee und Sesamsamen 1.008, 108 oder 28 Mal vollziehen, begleitet von der Rezitation der vorgeschriebenen Mantras von Brahma, Vishnu, Mahesha und Indra.

Svistkrata und Purnahuti und Abhisheka des Kindes und seiner Familie sollten durchgeführt werden und dem Hauptpriester und seinen Assistenten, den eigenen Mitteln entsprechend, eine angemessene Dakshina (Opferlohn) überreicht werden. Die Brahmanen sollten verköstigt werden. Der Vater und die Mutter des Kindes sollten ihr Spiegelbild in dem Ghee anschauen, das in einem Bronzegefäß aufbewahrt wird. Zuletzt sollten noch Nahrung und Kleider an die Armen und Bedürftigen verteilt werden. Durch die Durchführung der oben genannten Yagyas werden die negativen Auswirkungen ausgelöscht und das Kind und seine Eltern usw. werden glücklich leben.

## Kapitel 96: Abhilfemaßnahmen gegen die negativen Auswirkungen von ungewöhnlichen Entbindungen

**atha prasavavikāraśāntyadhyāyaḥ || 96||**
athā'haṁ sampravakṣyāmi vikāraṁ prasavodbhavam |
yenā'riṣṭaṁ samastasya grāmasya ca kulasya ca || 1||
atyalpe vā'dhike kāle prasavo yadi jāyate |
hīnāṅgovā'dhikāṅgo vā viśirā dviśirāstathā || 2||
nāryā paśvākṛtirvāpi paśuṣvapi narākṛtiḥ |
prasavasya vikāro'yaṁ vināśāyopajāyate || 3||

Maharishi Parashara sagte:

O Brahmane, ich werde dir nun von sehr ungewöhnlichen Entbindungen durch Frauen berichten, die für das Dorf, die Stadt und das Land sehr unheilvoll sind. Dabei kann es sich um die folgenden Arten handeln:

Entbindung eines Kindes 2, 3 oder 4 Monate früher oder später, ab dem ungefähren Fälligkeitsdatum der Geburt gerechnet.

Entbindung eines Kindes ohne Hände, Füße oder andere Gliedmaßen, ohne Kopf oder mit zwei Köpfen.

Entbindung eines tiergestaltigen Wesens durch eine Frau oder eines menschengestaltigen Wesens durch ein Tier.

yasya striyāḥ paśunāṁ vā vikārāḥ prasavodbhavaḥ |
aniṣṭaṁ bhavane tasya kule'pi ca mahad bhavet || 4||
taddoṣaparihārārthaṁ śāntiḥ kāryā prayatnataḥ |
strī vā gauvaṇḍavā vāpi parityājyā hitārthinā || 5||

Entbindungen dieser Art durch Frauen, Kühe usw. in einem Haus sind für alle dort lebenden Familienmitglieder unheilvoll. Deshalb sind Abhilfemaßnahmen unerlässlich, um Linderung von den negativen Folgen zu erlangen. Die beste Abhilfemaßnahme besteht darin, solche Frauen und Tiere (Kühe, Stuten usw.) sich selbst zu überlassen (aus dem Haus zu vertreiben).

nāryāḥ pañcadaśe varṣe janmataḥ ṣoḍaśo'pi vā |
garbho vā prasavo vā'pi na śubhāya prajāyate || 6||
siṁharāśisthite'rka gaunakrasthe mahiṣī tathā |

prasūtā svāminaṁ hanti svayaṁ cāpi vinaśyati || 7||
brāhmaṇāya pradadyāt tāṁ śāntiṁ vāpi samācaret |
brahmaviṣṇumaheśānāṁ grahāṇāṁ caiva pūjanam || 8||
sarvaṁ homādikaṁ karma kuryāt tritaraśāntivat |
tato gṛho sukhī bhūtvā sarvapāpaiḥ pramucyate || 9||

Es gilt als ungünstig für ein Mädchen, bereits in ihrem 15. oder 16. Lebensjahr schwanger zu werden oder ein Kind zur Welt zu bringen. Wenn eine Kuh entbindet, wenn die Sonne in Löwe ist, oder eine Büffelkuh entbindet, wenn die Sonne in Steinbock steht, so ist ein solches Tier für seinen Besitzer und für die Person, die sich um es kümmert, unheilvoll. Deshalb sollte eine solche Kuh oder Büffelkuh entweder an einen Brahmanen abgegeben werden, oder es sollten geeignete Abhilfemaßnahmen getroffen werden, um den oben erwähnten schlimmen Auswirkungen zu entgehen. Die zu ergreifenden Abhilfemaßnahmen sind die gleichen, die in den Versen 3 - 9 in Kap. 95 beschrieben wurden.

evaṁ tvariṣṭe samprāpte naraḥ śāntiṁ karoti yaḥ |
sarvān kāmānavāpnoti cirajīvī sukhī ca saḥ || 10||

Wenn es daher irgendeine Art von Arishta (unheilvolle Konstellation) gibt, wird die Durchführung geeigneter Abhilfemaßnahmen in Form von vedischen Yagyas ein langes Leben, Glück und Wohlstand für die betreffende Person sicherstellen.

## Kapitel 97: Abschlussbemerkung

**athopasaṁhārādhyāyaḥ** || 97||
yacchāstraṁ brahmaṇā proktaṁ nāradāya mahātmane |
tadeva śaunakādibhyo nāradaḥ prāha sādaram || 1||
tato mayā yathā jñātaṁ tubhyamuktaṁ tathā dvija |
nāsūyakāya dātavyaṁ paranindāratāya vā || 2||
jaḍāya durvinītāya nājñātāya kadācana |
deyametatsurilāya bhaktāya satyavādine || 3||
medhāvine vinītāya samyag jñātakulāya ca |
puṇyadaṁ jyautiṣaṁ śāstramagryaṁ vedāṅgamuttamam || 4||

Maharishi Parashara sagte:

O Brahmane, ich habe dir die Wissenschaft der Astrologie (Jyotish Shastra) beschrieben, wie sie von Brahma an den Rishi Narada und von Narada an Shaunaka und andere Weise weitergegeben wurde, von denen ich das Wissen um dieses Shastra erhielt. Ich habe die Jyotish Shastra genau so erzählt, wie ich es von ihnen gelernt habe.

Gib das Wissen um diese Shastra nicht an jemanden weiter, der neidisch ist und schlecht über andere redet oder der dumm, boshaft oder dir unbekannt ist. Lehre dieses höchste Vedanga Jyotish Shastra nur jemanden, der sanft und liebenswürdig, hingebungsvoll, wahrhaftig, sehr intelligent und dir wohlbekannt ist.

Nur jemand, der über angemessene Kenntnisse der Zeit und der Stellungen der Planeten und Nakshatras verfügt, kann diese Hora Shastra verstehen. Nur derjenige, der über das vollständige Wissen der Hora Shastra verfügt und in der Wahrheit gegründet ist, vermag korrekte günstige oder ungünstige Vorhersagen zu machen.

ānāti kālamānaṁ yo graharkṣāṇāṁ ca saṁsthitim |
horāśāstramidaṁ samyak sa vijānāti nā'paraḥ || 5||
horāśāstrārthatattvajñaḥ satyavāg vijitendriyaḥ |
śubhā'śubhaṁ phalaṁ vakti satyaṁ tadvacanaṁ bhavet || 6||

ye suśāstraṁ paṭhantīdaṁ ye vā śṛṇvanti bhaktitaḥ |
teṣāmmāyurbalaṁ vittaṁ vṛddhimeti yaśaḥ sadā || 7||

Wer mit Aufmerksamkeit und Hingabe diese höchst ausgezeichnete Hora Shastra liest oder ihr zuhört, wird lange leben und ist mit einer steten Zunahme seiner Stärke, seines Wohlstands und seines guten Rufs gesegnet.

itthaṁ parāśareṇoktaṁ horāśāstraṁ camatkṛtam I
navaṁ navajanaprītyai vividhādhyāyasaṁyutam I I 8 I I
śreṣṭhaṁ jagaddhitāyedaṁ maitreyāya dvijanmane I
tataḥ pracaritaṁ pṛthvyāmādṛtaṁ sādaraṁ janaiḥ I I 9 I I

So wurde Maitreya von Maharishi Parashara dieses Werk der Hora Shasta zum Wohle der ganzen Welt übermittelt, das unschätzbares und seltenes Material aus alten Schriften über Jyotish enthält. In der Folge wurde es dann auf der Erde verbreitet, angewandt und von allen verehrt.

granthe'smin pṛthagadhyāyairviṣayā viniveśitāḥ I
sṛṣṭikramo'vatārāśca guṇāḥ kheṭasya bhasya ca I I 10 I I
viśeṣalagnaṁ vargāśca tadvivekaśca rāśidṛk I
ariṣṭaṁ tadvibhaṅgaśca viveko bhāvajastathā I I 11 I I
bhāvānāṁ ca phalādhyāyo bhāveśotthaphalaṁ tathā I
aprakāśaphalaṁ spaṣṭakheṭadṛṣṭiprasādhanam I I 12 I I
tataḥ spaṣṭabalādhyāyaḥ iṣṭakaṣṭaprasādhanam I
padaṁ copapadaṁ tadvadargalā tvatha kārakāḥ I I 13 I I
kārakāṁśaphalaṁ yogakārakādhyāya eva ca I
nābhasā vividhā yogāścandrayogo'rkayogakaḥ I I 14 I I
rājayogastataḥ prokto rājasambandhayogakaḥ I
viśeṣadhanayogāśca yogā dāridryakārakāḥ I I 15 I I
āyurmārakabhedāśca grahāvasthāḥ phalānvitāḥ I
nānāvidhadaśādhyāyāstatphalādhyāyaḥ saṁyutāḥ I I 16 I I
antaḥpratyantaraprāṇasūkṣmasañjñāśca tadbhidāḥ I
sūryādyaṣṭakavargaśca trikoṇapariśodhanam I I 17 I I
ekādhipatyasaṁśuddhistataḥ piṇḍaprasādhanam I
tataścā'ṣṭakavargāṇāṁ prasphuṭāni phalāni ca I I 18 I I
tato'pyaṣṭakavargāyuḥsādhanaṁ ca tataḥ param I
samudāyāṣṭavargotthaphalādhyāyaḥ parisphuṭaḥ I I 19 I I
graharaśmiphalādhyāyaḥ sudarśanaphalaṁ tathā I
mahāpuruṣacihnāni mahābhūtaphalāni ca I I 20 I I
guṇatrayaphalādhyāyastato'pyajñātajanmanām I
janmalagnādivijñānaṁ pravrajyālakṣaṇāni ca I I 21 I I

strīṇāṁ ca phalavaiṣṭyamaṅgalakṣmaphalāni ca |
pūrvapāpotthaśāpotthayogā vaiputryakārakāḥ || 22||
satputraprāptyupāyāśca sahaiva pratipāditāḥ |
janmanyaniṣṭalagnarkṣatithyādipratipādanam || 23||
tattacchāntividhiścaiva saṅkṣepeṇa pradarśitaḥ |
prasavasya vikārāśca kathitāḥ śāntisaṁyutāḥ || 24||
evaṁ jātakavarye'tra niviṣṭā viṣayāḥ śatam |
vijñāya vibudhāstvetān prāpnuvantu yaśaḥ śriyam || 25||

*Die Verse 10 bis 25 enthalten ein Inhaltsverzeichnis der gesamten Brihat Parashara Hora Shastra, das bereits am Anfang dieses Bandes zu finden ist.*

RIK VEDA
NEUNTES MANDALA
UND VIERZIG AUSGEWÄHLTE HYMNEN DES
ZEHNTEN MANDALA
Alfa-Veda
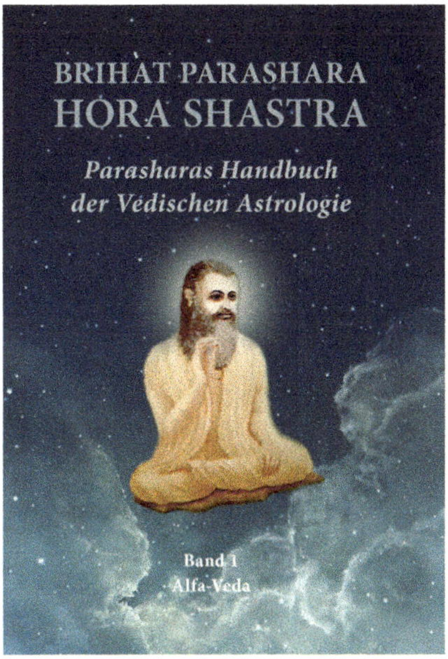
BRIHAT PARASHARA
HORA SHASTRA
Parasharas Handbuch
der Vedischen Astrologie
Band 1
Alfa-Veda
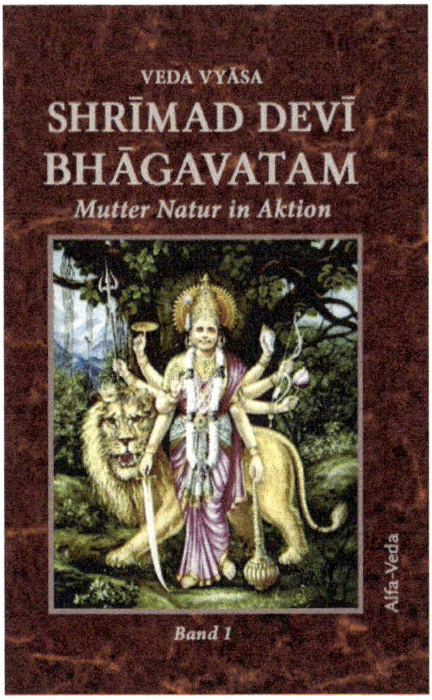
VEDA VYĀSA
SHRĪMAD DEVĪ
BHĀGAVATAM
Mutter Natur in Aktion
Band 1
Alfa-Veda
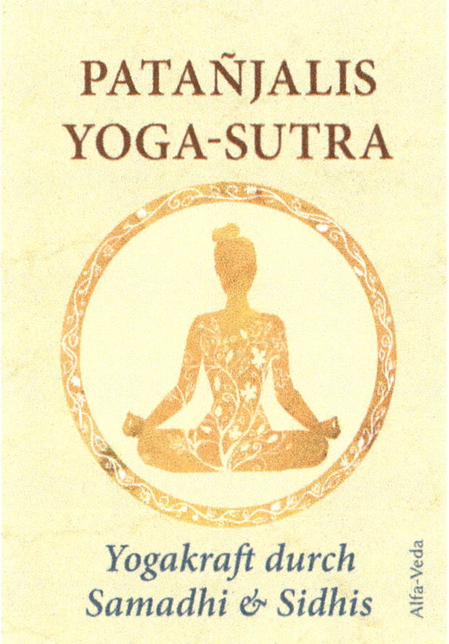
PATAÑJALIS
YOGA-SUTRA
Yogakraft durch
Samadhi & Sidhis
Jan Müller
Alfa-Veda